避けられたかもしれない戦争

—21世紀の紛争と平和

Jean-Marie Guéhenno
ジャン＝マリー・ゲーノ 著
庭田よう子 訳

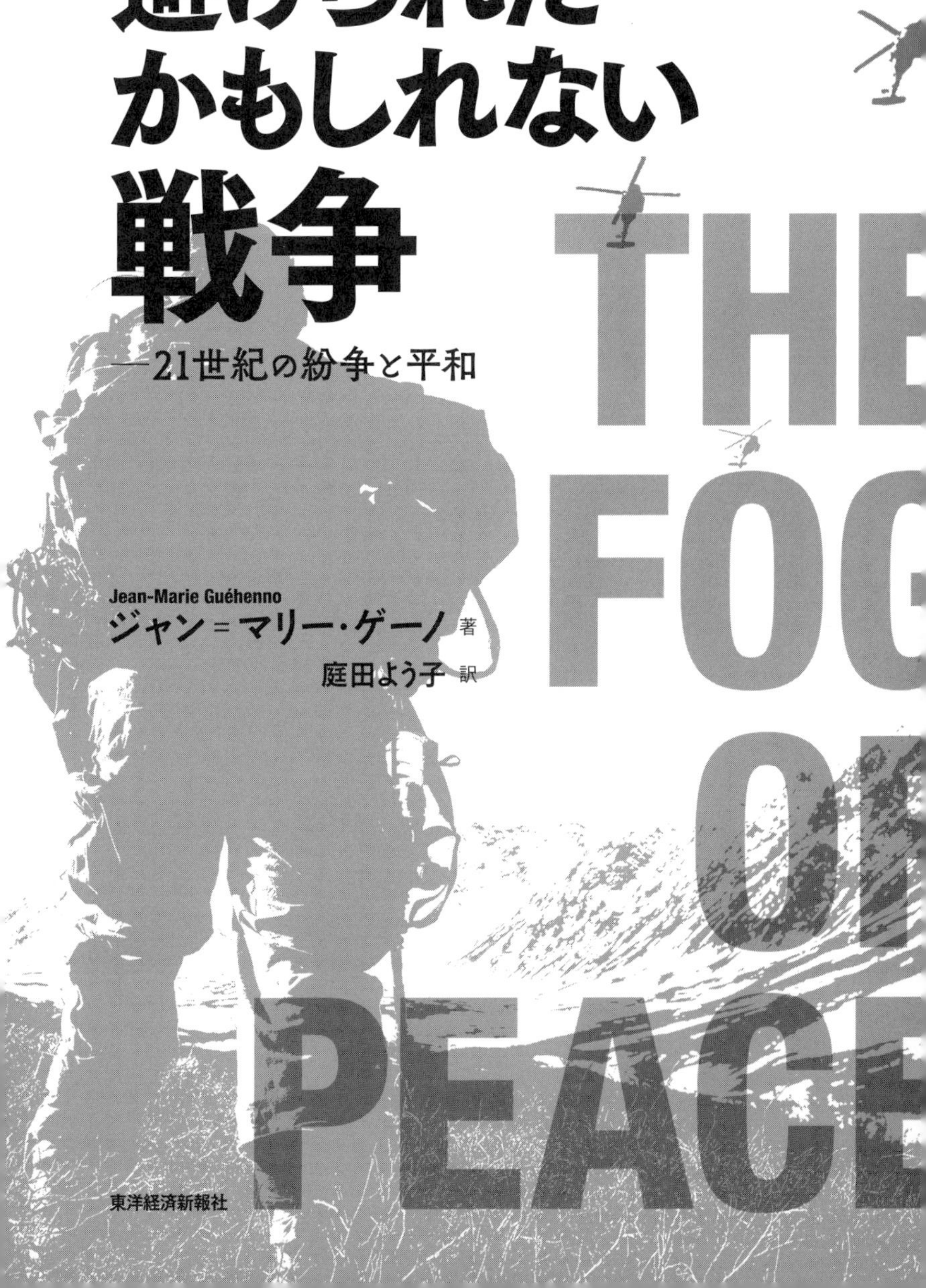

東洋経済新報社

戦争によって人生が打ち砕かれ絶望の淵に立たされている大勢の人々に、

そして大きな困難をものともせず、

命を危険にさらしてまで、

そうした人たちを地獄から救い出そうとしている平和維持要員に

Original Title:

The Fog of Peace: A Memoir of International Peacekeeping in the 21st Century

by Jean-Marie Guéhenno

まえがき——日本語版によせて

組織の成功には有能で献身的なスタッフが必要だ。国家官僚組織にそうしたスタッフが必要であることは言うまでもないが、国際連合にはなおさら必要になる。何世紀も存続してきた日本やわたしの母国フランスと比べれば、創設70年の国連はまだまだ若い。官僚組織は時間とともに強いエートスを育むものだ。最高の人材を採用することが望ましいとはいえ、長年の慣行によって確立された構造と行動様式により、古い官僚組織には平凡な人材も入って来る。古い官僚組織は新しい官僚組織と比べて耐久性《レジリエンス》がある。後者には平凡な人材を在籍させる余裕がない。加えて、国家官僚組織は国の文化を反映しているので、〝エスプリ・ドゥ・コール〟、つまり団結心や所属意識が生まれやすくなり、おかげで組織のマネジメントもしやすくなる。

そのような強みが国連にはない。国連職員の出身国は実に多岐にわたる。貧しい国、裕福な国、民主的政権を擁する国、権威主義的政権、ときには独裁政権を擁する国の出身者もいる。国連にとっては、これが複雑化の大きな要因であり、潜在的な恩恵でもある。

なぜ複雑化の要因なのかというと、同じ誘因または阻害要因でも、多様な国籍の国連職員に与える影響は大きく異なるからだ。彼らが何を期待するかは各自で大きく異なるので、全職員の均質化を図ることは容易ではない。そのうえ、特定の集団や国家に国連が牛耳られるのではないかという、無理からぬ疑念を払拭するため、多数のルールが制定されてきた。これが、国連における人的資源の管理を複雑にし、刷新を難しくしている。

同時に、これは恩恵でもある。おかげで、凝り固まった伝統に阻害されないからだ。創設後70年、国連は今なお時代の先を歩んでおり、国連が示す大胆で先進的なビジョンは、若い世代を引きつける。平和は人類にとって何にもまして重要であるが、人類の発展と人権擁護のためには、人間としての尊厳も重要である――この共通の利益を前提に、国連という組織は創られた。紛争が国家の枠内に収まりきらなくなり、失敗国家から人口が大量流出し、気候変動がわたしたちの生活に深刻な影響を与え、グローバル化の勢いが国家の権威を弱めるなか、国家だけではこうした問題に十分に対応できないことが明らかになってきた。世界規模の取り組みが必要とされており、国際連合はその解決に一役買うことができる。国連は、異なる意見がぶつかる単なる公開討論の場ではない。意気軒昂にも「我々（連合国の）人民」という文言で始まる国連憲章には、人類の共通目標が明確に掲げられているが、創設後70年を経てなお、その目標の達成には程遠い。だが、その大志は健在であるので、未来の世界を憂う、後に続く若い世代を大いに魅了してやまないはずである。国際連合で働くことは、より良い世界の構築に貢献できるまたとない機会である。仕事を続けるうちに、好ましい変化を妨げるとてつもなく大きな障害に直面し、気力を挫かれる者も多いだろう。だが、情熱の炎を燃やし続ける者もいるはずだ。国連で平和維持活動担当事務次長を務めていたとき、わたしはよく平和維持活動局の職員に言った――最初の日を忘れないように、国連に入ったばかりの頃、夢と希望にあふれていた日のことを忘れないように、と。決してその夢を失ってはいけない。

このメッセージは、母国で成功の道が見つからないからと、次善の選択として国連に入ったのではなく、国連憲章のビジョンに共感し、国を舞台にするよりそのビジョンとともに歩むほうに惹かれたという職員の心に、とくに響いた。本書をそのような職員に捧げる。

また、かつてともに仕事をした日本人の国連職員のことは、よく覚えている。飛び抜けて優秀な女性職員が大勢いた。将来国連で働く次世代の日本人に向けて、彼らと日本が国連という稀有な機関にどんな貢献ができるのか、わたしの考えをいくつか述べたいと思う。

日本はとても長い歴史を誇り、日本人として強いアイデンティティを抱いている。それは貴重な強みであるし、国連を豊かにしてくれる。もし国連が、自分の出自や背景についての意識を持たない人々の無味乾燥な集まりだったら、強固な組織にはなれない。国連でもっとも価値あることは、各自の違いを隠さずにその違いを認める、異質な人々の出会いにほかならない。それが緊張を生み出すこともあるかもしれないが、そのおかげで交流が深まり、最終的には国連の強化につながる。

したがって、率直に語り、ありのままの自分でいることを恐れず、他人の話に耳を傾け、心を開くことが肝要である。相反する主張で分裂する一方のこの世界においては、人々を分断させるのではなく、人々を結びつけるために橋渡しをすることがきわめて重要である。恐怖や他国に対する先入観が、正しい道を導くことはないのに、昨今の国際政治の場では、そうした恐怖や先入観がますます大きな役割を果たすようになっている。たとえば、国連はテロとの世界的戦いに協力を求められており、現に何度かテロによる甚大な被害を受けた。テロは確かに阻止せねばならないが、テロのせいで、国連が政治的橋渡し役を担えなくなることがあってはならない。だからこそ、テロ行為の政治的な根本原因を理解するために、国連は対話と分析を続けなくてはならない。理解と容認とは異なる。外交の主要手段である対話が守られる場所が、世界には必要である。たとえ、それが最悪の相手との対話であっても。

長年にわたり国連が対話の場だった。だが、大国の圧力により、対話と外交が政治的効果を発揮する余地が著しく失われている。これは危険な傾向だ。諸大国が抱える争点に国連が束縛されるようなことは、絶対にあってはならない。そんな事態に陥れば、誰もが敗者となる。紛争解決を支援する組織が、大国に協調せず独自の判断で行動する、または行動するとみなされた場合、大国はその組織を信用しない。一方で、国連が大国の陣営に与するとみなされた場合、国連職員に対する脅威は増す。国連は紛争地帯で人道的役割を担い、あらゆる当事者との接近を図らなくてはならないのだから、このような事態はなおのこと嘆かわしい。人道的原則を守ることは、その原則を失墜させようとする者たちと関わりを持たないということではない。

最後に、国家としての日本の役割について触れ、このまえがきを終えたい。現在、日本は世界の主要国であり、ほかに例を見ない立場にある。欧州諸国と同様に日本も悲惨な戦争を経験したが、日本は戦争で核兵器の被害に遭った唯一の国家である。よって、戦後70年を経てなお、国際関係において軍事力が果たす役割に対し、日本が慎重を期すのは無理からぬことだ。だがその一方で、軍事力を無視できないという事実も日本は受け入れている。平和維持活動が対峙する難題、および本書で述べる難題に、日本もある程度直面せざるをえない。どうしたら軍隊という資源を軍事力にせず、平和貢献のために動員することができるか？　平和への道のりは決して平坦ではなく、平和の霧を通り抜けなくてはならない。戦争の霧を何とか切り抜けてきた日本は、軍事力という現実を認めながら対話と外交の価値を推進するという平和の文化を築くことに、国家としても、将来国連で働く日本人職員の手によっても、大きく貢献できる立場にある。

目次

まえがき——日本語版によせて　iii

序章　平和維持活動のジレンマ……1

第1章　アフガニスタン——9・11とテロとの戦い……17

9・11　新たな時代の始まり　18／治安部隊についての議論　34／ボン合意　42／承諾するも、しぶしぶと　48／国際社会の混乱と戦略の欠如　55／平和にいたるまでの長い回り道　66／目標と達成努力の間にある隔たり　75

第2章　イラク——集団行動という概念に与えた癒えないダメージ……81

イラク戦争へ　82／対立する国家の間で板挟みになる国連　93／イラク戦争後の国連の役割

に期待する 105／占領に国連の認可を与える 113／ご都合主義が結束を破る 117／バグダッドで悲劇が起きた日 122／イラク占領と国連の役割についての新たな疑問 126

第3章 グルジア――避けられたかもしれない戦争……137
地域紛争が世界規模の影響を 146／紛争に対する外交的取り組み 153／グルジアの無血革命 160／つかの間訪れた和解のチャンス 172／和解の道が閉ざされる 176

第4章 コートジボワール――選挙は平和の近道ではない……189
安保理の利害の不一致 198／選挙――不可欠だが不十分 205／国連に対する非現実的な期待 216／安全保障理事会の権限の限界 222

第5章 コンゴ民主共和国――武力行使の限界……231
ターニングポイント 249／イトゥリ紛争 256／ブニアの緊迫した状況 271／進展を見るも真の和解は得られず 279

第6章 コンゴ民主共和国——それに値するか？……295
政治プロセス確立への努力 296／外国の介入の限界 307

第7章 スーダン——分裂した国家に分裂した戦略をあてる危険……319
ダルフールの悲劇 320／失われた機会 334／対照的な光景 348

第8章 ダルフール——困難をものともせず平和維持部隊を派遣……357
欲求不満を抱えた時期 364／国連ミッションの要請 373／合同ミッションの承認 391

第9章 レバノン——戦争を終わらせるには……413
国連レバノン暫定軍（UNIFIL） 414／停戦は急がれず 424／迅速な配備の必要性 435

第10章 コソボ――ロング・グッドバイ……449
ユーゴスラビアの崩壊 450／UNPROFORの成功と失敗 458／コソボ介入 461／暴力が安保理に再考を促す 469

第11章 ハイチ――他人を支援することの難しさ……491
国連ハイチ安定化ミッション 492／ハイチ初訪問 504／過去の過ちを避けるために 510

第12章 シリア――なすすべのない世界……519
抑えがたい危機 520／さまざまな反政府勢力 535／行き詰まり 547

第13章 国際連合はどうあるべきか……557
21世紀に適応した国連に 558／能力と責任との対応 564／地に堕ちた平和維持活動？ 571／国連の役割を模索する 581

終章

他者の命への関与はどこまで許されるか……597

謝辞　615

索引

序章

平和維持活動のジレンマ

希望ある時代の幕開け？

1989年春、わたしはグダニスクにいた。レフ・ワレサと一緒に、彼の側近であるヘンリク・ヤンコフスキ牧師の自宅で昼食をとっているところだった。1981年の暗黒の日々以降、自由を求めて戦ってきたポーランドの人々にとって、労働組合「連帯」の代表ワレサは伝説的人物だった。その頃のポーランドはまたもや勇気と活力の象徴となっており、その自由を求める戦いは、19世紀にポーランドのナショナリストが集めた共感をヨーロッパ中から集めていた。ポーランドはまたもや、待ち受ける困難にひるまず、一歩も引かずに立場を堅守すると誓い、たやすく屈しようとしなかった。わたしはフランス外務省の政策立案担当者として、その行方を知りたかった。再び全面的な対決や、包囲や暴力の新局面を迎えることになるのか？　わたしはあらゆる種類のシナリオを想定していたが、そのなかに冷戦終結はなかった。

労働組合の闘いが、ポーランドの共産主義体制を崩そうとする政治闘争にどのように発展したのか、ワレサたちは説明した。まだ若く懐疑的だったわたしに、そのとき起きていることがどれほど重大か理解させようとして、ワレサとイギリス首相マーガレット・サッチャーが対談したときのビデオを見せてくれた。ワレサが重要人物と見られていることを証明するために、労働組合の最大の敵でさえ彼の存在を真剣に受け止めている、とわかる場面を見せるに越したことはない。かの「鉄の女」が、ワレサを質問攻めにしている場面は興味深かった。ワレサが世界を変えるつもりだということを、サッチャーはその鋭い政治的嗅覚でとらえていたのだろう。

1989年から90年代初頭にかけて、ポーランドの転換点となった議会選挙に始まり、ベルリンの壁の崩壊、東西ドイツの統合、ソビエト連邦の崩壊などが相次ぎ、先進国の人々にとって希望の持てる時代の幕開けとなった。自分たちの富と安全をほかの地域に行き渡らせられないことに、先進国のなかには長年居心地の悪さを感じている者もいた。莫大な機会の損失となった冷戦時代は終わりを告げようとしていた。1945年には存在し、その後冷戦で打ち砕かれた希望が、今度こそ実現できるという感覚が、ヨーロッパにはあった。これからは、国民国家が「新たな世界秩序」で団結し、国家が国民を束縛するのではなく、国家が国民に仕えるようになる。国民を踏みにじる行為をしてきた政府にとって、国境はもはや壁の役割を果たさなくなる、とさえ思われた。

ベルリンの壁の崩壊は幕開けにすぎなかった。1991年、「支援が必要な人々に対応できるように、イラクは国際人道支援団体のアクセスをただちに認めるべきだ」とする安保理決議688が採択され、国連安全保障理事会は国連史上初めて、抑圧的な政府に直接介入した。当時、西側の非政府組織（NGO）はこれを、従来の主権の概念を崩そうとする連帯感の高まりを示すものであり、人間が死に瀕しているとき、国境は障壁になりえないと解釈した。決議は、「全加盟国がイラクの主権、領土保全、政治的独立にコミットすること」に繰り返し言及し、クルド人への暴力は国境を越えた影響力を持ち、国際社会の平和と安全に対する脅威であるとも述べた。

このような言及は、国家主権という消えつつある伝統への戦術的譲歩とみなされた。

10年という月日は世界を大きく変えた。1999年春、10年前と比べて、世界ははるかに不透明になっていた。スロボダン・ミロシェヴィッチの暴挙を阻止するため、北大西洋条約機構（NATO）はコソボに78日間にわたる空爆を実施していた。この空爆は、事前に安保理決議の承認を受けていなかった。ベルリンの壁崩壊後、つかの間生じた期待感と連帯感は、一連の失敗により砕け散った。1つ目の失敗は、ユーゴスラビア紛争が長期化し、その紛争下の暴力を国際社会が止められなかったこと。2つ目は、モガディシュでのアメリカ兵殺害後、国際社会が瞬く間に軍を撤退させ、ソマリアの国際人道支援が挫折したこと。3つ目は、ルワンダの大虐殺《ジェノサイド》と、貧しいアフリカの人々の保護のためではなく、裕福な欧米人を避難させるために部隊を派遣するという消極的態度を、国際社会がとったことだ。

21世紀が幕を開け、大都市が競うように華々しく新世紀を祝っていた頃、先行きの不透明感と疑念はあったが、絶望感はなかった。ポスト冷戦の世界は、フランシス・フクヤマが楽観的に予測したような「歴史の終わり」（訳注：1992年刊の *The End of History and the Last Man* において主張された。邦訳『歴史の終わり』渡部昇一訳、三笠書房、1992年）をもたらさなかった。1990年代初頭に蔓延した楽観主義に異を唱え、1993年刊行の自著（訳注：終章の注2〈613ページ〉を参照）で少しばかり調子に乗って予告した、「民主主義の終わり」も国民国家の終わりも訪れなかった。2000年、世界は陰影に富んでいた。

平和維持活動局事務次長への任命

ちょうどこの時期、わたしは国連平和維持活動局（ＤＰＫＯ）の事務次長に任命された。50歳を迎える直前だった。再び国際情勢に関わる仕事をすることになるとは、思いもよらなかった。

それ以前、わたしはフランス外務省でいくつか面白いポストに就いていた。１９９０年代初頭、政策立案部門の責任者として、ベルリンの壁の崩壊は好機であり脅威ではないと、フランス首脳陣に説いた。東西分裂の終わりが欧州中心の終わりとなる世界において、欧州諸機関の強化は統一ドイツを牽制する手段ではなく、欧州を世界に位置づけるための手段ととらえるべきだとも提言した。ところが２０００年には、ポスト冷戦時代の課題とはまったく関係のない仕事をしていた。フランスの司法裁判所のなかでも古い歴史のある会計検査院で、上席判事を務めていたのだ。会計検査院は１８０７年にナポレオンにより創設されたが、その起源は中世までさかのぼる。荘厳な行事では、白いレース飾りのついたシルクの黒いローブをまとい、17世紀からさほど変わらない儀式にしたがって何度もお辞儀をした。それ以前は、会議に出席したり、フランスの国防研究所の所長を務めたり、教鞭を執ったり、記事や書籍の執筆などをして、国際情勢に関与していた。コメンテーターにもなった。ひょっとすると、世界のおススメ会議開催地を紹介するガイドブックなども書けたかもしれない。知的分野でひとかどの人物になろうとしていたのだが、なれるのかどうか定かではなかった。時事問題を解説した政治学者のなかで、いったい何人の名前が

100年後まで残っているだろう?

ベビーブーマー世代なので、第二次世界大戦後、フランスが大きく変化するさまを目の当たりにした。とはいえ、両親の世代とは比べものにならないほど、楽に人生を送ることができた。何より大きな違いは、戦争を経験していないことだ。1950年代から60年代にかけて、平和な西欧の世界で戦争は非現実的観念にすぎなかった。毎月第1火曜日、防災システムのテストで鳴り響く空襲警報のサイレンは、ヨーロッパ史に別の時代があったことを想起させる風変わりな慣行にすぎなかった。この居心地のいい世界が瓦解するかもしれないと漠然と感じたのは、キューバ危機のときだけだった。それ以外はほとんど、守られ恵まれた生活を送っていた。金銭より思想を重視する作家や自由な精神に浸り、おかげで学業を難なくこなした。そんな環境で育ったのだから、大学教授になるべきだったのかもしれない。艶やかな黒いローブを身につけた判事のままでいてもよかったかもしれない。だが、そうしたくはなかった。

1990年代、両親の人生を決定づけた20世紀の歴史的経験について、わたしは考察を続けた。人間はたいてい歴史から間違った教訓を引き出すものだ。だから、先の大戦が勃発した。父の世代は、第一次世界大戦によって滅茶苦茶にされた。諸大国は当時、短期で決するきれいな戦争で終結すると考えたが、図らずも長期の汚い戦争を繰り広げることになった。しかも、1930年代に新たな脅威が台頭したとき、再び破滅的な戦争に突入することを恐れた欧州の知識人の多くは反戦の姿勢を示し、当初ヒトラーに対して弱気な政策をとった。父は態度を決めかねた。父は断固とした反ファシズム主義者であり、反戦主義の友人たちとは距離を置いていた。だが、第二次世界大戦が勃発したとき、父はわたしの母と同じようにようやく気づいた（当時2人はまだ出会っていない）。平和が必ずしも絶対の目標ではない、自由のために戦うことに価値がある場合もある、と。父は軍事力を警戒し、軍隊を警戒し、軍上層部の勧告を警戒した。

戦争でつくられた世界観

東西関係と1980年代の核抑止力について研究するうちに、それまでとはずい分違った世界観を抱くようになった。父のものの見方が第一次世界大戦で形成されたように、わたしの場合は第二次世界大戦で形成された。第二次世界大戦から学んだのは、弱腰な態度は力に対抗するには適切ではないということだ。力には力をもって対応する必要がある。実際に戦争が起こった場合のダメージは計り知れないとされることから、核の抑止力という抽象概念的な駆け引きが生み出されていた。

わたしはアメリカの政治学者トーマス・シェリングの著作に感服した。当代随一の戦略研究家であるアルバート・ウォルステッターと会議で同席したときには、若き研究者として興奮を隠せなかった。ソビエト連邦がアフガニスタンに侵攻したとき、わたしはタカ派の姿勢をとった。デタントを唱える平和運動家よりも、ポール・ウォルフォウィッツ――彼の知的好奇は高く評価する――など、のちに「ネオコン」として知られるようになるアメリカの分析家グループに親近感を抱いた。アフガニスタンのムジャーヒディーンへの支援をフランス政府に提言するという、少数派の役回りを買って出たこともある。しかもそれは、ソビエトの撤退とタリバン政権樹立の一因となった大掛かりな計画に、アメリカが着手する前の話だ。わたしにとってソビエトの崩壊は、こうした強硬政策の正当性を証明する出来事だった。当時のわたしの世界観は「キッシンジャー的」であり、局地的要因がほとんど関係しない大国の戦略ゲームにより形成されていた。1989年から90年にかけて、わたしの世界はまだ危険なほど大仰な考えに支配されていた。

ポスト冷戦の世界が姿を現すにしたがい、このような世界観は整然としすぎているのではないかと考えるようになった。この世界観は、政府や国家の側に多大な支配権があることを前提とする。人間の情熱や多くの国家の脆さを無視している。わたしは従来の国家機関に疑念を募らせるようになった。企業や非営利組織、反対運動、それに欧州委員会のような超国家機関など、政府以外の新たな主体から、国家機関は徐々に置き去りにされていると思った。また、わたしの冷戦的世界観は、道義的明確性に重きを置きすぎていた。第二次世界大戦または冷戦以降に生まれた、わたしをはじめとする同世代の者たちは、第一次世界大戦後の世代のような疑念を抱いていなかった。わたしたちには明確な道徳的指針があると思っていた。善悪の区別はついていた。戦略上の便宜を図るために、原理原則を曲げなくてはならない状況、たとえば、冷戦時に独裁者を支援せねばならないこともあるとわかっていた。

だが、世界がこれほど混乱を来《きた》し、等しく善でありながら相反する目的が存在することになるなど、予想だにしなかった。手段が疑わしくとも、目的が手段を正当化することもあると認めることと、好ましい目的が対立する可能性があると気づくこととは、まったく別物である。後者の場合、たとえば、人間社会の諸事を取り仕切るという正当な欲求が、平和と安定を求める正当な欲求と対立することもある。あるいは、危機にさらされている人間に結束を示そうとする人たちの立派な欲求が、他者からも卑劣な独裁者からも脅威とみなされる可能性もある。好ましい意図が必ずしも好ましい結果を招くとはかぎらない。

自ら摑んだ孤独な8年

さまざまな点で、こうした問題がわたしを国連と平和維持活動（PKO）から遠ざけることになってもおかしくなかった。国民国家の妥当性が維持できるのか、自著で疑問を呈したこともあった。そのわたしが、国民国家で構成される機関で働くことなどできるだろうか？　脆弱な国家を強化する手助けなどできるだろうか？　一致団結する力が主要国にあるとは思えなくなっていた。しかも、国連に入れば安全保障理事会を上司と仰ぐことになる。国際政治における道義的目標の明確性に、わたしは疑問を抱いていた。人類のために働く公僕としては、さぞかし独りよがりの国際公務員になることだろう。

そのうえ、国連と協力して仕事をした経験もなかった。かつて、フランスの政策立案部門責任者としてニューヨークを訪れたとき、安保理が内輪で協議する小部屋に立ち入りを認められた。

後年その部屋で多くの時間を過ごすことになるとは、思いもよらなかった。そのときの協議の主題についてはまったく記憶に残っていないが、驚きと――こう言っては何だが――失望を感じたことだけは鮮明に覚えている。厳かで整然とした会議室を期待していたのに、出席者全員の椅子もない、狭苦しい部屋だった。テーブルの周りに集まる国連大使たちも、わたしの思い描いていたイメージとは違った。その部屋全体が、パリでよく足を運んだ小さなオークション会場、それどころか違法賭博場のように見えた。とても国際機関の要には見えなかった。国連の個人的経験については、これくらいにしておこう。

2000年初頭、コフィー・アナン国連事務総長に宛てた平和維持活動担当事務次長の最終候補者名簿に、フランス政府はわたしの名前を載せた。仕事に活かせる外交経験、軍事経験、マネジメント経験を総合して、国連の経験不足を埋め合わせて余りあるのか、わたしには見当もつかなかった。ただ、ほかの候補者以上にこの仕事がしたいと思っていたことは確かだ。他者の人生を変えることなど初めての機会であり、それによって自分の人生も変えられるという、稀有な機会だと思ったからだ。その直感は正しかったが、やがて自分が直面する難題がいかに大きいか、当時はまだ見当もつかなかった。ニューヨークでの面接を準備するにあたり、国連に関する仕事の経験不足を補うため、得られるかぎりの情報を入手した。セルビアやルワンダに関する報告書や、平和維持活動についての出版物を読んだ。国連官僚がまとめたひどく退屈な報告書も読んだ――事実としてはどれも正確なのだが、読んでも斬新な思考が浮かんでこなかった。任期中にそうしたことを変えられたのかどうか、わたしにはわからない。もっと理解しやすい本をと思い、ウィリアム・ショークロスの『我々を悪より救いたまえ』（訳注：*Deliver Us from Evil*, 未邦訳）を読み、将来の上司かもしれないコフィー・アナンについて理解しようとした。こうして準備を万端に整え、2000年5月、ほかの候補者と同じように面接を受けた。その頃には平和維持活動について知的概念を獲得し、1990年代の悲劇について十分な情報を得ていたので、平和維持活動が絶えずさらされる危険も理解していた。

面接を受けていた頃、深刻な危機によりシエラレオネの平和維持活動が撤退寸前に追い込まれた。反政府武装集団の革命統一戦線（RUF）が和平合意を破ったのだ。この集団は、敵対勢力のメンバーの腕を切り落とすなど、残虐なことで知られていた。こうした難局に備えができていなかった平和維持要員は、数百名もRUFに拘束された。

わたしの前任者、つまり当時、国連平和維持活動局の責任者だったフランス人外交官、ベルナール・ミィエを気の毒に思った。重病人に接するときのように同情を示し、かつ元気づけようとして、不安と偽りの楽観主義とが入り混じった表情をあからさまに浮かべ、彼に話しかけた。彼はわたしの不安げな顔を笑い飛ばし、偽りに見えない楽観的態度を示した。ミィエはちょうど報道陣への対応を終えたところで、何もかも大丈夫だとわたしに請け合い、平和維持活動のほんの一日にすぎないと言った。冷静に処理しなくてはいけない、とも。そのとき、自分が果たしてこの仕事にふさわしい人間なのか、自分の判断が正しかったのか、迷いを感じた。

シエラレオネの危機に際して、わたしの前任者の言は正しかった。その後、部隊主要派遣国の二国――インドとヨルダン――は撤退したが、インド軍部隊の指揮する大胆な作戦とイギリス特殊部隊の支援を得て、ミッションは復活した。拘束された要員は解放され、インド軍の代わりにパキスタン軍が派遣され、シエラレオネのミッションは成功譚となった。

わたしが当時理解していなかったのは、そして楽観主義者のベルナール・ミィエが教えてくれなかったのは、国際社会と安保理と国連事務局の三者が影響し合うことで、国連事務総長と平和維持活動担当事務次長に独特の責任が課されるという点だった。国際公務員は、成功時には大勢の仲間に囲まれるが、難局では非常に孤独だということを、わたしはやがて経験を通して学ぶことになる。

面接の結果、わたしはそのポストを得て、8年間も人生を捧げることになった。その8年がある意味、孤独な8年になるということを、爽やかで明るい陽射しが降り注ぐ2000年5月、わたしはまだ知らなかった。

本書で伝えたいこと

今、なぜ本書を著すのか? 平和維持活動は桁外れに大規模な管理業務なので、直接関係がなくても、あらゆる種類の活動に教訓を授けられると思うからだ。この活動はとくに危険と隣合わせなので、つねにリスク管理を行い、不透明な状況で意思決定を行わなくてはいけない。国民的、職業的文化がまるで異なる人々を束ね、チーム作りを行い、多種多様な人々を共通の目的に向かって動かさなくてはならない。8年の間、多くの日々を危機的状況と対峙して過ごした。2000年5月のような日も多く、それ以外は平和維持活動に没頭した。前任者のように笑顔を見せて、他人がそうした教訓を自力で探すに任せてはどうかと、読者は思われるかもしれない。実は、8年間の平和維持活動を通して、いくつか本質的なことを見抜いた。平和維持活動に関わる人たち——その数は2000年以降増加の一途をたどる——のみならず、グローバル化と分裂化という相反する推進力で再定義されつつある世界で、効率的に活動したい人たちにとっても、やはり興味深いだろうと思ったからだ。病気の研究が健康体の理解に役に立つように、分裂した社会の研究は、社会をまとめる方法を見つける力を多少なりとも授けるのではないだろうか。今後20年間の重大な戦略的課題は、いかに社会を結束させるか、いかに国家の失敗とそれに伴う破滅的な結果を食い止めるかであることが、一層明らかになりつつある。

国際社会の過去20年にわたる他者への介入を顧みて、それだけの価値があったのか考察すれば、現在の雰囲気と新世紀を迎えたときに広がっていた雰囲気とは、ずい分異なることに気づくだろう。現在、リベラル介入主義者もネオコンも自己不信に陥っている。多くの国の世論が内向きに転じ、困難で不確かに思われる外国への介入に慎重になっている。予測不能で管理不可能な世界で危険に遭うより、自国で安全に過ごすほうがいいという誘惑は抑えがたい。本書では、無謀な介入主義と台頭する偏狭な排他主義を避ける方向を示そうと試みた。行動——または行動しないこと――に危険はつきものだ。わたしが提唱する慎重な介入主義は、ときには失敗することもあるだろう。だが、行動を起こさずに失敗するよりも、行動を起こして失敗するほうが好ましい。

本書の内容は、2000年に書きたかった内容とはかなり異なる。当時は新しい仕事に就いたばかりで、現在のように問題を体系的に述べられなかったということもあるが、それだけではない。本質的に異なる点は、現在のわたしは、個人的経験を語るべきだと確信し、特殊な状況の詳細に基づかなければ、一般的な教訓に妥当性はないと確信していることだ。平和維持活動の解説者になりたいとは思わない。ありとあらゆる不確実な物事、欠点、誤った期待、間違った憶測、不要な恐怖、実際の行動の不透明さを伝えたいと思っている。

平和維持活動局の責任者になる前、わたしは経営者というより知識人として知られていた。知識人と評されることを侮辱だと思ったことはないが、知識人や思想家と呼ばれても、キャリアに役立たないことはわかっていた。それは、管理運営する力がないことを示唆するが、真の思考力があることを保証してもいない。経営者になったからといって、思考を尊重しなくなったわけではない。しかし、あれこれ〝思考〟を重ねても、経営者の役には立たないはずだ。一見役立つようでもっとも役立たない方法は、詳細で具体的な解決策、または処方箋を示すことだ。まるで〝ハウツー本〟みたいな政治学の書籍があふれている。そうした本には人生の綾が感じられないので、手から滑り落ちる。経営者はあまり本を読まない。時間がないからだ。わたしは大の読書家だが、この8年間は従来と比べて本を読まなかった。経営に身を入れるほど、経営について書かれた本に興味を失った。むしろ、回想録や歴史書、哲学書をよく読んだ。わたしに必要だったのは、混乱に対処し、未知の事柄に立ち向かい、なおかつ意思決定をせねばならない、目前にいる当事者たちとの友好的交流だった。また、本物の抽象芸術の持つ堅実さと、優れた視覚芸術の醸し出す調和だった（音楽はわたしには役立たない。何しろフランス国歌さえまともに歌えない）。

苦境に立たされたとき必要だったのは、客観性だった。

だがあいにくと、人が活動に没頭するときには、実はそれ以前に獲得した知的能力を糧として利用するものだ。新しいパターンや後日自らを助ける一連の思考が、今あなたの頭の片隅に蓄積されている最中かもしれない。ただ、自分ではそれに気づいていないし、そのことを検証する時間もない。

自分にとって一番役立ったことは何か振り返ると、記者会見でどうふるまうべきか決める国連官僚たちが、「直接的関連がある」とみなす知識ではない。特定の危機的状況や制度化した手順について学んだことはたちまち古くなり、不十分になる場合が多かった。一方で、よくまとまったメモから必要なことがわかる場合もあった。わたしに役立ったもので、どんなメモにも見つからないものは、伝統的な研究で獲得した哲学的、倫理的フレームワークであり、両親の歴史的経験と、そこから湧き上がる疑問だった。

平和維持活動の責任者として、胡乱《うろん》な人物とも関係を築く努力が必要とされる立場として、わたしは20世紀に広がった疑問に対し実践的な形で答える必要があった。平和を確保するためにどの程度まで行動すべきか？　妥協すべきときとすべきでないときを他者のために決める資格が、わたしたちにあるのか？　平和維持活動は、どんな代償を払っても平和を守ることを目的とした、不誠実とは無縁な活動であるが、高い道義性を持つ活動として理解されないかぎり、成功を収めることはできない。平和の霧のなかを進むには、信頼できる羅針盤が必要になる。この活動が道徳的になるのは、悪と戦うからではなく、相容れない善を考慮し、悪を弱め、選択をしなくてはならないからだ。このジレンマこそ、平和維持活動を道義的活動にしている。わたしが読者に伝えたいのは、このジレンマなのである。

第1章

アフガニスタン
——9・11とテロとの戦い

9・11　新たな時代の始まり

　2001年9月11日、ニューヨークはひときわ素晴らしい日和だった。空には雲ひとつなく、空気は澄み渡り、日差しが燦々と降り注いでいた。あと3週間ほどで、国際連合の仕事に就いてから、ちょうど1年を迎えようとしていた。その日の悲劇で世界がゆゆしき変化を迎えることになるなど、思いもよらなかった。その3か月後、コフィー・アナン国連事務総長はノーベル平和賞の受賞講演で、9・11の同時多発テロについて、いささか仰々しい言い回しでこう述べた。「我々は炎の門をくぐり3番目の千年紀に入りました」。事件が歴史に占める重要性は、すぐにはわからないものだ。だが9・11については、新たな時代の始まりだとすぐにわかった。

「これはベルリンの壁の崩壊と同じくらい重要な事件だ。アメリカと世界各国との関係を変えることになる」。9月12日、わたしはノートにそう記した。世界が激変したことは多くの人の目にも明らかだったが、世界がどの方向に進むのかについては定かでなかった。

　アメリカが単独行動をとらないように、世界各国および国連と共同歩調をとるように促すことが大事だと、フランス国連大使のジャン＝ダヴィッド・レヴィットも即座に気づいた。フランスの日刊紙『ル・モンド』は12日の紙面で、「わたしたちはみなアメリカ人だ」と大見出しで訴えた。早くもテロの翌日、広範にわたる内容を盛り込んだ決議を早急に採択するよう、レヴィットは強力に推し進めた。その政治的な意図は明白であり、わたしも同じ考えだった。つまり、こういうことである。あのように悲惨で屈辱的な攻撃に対して、ブッシュ政権が行動を起こしても誰も異を唱えないだろうが、肝心なのは、アメリカの行動が第二次世界大戦後の法秩序に背いてはいけないということだ。

とはいえ、国連憲章に定められた自衛権を安全保障理事会が急激に広げるような、成り行きに任せたやり方は考えものだった。9月12日に採択された国連安全保障理事会決議1368は、全加盟国が「あらゆる手段を用いて」テロと戦う権利を承認した。「テロ攻撃を実行した者、組織した者、資金援助した者を、支援し、支持し、かくまう者」に対し、合法的に責任を問うべきだとして、「協力を強化して、テロ行為を抑止する」ことを国際社会に求めたのだ。つまり、加盟国は個別に行動に移せるということでもある。わたしたちは、国家間紛争の要件の明確性から遠ざかろうとしていた。安保理の明確な承認がない武力行使を除外するために、国家間紛争における自衛権は厳密に定められていた。それが、安保理は加盟国――この場合はアメリカだが、他国もやがてこれを前例とできる――に対して、「テロリストをかくまっている」とみなされるという理由だけで、交戦状態にない他国に攻撃を仕掛ける権利を事実上認めたのだ。しかもそれが、自衛権を行使する十分な理由になるとした。

国際社会の平和と安全を脅かすテロと戦う決意を固めたとき、安保理は〝合法的に〟という言葉を外したと、当時のロシア国連大使で、のちに外相となるセルゲイ・ラヴロフは、皮肉たっぷりに言った。ある意味、世界はパニック状態に陥っていた。しかし、法の守護者たる国家の中心的役割が問われるような、未曽有の状況に対応できる概念的枠組みが存在していなかった。国家が一方的に武力行使を選べる場合と、安全保障理事会など、他国と共有する道筋をたどるべき場合の均衡が、変化していた。

この変化の下地が整えられたのは、クリントン政権下の1998年夏、アフリカのアメリカ大使館爆破の報復として、アメリカがアフガニスタンとスーダンに巡航ミサイルを発射したときのことだった。だが、2001年11月にタリバンに対して開始した軍事行動は、1998年の攻撃とは桁違いだった。ブッシュ政権は、おそらくイギリスの勧めに従い、安保理議長にこの軍事行動を正式に通告した。だが、同時期にアメリカ議会に送った書簡には、国際連合について一言も触れていなかった。また、安保理に宛てた書簡では、「その他の組織や国家」も、アメリカの攻撃対象になる可能性があるとされた。これがアラブ世界で看過されることはなかった。自衛権の行使が検討される状況は激増していた。国際社会に通告するとはいえ、いわゆる「テロとの戦い」を、いつ、どこで、どのように開始するかについて、絶対的な決定権はアメリカにあった。

9・11のテロリストに対する戦いをブッシュ大統領がどう定義したかは、アメリカが自国をどうみなすのか、世界からどうみなされるかについて、大きな影響を与えることになった。国連決議の即時採択からもわかるように、表面上にせよ、世界中がアメリカに心から同情を寄せ、短いながら一致団結した時期があった。テロの数日後、フランス大統領のジャック・シラクは他国の国家元首に先駆けて、まだくすぶっていたワールド・トレードセンターの焼け跡を訪れた。彼もその光景に心を揺さぶられた。もっとも、アメリカがやがてイラク戦争に向けて準備を進める頃、シラクはアメリカの不倶戴天の敵と呼ばれるようになる。

シラクはその後、さっそくアナン国連事務総長と会って昼食をともにした。このときを皮切りに、シラク大統領とアナン事務総長が一緒にいるところを、わたしは何度も目にした。2人は友好な関係を保っていた。とはいえ、フランスはアナンの前任者、ブトロス・ブトロス=ガリ事務総長を熱心に支持していたので、アメリカが強力に後押しする候補者に当初は懐疑的だったはずだ。それでも、フランスは原則として国連支持の方針をとる。安全保障理事会の常任理事国でなかったら、フランスはこれほどの影響力を世界に及ぼすことができない。それに、コフィー・アナンは良いパートナーになると、フランスはすぐに見抜いた。個人としても、シラクとアナンは互いに好感を抱いていた。互いのなかに博愛の精神を、人間に対する興味を認めた。しかし、2人のタイプはまったく異なった。片や控えめなアフリカの貴族、片や人民中心主義を掲げるフランス人政治家。猫のようにしなやかなスプリンターと、がっしりした体格のボクサーといった具合だ。

シラクは、テロとの戦いに大筋で合意が得られたことに満足しており、団結して戦うべきだとして、「テロと戦うには、国連以外の選択肢はない」と主張した。ワシントンを訪問してからニューヨーク入りしたシラクは、ジョージ・ブッシュ大統領を「心の広い人物」、コリン・パウエル国務長官を「賢い人物」と評した。ディック・チェイニー副大統領は多くを語らなかったというが、「彼の発言は筋が通っている」とし、「コンドリーザ・ライスは口を開かなかった」という。

今回の決議が採択されたことで、アメリカは安全保障理事会を通さずに行動を起こすだろうと、わたしは考えた。シラクはわたしの考えに同意したが、こう言い添えた。「それは大した問題ではない。そんな詳細は専門家しか気にしない」。1年後、イラクについて激しい議論が湧き上がった。そのとき、実はこの詳細が問題だったことが、そして第二次大戦後の偉大な業績が足元から崩れそうなことが、明らかになった。つまり、武力行使に関する国際法の共通理解が、限定的とはいえ、崩れそうになっていたのだ。

軽率にも脇に追いやられていたこの法的問題から、さらに根本的な疑問が露呈した。9・11同時多発テロにより、世界は一致団結するのだろうか、それとも一層分裂するのだろうか？　他国と違い、アメリカは前世紀、自国が攻撃にさらされたことがなかった。真珠湾攻撃はあったが、ハワイは当時、アメリカの州ではなかった（訳注：当時はハワイ準州であり、1959年にアメリカの50番目の州となる）。アメリカは米英戦争（1812〜14年）以来初めて、世界各国が絶えずそう感じているように、他国からの攻撃に無防備だと感じた。テロの数週間後、クリス・パッテンはブリュッセルでわたしに、アメリカは「イノセンスを失った」と告げた。パッテンは鋭い知性の持ち主で、当時、欧州委員会の対外関係部門委員だった。この無防備の感覚を共有したことで、アメリカは他国と近づき団結する――ほかの国々はその覚悟ができているように見えた――だろうか？ それとも逆に、傷ついたアメリカは恐れに駆られて積極的にナショナリズムに傾き、すでに極端な貧富の差で引き裂かれた世界に、さらなる分裂をもたらすのだろうか？ 数週間後、オスロで行われたノーベル賞受賞講演で、コフィー・アナンはアメリカと世界各国に、前者の道を選ぶように訴えた。

9・11のテロの恐怖を経験した今、丹念に観察すれば、人類を分断することなどできないと誰もが気づくはずです。新たな脅威は、人種や国家、地域を区別しません。かつて経験したことのない不安が、財産や地位を問わず、あらゆる人の心に入り込んでいます。苦難のなかにいる者であれ繁栄を享受する者であれ、わたしたち人類を結びつける絆について、老若男女が深い関心を寄せるようになっています。

暴力を生み出す背景

残念ながら、「我々につくか、テロリストにつくかのどちらかだ[1]」という、ブッシュ大統領の有名な発言は、世界にこれほど過激な暴力を生み出した背景を理解しようとしない言い訳になった。理解に努めることと言い訳に努めることが一体化してしまったのだ。しかも、理解に努める人たちは、9・11で命を落とした数千人の犠牲者に対する侮辱ともとられかねない意見を呈する傾向があった。わたしはインド人の作家アルンダティ・ロイを高く評価している。しかし、彼女の「無限の正義という名の算術」という記事には、大きな衝撃を受けた箇所と、賛同した箇所が混在していた。次の箇所は素晴らしいと思う。

このたびのアメリカの悲しみは計り知れないし、その悲しみは公然と大々的に発せられている。その苦悩を見つめ、抑制するようアメリカに求めても、無理な話かもしれない。しかし、これを9・11が起きた理由を理解する機会として用いるのではなく、自らを悼むためだけに、自らの報復のためだけに、世界中から寄せられた悲しみを利用するならば、それは残念なことだ。そうなると、難しい質問を投げかけ、厳しい指摘をする役割は、アメリカ人以外のわたしたちの手に委ねられるからだ。しかも、折悪しく苦言を呈したせいで、わたしたちは疎まれ、蔑ろにされ、やがて沈黙を余儀なくされるだろう。

一方で、こんな記述には衝撃を受けた。「[攻撃の]メッセージは、ビン・ラディンがしたためて(それは誰にもわからないが)、使者の手で届けられたかもしれない。でも、そのメッセージの署名は、アメリカが起こした過去の戦争で犠牲になった人々の亡霊のものかもしれない」。けれども、次の警告はおおむね正しいと思った。

アメリカ政府と、それに間違いなく世界中の政府は、この戦争の機運をとらえて、市民の自由を狭め、言論の自由を否定し、労働者を解雇し、少数民族や宗教的マイノリティを苦しめ、公共の支出を削減し、巨額を軍需産業に回すだろう。いったい何のために？……テロリズムという現象はなくならないかもしれない。しかし、テロリズムを阻止しようとするならば、アメリカはまず、この地上に自分たち以外にほかの国々も存在していることを、アメリカ人以外の人々も生きていることを、とにかく認めるべきだ。たとえテレビに映らなくても、彼らも愛し悲しみを抱き、語るべきストーリーや歌や悲哀があり、何よりも侵しがたい権利を有するのだ。ところが、今回の戦争におけるアメリカの勝利とはどんなものかと問われて、アメリカ国防長官のドナルド・ラムズフェルドはこう答えた――アメリカ人が今のやり方を続けてもいいと世界を納得させられたら、それが勝利と呼べる、と。

彼女の激しい論調はわたしには受け入れがたい。戦争による殺人と、貧富の差が生み出す苦しみを傍観することとを同一視するのは、不誠実に思える。9・11の虚無的な暴力と、金と成功に駆られた西洋文明の虚無的な物質主義とを対等なものとみなすのは不当である。後者は、邪まな選択をしているわけではなく、故意に人を殺しているわけでもない。ただ、多数の人々の惨状にほとんど理解を示さないのだ。だが、この分裂した世界の根底にあるのは、想像力と共感の甚だしい欠如、および真の人間社会の不在を反映する、自己中心的で閉鎖的な社会だ、という彼女の理解は正しい。国連の今後を決める瞬間を迎えていると思った。そこでわたしは、ふさわしい論調を探りながら、アナン事務総長宛に長い意見書を書いた。

事務総長への意見書

こんな書き出しだった。「国際社会」は依然としてとらえがたく、「グローバル化とそれに伴うすさまじい多様化により、人々は以前にも増して恐れを抱いています。自信を抱くどころか、他者に頼る傾向が生まれています。自分たちの社会が、ほかとは異なる独特の社会だと主張したがっています。均質な社会では親密さが安全をもたらすものであり、人々はその快適さを望んでいます。要するに、境界のない世界ではなく、果てがある水平線を求めているのです。したがって、このグローバル化の時代に、偏狭主義が拡大するというパラドックスが生じています」。さらに続けた。「これまでも、社会が開放される機会と、閉鎖的な社会で得られる安全とでは、閉鎖的な社会が人々の支持を得ました。名実ともに、〝門付きの社会《ゲーティッド・コミュニティ》〟の時代がやってきます」。次に、9・11のテロ攻撃に話題を移した。

今回の攻撃で明らかになった深い憎悪は、少数の〝狂気じみた〟テロリストだけが抱いているのではありません。何万人もが同様の憎悪を抱き、何千万人もがその憎悪を黙認しているのです。彼らの目には、欧米は傲慢で道徳が破綻していると映り、憤りを抱いています。この世界の実質的統合と経済的統合との間に隔たりがあるとし、道徳の欠如を糾弾しています。……現在攻撃の的になっている自由主義に基づくコンセンサスは、便利なコンセンサスでした。放っておいても、世界はおのずと均衡が図れるものだと仮定していたのですから。……これは、道徳的にも政治的にも、実に都合のいい解釈でした。倫理と効率性に折り合いをつけさせていたからです（利己主義が最高の社会を生み出しました）。裕福で権力のある者たち（とくにアメリカ。政治以外でも、アメリカの力は、「市場」という匿名の力に含まれていました）に、多くの負担を強いることはありませんでした。発展途上諸国の伝統的やり方を変えさせて、彼らに労力の負担を転嫁していたからです。……具体的に言うならば、近年の啓蒙時代とアメリカの時代の勝利を反映したものでした。イスラム過激派はもとより、アメリカのキリスト教右派、ならびに前時代的な左派からも否定されたということは、その機能的世界観が拒否され、利害より価値観が社会に影響を与え、人類を団結させることが支持されたということです。倫理と思想が、再び人類の歴史を支配する力となります。すると、進歩と同時に災難がもたらされる可能性があります。歴史を振り返れば、欲望より思想のほうが、多くの命を奪ってきたからです。

わたしはアナン事務総長にこの意見書を提出しなかった。提出しないで正解だった。その8年後、21世紀最初の10年間は、世界的な経済危機で締めくくられようとしていた。その時期に読み返したとき、この意見書はまた別の意味を帯びていた。だが、提出しなくて良かったと思う。これはいかにも、まだ実践的な経営者になりきれない、理論的なフランスの知識人の書いた文書だ。助言としては役立たない類いのものだった。国民国家で成り立つ世界において、国連とその事務総長が国家の見方を形作ることなど、ほぼ不可能に近い。他国に共感を抱けと命じることなどできない。共感は内側から生じなくてはならない。独善的なナショナリズムという、安易な道を選ぶことのない国家指導者から生まれなくてはならない。欧米のほかの指導者たちは、その共感を育み、正義とは何かという議論を変化させて、世界を団結させるきっかけを摑めたかもしれなかった。恐怖を煽《あお》る政治ではなく、結束を重視する政治を主流にできたかもしれなかった。

しかし、コフィー・アナンには、ノーベル賞受賞講演で勧告することしかできなかった。彼の立場としては、9・11がじかに国際関係に与える影響を優先する必要があった。アフガニスタンがその最初の試練となった。

アフガニスタン情勢

テロ発生の直後、主謀者はアルカーイダという組織であり、アフガニスタンを拠点とすることが判明した。アメリカはその時点まで、破綻国家よりも、いわゆるならず者国家のほうを懸念していた。ところが、9・11の同時多発テロが発生し、ならず者国家よりも破綻国家のほうが危険な場合もあることがわかった。アフガニスタンの事例が示すように、従来の権力政治による抑制と均衡の影響を受けずに、非国家的主体が一国家をほぼ牛耳ることが可能になった。新たな国家体制が確立されるよりも早く、従来の国家体制がグローバル化により破壊されていることに、世界は気づきつつあった。アメリカ政府はほどなくして、屈辱的なテロ攻撃に対して報復に出るという態度を明らかにした。各国政府は自国の領土で起きたことに責任があり、たとえ弱体化した政府であれ、その領土を利用する非国家的主体とその国とを切り離すことはできない、というメッセージを世界中に発信したのだ。国家が世界秩序の最終的な守護者であるという従来の秩序を、再構築する必要があった。

ビン・ラディンを差し出すようにと、ブッシュ政権は外交政策を用いてタリバン政権に圧力をかけることもできたはずだ。わたしはそうすべきだったと思う。ところが、アメリカは武力を選び、タリバン政権の打倒を目指すことにした。これは、その後の運命を定める重大な決定となった。だが、ほぼアフガニスタン全土を実効支配していたタリバン政権といっさいの交渉を断ち、タリバンのアフガニスタンに対する権限を認めないとしていた国際社会の態度を考えれば、このような決定にいたるのは当然だったと言える。

タリバン政権を承認していたのは、パキスタン、サウジアラビア、アラブ首長国連邦（UAE）の三国だけだった。こうした政治的孤立が国家構造の弱体化につながり、犯罪テロ組織との関係を招く要因になったのだろう。責任ある主権国家に基づく国際秩序を望みながら、それとは根本的に異なる国家の存在に、誰もが知らんぷりしていたのだ。9・11の同時多発テロから10年以上がたつというのに、この矛盾がさほど解消されていないという事実には驚かずにいられない。

アメリカがテロ攻撃を受ける2日前、アフマド・シャー・マスードが、自らの軍事拠点でタリバンの工作員に暗殺された。タリバン政権と戦っていたマスードは、アフガニスタンでもっとも尊敬を集めていた指導者だった。当時、アフガニスタンの支配をめぐる戦いは、タリバンが優勢だった。タリバンはアフガニスタン南部に多いパシュトゥーン人が中心だったが、その方針は民族とは関係がなかった。１９９６年にカブールを制圧して以来、タリバンは徐々に勢力を広げ、タジク人やウズベク人の多い北部地方までも支配した。軍閥やその他勢力の支配は、国土のごくわずかな領域にとどまった。

その後、アメリカが北部同盟――アフガニスタン北部出身で、パシュトゥーン人以外の諸民族による緩やかな同盟――を支持したことで、戦況は大きく変化した。北部同盟による地上戦やＣＩＡの諜報活動、アメリカの激しい空爆により、２００１年10月上旬から数週間のうちに、タリバンの運命は決まった。10月7日に空爆が開始されたときから、このアフガニスタン戦争の結果に疑念を差し挟む余地はなかった。とはいえ、２００３年のイラク戦争と同様に、〝勝利〟を決したスピードには目を見張った。どちらの場合も、国際社会は軍事行動にかかる労苦を過大評価し、政治安定化の取り組みを過小評価した。その後の運命を決めた２００１年後半の数週間を振り返ると、驚くことに、今なおしきりに取り上げられるアフガニスタンの根本的問題が、ごく早い時期から見られていたことがわかる。同時に、現在わたしたちが高い代償を払っている重大な過ちが、やはりこのときに生まれたこともわかる。

パキスタンの立場

9・11の同時多発テロの1週間後、アナン事務総長、フランス社会党のユベール・ヴェドリーヌ外相、それにわたしの3人で、国連本部で昼食をとりながら話し合った。外相はジャック・シラク大統領とともに訪米していた。パキスタンに実際にテロと戦う力と政治的意思があるのか、外相はこのときすでに疑念を呈していた。彼がこの疑念をアメリカ政府当局に伝えたのかどうかは定かでない。だが、カシミール地方のインド実効支配地域で、パキスタンのイスラム過激派がテロ活動を繰り広げているというのに、当のパキスタンがイスラム過激派との戦いに加わるというのはきわめて難しいことが、すでに明らかになっている。カシミール問題は、パキスタンにとって今なお求心力のある国策であり、巨大な軍事力を保有する根拠である。

北部同盟はインドの支持を得ていた。そのことから、いわゆる「戦略的縦深性」を失うことになるのではないか、インドとアフガニスタンという敵対する両国に挟まれることになるのではないかと、パキスタン政府は懸念を募らせた。何しろ、パキスタンの情報機関（統合情報局。略称ISI）はかつてCIAと手を組み、ソビエトと戦っていたパシュトゥーン人各派を操っていたのだ。そのなかの1つに、グルブッディーン・ヘクマティヤールの創設したヒズベ・イスラミもあった。この派はのちにタリバンに合流した。

民族主義に駆られたアフガニスタンと比べれば、タリバンのように、宗教的イデオロギーに駆られたアフガニスタンのほうが、パキスタンの領土を脅かす恐れは低いと考えられていた。パキスタンは、民族主義の強いバルーチ族やパシュトゥーン人と、数十年にわたり対立を続けている。両部族が多く住むアフガニスタン国境沿いの地域には、政府の手が届かないところも多かった。民族問題ではなく宗教問題に部族指導者の目を向けさせるほうが、パキスタンにとっては得策だった。

だが、2001年の秋、パキスタンはタリバンと断交し、アメリカの軍事行動を支援するように要請された。大統領のパルヴェーズ・ムシャラフ将軍には、それに従う以外選択肢がなかった。ところが早くも10月12日、アメリカの軍事行動に対する抗議がパキスタンで起こった。抗議運動が起きたのはごく一部の地域だったので、当初はさほど不安視されなかった。しかし、これが狼煙《のろし》となった。その数年後にイスラマバードを訪問したとき、深刻な反米感情を目の当たりにして驚かされた。一般大衆だけではなく、子女をアメリカに大学留学させているエリート層にも、反米感情が広がっていた。パキスタンの上流階級には、アメリカを支持する以外に選択肢がないこと、アメリカの政策が失敗に終われば自分たちも絶望的な運命に見舞われることを承知している者もいた。だからこそ、なおさらアメリカの政策を嫌っているように見えた。

アメリカの軍事行動の開始

アメリカが軍事行動を開始した頃、アナン事務総長の名声は最高潮に達した。9・11のあと、アナンは国家的悲劇に見舞われたアメリカを思いやる適切な言葉をかけていた。アメリカ政府も、国連に対して友好的な態度を示していた。滞納していた国連分担金の5億ドル余りを、アメリカは即座に納めた。アメリカが軍事行動を起こしたあとに国連の活動も必要になると、アナンは早い時期から考えていた。『ガーディアン』紙の記事も、その可能性を取り上げた。すでにアメリカ当局は、国連がアフガニスタンで果たせる役割についてほのめかしていた。

アナン事務総長にノーベル賞の受賞を祝う電話をかけたとき、すぐにアフガニスタンの話題になった。アフガニスタンがソマリアのようになる可能性があるだろうか？　国連がアフガニスタンの各派間の争いに巻き込まれる可能性は？　アフガニスタンに対する影響力と支配権をめぐりイランとパキスタンが張り合う一方で、勝利を収めたグループが国連の指揮下に入った場合、どんなリスクが考えられるだろうか？　わたしは平和維持活動担当の事務次長として、このとき初めて新規の平和維持活動を検討した。事態が悪化した場合に重点を置いて、いくつものケースを想定した。わたしはユーゴスラビアやソマリア、ルワンダを直接経験していない。だが、就任後初めての大問題に直面したとき、まずこの1990年代の悲劇に関する報告書や分析を読み、対応を講じた。90年代に欧州やアフリカで大虐殺《ジェノサイド》が起きたとき、国連平和維持部隊は傍観者の役割しか与えられなかった。その後、わたしは多くの経験をじかに積んで、いくらか自信も養われた。ただ、善かれ悪しかれ、慎重な態度は変えなかった。そのために批判を受けることもあった。

治安部隊についての議論

アメリカ代表団との交渉

2001年10月上旬、国連本部の会議室で、アフガニスタンについて、アメリカと初めて話し合った。アナン事務総長は、アルジェリアの高名な外交官ラフダール・ブラヒミに、アフガニスタン問題を担当する国連の交渉代表役を依頼した。アメリカの代表団を率いるのは、米国連大使のジョン・ネグロポンテだった。当時、国務省の政策企画責任者だったリチャード・ハースも、アメリカ代表団の一員だった。彼とはかなり前からの知り合いだった。複雑な問題を単純化しすぎず、論理的に明快にする能力を備えた人物で、わたしはその能力を高く評価していた。メモによると、ハースは会議の冒頭で発言をしている。自らの責務は、アフガニスタンの未来を考えることだとして、彼は次のように説明した。「わたしたちはアフガニスタンを作り変えようとしているわけではない。だが、アフガニスタンでは、ごく小さなことでさえ、大それたことなのだ」。彼はさらに続けた。「3年後に再び取り組まなくてもすむように、今、全力を尽くす必要がある」。彼の指摘は正鵠を射ていた。それなのに、わたしたちときたら、きちんと決着をつけるという抱負とはまるでかけ離れた行動をとった。興味深いことに、このときの戦略的課題に関する議論は、いまだに色あせていない。

ハースの提案を採用していたら、アフガニスタンの現状はまったく違っていたかもしれなかった。だが、ハースは政策企画責任者だ。最良の行動指針を提言するだけで、政策を決定するわけではない。わたしも冷戦末期に、フランスの政策立案部門を率いていた。わたしたちの提言はやはり、主要な政策と相容れないことが多かった。そのときの経験から、企画担当部門の提言と政府の方針との間に大きな隔たりがあると、身に染みていたはずだった。

ハースの発言は傾聴に値した。「たとえ暫定的でも、アフガニスタン政府を樹立する必要がある。政府には多方面の人材を含めたい。それに、タリバン兵をのけ者扱いしないように気をつけねばならない。問題は、ムハンマド・オマルとその副官たちにある。とはいえ、タリバンを排除できなければ、パシュトゥーン人を引きつけられない。もちろん、軍事作戦と金銭の力で、オマルを支持していた人々を呼び集めることはできるだろう」。

議論が大局的な戦略に及んだときも、やはり開放性と柔軟性が彼の意見にはっきりと見て取れた。ハースは、いわゆる6＋2を支持していた。これは、イラン、中国、パキスタン、タジキスタン、トルクメニスタン、ウズベキスタンの6か国に、アメリカとロシアの2か国を加えたグループのことだ。それだけではなく、ハースは日本や欧州連合（EU）、インドなど、再建に役立つ国や組織を引き込もうとしていた。こうした「アフガニスタンの友好国」で、6＋2を補いたいと考えたのだ。

アナン事務総長はハースに応えて、ブラヒミをただちにアフガニスタンに派遣し、パキスタンとイランを訪問することを承認した。この2か国に対して国連が果たす役割がいかに重要か、アナンは強調した。友好的な政権がアフガニスタンに樹立されることを、両国とも望むはずだ。パキスタンだけが重要だという印象を与えないことが肝心だと、イランの関与にあまり乗り気でない者もいるアメリカの代表団に、アナンは穏やかに指摘した。「イランとは手広く協力し合わなくてはならない。イラン側も喜んで協力する」。さらに、北部同盟の内部で亀裂が深まっているので、「アメリカは北部同盟のカブール入場を支持しないほうが好ましい」とも述べた。

アナン事務総長はこのようにして、アメリカ政府が全面的に支持していない路線を、それとなく推奨した。アメリカ政府としては、とくに国防省としては、金をかけずに戦争をするためには、北部同盟を代理にして戦うほうが都合がよく、アフガニスタンの支配を北部同盟に任せたい誘惑に駆られていた。アナンはそれを承知していたので、北部同盟の亀裂を指摘し、さらにイランとの結びつきをほのめかすことで、押しつけがましく聞こえないように留意しながら、自分の言い分を申し立てたのだ。彼がこうした態度をとる場面を、何度も目の当たりにした。訴訟当事者のように要点を押しつけるのではなく、さりげなく相手の結論を引き出す。

ハースはこれに納得した。彼はさらに、イランとの間にいくつかチャネルが開かれており、「ビジネスライクな」議論があったことを明かして、アナン事務総長を安心させた。パキスタンの主張は正しいが、その情報機関を抑制する必要がある、ともハースは述べた。それから彼は、アナン事務総長が慎重に取り組む必要がある大きな問題に言及した。「北部同盟がカブールになだれ込んでいないことに満足している。だが、彼らはいずれカブールに入るだろう。それは、起きるかどうかという問題ではなく、いつ起きるかという問題だ。……彼らが長期間にわたり行動を起こさないと見る者もいるが、彼らをいつまでもとどめておくことは無理だ」。ハースの主張は明快だった。しかしアナン事務総長は、北部同盟が少数民族の寄せ集めであり、「カブールで殺し合いが起きる恐れがある」と説いた。これに対して、ハースはやや言い訳がましく答えた。「彼らが正しい主張を行い、間違いを犯さないように、わたしたちは最善を尽くす」。それまで押し黙っていたブラヒミが口を開いた。「彼らは互いを信用していない。全員が殺到して間違いを犯す恐れはある」。北部同盟のカブール入場を阻止するようにとアメリカを説得したところで、おそらく時間の無駄だとわかっていたブラヒミは、次に外交的手段に打って出た。「誤解を招くようなことは何としても避けるべきだ。最低限の信頼を築く必要がある。イランがアメリカを信用することが肝心だ。とくにアフガニスタン政府の樹立に関しては、貴国が国連を利用するなら、関係者を安心させられるだろう。誰もが1つのチャネルで話をする必要がある」。

北部同盟のカブール入場の是非

カブールに入るべきか、入らざるべきか——北部同盟にとってはそれが問題だった。マスードの支持者には賢明な者もいるので、カブール入場がマイナスの影響を及ぼし、アフガニスタンに求められる微妙なバランスを崩しかねないことを承知している。会議を終えたあと、ブラヒミからそう言われた。だが、イランはパキスタンの思惑を危惧していたので、北部同盟にカブール入りをさかんにけしかけていた。

カブール入場は、その後を左右する最大の問題だったかもしれないが、最終的には、良識に従ってというより必要に迫られて、決断がくだされた。カブールを特定の派閥の支配下に置かず、不偏不党のアフガニスタン新政府の体現とすることが好ましいとして、全員が合意に達した。とはいえ、カブールを空白地帯のままにしておくことはできなかった。しかし、その空白地帯を埋める者が国際社会にいないことも明白だった。会議の終盤の短い時間に、部隊の派遣について取り上げられ、3つの選択肢が検討されたが、どれにも難点があった。

まず、多国籍軍——国連の指揮下にない、特定の任務だけを目的とした合同軍——が、もっとも効果的に思われた。だが、名乗り出る国があるだろうか？　トルコの名が挙がっていたが、それまでのところ名乗りを上げてはいなかった。2つ目は、アフガニスタンの諸勢力から成る国家軍だ。だが、結束力に欠けるのではないだろうか？　3つ目は、ブルーヘルメットとも呼ばれる国連指揮下の軍隊だ。しかし、軍の派遣には3か月から5か月ほどかかる。3つの案はどれもあまり現実味がなかった。しかも、望ましい解決策が見つからないことを認めたくないときに多いのだが、わたしたちはみな思い違いをしていた。とくに3つ目の選択肢は、カブールの差し迫った要望に対応していなかった。さらに、スレブレニツァの平和維持活動を指揮したアナン事務総長は、軽装備の国連軍を紛争当事者のもとに派遣する危険性を承知していた。それが悲惨な失敗に終わる恐れがあることを、痛いほどわかっていた。

2001年後半からボン和平会議にいたるまでの議論において、国際社会の多面性と限界が浮き彫りになった。あれから10年以上がたった今でも、アフガニスタンに関する国際政策は混迷を深めている。戦略的、道義的明確さが当初から欠けていたせいで、今なおその報いを受けている。第二次世界大戦前、ネヴィル・チェンバレン英首相（在任1937〜40年）は、チェコスロバキアを「ほとんど知らないはるか遠くの国」と言ってのけた。2001年後半の時点で、わたしたち西側の人間は、チェコスロバキアよりさらに遠いアフガニスタンについて、ほとんど知らなかった。アフガニスタンで軍事的に目指すこと、つまり「戦争の目的」について、真剣に議論されることもなかった。

パキスタン外相を招いての昼食会の席で、早々に激しい議論の応酬があった。有志連合（訳注：国連の規定する国連平和維持活動の枠にとらわれずに〈安全保障理事会の決議によらない〉、平和維持活動や軍事介入を行う国際連携関係の称）は北部同盟のカブール入場を「黙認」しているが、それは悲惨な結果を招きかねないと、パキスタンは不満を露わにした。彼らはルワンダの内戦と大虐殺《ジェノサイド》まで持ち出した。イギリス国連大使のジェレミー・グリーンストック卿は、これに反論した。彼の発言はどんなときも正確で的を射ている。有志連合は、安保理の命令ではなく、「国連憲章の条項」（第51条、自衛権）に基づいてアフガニスタンにいるのだと切り返した。まさにそのとおりだった。これは、9・11の同時多発テロ攻撃を受けての戦いだった。タリバンを追放し、アルカーイダを追跡するために、火蓋が切られたのだ。アフガニスタン人の間に公平で適切な協定をまとめるためではない。タリバン失脚後にアフガニスタンがどうなろうとも、アメリカ軍はあまり関心がないようだった。勝利後の対応や、その後の民族和解に及ぼす影響など、彼らの知ったことではなかった。ブッシュ政権にとって、敵は戦争捕虜ではなく、「テロリスト」だったからだ。

２００1年11月、タリバン兵1万5０００人がクンドゥーズの北部同盟に投降を希望しているとの連絡を受けた。甚だしい人権侵害や殺害が生じる恐れがあった。そこで、アナン事務総長は赤十字国際委員会（ＩＣＲＣ）に通達し、安保理常任理事国5か国（Ｐ5）にこの問題を提示した。しかし、Ｐ5はさほど興味を示さなかった。

ロシアの意向

5か国のなかでもロシアはとくに、戦場でも政治の舞台でもタリバンとの和解を検討するつもりがないようだった。ウラジーミル・プーチン大統領は、11月にアナン事務総長と面談したとき、

「国際的に承認された国家の長」たる、北部同盟の指導者ブルハーヌッディーン・ラッバーニーを支持する、と明言した。ラッバーニーは、1992年にアフガニスタンの大統領に就任したが、96年、タリバンによってその座を追われた。その後は、北部同盟政府の名目上の盟主となっていた。国際社会はパキスタンのムシャラフ大統領の「面目を保つ」だけでいいと、プーチン大統領は述べたうえに、タリバンの参加は「問題外」だという立場を明らかにした。

ロシアは以前から、北部同盟の一部をあからさまに支援していた。見事に形勢が大逆転して、多くのアフガニスタン人が疎んじられることになっても、さして気に留めないようだった。「アフガン人はターバンを変える」とプーチンは言った。しかし、国外に脱出するアフガニスタン人については警戒感を示し、「戦いに命を捧げる者と、コーヒーをすする者」と、それぞれの立場を対比して言い表した。和平会議といっても、和解のための会議にはなりそうになかった。これは勝者のための会議となることだろう。アメリカ政府は、アフガニスタンの未来を構築することより、タリバンの追放に大きな関心を寄せていた。

近隣諸国は、アフガニスタンの未来に無関心ではいられなかった。和平会議の開催場所がなかなか決定しなかったことからも、アフガニスタンの今後のあるべき姿について、各国ともまったく異なる考えを抱いていることが見て取れた。ロシアとイランは、早急にカブールで開催したがっていた。彼らの息がかかった北部同盟に国際的承認を与えられるうえに、その中枢への支配力も強化できるからだ。これはパキスタンにとって悪夢のシナリオだった。そこで、1つの勢力に便宜を図る解決策は長続きしないと、パキスタンは訴えた。彼らとしては、影響力を行使できるペルシア湾で開催したいと考えていた。パシュトゥーン人を中心とした会議を、自国のペシャワールで開く手配を大急ぎで整えて、主導権を得ようとした。結局、妥協が成立した。2001年12月5日、ドイツのボン近郊の山頂にある人目につかない邸宅で、和平会議が開催された。ここなら、報道陣のカメラの前でポーズをとらずにすむ。それに、会議の成果に影響を与えようとする外野の介入は難しい。

ボン合意

和平会議に派遣されるアフガニスタン代表団の構成を決めたのは、ラフダール・ブラヒミだった。アメリカの強力な支援を得られなければ何も乗り越えられないと心得ていたブラヒミは、アメリカと緊密に協議を重ねた。ブルハーヌッディーン・ラッバーニーは、ロシアが期待したような要職を得られず、合意の最終文書に署名することもなかった。結果として、北部同盟のパンジシール出身者のグループ――シューラ・イ・ニザール――が国防相、内相、外相の要職を手に入れ、大勝利を収めた。もっとも、彼らは早い段階から、勝利が一部のグループに集中するのは危険だと指摘していた。この結果は、アブドゥッラシード・ドーストムやイスマイール・ハーンなど、北部同盟内部の強力な軍閥たちの不興を買った。

北部出身の部族が和平会議で勝利を収めたとはいえ、南部のパシュトゥーン人の足跡が蔑ろにされなかったことは、特筆に値する。その最たる例として、パシュトゥーン人のハミド・カルザイが、アフガニスタン暫定行政機構の議長に指名されたことが挙げられる。彼の名前がブラヒミの口から出たのは、会議のわずか数日前だった。軍閥出身者でないことは、カルザイの大きな強みであり、新生アフガニスタンにとって良い兆しだった。だが、アブドゥル・ラスル・サイヤフやハジ・アブドゥル・カディールなど、パシュトゥーン人の軍閥は裏切られたように感じた。

奇跡のような成功

会議の土壇場になり、それまでの努力が水の泡になりそうになった。国連と人権団体は、戦争犯罪と非人道的犯罪を恩赦の対象から除外すると明示した条項を、最終合意に盛り込みたいと考えていた。正義と説明責任を基盤にしてこそ、ほぼ四半世紀にわたり極度の暴力にさらされてきた国で、長期間の平和が築かれる。多くの人がそう考えていたが、交渉の席についているアフガニスタン代表団のなかには、その心構えができていない者もいた。結果として、戦争犯罪に関する条項は盛り込まれなかった。ただし、ボン合意の最終文書に、「国際連合は、人権の侵害について調査する権利を有し、必要に応じて、修正措置を勧告する権利を有する」と記された。

外国部隊の駐留に関しては、意図的に曖昧にされた。「カブール、および周辺地域の治安維持を支援する」ために、国際治安部隊の配備を命じ、「この部隊は必要に応じて、その他都市中心部やその他地域に徐々に展開される」とされた。さらに、「アフガニスタン和平会議の参加国は、カブール、および国連の委任軍が配備されたその他都市中心部やその他地域から、部隊を撤退することを誓う」とも記された。こうした曖昧な記述は、配備戦力の規模に関する意見の不一致を反映していた。たとえば、イギリス外交官は5万人規模と言い及んでいた。これは当時としてはかなり大規模だった。一方で、ラッバーニーが考えていたのは、200人ほどの軍事顧問だった。

アフガニスタンの軍閥に譲歩しすぎたとして、ブラヒミはのちに批判にさらされることになる。アフガニスタンが直面している困難は、ボン合意とその後招集されたロヤ・ジルガ（指導者の大会議）にすべて端を発すると、2007年になって、あるアフガニスタン人が不満をこぼしているのを聞いた。だが、1992年に開催されたロヤ・ジルガが暴力沙汰と内戦につながった悲惨な過去を、ブラヒミは知っていた。その忌まわしい前例を、ボン会議の開幕演説で出席者に思い出させた。アフガニスタンとの交渉はもとより、アメリカの支援を得る必要もあったため、ブラヒミの任務は一層の困難をきわめた。アメリカはこの件から早々に手を引きたいと考えていたうえに、当時のアメリカにとって、戦争の目的はかぎられていた。政治宣言が採択されても、国際社会は積極的にアフガニスタンの現状に、とりわけ軍事的に肩入れするつもりがないことを、ブラヒミは承知していた。

成功の見込みは薄いとされていたことを考えるにつけ、今振り返ってみると、ボン合意はほとんど奇跡に近かったのではないかと思う。イランとパキスタンの間には根深い猜疑心があり、アフガニスタン各派間にも深刻な亀裂があった。国際社会には共通のビジョンがなく、大規模な軍を派遣する意思もなく、その必要性もまったく理解していなかった。ボン合意調印時のブラヒミの言葉を借りるなら、国連という「目撃者」は、実際にはほとんど影響力がなかった。それでも、ブラヒミはピンチをチャンスに変えた。アメリカ政府のトップレベルには明確な戦略的ビジョンが欠けていたので、ブッシュ政権に近い、ある聡明なアフガン系アメリカ人の助けを得て、ブラヒミは優れた戦術を展開した。その人物とは、のちにアメリカ国連大使として活躍する、ザルメイ・ハリルザドのことだ。

ボン合意の一番の功績は、アフガニスタンが徐々に発展していく道をつけるために、ドアを開けたままにしたことだ。武力が最大の力を発揮するのは、戦争が終結するときである。よって、その時点ですべての問題の解決を図ろうとするのは、絶対に危険だ。和平合意時に1つ残らず問題を解決しようとすると、戦争を始めた者の力が必然的に強化される。ボスニア・ヘルツェゴビナ紛争のデイトン合意が、この例に当てはまる。ボン合意では軍閥勢力を無視しなかった――でなければ合意に達しなかった――が、一歩一歩進めていくことで、武力による正当性ではなく、合意の正当性が広まる可能性を残した。この合意は、カルザイが議長を務める暫定行政機構に権威を与えた。次に、21人から成る特別独立委員会が、1500人の代表が集まる緊急ロヤ・ジルガの招集を定めた。そのロヤ・ジルガは半年後に開かれ、州代表を選出し、移行政権を樹立した。それから1年半以内に、憲法制定ロヤ・ジルガが招集され、憲法を起草し、新憲法が採択された。

やがて民兵が武装解除されて、戦争につながる緊迫した政治的状況が変化すれば、憲法制定で雰囲気が盛り上がり、これほど入念で複雑な手順を踏まなかった場合と比べて、和解が長続きするかもしれない——そんな希望も、あながち根拠がないわけではなかった。だがもちろん、ボン合意は出発点にすぎない。合意が吉と出るには、アフガニスタン国民と国際社会が、国のための戦略的ビジョンに合意できるかどうか、最後までやり遂げるかどうかにかかっていた。

ブラヒミの功績

ボンで、その後カブールで、ラフダール・ブラヒミが国連ミッションの責任者として力を尽くした。そのおかげで、国連は通常よりも大きな役割を果たすことができた。しかも、アフガニスタンを正しい軌道に乗せるために、ブラヒミは期待された以上の働きをした。多種多様な立場のアフガニスタン人が、ブラヒミの果たした役割に対して、今なお感謝の念を抱いている。彼はアフガニスタンにとって、親切な「おじ」のような存在として慕われている。国連事務総長特別代表（ＳＲＳＧ）——重要な人権問題に関し、事務総長から国連の代表として任命される役職——に求められる資質について考えをめぐらせると、即座にブラヒミが思い浮かぶ。

ＳＲＳＧは、世界でもっとも難しい任務であるのに、それが正しく評価されていない最たる仕事だろう。母国以外の国で、突如として、政治的なキーパーソンになるのだ。担当国の人々との間に築いた信頼が、仕事の基盤になり、彼らからは代弁者と保護者の役割を期待される。しかし、その国家の首脳陣にSRSGがどれほど影響を及ぼせるかというと、それは国際社会の利害関係者に対してSRSGがどれほど影響を及ぼせるかという、国家首脳陣の見立てと直結する。そのうえ利害関係者からは、担当国の利害と相容れないことを実行に移すよう期待される。SRSGとは、実働的であるあまり、国連で生じるあらゆる緊張と、考えつくかぎりの矛盾を集約した身分なのだ。国連の存在意義は人々のために尽くすことだ。だが、国連の影響力は、強力な加盟国の支持を取りつけ、管理する能力にかかっている。

安全保障理事会から、ブラヒミは「如才ない」とか「狡猾」と評されることが多い。各国の国連大使からは、偉大な外交官だと最大級の賛辞が贈られる。もちろん、そうだろう。何しろ、強力な加盟国の相容れない要求を巧みに処理し、アメリカとの正面衝突を避けてきた人物だ。その一方で、アフガニスタンをはじめとして、ブッシュ政権ととても友好的とは言えない多くの国々との信頼関係を維持してきた。それどころか、アフガニスタンでも、やはりSRSGとして派遣されたハイチや南アフリカでも、ブラヒミは外交官をはるかに超える存在となった。内戦直後の国家に関わる外国人が一番難儀するのは、耳を傾ける謙虚さと強く押す勇気との間に適切なバランスを見つけることだ。担当国は母国ではないから、危機にさらされているのは自分の未来ではない――つまり、選択した結果を身をもって経験しなくてもいい。一方で、よりバランスのとれた目で、やや距離を置いて、重大な問題を理解できるという側面もある。

SRSGは公明正大でなくてはならない。無関心ではいけないが、個人的な情熱を加える必要はない。内戦を経験したばかりの社会というのは実に熱気に満ちている。だから、それ以上の熱気は必要ない。だが、実戦終結時に感情を高ぶらせて、戦いの疑似体験をして満足する外国人を数多く目にしてきた。そんな衝動を抑えるには、知恵と謙虚さが必要になる。ブラヒミは決してそうした衝動に振り回されなかった。相手に追従したり、情熱の炎を自ら煽ったりするのではなく、相手を慮《おもんぱか》るから意見の相違が生じると示すことで、ブラヒミは信用を築いた。そうした共感を示したことで、ブラヒミはアフガニスタンの多くの人々から尊敬を集め、友情を築いた。

承諾するも、しぶしぶと

ブラヒミが下手に強気の勝負に出なくて正解だったことが、その後数か月の間に証明された。曖昧な誓約の実行に、国際社会は四苦八苦した。12月5日に締結されたボン合意では、同月22日にアフガニスタン暫定政権を発足させることになっていた。つまり、準備期間はたった2週間しかなかった。

国際治安部隊の編制交渉

わたしはただちにロンドンに赴き、イギリス軍配備の可能性について、イギリス当局と話し合った。多国籍軍の指揮を見込める国として、トルコとともにイギリスの名前が挙がっていたからだ。12月22日に望める最良のシナリオは、合意の象徴として国際治安部隊を駐留させることだった。海外派遣で長年にわたり堅実な実績があるのは、フランスを除けば、欧州ではイギリスだけだ。だがアメリカ軍は別として、わずか3週間足らずで全大隊を配備し駐留させるのは、どれほど有能な軍隊でも至難の業である。迅速な配備以外にも、根本的な政治問題についてイギリス当局と話し合った。こちらのほうが厄介で長引く問題だった。

自国軍がアフガニスタン各派と交渉を余儀なくされるのではないかと、イギリスは懸念を抱いていた。ボン合意の内容は曖昧だった。国防相でタジク人のムハンマド・カシーム・ファヒームを動かすだけでは十分ではない、アフガニスタンの各勢力を動かせるのはアメリカしかいないと、イギリスにはわかっていた。そのため、アメリカが交渉に参加するという言質をとりたがっていた。さらに、アメリカの近接航空支援と諜報活動の指揮系統に確実につながることも望んでいた。イギリスの懸念は、軍事面だけではなく政治面にも及んでいた。現場の方針を一致させるためにも、アメリカに全体像の一部になってもらいたいと考えていた。何といっても、ヨーロッパが地上軍を出動させ、アメリカが空爆で介入したボスニアの記憶は、彼らの頭のなかでまだ薄れていなかった。そのうえ、今回の作戦環境は、彼らの関心を引かなかった。不本意ながらの承諾なので戦闘能力は低いと、あるイギリス軍司令官から言われた。こうした状況のなか、一定期間のみ、かつ活動範囲はカブールにかぎるという条件で、イギリスは治安部隊の指揮権を握ることを引き受けた。アフガニスタン全土を対象に指揮を執る力があるのは、アメリカか北大西洋条約機構

（NATO）だけだと、イギリスは見ていた。

この時期、ムスリムを中心にした多国籍軍の編制について、さかんに議論された。わたしは端《はな》から、それには大きな疑問を抱いていた。平和維持活動は宗教を選択基準にすべきではないと思う。インドも、複数の宗教対立を調停しなくてはいけない立場から、この案に対して公式に反対を表明した。だが現実には、このような部隊が配備される見込みは薄かった。候補国の1つだったイスラム教国の国連大使は、わたしにこう打ち明けた。「アルカーイダとタリバンを追放したあと、欧米軍が任務を果たしたと撤収するのを横目に、我が国の軍だけが取り残されて、アフガニスタンを再建しろと言われるのはごめんです！」。

いずれ発展途上世界の国々も参加するかもしれないが、国際治安部隊はやはり欧米が中心のままだろう。治安部隊の設立は予想より困難を来《きた》した。パンジシール出身の若く精力的なファヒーム国防相の影響力が大きくなるにつれて、ラッバーニーの意見は通らなくなっていた。この頃になると、国際治安部隊が単なる軍事顧問として象徴的に配備されるわけではないと、誰もが見ていた。ファヒーム国防相も、カブール以外の地域の配備を認めていた。彼は国家軍の創設を望んでいたが、それには時間がかかることもわかっていた。地元の民兵が空白地帯を掌握するような事態を避けたかったので、国防相は、信頼できる治安維持部隊を暫定政権に受け入れるつもりでいた。したがって、問題となるのは需要よりも供給のほうだった。12月20日、国際治安支援部隊（ISAF）の設立を承認する、国連安全保障理事会決議が採択された。イギリスはその直前に、

ＩＳＡＦの指揮国の役割を受け入れた。だが、その役割をすぐにでも他国に譲りたいと考えていた。

熱意の欠如

この決議は、アフガニスタンに積極的に取り組もうという熱意が国際社会に欠けていることを示していた。決議は（合意を〝支援するために〟）ボン合意の文言をそのまま使い、治安維持の対象地域を「カブールとその近郊」と指定した。ボン合意は、カブール以外の地域に治安維持活動を拡大する可能性にも言及していた。しかし、各国が部隊参加に消極的だとわかるにつれて、その期待もしぼんでいった。年が明けて、２００２年1月上旬、安全保障理事会の月例昼食会が開かれた。フランス、イギリス、ロシアの代表はその席で口をそろえて、部隊の配備はカブールに限定すべきであり、アフガニスタンが地方の治安に責任を持つべきだと、強く主張した。こうしたミニマリスト的態度に、アナン事務総長はかねてから疑問を抱いていた。数日後、財団や大学から招いたアメリカの専門家数名と、国連の上級職員とともに、事務総長2期目の優先事項として、そうした疑問を検討した。アナン事務総長は、「欧米諸国のアフガニスタンへの関与は、地理的にも時間的にもかぎられている」として、こう問いかけた。「今後半年の間にどんなことが起きるだろうか？」。

アナン事務総長は次に、月末に開かれたダボス会議を利用して、トルコに国際治安支援部隊の指揮を迫った。イギリスが「指揮国」の続投を嫌がっていたからだ。トルコのイスマイル・ジェム外相は、はっきり返答しなかったが、まんざらでもない態度を見せた。外相は、マザーリシャリーフで功績のある軍人ドーストムとトルコとの関係（訳注：ドーストムはアフガニスタンの内戦でタリバンに敗北し、一時期、トルコに亡命していた）を棚に上げて、ドイツが指揮を執ることに二の足を踏んだ理由を尋ねた。6月開催予定の緊急ロヤ・ジルガの準備に、全国規模の安全対策が必要になるとアナンが言及したとき、カブール以外に治安維持活動を広げるのは危険が大きいと、ジェム外相はきっぱり言った。

2月の安全保障理事会の昼食会でも、まったく進展が見られなかった。アナン事務総長は、専用の会議室に特定の加盟国を呼び、話し合いをもった。数日の間に2回の話し合いがもたれた。安保理常任理事国の5か国と、国際治安支援部隊の参加国（ブルガリアとノルウェー）、さらにドイツとトルコが出席した。アナンは、重要ながら難しい質問を投げかけた。部隊の規模は？誰が適切な戦力を決めるのか？部隊の指揮を誰がどのような条件で執るのか？部隊がカブール以外で活動しないというなら、どのようにして安全をもたらせるというのか？軍閥勢力に頼るのは現実的な手段と言えるのか？代案は考えられるか？

さらにアナンは、アフガニスタンの国家軍と警察の再設立について取り上げた。アメリカとイギリスには軍について、ドイツには警察について、具体定な情報を求めた。だが曖昧な答えしか得られなかった。欧州諸国がこの戦争に参加したのは、アメリカとの団結を示すためだった。戦略的利害がない欧州は、すでに出口を探し始めていた。一方アメリカにも、さして明確なメッセージはなかった。アメリカ国連大使代行のリチャード・ウィリアムソンは、カブールの状況に満足しており、いかにしてほかの地域にも同じ状況をもたらせるか、国連の文民職員が駐在できるかについて考えていた。タリバンはもう問題ではないとみなして、アメリカはアルカーイダとの戦いに軸足を移していた。

アフガニスタン問題に関する2月の初会合の直後にワシントンを訪問したアナン事務総長は、アメリカがどの程度アフガニスタンに対して政治的に関与するつもりなのか、十分把握していた。アナンはワシントンで、外交委員会の民主党主席議員を務めるジョー・バイデン上院議員と会談した。のちにオバマ政権の副大統領に就任した人物だ。バイデンは治安支援部隊の増員を支持すると述べたが、ブッシュ政権の見解はまったく異なった。ドナルド・ラムズフェルド国防長官とは、ディナーの席で辛辣な意見の応酬があった。「アメリカは新たに軍閥を作っているのではないのですか？」。アナンが尋ねると、ラムズフェルドは当意即妙に答えた。「いいや、新たに作っているのではない。昔からいる軍閥に銃を与えているだけだ！」。つまり、これが、アメリカの考えていた「アフガニスタンの解決策」だった。アメリカが確固とした主導権を握ってアルカーイダやタリバンに対する戦いを継続することに、ブッシュ政権は意欲を示していた。ところが、包括的な戦略で進める必要があるアフガニスタンには食指が動かず、距離を置いていた。2月末、ホワイトハウスのアリ・フライシャー報道官は、アメリカ政府の立場を改めて表明した。「大統領はかねてより、軍隊の目的は戦闘して勝利を収めることだと考えています。平和維持活動といった類いのものに参加するためではありません」。

ブラヒミはいくつかの会議で、「タリバンは敗れたかもしれないが、そこら中にいる」と述べて、現状に甘んじる雰囲気を変えようとした。3月末に、国連のミッション（国連アフガニスタン支援ミッション、略称UNAMA）設立に関する決議が採択された。その採択の根拠となった国連事務総長報告のなかで、アナン事務総長は安保理にISAFを拡大するよう訴えた。

部隊の駐留はいまだカブールにかぎられている。一方で、暫定政権を脅かす勢力は、主に地方で生じる。アフガニスタンも国際社会も、既存の治安体制では安全に対する昨今の脅威に十分に対処できず、緊急ロヤ・ジルガの開催が近づくにつれて、この脅威が増大する恐れがある。安全保障理事会がこうした要因を考慮して、部隊の拡大を求めるアフガニスタンの人々の希望を支援することを期待する。(2)

アナン事務総長は安全保障理事会に、「悪戦苦闘している」とまで告げた。彼が不安を募らせたのも当然だった。カブールでさえ、とても満足できるとは言えない状況だったのだ。

2月のある日のこと、ニューヨークの会議で、国際社会がこうしてアフガニスタンの治安確保の責務をしぶっていたその日、そして国際治安支援部隊が総勢4800名に達したその日に、アフガニスタンの大臣がカブール空港で殺害された。確約に反して、1万人ほどのアフガニスタン人戦闘員がカブールの兵舎に収容されていたが、まだ彼らの武装解除には着手されていなかった。さらに、グルブッディーン・ヘクマティヤールや、アブドゥル・ラスル・サイヤフ、ブルハーヌッディーン・ラッバーニーなど強い影響力のある指導者たちが、6月開催予定の緊急ロヤ・ジルガにさかんに異を唱えていた。中北部の都市マザーリシャリーフでは、タジク人とウズベク人の間で何件もの暴力事件が発生した。現実問題として、ボン合意はきわめて脆いものであった。その〝勝者〟の間には深い亀裂が生じ、敗者は虎視眈々と時機を窺っていた。そのうえ、2001年の終わりにあっという間に勝利を手中にしたせいで、アメリカとその同盟国はすっかり現状に満足していた。平和維持活動に無関心のアメリカ軍が派遣兵を削減するのは当然と見られており、アフガニスタンに兵士を派遣していたほかの国々は、その穴埋めをどうすべきか戦々恐々としていた。

国際社会の混乱と戦略の欠如

2002年春頃には、アフガニスタンに軍事的に肩入れしても、現実的な解決につながらないことがはっきりした。国際社会の間で包括的な戦略目標が一致していないのに、包括的な軍事戦略が一致するはずがなかった。

増強か縮小か

安全保障理事会は、イスラエルとパレスチナの暴力の応酬など、その他の問題でも意見が対立するようになっていた。アフガニスタンが議題にのぼっても、アメリカはイデオロギーを振りかざし、ヨーロッパは確固とした政治的意思を示さず、結局突っ込んだ議論にはいたらなかった。国際危機グループというNGOは、国際部隊の増強を求めて、当時5000名に満たない兵員を、倍増どころか、2万5000〜3万名に増やすように敢然と提言した。ブラヒミも戦力の増強を提唱した。このとき戦力が強化されていれば、国際社会は権力の均衡がとれた体制の構築にてこ入れできたかもしれない。だが、アメリカの眼中にはアルカーイダ打倒しかなく、ヨーロッパは、本格的な武力介入が必要になる大掛かりな戦略に乗り気ではなかった。知略に長けた国連大使陣は、いかにもISAFの増強は不要だという態度をとった。

ある欧州主要国の聡明な国連大使——この国はのちにアフガニスタンに深く関与するようになる——は、カブール以外の地域で「ISAFが及ぼす影響」について述べたて、あからさまにこう結論づけた。「ISAFを拡大するという夢は諦めるべきだ」。別の大使は、「箱の外に出る」ことを考え「創造的になる」必要があると主張し、金の力について強調した。「カルザイなら金の力を活かせる。……人権が尊重されるところにだけ、資金を振り分けるべきだ」。部隊をほかの地域に展開させることについては、こう言った。「必要ない。アメリカ空軍がいる。空から圧力をかければいい。ここ数週間はまだ空軍が必要かもしれないが、うまくいけばやがて必要なくなる」。ISAFの拡大どころか、問題はすでに規模の縮小に移っていた。イギリスはご親切にも、700名を残すと告げ、フランス軍は徐々に撤退すると述べた。

5月23日、活動範囲が拡大されないまま、ISAFの駐留期間は半年間延長された。その一年半後、NATOが多国籍軍の指揮権を受け継いでから、ようやく範囲の拡大が認められた。そのときも、対象範囲は安全な地域に絞られ、ことさら慎重に時間をかけて実行に移された。この時点でも、南部で進行中のアメリカ主導の戦いと、2004年に北部に配置されたNATO主導の「平和維持部隊」を、1つのビジョンにまとめる努力はされなかった。

そもそも反テロという思惑しかなかったアメリカ政府は、アフガニスタンに対する関心を急速に失った。イラクに重点を移したアメリカは、2003年3月、イラクとの戦争を開始する。戦力の提供にかぎりがある欧州に、アメリカの空白を埋める備えはできていなかった。欧州諸国の方針は、アフガニスタンの要望ではなく、アメリカとの二国間関係で決まった。そのため、アフガニスタンの治安はおのずと、タジク人とウズベク人を中心とする部隊に任されるようになった。これが南部のパシュトゥーン人に疎外感を抱かせることになり、自らをタリバンと重ね合わせるパシュトゥーン人が反乱を起こす下地を作ることになったとしても、ほかに選択肢はなかった。国際部隊は弱小で、2001年に権力を手中にした北部同盟の政治的支配を北部で抑えることも、敗走したタリバンの復活を南部で抑えることもできなかった。2009年、バラク・オバマ大統領がアメリカ軍の増派を決定したが、遅きに失した。その頃には再びタリバンが主導権を握っており、政治的・軍事的戦略を探る窓口は、すでに閉ざされていた。

その国を心から憂慮するというより、アメリカとの団結姿勢を示すために、ほとんど見知らぬ遠方の国の事情に多くの国々が巻き込まれた。結局のところ、混乱した国際社会は、非政治的な戦略のもとに集結することしかできなかった。最初のうちは、軍事行動の非人道性がその主な関心事だった。人道的危機が迫っていると信じて、もっぱら後方支援と人道援助の調整に時間が割かれた。欧州連合（EU）もNATOも、この支援に関与しているところを見せようとした。国連がNATOに対して、人道支援活動のサポートを依頼したという噂まで流れた。実のところ、当時のおもだった人道的危機は、パキスタンとイランに逃れる難民問題だけだった。戦争が激化し、アフガニスタンから国境を越えてパキスタンに逃れる難民がさらに増えれば、パキスタン政府にとって深刻な問題となる。逆に情勢が好転した場合、パキスタンとイランに避難した350万人のアフガニスタン人の帰国についても、人道的・政治的に大きな問題となるはずだ。難民は強制的に帰国させられることになるのか？　帰郷した地域社会にどのような政治的影響を与えるだろうか？　難民が自主的に帰国するように促す方法は？　奇妙なことに、この問題について高官レベルで踏み込んだ議論をした覚えがない。だが、国連難民高等弁務官事務所（UNHCR）は、数百万人もの難民のアフガニスタン帰還を黙々と成し遂げた。アフガニスタンでこの任務の指揮を執ったのは、非常に有能で控えめなイタリア人、フィリッポ・グランディだった。彼はのちに、国連パレスチナ難民救済事業機関（ＵＮＲＷＡ）の事務局長に就任した。戦略的な問題は、確かに戦略レベルで議論する必要がある。だがこの事例が示すように、実務的な問題の多くは、十分なリソースを提供できるなら、現場の責任者に任せるのが最善かもしれない。

始動する国際援助、期待と現実の隔たり

差し迫った人道問題に対する懸念が去ると、今度はアフガニスタンの復興が世界の注目の的になった。確かに、20年間の戦争で荒廃したこの国には課題が山積していた。それに、この気運の高まりは、必要なリソースを集めるまたとない機会だった。２００１年のうちに、翌年1月、東京で復興支援会議が開かれることが決定した。このような会議は時期尚早であり、アフガニスタン政府がカブールに落ち着くまで待ったほうがいいと、ブラヒミは指摘した。結局、２００２年1月21日から22日にかけて会議が開かれ、45億ドルの支援が約束された。だが、アナン事務総長によれば、その後10年にわたり１００億ドルが必要になるはずだった。アメリカはすでに関心を失っており、復興計画に対して最低限の資金援助しか表明しなかった(3)。だが、人目を引く数字と、現地の実情とほとんど関係のない大々的な目標を掲げて、国際援助体制はすでに始動していた。

本来仕えるべき人々の利益をさしおき、自らの繁栄につながる計画を推し進める官僚主義——国家も国際機関も——を、ブラヒミはそれまでも身をもって経験していた。その経験から、アフガニスタンでの全活動が１つの重大目標にとってプラスになるように、国連のシステムにできる

かぎり規律を課すことにした。重大目標とは、自国の運命に責任を持てる、機能する国家になるように、アフガニスタンがどれほど貧困にあえいでいるか、どれほど支援を必要としているか、ブラヒミは知っていた。一方で、国際社会が――巨額の資金援助とともに――喧伝する数々の立派な約束は、アフガニスタン国民に過度な期待を抱かせることになると懸念していた。国際社会が実際に約束を履行する力にかぎりがあることを、ブラヒミは経験から身に染みてわかっていた。国連のアフガニスタンのミッションを1つに「統合」したいと、ブラヒミは考えた。アフガニスタンを支配したいと思ったからではない。アフガニスタンで活動する種々の国連機関を、ある程度管理したいと思ったからだ。国連の諸機関は、国際貢献のごく一部（10～15パーセント）を占めるにすぎなかった。だが、その管理は容易ではなかった。実力もアフガニスタンでの経験もないのに、自機関の〝専門家〟をあわててカブールに派遣したところもあった。しかも、アフガニスタンで経験がある別の組織が、彼らの計画した事業をすでに完遂しているというありさまだった。アフガニスタンの要望や必要性ではなく、供給――正確に言えば、供給すべきだという幻想――に突き動かされている危険性が高かったのだ。

それから数年の間に、ブラヒミの恐れていたことが現実となった。鳴り物入りの国際会議で莫大な支援金がアフガニスタンに約束されたために、援助が少額のときと比べて、混乱も桁違いになった。国際NGOはドナーに成果を示したいがために、サービス提供に躍起になり、脆弱な部分を放置したまま、短絡的発想で復興に取り組んだ。国民の要望を満たさない、腐敗したアフガニスタンの団体に資金を委ねることになっては困ると、ドナー国は警戒した。

果敢な努力の甲斐あって、復興政策であるアフガニスタン国家開発戦略（ＡＮＤＳ）が整えられたが、国際社会が定めたスケジュールの厳守が求められたこと、アフガニスタンが構造的な弱さを抱えていたことから、この開発戦略は地元のニーズに応えられないことが多かった。そのうえ、アフガニスタンの行政組織は州知事に対し予算の権限を全面的に与えていなかったので、国家計画を地元の要望と結びつけられず、地方議会は顧問的な役割にとどまっていた。

国家ビジョンと地元の責務を一致させるにあたり、一番功を奏したのは、世界銀行の資金提供で実施された国家連帯プログラムだった。このプログラムでは、世界銀行がカブールの各省に資金を割り当て、その資金は、地域自治社会の企画に基づいて分配される。地域社会は、その企画の遂行を監視する責任を負う。こうして、地方レベルと国家レベルの行政が結びつくようになった。だが全体的に見れば、国家の期待と現実との隔たりは依然として大きかった。

地方復興チーム（ＰＲＴ）

その間にも、治安情勢の悪化に伴い、軍隊が開発事業に携わるようになり、軍に割り当てられる予算も増えていった。同時に、国土のあちこちで暴力が再発して、その予算の有効活用が難しくなっていた。軍事努力だけでは成果が上がらないと、ＮＡＴＯにはわかっていた。そこで、地方復興チーム（ＰＲＴ）がそれに応えることになった。２００４年、ＩＳＡＦがカブール以外に範囲を広げたとき、PRTはまず北部で活動を開始した。治安部隊派遣国が文民や民事部隊を派遣して、道路の再敷設、警察官の訓練、灌漑施設計画の支援、学校の改装などにあたるようになったのだ。PRTは軍事基地内に常駐し、治安維持活動に投入された部隊を基盤にして、いわゆる現地住民の人心掌握のために活動を展開した。その意図は称賛に値するし、内容は国連の数々の活動の特徴を際立たせたものである。アメリカとNATO加盟国が、PRTに多額の資金を投入した。これに対して、人道支援団体は大きな批判を浴びせた。この種の団体は往々にして、アメリカやNATOよりはるかに小規模な国連の軍事プログラムについても不満を表す。

PRTとは、軍事活動と国土の復興開発という国際社会による2つの取り組みを、1つにまとめようとする活動だった。だがNATOはPRTの活動で、軍司令官に指導的役割を与えていた。これは、復興開発が大きな政治的ビジョンというより、軍事的戦略の添え物となったことを意味する。しかも、アフガニスタンはPRTの予算にまったく口出しできなかった。ただでさえ力のないアフガニスタンの行政機構は、蚊帳の外に置かれた。そこで、ISAFは構成要員に文民を採用して、派遣団ごとに指揮統制を変えることにした。文民要員が独自の構想を立てられるPRTもあった。文民の活動の「取りまとめ」役として、文民を顧問として採用するPRTもあった。だが、顧問と指揮を執ることとは同じではない。

開発支援は、そもそも政治的戦略の代用として行われていた。ところが、成果の上がらない軍の戦術的努力を支える活動としても、次第に利用されるようになった。たとえば、治安が悪化するアフガニスタン南部で活動するＰＲＴに、アメリカ政府は潤沢な資金を投じた。それにより、南部の辺境地帯に職業訓練校が設立され、橋が修繕されるなど、復興に役立つプロジェクトがいくつも実施され、地域社会に思いがけない恩恵をもたらした。鎮静化した北部では、当初、アメリカ以外の国がＰＲＴを指揮しており、投入される資金は南部よりはるかに少なかった。南部の比較的豊かで小さな州に、アメリカの厚意で数百キロもの舗装道路がにわかに敷設された。これに対して、国内でも貧しい中央高原地帯には、２００８年になっても３キロの舗装道路しかなかった。平穏な州の知事から言われたことがある。「多額の開発資金を得るには、爆弾を仕掛ければいいのか？」。

わたしはＰＲＴの活動に対して、その他多くの国連活動で感じたきまりの悪さと同じものを感じた。悲惨な状況で暮らす現地の人々と、現代文明の快適な設備が整った国際軍基地の際立った対比。アフガニスタン全土では部隊派遣国の豊かさによって、北部地方では治安情勢によって、この対比が増幅された。要塞化された立派な基地には、夜でも煌々と電気が灯る。その隣には電気のない都市が広がり、ぎっしり詰まった貨物機かヘリコプターで定期的に物資が支給される。こうした基地こそ、かぎられた支援物資を極貧の人々に届ける方法として、間違いなく一番高くつくはずだ。

不十分な関与の帰結

2007年後半頃、国際社会の足並みの乱れはますます顕著になっていた。国際社会が北部同盟を支援していたのは、タリバンを打倒するうえで一番安上がりだったからだ。打倒後、国際社会はカルザイを後押しして、実質的に決断する必要がない履行プロセスの背後に隠れるようになった。いくつか目覚ましい功績も見られた。ブラヒミとハリルザド米国連大使は、大きな影響力のあるパシュトゥーン人を徐々に議論の輪に引き入れた。2002年末から05年にかけての憲法制定過程のアフガニスタンは、ボン合意で描かれたアフガニスタンとはかなり異なり、多様な民族が表舞台に立つようになった。けれども、民族間の和解は脆く崩れやすかった。たとえば、ロヤ・ジルガの開催前に憲法について話し合われたとき、権力分散のため、大統領だけではなく首相職を設ける案が浮上した。大統領と首相のそれぞれの座を北部同盟とパシュトゥーン人が占めることになれば、指導権が分裂し、内戦が再び勃発しかねない。当時この案を採用しなかったのは、賢明な選択だった（2014年にこの案が再浮上した。首相に相当する行政長官職を設けることで、混乱の続いた大統領選に決着をつけるためだった）。派閥争いが起きれば、内戦時代に逆戻りしかねないという恐れと、強い議会を構築する方策もなかったことから、アフガニスタンは政党選挙を採用しなかった。選挙制度自体が、政党結成の意欲を削ぐ仕組みになっていた。

アフガニスタンで政治生命が私的取引と後ろ盾に左右され、理想と程遠い国家になったことに、国際社会は苛立ちを募らせた。国際社会の関与が不十分だったと認めるより、アフガニスタン政府を糾弾するほうが、欧米政府にとっては簡単だった。ところが欧米政府は、公式の席ではカルザイ大統領に賛辞を贈るくせに、国連には大統領批判をするように求めた。2008年にブカレストで開かれたNATOのサミットで、わたしはこれを目の当たりにした。事務総長の演説は、加盟国首脳の演説よりも辛辣だった。現状が間違った方向に向かっているとき、人は現実に取り組むより、手軽で画一的な解決策を探したくなるものだ。

アフガニスタンへの関与は、NATOと国連とアメリカが三つ巴になり、確かに複雑になりすぎていた。2005年のアフガニスタン議会選挙のあと、国連の立ち位置はさらに難しくなった。この選挙をもって、ボン合意の履行プロセスは実質的に終結した。選挙が実施されたということは、国連のミッションにはもう、アフガニスタンとの関係を打ち立てるためのロードマップがないということだ。その間にも、戦闘の激化により民間人犠牲者が増えて状況が悪化するにつれ、国連はますます難しい立場に置かれるようになった。民間人の「巻き添え」を糾弾しなければ、アフガニスタンの保護者として友人として、国連は倫理的権威を失うことになる。だがその一方で、国連はますますNATOの保護に頼るようになり、NATOと良好な関係を保つことが必要になった。

2005年以降、アフガニスタン情勢は悪化した。南部に追いやられていたタリバンが攻勢に転じたのだ。2009年、オバマ大統領がアメリカ軍の増派を決定したが、タリバンの勢力は全土に広がった。その数年後、本書を執筆している現時点でさえ、ボン合意の履行プロセスにより設置された脆弱な体制は八方ふさがりとなり、改革の必要に迫られている。その傍らで、国際社会は手を引く準備をしている。

平和にいたるまでの長い回り道

何がいけなかったのだろうか？　これまで何度もアフガニスタンを訪れたが、ある場面がひときわ印象に残っている。世界各国の取り組みや希望、悲観的予測、国際社会の期待とアフガニスタンの現実との間の埋められない隔たりなど、すべてが凝縮された瞬間だったからだ。

国民議会の開会

２００５年12月19日、わたしはアフガニスタンの国民議会にいた。議場の改装工事は前日に終了したばかりだった。カルザイ大統領が席についてからしばらく時間がたっており、会場は熱気に包まれていたが、やがて苛立ちへと変わった。その日一番大事なゲストの到着をもう20分も待っているところだった。ブッシュ大統領の代理として、ディック・チェイニー副大統領が、国民議会の開会式に出席する予定だったのだ。何十年ぶりかの選挙で開かれる議会だというのに、チェイニー副大統領の到着は大幅に遅れていた。アフガニスタンにとって大きな意味のある式典の開幕が、1人の有力な外国人のせいで遅延を余儀なくされた。しかし、わたしにとっては、かえって良い機会となった。選出された議員が会場にひしめく光景は、アフガニスタン人の多様性を観察できる、またとない機会となったのだ。当然ながら、大勢のパシュトゥーン人がいた。大半の者が、ワシさながらの鋭い容貌に相手を射抜くような目、頭に巻いた立派なターバンといった、誰もが思い浮かべる風貌である。ペルシアの細密画から抜け出したような丸顔の人たちもいた。多くは西部のヘラート出身者だったが、中央高原地帯のシーア派ハザラ族の可能性もある。東洋的な顔立ちで尖った帽子をかぶっていることから、中国に接する山岳地帯のバダフシャーン州出身だとわかる議員もいる。この地域は周囲から孤立していたので、民族衣装が継承されたのかもしれない。イスラム帝国に滅ぼされる前、アフガニスタンからパキスタン一帯を支配した1500年前のササン朝ペルシアの名残だ。アフガニスタンに青い瞳の人がいるのは、アレキサンダー大王軍東征の置き土産だと聞いたことがある。大王の軍は、山脈の向こうに何があるのかと好奇心に駆られ、アフガニスタンの山々を横切った。肥沃なインダス平原にたどりつくまで、彼らは進軍を止めなかった。興をそそる歴史のエピソードの1つに聞こえるかもしれないが、アフガニスタンの奥地の村で、バクトリア王が描かれたヘレニズム文明のコインが発見され、イスラマバード郊外のタキシラにギリシャの都市遺跡があることから、古代ギリシャ人たちがはるばる進軍して、実際にアフガニスタンを横切って行ったことがわかる。ほとんどの議員がゆったりした長衣をまとっているが、スーツ姿の議員も目についた。ブレジネフ政権の旧ソビエトやアメリカの大学などの産業界と、アフガニスタンが長年にわたって関わりがあることを反映している。

その後しばらくして、アメリカ副大統領が到着し、カルザイ大統領の演説が始まった。大統領は、ダリー語とパシュトー語で交互に語った。わたしは英語の通訳を介して演説を聞いた。演説の前半は、テクノクラシー寄りの内容だった。大統領はまず、国際社会が聞きたいことのすべてを語り、アフガニスタンが取り組むべきことを列挙した。たとえば、治安、望ましい統治、正義、基本的インフラ、教育、保健衛生などについてだ。それが延々と続いた。その後、演説の終盤近くになると、聴衆を見つめるカルザイ大統領の目に涙が浮かんだ。聴衆の多くも目に涙を湛えていた。アフガニスタンにとって団結の持つ意味について、それまで幾多の暴力と苦難を乗り越えてきたことの意味について、カルザイ大統領は語った。各々の責任を自覚するように、彼らに託された、そして彼らが体現する立法府に託された大きな希望を自覚するようにと、大統領は議員に促した。

〝民主主義〟という言葉には多様な意味があるので、誤って用いられることが多々ある。ジョージ・W・ブッシュ大統領はアナン事務総長と会談するたびに、アフガニスタンの状況は非常に順調だと、〝民主主義〟が勝利を収めていると、力を込めて語った。事態がひどく悪化してからも彼の態度は変わらなかった。ブッシュ大統領のその物言いには、どこかわざとらしい、一本調子なところがあり、わたしは心のなかで失笑を禁じえなかった。だが、2005年12月のあの日の朝、周囲の人々――女性議員が4分の1を超えていた。アフガニスタンにとっては本当に画期的なことだ——を見回したとき、民主主義という概念に圧倒的な強さがあることを認めざるをえなかった。1つの人間社会が団結しようとしていた。しかも、このときばかりは同じ希望で結びついていた。

アフガニスタンの社会は、アメリカが理想とする民主主義とはかけ離れている。この国の未来に対する希望は、積年の記憶により相殺され、複雑化している。議場に集まった人々は、みな過去の被害者だが、多くの人は加害者でもある。誰もがそれを承知しており、誰が誰にどんなことをしたのかも知っている。そのうえ、権力をめぐる激しい争いが絶えることはなかった。

議長選は、最後まで熾烈な戦いが繰り広げられた。パシュトゥーン人のサイヤフを推す者もいた。ムジャーヒディーン時代に暴力や虐待行為に荷担し、その非道な行為がタリバン支配を招く一因ともなった人物だ。結局、軍人や武器に正当性を求める時代はもうたくさんだとする人々の抵抗にあい、タジク人で高学歴のユーヌス・カーヌーニーが議長に選出された。議会審議で質疑応答が認められたことは、見事な勝利だと言える。だが、その勝利は脆く崩れやすい。

新体制への失望とアメリカの無関心

その開会式から9年がたった現在、アフガニスタン政府の腐敗に対して、欧米諸国の間に不満と失望が広がっている。アフガニスタン国民も、自国の新体制に対する信頼を失ってしまったようだ。この9年の間、2回の大統領選挙が行われた。だが、2005年12月の第1回議会選挙後に訪れた、目標達成に絶好の時期――当時の財務相アシュラフ・ガニーは、その期間を18か月とした――は、失われた感がある。アフガニスタンに注ぎ込まれた数十億ドルもの資金は、たいてい無駄にされた。現実には、その資金のほとんどは、本来の目的のために使われなかった。一般国民の生活が向上したとはいえ、決定的なことは何ひとつ達成されなかった。大規模な投資もあった。たとえば、日本からの資金援助で、莫大な費用をかけて環状道路の一部が敷設された。山岳地帯が大半を占めるアフガニスタンにとって、環状道路は住民の孤立や分裂の解消にとても重要な役割を果たす。しかし、その効果的な維持管理対策は講じられなかった。過酷な冬がすでにこの投資に損害を与えている。国連児童基金（UNICEF）の援助を受けて、女子を含めた数百万人の児童が学校に戻った。しかし、数百万人余りの児童が、まだ教育を受けられないままでいる。しかも、多くの教師は最低限の教育しか受けていない。

2005年12月に生まれた希望はまだ叶っていないうえに、腐敗がはびこっている。何十億ドルもの資金が、最貧国の1つであるアフガニスタンに急に流れ込んできて、人々の欲望をかき立てることになった。国際援助の急増と、麻薬取引による好景気とが相まって、アフガニスタンに新たな富裕層を生み出した。残虐な軍司令官が、人々を食い物にするビジネスマンや抜け目のない起業家に取って代わる、または変貌することなど、国民は望んでいなかったはずだ。国民の間に、彼らに対する反感が広がった。

富と権力の世界には自覚というものがないのだ。社会に与える影響について、9・11のテロ実行犯が無関心だったのと同じくらい、富裕層や権力者もやはり無関心なのである。富や権力を持つ者は、金の力でも武力の行使でも、自分たちの行為が及ぼす影響について無頓着なところがある。2001年、アメリカは世界に向けて、自分たちの敵を意図的にかくまった国家は、その責任を負い、報いを受けなくてはならないと、はっきりメッセージを送った。彼らはタリバン政権を瞬く間に崩壊させて、その主張を裏づけた。だが、それを成し遂げると、軍事行動を起こした本来の目的について、ワシントンの政策立案者はもう気にかけなかった。

アフガニスタン訪問時、わたしはいつも、アメリカ軍大隊の優秀な司令官に感銘を受けたものだ。彼らは、自分たちの置かれた困難な状況の把握に努め、戦域に関する知識をこと細かに入手していた。速やかな人員交代は、任務終了間際に最高の効率性が発揮されることを示していた。アフガニスタンの任務が2度目だという、ある聡明なアメリカ軍大佐と話したとき、彼の口から率直な感想を聞いた。最初の任務での軍のやり方は完全に間違っていたとズバリと指摘し、「殺傷率しか問題にされませんでした」と言った。その基準には妥当性がないことがわかったという。大佐は部族同士の複雑な関係も理解していた。部族としての結束が、残酷なタリバン指導者への怒りに勝る場合があるということも、要するに兼ね合いの問題だということにも気づいていた。アフガニスタンの人々は、確かにより良い統治や誠実さを望んでいるが、たいていは部族の指導者に対して忠実だった。ただ、その部族の指導者たちは、誠実なときもあればそうでないときもある。

アメリカの対反乱作戦は方針を改め、敵の殺害より市民の保護に重点を置くようになり、武力の行使が制限されることになった。この方針転換は図らずも、アフガニスタン国民が自国政府に抱く信頼について問題を提起した。市民が政府のもとに結集する覚悟がないなら、彼らをタリバンの攻撃から守ることに、どんな意味があるというのか？

アフガニスタン人政府の樹立へ

２０１０年にアフガニスタンを再訪したとき、初めて訪問したときからの変貌ぶりを実感した。カブールは、まるで包囲された都市みたいだった。コンクリートの高い防護壁に囲まれ、あちこちに検問所が設けられていた。検問所のアフガニスタン人職員は、以前よりも上等な制服を身に着けていた。もっとも目についた変化は、サングラスをかけて高性能銃を携えた民間軍事会社の職員が、いたるところにいることだった。ほとんど信頼されていない政府を支え、今なお市民の命を奪う軍事行動に、国民は憤懣やるかたない思いを抱いている。治安の悪化を目の当たりにする一方で、約束された莫大な資金援助は、彼らの生活に目に見える形で現れない。「安全を与えてくれないなら、わたしたちの慣習を破るのなら、豊かな生活をもたらしてくれないのなら、外国人はこの国から出て行くべきだ！」。そうした声が高まる一方である。

アフガニスタンの人々は、過去12年にわたり、国際社会の気まぐれを身をもって経験してきた。この国で最近起きた戦争は、誇りを傷つけられ、自国の優位性を再び確立せねばならないと誓ったある国が、報復として始めたものだった。開戦を後押しした人々の頭のなかには、アフガニスタンの改革などまるでなかった。たとえば、国連事務総長との会話で、従来の軍閥指導者を皮肉るコメントをした、ドナルド・ラムズフェルドなどがそのいい例だ。彼らは、テロリストに荷担した集団を打倒したかっただけなのだ。だがそれでは、民主主義を重んじる西側の世論に対して十分に訴えられなかった。そこでアフガニスタンへの関与は、極貧国の社会改革という野心的な試みに姿を変えることになった。

国際社会がいつまでも1つの戦略にこだわらないことを、ブラヒミは十分に心得ていた。アフガニスタンより小さな東ティモールとコソボで、国連はかつて暫定統治という大役を果たした。統治を実質的に引き継ぎ、国連が政府の役割を果たしたのだ。2001年、アフガニスタンでは国連の暫定統治という形式をとらないように、ブラヒミは腐心した。そんな大掛かりな任務が果たして賢明なのか、ブラヒミは強い疑念を抱いていたのだ。このような任務に必要なリソースが国際社会にはない。それに、国際支援から〝恩恵〟を受けるはずの人々から、反感を持たれやすい。

ブラヒミは、フランスから祖国アルジェリアの独立を勝ち取るために戦った、反植民地主義者だ。「破綻国家」の信託統治を支持する人々は歯牙にもかけていないようだが、ブラヒミは知っている――わたしたちは植民地時代に生きているのではないのだから、善意からであっても、たとえ国連の青い旗のもとでも、新植民地主義は決して機能しないということを。世界中の何百万もの人々にとって、自由とは個人の自由だけを意味するのではない。人間社会が外国の干渉を受けずに自分たちの運命を決められる、集団の自由も意味するのだ。アフガニスタンはアフガニスタン人のものだ。アフガニスタン人が合法的に実権を握るのは、早ければ早いほどよい。

その頃ブラヒミには、アフガニスタンに関する得がたい専門知識、開発経済学とそれに関わる官僚機構での経験を併せ持つ、あるアフガニスタン人の逸材を全面支援するという構想があった。今でこそ、アシュラフ・ガニーが財務相（2002年6月〜04年12月）として功績を挙げ、その功績が大統領候補者としての下地になったことは、よく知られている。だが2001年後半の時点では、舌鋒鋭い開発経済学の専門家で、独立心と創造力に富んだ人物としてしか知られていなかった。それだけに、ガニーの存在は保守的な官僚を怯えさせ、遠ざけかねないと見られていた。

2001年11月に開かれた会議の冒頭で、紛争により破壊された国家の再建が政治の最優先事項だと、ガニーは訴えた。2世紀以上にわたり国家はどうにかこうにか機能してきたと、アフガニスタンについてよく言われるコメントとは正反対のことも指摘した。アフガニスタンの山岳地帯では、冬場の数か月間は周囲から孤立するほどの厳しい環境に多くの部族が暮らしている。20世紀のかなり長い期間、国はそうした部族と均衡を保ってきた。彼らにとって国家は、安心感を与えながらも、干渉しすぎない存在だった。人的資本も物的資本も破壊された悲惨な内戦時代、国内にあった信頼感はすっかり失われた。そうした信頼を回復することが、2001年の最優先事項であり、今なお最優先事項である。軍事や開発戦略の議論をいくら重ねても、この基盤が欠けていれば無駄なのだ。

2014年現在、アシュラフ・ガニーが大統領に選出されて、対抗馬のアブドゥッラー・アブドゥッラーとの間に合意が成立した。これにはいくらか希望が持てる。機能する国家の建設に何が求められるか、その政治的ビジョンがようやく実行に移されるときが来たのかもしれない。

目標と達成努力の間にある隔たり

こうした長く苦しい回り道をたどったことで、アフガニスタンの政治にどんな代償が生じるだろうか？　アフガニスタンから手を引きたがっている国際社会は、必要な支援を与えるのだろうか？　NATO加盟国は、ISAFという大掛かりな任務にもうじき幕を下ろす。こんな曖昧で大それた目標を掲げて他国に立ち入ることの意味を、わたしたちは問うたほうがいいかもしれない。欧米のアフガニスタンへの介入は、テロリスト撲滅という戦略的な目標から始まった。やがてこの目標は、世界を安全な場所にして、アフガニスタンの人々の生活を向上させるという広大な目標と、すんなり結びついた。莫大な費用がかかる外国への介入に国内の支持を取りつけるにあたり、この目標は確かに重要な切り札となった。だが、この2つの目標は同じではないし、国際社会が公言した目標と、それに着手する国際社会の真剣さ、あるいは真剣さの欠如の間には乖離がある。欧米諸国がしきりに手を引こうとするとき、その乖離が厳しい選択を突きつける。

現在、タリバンは風向きが自分たちに有利だとみなし、国際社会に疲労の色が濃いことに気づいている。多くを保証されたのに、ほとんど得られなかったことにアフガニスタン国民は不満を抱き、政府は腐敗を阻止できず、信用に足る国家の基本体制を築けなかった――こうした現状がタリバンに有利に働いている。その一方で、部族の従来の構造は、金の力――麻薬王が台頭して莫大な富を獲得し、社会的な関係性が変わった――と、故郷を追われた精神的痛手で揺らいでいる。

地元部族にルーツを持つパシュトゥーン人の活動だったタリバンと、アラブ人による国境を越えた組織アルカーイダとをはっきり区別することは、12年前ならばさほど難しくなかっただろう。だが今や、成人期の大半をパキスタンのキャンプで過ごしたタリバン兵もいる。彼らには帰りたいと願う故郷の村はない。彼らの人生経験は、彼らのイデオロギーと一致する。アフガニスタンを追われて、12年以上も難民キャンプで過ごすか逃亡生活を続けた彼らは、イスラム帝国に居場所がない市民なのだ。アルカーイダと本質的に近くなるのも当然かもしれない。その構造的変化は、中東から新たな戦法を導入したことからも見て取れる。たとえば自爆攻撃は、アフガニスタンやパキスタンでは長い間馴染みがなかった。リチャード・ハースが２００１年に指摘した、オマル師と一般のタリバン兵、タリバンとアルカーイダとの違いは、今でも当を得たものだ。だが、２０１４年後半のタリバンは、２００１年のタリバンとは異なる。今の彼らと一緒に政治的プロセスに取り組むことは、12年前と比べてはるかに難しい。

隔たりを尊重する

違う道をたどることができたのだろうか？　この問いが、アフガニスタンの視点から投げかけられることはまずない。タリバン政権を打倒したのは、アフガニスタンのためではなかった。だが、アフガニスタンにとっては必要なことだった。国の安泰が戦略的目標ではなくなったこと——かつてそうだったとして、の話だが——を、アフガニスタンの人々は知っておく必要がある。自分たちが非道な攻撃の犠牲者になった場合、自国民の命が見ず知らずの他国民の命と突如結びついた場合、富裕な強国は合法的に対応する。だからといって、それが契機となり、貧困に苦しむアフガニスタンの人々と豊かな国の善意の人々が、共通の目標を抱く世界を築けるかというと、それは行き過ぎた期待というものだろう。前途は多難である。

タリバン政権の崩壊後、倫理と戦略的利害は一致するという錯覚がアフガニスタンで生じた。世界とアフガニスタンの人々の利益のために邪悪な政権が打倒されたと錯覚したのだ。国際社会は、自分たちが共感できる政治プロセスの一部にだけ焦点を合わせた。たとえば選挙がその好例だ。投票を待つ女性たちの長蛇の列は、非常に絵になり、格好の宣伝になった。だが選挙は、アフガニスタン人にとって権力の正統性の答えになっただろうか？　部族の関係や信仰に取って代わるものは、投票だけで十分と言えるのだろうか？　干渉した側と、干渉により〝利益を得る〟人々とでは、国際干渉について決して同じ土俵で理解することはできない。それは無理というものだ。

テロ行為により世界は小さくなったが、真の共同体になったわけではない。強く富裕な世界と極貧の世界との隔たりを懸念したアルンダティ・ロイは正しかった。ワシントンやロンドン、パリで問いかける内容と、カブールで問いかける内容とでは、やはり大いに異なる。それぞれの内容は妥当である。ワシントンの政策立案者が、どうしたらアメリカの安全と発展を図れるのか考えるのは当然だ。だが、その過程でアフガニスタンも救っていると主張する前に、彼らは胸に手を当ててよく考えるべきだ。

国連はその性質上、「世界をより良い安全な場所にするためにはどうしたらいいか?」という、さらに大きな問題に答える必要がある。安全保障理事会に答えを求めることはできない。安保理は、弱者に発言権を与えるのではなく、対立する力の利害の均衡を図る機関だ。だが、安保理を無視できない以上、権威に仕える従順な僕《しもべ》と、弱く無力な者の代表であること——そう自称するのも傲慢だが——の間で、国連はきわどい舵取りをする必要に迫られる。現実的にも原則からいっても、国連はどちらであってもいけないし、謙虚な姿勢を失ってはいけない。

ブラヒミがアフガニスタンの人々から尊敬を集めたのは、部外者でありながら、彼らの利益を念頭に置いていた数少ない人物だったからだ。だからといって、彼はそれを鼻にかけたりしなかった。世界からにわかに関心が集まったことで、アフガニスタンの国家再建が促進されるきっかけになればいいと、もちろんブラヒミは期待していた。けれども、大掛かりな開発計画を声高に要求したりはしなかった。おそらく、そんな計画を維持する意思や支援能力のある者はいないと知っていたからだろう。数百万人の生活を破壊した戦いが終結し、今後の安定と発展に先鞭をつける政治的合意が成立すれば、それだけで十分だった。とても野心的な目標とは言えないと批判する声もある。国連がもっと意欲的な構想を出していたら、アフガニスタンの現状はもっと安定していたはずだと言い立てる者もいる。だが、そんな批判をする者は、真の意味での「国際社会」が存在しないこの世界が、政策を打ち出さずに、行き当たりばったりの政策に終始しているという事実を見逃している。

隔たりをなくせるとうそぶくのではなく、隔たりを十分に意識しながら、別の人間社会に手を差し伸べることほど難しいことはない。だが、隔たりを縮めることは、やみくもに行動を起こすことと同じくらい、戦略的にも倫理的にもまずいやり方だろう。彼らのために未来を作ってやるようなふりをせずに、彼らの人間社会を助ける方法を習得する必要がある。共通の人間性を称えながら、彼らとの隔たりを尊重しなくてはならない。

冬のある寒い晩、アフガニスタン東部の都市ガルデーズにある国連ミッションの現地事務所を訪れた。わたしはその晩の出来事を決して忘れないだろう。事務所の代表は、オーストラリア出身のトム・グレッグという大変有能な職員だった。中身を知らされないまま、アフガニスタン人の国連職員から、ある箱を受け取った。彼らはワクワクしたようすで、笑顔を見せながら、わたしがその箱を開けるのを待った。箱の中身は圧力鍋だった。アフガニスタンならどの家にもある調理器具だ。当時のアフガニスタンの状況を表すには、ぴったりだったかもしれない。みんなでひとしきり大笑いした。わたしは彼らにとって、もう外国人の高官ではなかった。罪のないいたずらを仕掛けるほど打ち解けた、彼らと人生を分かち合う、アフガニスタンの村の住民の1人になった。

注

(1) ブッシュ大統領が最初にこの発言をしたのは、2001年9月20日の両院合同会議での演説だった。これに関しては、次を参照のこと。"Address Before a Joint Session of the Congress on the United States Response to the Terrorist Attacks of September 11," September 20, 2011, American Presidency Project (www.presidency.ucsb.edu/ws/index.php?pid=64731&st=&st1=).

(2) "The situation in Afghanistan and its implications for international peace and security," Report of the Secretary-General. March 18, 2002, United Nations. (http://unama.unmissions.org/Portals/UNAMA/SG%20Reports/18%20March%202002.pdf)(訳注:現在はこのページは存在しないようである)。

(3) 2002年だけで18億ドル、5年間で総額45億ドル相当の支援が約束された。アメリカの支援金(2002年に2億9600万ドル)は、EUの2002年の支援金5億ドルと比べると見劣りがした。日本も、30か月にわたり5億ドルの支援を約束した。

第2章

イラク
——集団行動という概念に与えた癒えないダメージ

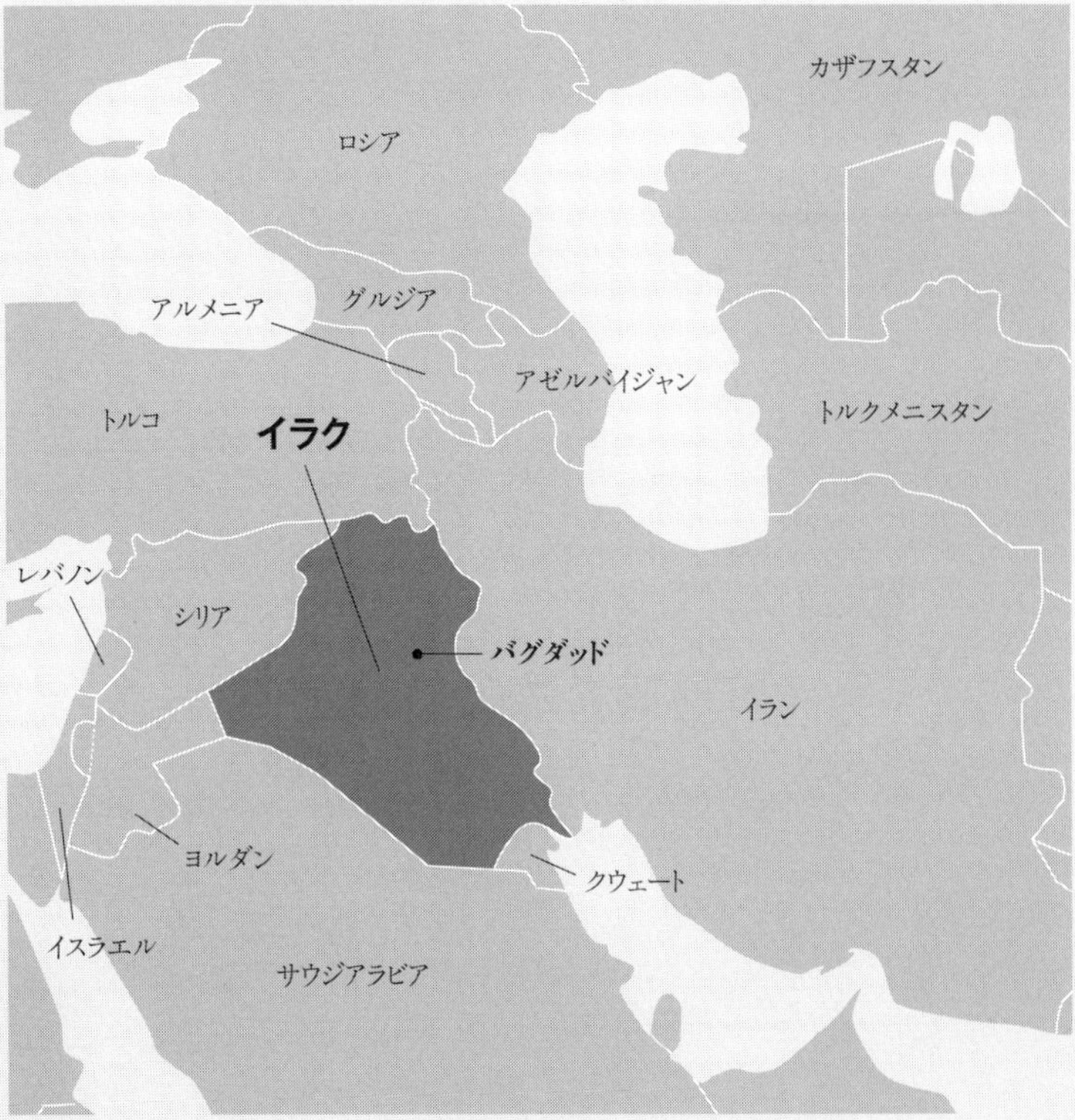

イラク戦争へ

2002年9月12日、ジョージ・W・ブッシュ大統領は、国連とアメリカの間に壊滅的対立を生み出す最初の一撃を放った。もっとも、サダム・フセインが兵器の査察に抵抗していたので、それ以前からイラク攻撃の可能性はあった。それに、イラク戦争の準備が9・11の同時多発テロ後に開始されたことも、今ではよく知られている。とはいえ、その時点まで、アメリカのイラク攻撃の可能性について、世間であまり論じられることはなかった。

ホスト国の大統領として国連総会で演説を行うため、ブッシュ大統領はニューヨークにいた。演説の前、大統領は慣例として、総会議場の隣室で国連事務総長と打ち合わせを行った。大統領はかっかしており、短い文章でまくしたてた。そのときの最初の発言が、この打ち合わせ、ひいては総会での基本姿勢を表していた。「国際連合には国際連盟になってほしくない」。ブッシュの言わんとしていることは明白だった。国際連合の妥当性が問われていたのだ。「新たなヒトラー」と対峙するというアメリカの政策を支持しないならば、国際連合は、第二次世界大戦直前の国際連盟と同じように意味のない存在になるだろう、ということだ。これに対してアナン事務総長は、イラクは「応じなくてはなりません」と答えて、支持を示そうとした。するとブッシュはすばやく言い返した。「何に応じると言うのだ？　もう16回も決議が出されているというのに！」。

今振り返ってみると、この発言がすべてを物語っていた。外交努力をすべき時期はもう過ぎた。賽は投げられたのだ。アメリカ政府の高官レベルでは、イラクが応じる望みはないとみなしていた。ブッシュはさらに感情的になった。「わたしは国を愛している。……民主主義と言ったらアメリカの民主主義のことだろう。……だが、自由は神が創られたのだ！」。新生キリスト教徒であるブッシュは、意識しようがしまいが、アメリカの経験の制度的次元と、啓蒙時代に芽生えたその出自に異議を唱えていた。とくに知的というわけではない大統領が、深い葛藤を吐露する姿には興味をそそられた。建国の父の時代からこんにちにいたるまで、アメリカン・ドリームの魅力でも重要な位置を占める、自由という概念に対する葛藤であり、この概念は制度の永続的な権利のみならず、自らの運命を決められる個人の中心的役割にも基づくものだ。このとき国連の記録係を務めたのは、リック・フーパーという、飛びぬけて優秀な若きアメリカ人だった。中東担当者のなかでも指折りの人物だったが、その11か月後、バグダッドの国連事務所を狙った爆破テロ事件で命を落とした。

打ち合わせ後、ブッシュ大統領とアナン事務総長の演説を聞くために、総会議場に急いで移動した。両者の論理はまるきり異なった。ブッシュ大統領は、「深刻で差し迫る危険」という悪名高い表現を用い、イラクを中心に述べた。そして、国際社会の信頼が問われていると言い放った。続いて同じ文中で、アフガニスタンとイラクとパレスチナの三国には民主主義が期待できるので、中東とイスラム世界のお手本になれる、とも語った。

コフィー・アナンは自らの演説で、多国間主義を訴えた。「本日、わたしは先例に従い、原則に従い、国連憲章に従い、責務に従い、多国間主義の提唱者として、みなさんの前にいます」。事務総長はそう切り出した。演説の目標は絞られていた。まず、この国連総会が9・11同時多発テロ1周年の翌日に開催されたことを、聴衆に思い起こさせた。次に、例年どおり世界の諸問題を次々と列挙したりせずに、重要な問題を中心に話をした。つまり、イスラエルとパレスチナの対立、イラク、アフガニスタン、インドとパキスタンの核をめぐる問題だ。これは多くの点からいって、勇気ある選択だった。イスラエルとパレスチナの対立を最初に挙げたことは、アメリカの当時の政策論理と真っ向から衝突した。インドとパキスタンの対立についても、慎重に言及したとはいえ、国連でこの問題が議論されることを望まない、安全保障理事会の有力な理事国を刺激することになった。

アメリカとの関係

国連の慣例の1つに、「P5昼食会」がある。総会が開幕する閣僚級会議の週に、事務総長は安保理常任理事国5か国の外相を、国連本部ビルの38階にあるダイニングルームに招待する。外相は各国の国連大使とともにテーブルにつく。事務総長は5、6人の主要顧問を伴う。ダイニングルームは人でひしめき合い、外相たちの後ろに座る記録係は、満足に書類も広げられないほどだ。2002年は、国連総会の翌日の9月13日に昼食会が開かれ、イラク問題に対して安保理がとるべき次の段階について、話し合いを始めるきっかけとなった。各国の意見はバラバラだった。明確な行動スケジュールを示す決議を望むコリン・パウエル米国務長官と、二段階のアプローチの必要性を強く主張するドミニク・ド・ヴィルパン仏外相との間には、決定的な相違があった。まずイラクに対して明確な要求を示し、はっきりしたメッセージを送り、その後のイラクの対応を見定めてから、安保理は次の行動を決めるべきだと、ド・ヴィルパンは主張した。他方でイーゴリ・イワノフ露外相は、武力行使という選択を除きはしなかったが、それは「難しい」だろうと、慎重に言葉を選んで話した。その口ぶりから、交渉は可能であり、もう少しで妥協点が見出せそうだという印象を受けた。

数日後、安全保障理事会で、通常の月例昼食会が開かれた。そのときフランスは、2つ目の安保理決議案が投票に付されたなら、武力行使に踏み切る用意があるとほのめかした。この頃はまだ、安保理の間に修復しがたい亀裂が入る兆しはなかった。しかし、今振り返ってみれば、9月16日に、安保理の要請に歩み寄りを示すような回答がイラクから届いたとき、アメリカは落胆を隠さなかった。このときの態度からも、アメリカが実際には外交的解決など望んでいなかったことがわかる。

イラク危機が国連とアメリカの今後の関係を決める問題になると、アナン事務総長は早い段階から十分に認識していた。イラク危機が発生した時期、平和維持活動の現実的可能性については適切に検討されなかったので、わたしは直接の責任を負っていなかった。とはいえ、アナン事務総長に助言することで、わたしもこの問題に深く関与した。この難局に際して、合議制で取り仕切ることがとくに必要だと、事務総長は考えていた。

イラク危機の間、事務総長は少人数ながら多様なメンバーから成る顧問団を編成し、その意見を重んじた。この内部の討議が、やがて全世界に影響を与える広範な議論に反映されることになった。2002年2月、事務総長の2期目の目標について検討するため、事務総長が自ら招集した内部会議でのことだった。アメリカと国連の関係改善がおぼつかないと、カナダ人のルイーズ・フレシェット国連副事務総長は強調した。アメリカ政府による武力行使の強調、軍事費の増大、従来の同盟国との協議不足などの指摘が、数人の出席者から挙がった。世界情勢はさらに悪化する恐れがあると、ある出席者は意見を述べた。イラクの危機が差し迫っているため、時を置かずに議論を継続する必要があった。9月末、アナン事務総長は、グレンコーヴで再び内部会議を開いた。下手をすると国連が、普段はアメリカに敬意を抱く国々がささやかな独立心を表明する公開討論の場になりかねないと、アナンは危惧していた。「国連をアメリカに対する鬱憤晴らしの場にすべきではない。アメリカを仲間外れにしてはいけない」。

揺れ動く議論

国連の本来の盟友である国々に手を差し伸べたいとする者と、アメリカの支援なしでは何事もうまくいかないと考える者との間で、議論は揺れ動いた。アナン事務総長の特別顧問であるジェフリー・サックスは、各国が国連と利害関係を持つ多極化の世界がどのように登場したか指摘した。発展途上国出身のメンバーからは、もはや多くの国が多国間主義に深い疑念を抱いている、との声が上がった。多国間主義は、豊かな強国が自分たちのルールを押しつける手段だと、彼らはみなしていた。国連が彼らにとって有益だと納得させる必要があった。ほかの者たち――国連開発計画（UNDP）総裁のマーク・マロック・ブラウン、国連人権高等弁務官のセルジオ・ヴィエラ・デ・メロなど――は、アメリカ参加の必要性を主張し、多国間主義が自国の利益になるとアメリカを納得させる必要があるとした。アナンは次のように結論づけて、その溝を埋めようとした。「アメリカを引き込まなくてはならない。だが、［イラクに関する］決議が出来レースとして、軍事行動の口実とみなされてはならない。イラクの政権交代を少しでも匂わせてはならない」。ジェフリー・サックスは、今なお十分に説得力のある証拠を挙げて、戦争という選択に反対した。唯一好ましいシナリオは、短期の攻撃で終わらせ、速やかに安定した政権を樹立し、石油をコントロールしてその供給を増やすことだと、サックスは主張した。ただし、このシナリオは実現しない可能性が高く、それ以外のシナリオでは、アメリカの大幅な財政不均衡と金融の脆弱性をもたらすことになるとも指摘した。それでも、アナン事務総長はすでにこの段階で、イラクのふるまいとアメリカの立場から戦争は避けられないと確信し、その先を考えていたのではないかと思う。安全保障理事会が結束することが重要だと、事務総長は強調した。やがてこれは、介入に際しての彼の基本思想となる。「この危機が、いずれ国際社会と国連の手に委ねられるように対処する必要がある。そうすれば、アメリカの単独行動は困難になる」。そして付け加えた。「単独行動に反対する最大の論拠は、予期せぬ結果が引き起こされるという恐れだ」。

安保理決議1441の採択

同時に、ハンス・ブリックスは信頼できる武器査察計画をまとめようと、熱心に取り組んでいた。ブリックスは、スウェーデン外相や国際原子力機関（ＩＡＥＡ）事務局長の経験がある、忍耐強く誠実な人物だ。彼の挑戦――ドナルド・ラムズフェルド米国防長官がそう表現した――は、イラクがシロだと証明することだった。イラクが大量破壊兵器を実際に保有している場合に、保有の事実を証明するより、大量破壊兵器を保有していない場合に、保有していないという事実を証明するほうが、はるかに難しい。火のないところに煙は立たないと言っても、動かぬ証拠があるわけではないのだから、疑いを抱く者にとっては十分ではない。

10月上旬のある夜、わたしは人けのない国連本部ビルで遅くまで残業していた。ブリックスも遅くまで職場に残っており、疲労困憊したようすだった。彼はその日の午前中にイラクと話し合った査察方式について安全保障理事会に報告し、いくつか重要な問題に関して自身の見解を伝えた。たとえば、イラク上空の飛行禁止空域で、査察官の乗った飛行機の安全性をどう確保するか、いわゆる大統領専用施設でどのように査察を実施するか、などである。こうした神経を使う問題についても、ブリックスはイラク政府と合意できるという感触を得ていた。だが、どの部隊や常任理事国代表が査察に同行するかによって、連携したアメリカとイギリスが行きすぎた態度を示すのではないかとも懸念していた。相手の協力に基づいて行うのが査察の基本姿勢なので、強制すれば査察の本質を変えてしまうことになる。

翌11月は、非生産的な衝突を避けたいと願う安保理の理事国にとって、希望の持てる月となった。アメリカとイギリスの容赦ない圧力と、その他理事国の慎重な取り組みによって、アメリカやフランスの想定よりも望ましい結果がもたらされるように思われた。アメリカ政府の強い姿勢と戦争の脅威が、査察体制の強化につながり、外交政策に重きを置くフランスの姿勢が、イラクが査察に応じる機会を生むことになった。多国間主義が功を奏したのかもしれない。

11月初旬には、アメリカとフランスは決議の草案について合意に達したようだった。この最初の決議が採択されたら、2つ目の決議は必要なくなる。アメリカはそれを望んでいたが、2度目の話し合いがもたれることをフランスは望んでいた。ロシアもやがてこの決議案に同意した。11月8日、安全保障理事会は全会一致で、安保理決議1441を採択した。シリアでさえ賛同した。コリン・パウエルにとっては大成功だった。安保理での外交努力を疑問視していた者たちに、その努力が実を結んだことを証明できたのだ。ほんの短い間ではあったが、イラク論争が無残な結果を迎えなくてもすむかもしれないという一縷《いちる》の希望が、誰の胸にも芽生えた。

ところが、イラク北部の飛行禁止空域で起きた出来事が――決議違反ではないのに――決議違反だとアメリカが主張し、たちまち非情な現実に引き戻された。これがきっかけとなり、アナン事務総長とアメリカとの間に、イラクをめぐる本格的な衝突が引き起こされた。コソボの小さな村を訪問中、飛行禁止空域の件について質問されたアナンは、安保理決議1441に違反していないと明言した。通信社がこの発言を取り上げ、徐々にプレッシャーをかけようとしたアメリカの初期作戦は阻まれた。ワシントンのタカ派は、これに不満を覚えた。アメリカがやはり開戦の決意を固めていることは明白だった。だが、安保理での外交作戦が成功を収めていたので、アメリカが単独行動に出るリスクは低くなっていた。

この雰囲気を察したシラク仏大統領は、11月25日にパリで開かれた会議で、自分は「それほど悲観的ではない」とアナン事務総長に告げた。シラクはブッシュ大統領とプラハで会談していた。国家安全保障問題担当大統領補佐官のコンドリーザ・ライスが、チェイニー副大統領やラムズフェルド国防長官、ウォルフォウィッツ国防副長官、政権内のその他強硬派をまとめる必要がある、とブッシュは言っていたという。シラクによれば、ビジネス界は開戦を支持しているが、世論は疑念を募らせているとのことだった。それに、ブレア英首相も懸念を抱いていた。アメリカがイギリスの協力なしに単独で行動を起こすことは、政治的に困難であるはずだ。だがシラクは、好戦的な口調で結論づけた。「サダムが間違いを犯したら、我々は行動する……それに、彼は間違いを犯す天才だ！」。フランスはどうやら、起こりうる事態を受け入れるつもりでいるようだった。

安保理がイラクに要求していた情報の詳細に多くがかかっていた。12月8日の日曜日、イラクの武器申告書が、コロンビア国連大使のアルフォンソ・バルディビエソ安保理議長のもとに届いた。提出書類は1万2000ページにも及んだ。バルディビエソ議長はただちに安保理常任理事国5か国に書類を渡したが、非常任理事国としては面白くなかった。供給元のリストなどからイラクの不法行為が窺えるだけではなく、核拡散国家に情報を与える恐れがあるなど、この書類には機密性の点で問題があった。結局、この機密書類を管理し情報を審査する権限は、ブリックスに与えられることになった。アメリカはさっそく書類の欠陥を指摘し、提出書類をつぶさに調べる時間のない者たちは、ますます頭を抱えた。

戦争回避の努力

2002年の年末、イラクとクウェートの国境を監視する国連ミッション（国連イラク・クウェート監視団）の軍備を確認するため、わたしはクウェートに向かった。この監視団は、両国間の非武装地帯を監視する目的で、1991年に設立された。現地に到着したのは、2003年1月2日の夜だった。論文や決議を丹念に読むよりも、国連のヘリコプターで国境沿いを飛ぶほうが、はっきりしたメッセージが伝わってきた。数千人の兵士と戦車がクウェート側の国境に配備され、かつてイラクの侵攻を阻止するために積まれた砂山を崩す準備が整えられていた。わたしは国連の護衛でイラクに入り、ウンム・カスルの基地に移動した。手を振って入れと合図するイラク兵たちは、開戦する前から、まるで敗戦したかのような雰囲気を漂わせていた。湾岸戦争と目前に迫りくる戦闘の間の11年間は、一時休戦期間でしかなかったような、1991年時点でやり残したことにいよいよ決着をつけるような、不意にそんな気持ちに襲われた。シャットゥルアラブ川の濁った水のなかに錆びたまま沈む何隻もの船から、サダム・フセインの最初の敗北以降、イラクが平常の状態に戻れなかったことが見て取れた。2003年初頭、戦争は避けられないという空気が漂っていた。ギリシャ悲劇のように、唯一投げかけるべきは、「どのように」という問いだけだった。

2003年3月20日の開戦にいたるまでの道のりには、紆余曲折があった。軍事日程が政治日程に影響を与えるべきではないと、アナン事務総長は強く訴えていた。だが、軍事日程は一段と優先されるようになり、明らかに政治日程に影響を与えていた。数万の兵士がすでに配備済みだった。春と夏になれば、現地は灼熱の太陽に照らされる。その前に軍事行動を開始する必要があることを、誰もが承知していた。イラクが化学兵器を使用する可能性を考慮するなら、なおさらだった。武装したうえに化学防護服を着用するだけでも不快きわまりないというのに、夏の炎天下では、ほとんど耐えられないだろう。

戦争はいよいよ避けられなくなっていたが、アナン事務総長は粘り強く妥協点を見つけようとし、安全保障理事会を再び結束させようと努めた。武力の誇示はイラクの譲歩を引き出すには有効だと認めつつも、査察が成功だとみなされた場合に、アメリカ政府の面目を保つやり方で、緊張の段階的緩和を成し遂げることが重要になるだろうと、ド・ヴィルパン仏外相に再認識させた。

この期に及んでも、アナンが戦争を回避できると本気で信じていたかどうかはわからない。けれども、最後の最後まで、あらゆる選択肢を確保しようとしたことは確かだ。

全体的に、イラクは武器査察にあまり協力的ではないという印象を受けた。「サダムは間違いの専門家だ」との見立ては裏づけられたかに思えた。12月にイラクが提出した書類は膨大な量だったが、重要な内容がほとんど含まれていないことがわかった。そのうえ、イラク政府は査察官に必要最低限の協力しかしなかった。欧米の各情報機関は、イラクの兵器保有について確信を深めていた。イラクが購入したアルミニウム管がウラン濃縮に使用されたという事実を情報機関の報告書で知ったと、核拡散防止の専門家で、開戦支持者でありフランス政府の立場に批判的なフランス人から聞いた。ブリックスも、1月末に安保理に報告した際、イラクはゲームを公正にしていないと断言した。この発言にタカ派は飛びついた。もっとも、彼はその後『ニューヨーク・タイムズ』紙のインタビューで、この発言を訂正した。

対立する国家の間で板挟みになる国連

2003年2月5日、安保理理事国が再び閣僚級会合を開いたとき、議論は山場を迎えた。よく知られているように、コリン・パウエルはこのとき、アメリカはサダム・フセインの主張に異を唱えると表明した。パウエルは状況証拠しか提示しなかったが、彼が演説する姿を見た人たちの多くは、イラクに兵器の秘密計画があったと信じたのではないかと思う。これは、相変わらず非協力的なイラクの態度を説明するうえで、もっとも論理的な――あとから考えてみれば誤った――やり方だった。だが形勢はすでに定まっていた。戦争を仕掛けたいタカ派も、イラクの大量破壊兵器保有の可能性を認めたら、自分たちも最終的に戦争を受け入れざるをえなくなると恐れていた戦争反対派も、疑わしきは罰せずとあえて主張する者はいなかった。

ハンス・ブリックスは素晴らしい奮闘を見せたが、この議論には不確実さや譲歩を受け入れる余地はなかった。事実に基づいた客観的判断がくだせるように、ブリックスは少しずつ情報を収集していた。だが、いかんせん時間が足りなかったし、アメリカはそれを待つつもりはなかった。2月6日、安全保障理事会の月例昼食会で、フランス国連大使は査察の強化を提案したが、米英の国連大使に即座に却下された。常任理事国は深い溝を埋めるつもりがなく、互いに責任転嫁に終始していることが、ますます浮き彫りになった。非常任理事国はそんな状態にすっかり失望し、理事会は膠着状態に陥った。

コフィー・アナンは彼らとは異なる、幅広い視野を持っていた。国連総会の演説で述べたように、原則的にも責務的にも多国間主義者として、戦争が起きるような状態は、国際法や国際機関、核拡散防止に大きな影響を及ぼすことを承知していた。アメリカは予防戦争を正式に国家政策の1つに据えるつもりなのだろうか？　そうなれば、国連憲章のなかでも最重要とされる、個別的自衛権を認めた第51条の価値を貶《おとし》める先例となるのではないだろうか？　過半数の国々の意思に反して、安全保障理事会が無視され、リスクが過小評価されることになるのではないか？　核拡散の防止は、多国間主義の枠組みの協定で対処されるだろうか？　それとも、単独行為により対処されて、拡散国家が大量破壊兵器を入手する強力な動機を生み出すことになるのではないだろうか？

戦争が不可避だと悟ったアナン事務総長は、ウィリアム・アンド・メアリー大学での演説で自らの立場を述べた。核拡散防止体制を強化するために、多国間主義的に取り組むことの重要性を強調して、こう言った。「自衛のためではなく、国際平和と安全を危険にさらす大きな脅威に対処するため、国家が武力を行使すると決めたとき、国際連合安全保障理事会が与える唯一の正統性に代わるものはない」。次に、国連憲章の草案者は反戦論者ではないとして、安保理は「その責任に正面から向き合う」ことを避けるべきではない、「武力には武力で対応せねばならないこともある」と、鋭く指摘した。アメリカの統率力を求めて、こうも述べた。「外交術を用いて忍耐強く説得にあたり、協調体制を構築することによって、アメリカが強力な統率力を発揮するならば、国際連合は成功を収め、アメリカも成功を収める」。

この発言には、アメリカは安保理の支持を獲得するために、最初の決議を採択したときのように一層努力すべきだというメッセージが暗に込められていた。わたしはそのとき、事務総長が戦争を受容する姿勢を過度に示していると感じた。諦めたという印象を与えるべきではない。事務総長には、強い姿勢をとってもらいたかった。振り返ってみると、わたしが間違っていたのかもしれない。わたしも戦争は不可避だと考えていたのに、矛盾していた。

フランスの画策

だがアメリカは、外交による解決に以前にも増して関心を示さなくなっていた。戦争を止める努力は無駄だと悟ったフランスは、アナン事務総長と反対の結論を導き出した。安保理の結束を維持するのではなく、安保理が戦争不支持に傾くよう画策したのだ。世界の大半が戦争に反対なのだから、今後の安保理の信頼性を保つためにも、戦争と関わらないことが得策だと、フランスは考えた。この点に関して、わたしは母国に賛同できなかった。国家的見地から、フランスは同盟国として、アメリカとの正面衝突を避けるべきだと思った。どのみち発生する戦争を押しとどめようとするより、戦争終結後をにらんでフランスの影響力を守るほうが大切だろう。終戦後、石油収益の管理などの法的問題が、きわめて重要になるはずだ。アメリカには安保理の権威が必要になる。アメリカ軍は、現場で既成事実を作れるとしても、法的事実を作れる立場ではないからだ。そうした重大な局面に備えて、政治的資本を温存するほうが有利である。原則として、わたしは戦争という選択を受け入れられなかった。戦争は大きな苦しみを生み出し、予期せぬ影響をもたらす。けれども、反戦論者の独善的な思い上がりも感心しなかった。サダム・フセインが大量破壊兵器を保有することもありうると思っていた。それに、フセイン政権が非道であることに疑いを挟む余地はなかった。

さらに根本的な問題として、アメリカと国連の対立が安保理と国際法に甚大な損害を与えるのではないかと、わたしは危惧していた。ド・ヴィルパン外相の補佐官に宛てて、穏健な姿勢をとるように提案する手紙を送った。フランスは戦争に賛成しないが、米仏関係のために積極的に反対はせず棄権するつもりだと、ブッシュ政権に伝えるべきだと主張した。だが、フランスの風潮はこれとは正反対で、わたしの意見はごく少数派だった。フランスの高名な戦略専門家で、当時ロンドンの国際戦略研究所所長を務め、現在は同研究所の会長である、フランソワ・イズブールという人物がいる。彼はこうした世間の風潮を案じ、アメリカは新たなベトナムに対峙しようとしている、失敗に終わる政策に荷担しないほうがいいと、『フィナンシャル・タイムズ』紙に発表した。

戦争決議案が安保理で過半数を獲得しないように、フランスは非常に効果的な作戦に乗り出した。アメリカも同様に、ヨーロッパを分断する作戦を繰り広げた。ブッシュ大統領はすでに意を決していた。大統領に何度も会ったことのある人物によると、彼には「弱者の頑固さ」があるという。ブッシュの考えは、次のように異なる種類の保守主義を掲げる者たちによって強化された──革命的な意図を持ち、中東に民主主義の秩序を新たに築くと心から信じている、ポール・ウォルフォウィッツのような者たち。アメリカの権力行使をいたずらに制限する第二次大戦の戦後合意から、アメリカを解き放つ機会だと見る、ディック・チェイニーのような者たち。迅速に戦争を終わらせることで、アメリカの圧倒的な力を世界に示し、新帝国時代の幕開けとなると信じて疑わない、ドナルド・ラムズフェルドのような者たち。

近年民主化した中欧の国々は、ブッシュ政権の掲げる民主化の目的に共鳴し、アメリカに感謝の意を表したがった。2月に、東欧と中欧の8か国が、アメリカを支持する意思を表明していた。欧州内の団結より大西洋を越えた結びつきのほうが、彼らにとっては感情的に重要だということがはっきり示された。ラムズフェルドの言う「新しいヨーロッパ」に不意を突かれた形になり、フランスは苛立ちを隠せなかった。2月19日にブリュッセルで開かれた欧州理事会に、コフィー・アナンも出席した。理事会はEUに対し、国連を支持するよう促した。だがそれ自体、ヨーロッパにまったく結束が欠けていることの表れだった。

2月14日にニューヨークで開かれた安保理閣僚級会議では、さらに言葉の火花が散った。ド・ヴィルパン仏外相は雄弁をふるった。ラムズフェルドの「古いヨーロッパ」と見下したコメントに反撃して、「古い大陸の古い国」を代表して話した。ド・ヴィルパンが話し終えると、会議室には自然と拍手喝采が沸き起こった。これはきわめて珍しいことであり、外交儀礼の規則に反する行為である。だが、フランスが戦争に反対する世界各国の擁護者になったことを如実に示す光景でもあった。自分も1066年にフランス人が建国した古い国の出身だと、そのときジャック・ストロー英外相は訴えずにはいられなかった。コリン・パウエル米国務長官は、自分はもっとも「古い」民主主義国家の出身だと言い返した。戦争と平和に関することでなければ、こうした言葉の応酬も面白いかもしれない。だが、今回の決断による長期的影響を脇に置いて、各国の閣僚が言葉で相手に勝とうとするなど、こんな子どもじみた駆け引きを見せられるのは実に悲しいことだった。

開戦派と反対派、かみ合わない議論

イラクをめぐる議論は、アメリカについての議論となっていた。『フィナンシャル・タイムズ』紙によれば、アナン事務総長は2つの大きな力の板挟みになっていた——アメリカと国際世論である。世界の多くの人々が、イラク進出をアメリカの新帝国時代の幕開けとみなし、それは好ましくないとも思っていた。ヨーロッパでは大規模なデモが起こった。マレーシアのマハティール・モハマド首相は、クアラルンプールの非同盟諸国首脳会議で熱弁をふるった。こうした一連の出来事は、反米主義という大きな波が起こり世界を呑み込もうとしている証拠だった。まるで、アメリカ政府が史上最悪の戦争犯罪を起こそうとしているかに思われた。

この間アメリカでは、普段は詮索好きなマスコミからも、ブッシュ政権の方針に対する疑問の声がほとんど上がらなかった。少しでも批判が起きると、臆病だとか堕落しているとして、たちまち退けられた。研究者も、合理的な議論を提供するどころか、国家主義の雰囲気を盛り上げることに荷担した。戦争を支持する書籍が出版された。その論拠となったのは次の2点である。制裁も査察もイラクの大量破壊兵器開発を阻止できなかったこと。石油収入によりイラクは中所得国になるので、戦争終結後の復興が容易だと見込まれること。やがて、どちらも間違いだと証明された。

アメリカは、安保理で9票（過半数）の賛成票を得られるだろう、フランス（または中国やロシア）がこの状況で拒否権を行使することは政治的に難しいだろう、と思い込んでいた。アメリカが9票を獲得できないと、フランスは冷静に見積もっていたが、相変わらず拒否権の行使をちらつかせていたのは誤りだった。アメリカが過半数を獲得できないなら、フランスは拒否権を使わなくてもすむはずである。これは脅し合いの駆け引きだった。そこで、アフリカの非常任理事国がアメリカの圧力に屈しないよう説得するため、ド・ヴィルパン外相は駆け足で旅に出ることにした。イラク政府は、状況をひどく読み違えたままだった。2月末の時点でも、アメリカが9票獲得しても、フランスが拒否権を行使するので何も起こらないと、イラク外相は確信していた。反戦陣営の強い姿勢が、イラクに対する国際社会の圧力を弱めたといえるかもしれないが、それが果たして重大な影響を与えただろうか？　イラクの行状が改まったとしても、アメリカは戦争の決意を固めており、その積極的な動きは安保理に深刻な打撃を与えた。

ブレア英首相から圧力をかけられ、アメリカは新決議案を共同で提出することに合意した。開戦に安保理の承認が必要だとする労働党左派の説得に、ブレアは必死だった。決議草案が武力行使を容認する内容であることを、米英2か国は理事国との個別協議の席で認めざるをえなかった。曖昧さを残しておきたい非常任理事国は、決議の明確なメッセージに難色を示した。3月第1週を迎え、サダム・フセインを排除すべきだとブッシュ大統領が発言したため、外交交渉は一層難航した。核拡散防止を装いイラクの政権変更を目論むことに対して警戒感を抱く国にとって、これは危険信号だった。理事国の反対陣営との距離が、これでさらに広がった。時間がどんどん残り少なくなり、妥協成立の可能性は一段と低くなるように思えた。アナン事務総長が指摘したように、「常任理事国の話はかみ合わないままだった」。

イラクに対して明確な期限を与えてはどうかと、カナダが提案をした。この提案なら、戦争反対陣営も折れて開戦に合意するかもしれない。だがそれこそ、フランスをはじめとする反対陣営が望まないことだった。彼らはカナダの提案を危険だとみなした。剣呑な外交の成り行きを危惧したイギリスは、いつもながら巧みに、不可能を可能にしようと力を尽くした。ごく短期間のうちに達成可能な武装解除の項目を、ルール順守のバロメーターとしてイラク政府に課すことはできないかと模索したのだ。結局、これも日の目を見なかった。

自動的な武力行使を含意するのではないかと反戦陣営は懸念を抱き、態度を決めかねている理事国はイギリスの思惑に疑念を抱き、アメリカは相変わらず明言を避けた。「態度を決めかねている6か国」——浮動票を握る、非常任理事国6か国のこと——は、「武装解除に関する残りの課題」について、イギリスからではなく、ハンス・ブリックスIAEA事務局長と、その後任のモハメド・エルバラダイから話を聞くことを望んだ。イラクのこれまでの実績を考慮すると「頭金」は高額にすべきだと、ブリックスは「頭金」のイメージを用いてフセインへの要求事項について説明した。6か国は、イラクの武装解除と戦争回避を切に願っていた。ブリックスとエルバラダイの誠実さを信頼し、この高名な2人の国際公務員が出した客観的で偏りのない答えをもとにして、安保理が団結できるのではないかと、彼らは一縷《いちる》の希望を抱いていた。フランスなどの国が戦争回避を諦めたことに、ひどく憤慨していた。

長引いていたドラマは、2003年3月中旬の週末、アゾレス諸島で開かれた首脳会議で終わりを告げた。少数の国が臨んだ記者会見の席を、欠席した多数の国の国旗が穴埋めしていた。ブッシュ大統領は、ポルトガル首相ジョゼ・マヌエル・ドゥラン・バローゾに、「急な依頼にもかかわらず」、首脳会談を設定してくれたことに感謝の意を表した。イギリス首相ブレアとスペイン首相ホセ・マリア・アスナールも記者会見に出席した。このとき発表した声明は、全会一致で採択された国連決議1441と前回の国連決議に言及していた。イラクが決議違反をした場合、「深刻な結果」が予測されることを思い出させ、2度目の決議採択の努力はすでに終止符が打たれたことを伝え、今後の有志連合の「戦争目的」について概略を示し、次のように保証した。

自国および隣国と平和的関係を保つ新しいイラクを、イラクの国民が築くことを支援するという、厳正な責務を負う。イラク国民は、不安定な状態や独裁政治から解き放たれるべきであり、自国の将来を自分たちで自由に決めるべきである。我々は、領土の保全が尊重された統一イラクを思い描く。すべてのイラク国民――スンニ派とシーア派のアラブ人、クルド人、トルクメン人、アッシリア人、カルデア人などの多様な全民族――は、統一された国家において、自由、繁栄、平等を享受すべきである。イラク国民が、民主主義の基礎として人権と法の支配を守る代議政治を熱望することを、我々は支持する。

この声明は、国連との協力体制への扉を閉ざしていなかった。それどころか、最後に団結を訴えて、締めくくられていた。

安保理内の熾烈な闘い

安保理が団結に向かう気配はみじんもなかった。3月17日の月曜日、安保理は再招集されたが、険悪でただならぬ雰囲気に包まれていた。新決議案の共同提出国である米英両国は、フランスが拒否権を発動すると表明したので決議案を票決に付さないことに決めた、と報道陣に発表した。両国は国連を守りたいとも語った。ジャン＝マルク・ド・ラ・サブリエール仏国連大使はこれに憤慨し、決議案の共同提出国が安保理より先に報道陣に知らせるのは異例であるとのコメントを出した。さらに、そもそも過半数を得られないのだから、フランスの拒否権を持ち出すのはおかしいと辛辣に批判した。サブリエール国連大使の指摘は正しい。だが、米英があからさまにフランスを非難したのは、その前の数週間に、彼が何度も拒否権を振りかざしたせいだった。また、軍事行動の開始については、国連事務総長に連絡済み（前日の日曜日の晩、アナン事務総長に電話をかけた）なので、それ以外に通知するつもりはない、とネグロポンテ米国連大使は報道陣に発表した。

それでも、安保理の反戦陣営は、アメリカといわゆる「有志連合」に、一矢を報いる決意を固めた。数名の国連大使が査察の継続を要求し、査察官の今後の「作業計画」を報告するよう依頼した。中国の国連大使は、決議案の撤回が、コンセンサスの獲得に再度努めることを意味するならば歓迎するが、開戦を意味するならば「きわめて遺憾だ」と冷静に語った。ブリックスは普段どおり泰然として、残りの12件の重要課題に関する作業文書を用意してあるので、その日の午後、理事会に配付すると発表した。イラクが「積極的」姿勢――ブリックスによれば、不正な兵器を廃棄したことを証明するために、イラクは相当な努力をしている――を示すならば、武装解除は「数年でも数週でもなく数か月」で終了するという。このスケジュールは、すでに展開しつつある軍事行動のスケジュールとは相容れなかった。

クウェートとイラクの最前線に配置された平和維持部隊の責任者として、わたしは数日や数週間ではなく、数時間のうちに解決しなくてはならない問題を抱えていた。イクバル・リザ国連事務総長官房長から日曜の晩に電話がかかってきて、ネグロポンテの電話の件を知らされた。先日訪問した、イラク側の国境沿いのウンム・カスルに駐留する平和維持部隊をただちに撤退させることで、わたしたちの意見は一致した。少数の国連軍がいたところで大勢に影響はないし、大規模な軍事行動を止められない。それどころか、初戦の中心地にとどまれば、大きな危険に巻き込まれる。同時に、その地域の軍事行動を展開しやすくするために、国連が平和維持部隊を大急ぎで撤退させた、という印象を与えてもいけない。査察官に対して、石油食糧交換プログラムをイラクで管理する職員に対して、わたしたちがどんな決断をくだすのか、安保理の反戦陣営はこちらの行動を観察していた。現場で軍事行動が必要なことを彼らは理解していたが、安保理の会議室でちょっとしたドラマを見たがっていたのだ。

事務局としては、そんな芝居じみた行動に付き合い、人命を失うわけにはいかなかった。そこで、月曜日の未明、計画を少しばかり調整した。安全を期して国連職員に現地からの引き揚げを命じると、事務総長が安保理に告げる時間を稼ぐために、ウンム・カスルの平和維持部隊の撤退を一時的に停止させたのだ。ロシアのラヴロフ国連大使は、安保理の権威が守られたことに〝気づいた〟。わたしはその後、日没までに撤退を完了するよう部隊に命じた。2日後、深夜のバグダッドで軍事行動が開始された。明らかにイラクの指導者を狙った大規模な空爆が、首都バグダッドを揺るがした。

イラク戦争後の国連の役割に期待する

戦争が避けられないという結論に達すると、アナン事務総長はただちに、終戦後に国連が果たす役割について探り始めた。おそらく、1999年のコソボ紛争が事務総長に影響を与えたのだろう。その当時、安保理は分裂しており、安保理の承認を得ずにコソボで戦争が始まった。だが、安保理決議1244により、理事国は紛争後の管理について合意を見た。決議は全会一致で採択され、コソボの管理は国連に委託された。

それから4年近くがたった2003年3月初旬、アメリカ軍退役将軍でアメリカ国防総省のイラク復興人道支援室長ジェイ・ガーナーが国連本部を訪れた。この復興人道支援室（ORHA。アメリカ政府の組織で、のちの連合国暫定当局）は、イラクの支援計画を監視する任務を担っており、戦後統治を任される予定だった。その室長が国連を訪れたということは、アメリカが国連の役割を除外するつもりはないという、アゾレス諸島会談の声明を裏づけているように思われた。終戦後、アメリカは国連に頼る可能性があると、パウエルは非公式に安保理に語っていた。コンドリーザ・ライスは、「国連が合法的役割を果たせるか、ブッシュ政権は注視している」と、セルジオ・ヴィエラ・デ・メロに告げた。デ・メロはちょうど国連人権高等弁務官に任命されたばかりで、ライスとホワイトハウスで会談するという稀有な機会に恵まれた。

アナンの提案

ワシントンで何ひとつ決定していないことは明白だった。アナン事務総長はその間隙を突いていくつか提案し、国連を再びプロセスに組み入れたいと考えた。アメリカ政府が多くの重要課題（たとえば石油食糧交換プログラムなど。これは、イラク経済の要になっていた）を検討していないのではないかと、アナンは懸念を抱いており、アメリカにそれを指摘する義務があると感じていた。彼は一刻の時間も無駄にしなかった。軍事行動が開始される前にも、国連職員をイラクから引き揚げると安保理で発表したその日に会議を招集し、戦争終結後に国連が果たすべき役割について話し合った。ブレア英首相は、決議案再提出の道もあるとアメリカを説得できなかったので、今度は戦争終結後のプロセスに国連を参加させようと、前回と同様に力を注いでいた。その方針を最初に示したのは、アゾレス諸島での声明だった。アナン事務総長は、ブレア首相から協力を求める電話を受けたことを明かした。戦争終結後の手本は、アフガニスタンだった。それには、政治プロセスと正統性のある体制樹立を促進するために、カブールのラフダール・ブラヒミのような、優秀な国連事務総長特別代表（SRSG）が必要だった。

国連の持つ強みとは、信頼を構築し正統性を確立する力であることは間違いない。だが、正統性には独立性が不可欠だ。それに、アメリカ政権が進めるプロセスに国連がどう当てはまるのか、判然としなかった。アナン事務総長はラフィーウッディン・アフメドに、この問題について報告書をまとめるよう依頼した。アフメドはパキスタン出身で、その13年前、国連がカンボジアに関与したとき、重大な役割を果たした。この扱いにくい問題の報告書作成に協力したのは、サルマン・アフメドだった（ラフィーウッディンと血縁関係はない）。サルマンは、２０００年にブラヒミが発表した平和維持活動改革に関する報告書の作成にも協力しており（サルマンの名前も記載されている）、その非凡な能力はすでに証明されていた。わたしが実行に移したこの改革でも、彼はやはり重要な役割を果たした。

しかし、もっとも差し迫った課題は、石油食糧交換プログラムだった。イラク国民に対する人道物資の供給を遮るべきではない。だが安保理の雰囲気は険悪で、常任理事国による提案が、その内容のいかんを問わず、別の常任理事国に拒否される危険性が非常に高かった。それを避けるためにアナン事務総長は異例の手段を講じた。石油食糧交換プログラムが急に中断されて、イラク国民に損害を与えることがないように、改変の必要性を詳細に——決議に用いる文言まで含めて——したためた書簡を、安保理議長に送ったのだ。アメリカは、自ら提案をまとめたいと申し出たが、ほかの理事国から不評を買った。アナンの提案は、石油食糧交換プログラムの段階的終了へと道筋をつけた。

国連の政治的役割

フセイン政権崩壊後のイラクで、国連がどのような役割を果たすかという政治的問題は、また別の話だった。ド・ヴィルパン仏外相は、今後のアメリカの政策について非常に悲観的で、ワシントンの帝国的野望はイラクにとどまらないのではないかと、アナン事務総長に伝えた。こうした状況下では、イラクにおけるアメリカの危険な行為に国連が関与しないことが、きわめて重要だった。ド・ヴィルパンは、コソボ情勢に関する安保理決議1244に沿った決議案を、きっぱりと退けた。一方で、イギリスのクレア・ショートは、国連が積極的に政治的役割を担うべきだと、アナンとともに主張した。彼女によれば、それが正統性の条件だという。ショートは当時、イギリス国際開発大臣だったが、やがて閣僚を辞任した。彼女の姿勢は、典型的なイギリス労働党左派の姿勢だった。グリーンストック英国連大使は、アメリカ政府の見解、および国連の政治的役割に対するライスの不支持を考慮すると、「曖昧な」手段が必要かもしれないと述べた。ショートはそれを一蹴した。イギリス政府は議会に確約したはずだと彼女は指摘した。ルイーズ・フレシェット国連副事務総長が実践的見地に立とうとして、国連が関与する手段は多数あると述べたが、その意見もはねつけられた。

国連の政治的役割が重要なカギとなっていた。アナン事務総長はド・ヴィルパンの意見を念頭に置いて、クレア・ショートにメッセージを伝えようとしていた。おそらく彼女かブレアを通して、それがワシントンに伝わることを望んだのだろう。「安保理では多くの抵抗が生じることだろう。交渉の余地がないように見える場合、英米の計画は決して成功しない。安保理理事国のなかには、イラクが最初の一歩にすぎないと恐れている国もある。彼らを安心させることが重要だ」。その後、国連特命使節のイラク派遣について少々検討した。コソボで同様の経験があるべルナール・クシュネルから、この任務に関心があるとすでに連絡を受けていたので、アナン事務総長がクシュネルの名前を挙げたときはうれしかった。ショートはセルジオ・ヴィエラ・デ・メロを推したが、今はこの任務に彼を当てられないと、事務総長はたちどころに退けた。

開戦

戦争が始まった。イラクから飛び込むニュースを理解しようと誰もが努めていた。開戦した日の晩、数発の精密誘導ミサイルや爆弾が、イラク軍司令部を直撃した。しかし、一部の期待を裏切り、決定的打撃を与えることはなかった。戦争ではよくあるのだが、その後世論が奇妙に揺れ動き、ナザリエフとナジャフに進軍したアメリカ軍が苦戦を強いられると、さっそく暗雲が垂れ込める兆しだと受け止められた。軍事専門家を自称する人たちが、「都市の戦闘」が抱える難題について偉そうに語っていた。有志連合の捕虜兵の映像が――ジュネーブ条約に違反して――衛星放送のアルジャジーラで流された。アメリカ軍のジョン・アビザイド将軍は、3月23日は「もっともつらい日だった」と認めた。悲しいことに、世界各地で他人の不幸を喜ぶ風潮が目についた。

それは国連本部でも同じだった。アメリカが負ければいいと思っている者はほとんどいなかった。常識のある者なら、アメリカが負けることなどありえないとわかっていた。だが、事態が有志連合にとって順調に進んでいないことに、落胆していない者も大勢いた。これはとりもなおさず、戦争が終結する前に、終戦後の本格的な合意交渉を始めることはできないということだった。

それから3週間後、フセイン支配の終焉を祝うイラク人に迎えられながら、アメリカ軍はバグダッドに入った。この時期、国連で、それにもちろんアメリカでも、白熱した議論が非公式に繰り広げられた。国連事務局の各部門には、安全保障理事会と同じくらい奥深く計り知れないところがあった。アナン事務総長は、側近から相反するアドバイスを受けていた。3月27日、わたしは事務総長のオフィスに呼ばれ、イラクについて長時間、差し向かいで話をした。国連はあわてるべきではないし、請願する立場に立つべきではないと、わたしは主張した。イラクで果たす役割が、英米からの要請に応えたものと受け取られたら、国連は端《はな》から弱い立場に置かれ、力を発揮できなくなるだろう。国連ができるのは、イラク国内の政治プロセスを促進することと、イラクが中東の対立勢力の戦場になるのを防ぐことである。この2つとも、その後のシーア派とスンニ派の関係、ペルシアとアラブの関係に深く関わってくる。国連の政治的役割の重要性については、占領の終結を判断基準とすべきである。占領期間中は、占有勢力の責任を減じるべきではない。ただし、国連パレスチナ難民救済事業機関（UNRWA）がパレスチナ難民に行っているように、国連は自らの役割を、域内はともかく現地では人道的役割に制限すべきだ。わたしはそう主張した。

国連の内部では、国連の役割の拡大を支持する者が多かった。わたし以上に現実主義者のアナン事務総長は慎重な態度を保っていたが、ブレア首相と会談したときには、率直な見解を示した。彼にとって「越えてはならない一線」は、国連が有志連合に「従属」すること、有志連合が事後に戦争の正当化を求めることだった。

アメリカの一方的な方針

その数日後、アメリカは議論の本質を変えた。パウエル国務長官がアナン事務総長に対して、有志連合が政治プロセスに全責任を負うという方針を明らかにしたのだ。ワシントンはどうやら、アメリカが和平会議をまとめて、国連がそれに参加するという形を考えているようだった。これはアフガニスタンのボン合意プロセスとは正反対だった。このときは国連がまとめて、アメリカが参加する形で、当然ながら国連が全プロセスの信頼性と正統性に大きな影響を及ぼした。今回のアメリカの方針は、クレア・ショートの期待とはまるでかけ離れており、実利的なグリーンストック英国連大使が予測した「曖昧」な手段に近かった。アナン事務総長が早い段階から指摘していたように、これでは「きちんとしたプロセス」にはならないだろう。

皮肉にも、国連の政治的役割が必要最低限に抑えられることが明らかになるにしたがい、英米両政府から、「特使」を指名するようにとの圧力が増した。キエラン・プレンダーガストは悲しげに、そして受け入れがたいというように、国連の役割はもはや「添え物」であるとコメントした。それは屈辱的で危険なことだった。だが、国連はノーと言えるだろうか？　わたしとしては、国連を利用するメリットをアメリカ主導の有志連合にいずれ理解してほしいと思っていた。そうなれば、多国間主義と国際的正統性が、一方的なプロセスに徐々に投入される可能性もあるだろう。グリーンストック英国連大使がアナン事務総長に言ったように、自分から試合を投げ出してはいけないのだ。

国連は後衛戦を展開していたが、今振り返っても、ほとんど意味がなかった。アナン事務総長はラフィーウッディン・アフメドを特使ではなく、イラク問題に関する顧問に指名した。国連は有志連合と距離を置くこと、そして少なくとも当面は、イラクで新規の役割を担わないことを明確にするためだった。アナン事務総長が、自分の「顧問」を正式に安保理理事国に紹介した――これこそ、国連の役割が取るに足らないものだと可視化するために、英米両国が望んだことだった――とき、顧問に出張が認められるのかどうか、グリーンストックが尋ねた。イラクの占領統治期間中、いっさいの交流は不適切とみなされると、ラヴロフ露国連大使が即座に反論した。ブッシュ大統領はこうした外交上の委細にかまわず、ベルファストでの記者会見で、国連の「役割は不可欠」であり、事務総長が指名した「私設代理人」を歓迎すると述べた。

占領に国連の認可を与える

国連はすでにこの解釈の闘いに敗北を喫していた。そして今度は、自分たちではコントロールできない道に踏み出した。イラク占領を国連という薄衣で覆いたいアメリカとイギリスからは、容赦なく圧力がかかった。その一方で、戦争に反対した国は明確な政治目標を持てないでいた。こうした国々は、開戦前の熾烈な政治闘争で疲弊しており、勝ち誇ったアメリカと争う準備ができていなかった。そのうえ、アナン事務総長と同様に、国連にとって何が有益なのか、確信が持てなかった。「国連の役割は不可欠」だとよく言われた。これはもう、アメリカ政府と、アメリカによるイラク支配をやめさせたくても、どうしたらいいか見当がつかない者たちとの間に折り合いをつけさせる、陳腐な決まり文句となっていた。しかも、国連はその板挟みになった。議論は実体から認識に移っていた。

ブレア首相は認識処理に長けていたので、この現状を巧みにとらえて、事務総長にこう言った。「国連が責務を負うという考え方と、国連は〝ゴム印〟だという考え方がある。わたしたちは、2つの道の中間を進むつもりだ」。この曖昧な言い回しを、事務総長が政治的な意味に変換するのは、容易ではなかった。コリン・パウエルとの対話で、「戦争に勝ったあと、アメリカがイラクを引き渡すのは難しい」ことをブレアは認めたようだが、「〝ゴム印を押している〟と国連加盟国が見られたくないと知ることが重要だ」とも述べた。誰に責任があるのか巧妙にはぐらかすこの言い回しは、当然ブレアが見つけた業界用語で、「パートナーシップ」という意味だった。

4月後半頃、曖昧さは政策になった。安保理でも世界でも空気が大きく変化した。ジャック・ストロー英外相は、欧州諸国にこう言った。「列車が発車しようとしているのに、あなたがたは行き先を尋ねているのか?」。もっとも声高に戦争反対を唱えたフランスとロシアは、国連の役割をお膳立てしようと、今度は国連事務総長特別代表（SRSG）を検討する準備を進めていた。5月の議長国であるメキシコは、紛争終結後の国連の役割について討論する場を設けた。東ティモールの国連ミッションの成功要因はオーストラリアにあるとアメリカが主張したのに対し、フランスは国連の役割を称賛するなど、予想どおり意見の違いが見られた。だが、それまでの火花の散るような激しさは、すっかり影をひそめていた。外交交渉の余地が復活して、安保理は取引を望んだ。

国連主導の理事国間調停

5月1日、アナン事務総長は安保理理事国を自らの会議室に集め、理事国の関係を調停するために非公式の会議を開いた。人道支援から復興事業、政治プロセスの促進など、国連が引き受けられる活動内容の概略を示し、イラクは国連の管理下にないこと、治安確保の責任は有志連合にあることを、事務総長は明確にした。グリーンストック英国連大使が最初に発言し、討論に道筋をつけた。アメリカとイギリスが占有権力を持つこと、そして有志連合のどの国も占有権力を持つことと、グリーンストックはわかりきった内容を確認した。これは、イラクに派遣された部隊は全権力を掌握するのではなく、ジュネーブ条約に縛られることを、アメリカ人に気づかせる賢明な方法だった。同時に、有志連合には安保理が付与するマンデートが必要ないことも、はっきりさせた。その代わり、国際法と、占領国の責務について定めたジュネーブ第4条約により、マンデートが付与される。

グリーンストックは次に、考えられる4つの「段階」、つまり、連立政権、暫定政権、移行政府、そして最終的にイラク人が完全に主権を有する政府について説明した。この各4段階において、アナン事務総長が先に述べた活動内容に対し、国連がどんな役割を果たせるか考察した。連立政権からイラク人が主権を有する政府まで、責務の移行は段階的になるとも指摘した。この移行プロセスは占領国がまとめ、イラクの政治や行政を根底から変えるプロセスであるという事実を、グリーンストックはブレア同様、曖昧で便利な「パートナーシップ」という言葉を用いてうまく言いつくろった。国際法によれば、占領国にそんなことはできないはずだ。

だが、理事国はそれほどけんか腰な態度を見せなかった。グリーンストックの次に発言した、ドイツ国連大使のギュンター・プロイガーは、一歩一歩現実的に進める必要性に同意した。イラク人に、地域に、世界に受け入れられるプロセスを作ることが大事だとプロイガーは述べた。ロシア国連大使のラヴロフは、4段階という手の込んだ説明にだまされなかった。重要なのは全体的構想だとズバリ指摘した。彼はさらに、プロイガーがそれとなく触れはしたが、外交的で曖昧な表現では対処できないある論点を追及した。要するに、石油は誰が売ることになるのかという点だ。もしかするとラヴロフはいたずら心が高じて、事務総長がその任にあたることはできないものかと思ったのかもしれない。グリーンストックが言及したパートナーシップを指して、シニアパートナーでもジュニアパートナーでもない、対等なパートナーしかいないはずだと言った。フランス国連大使のジャン＝マルク・ド・ラ・サブリエールと中国国連大使の王光亜は、国家としての姿勢を示す前に、有志連合の答えを聞きたいと考えていた。

アメリカのジョン・ネグロポンテ国連大使が最後に発言した。会議の間、彼は居心地の悪い思いをしていた。ワシントンの方針がまだ定まっていなかったので、どうやらその回答を待っているようだった。契約済みの石油食糧交換プログラムが実行に移されることについては認めた。だが、イラク暫定政権の役割については曖昧で、コンドリーザ・ライス大統領補佐官が提示した方針——暫定政権は政府にはならない——が、「おそらく」アメリカ政府の方針だろうと述べた。会議の終盤、苛立ちを募らせた議長国のメキシコが、アメリカはいつになったら具体的な提案を示せるのか問いかけた。するとネグロポンテは傍若無人に言い返した。「我々が会議を招集したときだ！」。

国連事務総長が主導権を握ることに対し、アメリカはあからさまに不満を抱いていたが、この手法はやはり非常に有益だったと思う。ワシントンの方針が最終決定する前に、懸念を共有し問題を提起する機会が各理事国に与えられた。協議を渋る政権に対しコフィー・アナンがこうした戦術をとる場面を、わたしは何度も目の当たりにした。コンセンサスを得るための下地を整え、対立状態に戻りがちな理事国の交流を促すために、これは実に理に適った方法だった。

ご都合主義が結束を破る

5月8日、英米の国連大使は安保理議長に書簡を送り、占領国としての責任の概要を知らせた。

その翌日、両国は誰もが待ち望んでいた決議案を提出した。この流れは非常に巧妙であり、1週間前にグリーンストックが述べた内容と、酷似しているように思われた。占領軍としての責任から生じる有志連合の権限について、安保理の議論が二分されることはなかった。これに基づき、イラクの資源と石油食糧交換プログラムについて、暫定政権は無期限に完全な支配権を手に入れた。唯一束縛されるのは、限定的で漠然とした監視役を果たしてきた、国連およびブレトンウッズ会議で設立された機関——世界銀行と国際通貨基金（ＩＭＦ）——などの諮問委員会だった。

国連事務総長特別代表の任命

国連の役目は、長ったらしい曖昧模糊とした文章で、決議の一段落を用いて記されていた。国連事務総長に対し、「イラク担当特別代表を任命すること」を要請するものとし、「特別代表の独自の責務には、本決議に基づき、活動を定期的に安保理に報告すること、イラクにおける紛争終結後のプロセスにおいて国連の活動を調整すること、国連とイラクで人道支援および復興活動に関わる国際機関の調整を行うことが含まれる」。これに加えて、難民の安全な帰還からインフラの再構築、経済再建の後押し、人権の擁護まで、イラク国民を支援する気の遠くなるような業務を有志連合とともに調整することも、特別代表の任務として定められた(1)。

アナン事務総長から任命されて、こんな不可能な役割を担うことになった人物は、セルジオ・ヴィエラ・デ・メロだった。彼は特別代表として、最低限の権限で最大限の期待に応えなくてはならなくなった。アメリカ政府が彼の任命を求めて精力的に働きかけ、当初乗り気でなかった事務総長もやがてこれに根負けしたのである。

袋小路に迷い込んだかのような開戦前のつらい闘いと、5月22日の安保理決議1483の迅速な採択との対比は際立っていた。ブッシュ政権でさえ、完全に失敗に終わった戦争決議案のあとにこれほど完全な勝利を収めるとは、驚いたにちがいない。出張先のキンシャサでこの投票結果を聞いたとき、わたしは安保理が1つになれたことに安堵した。当時取り組んでいたコンゴの問題を成功させるためにも、安保理の団結が絶対に必要だった。だが一方で、平和と安全を担うはずの安保理理事国の間に、結束力も戦略的思考もないことに、いくらか失望も覚えた。予期したとおり、戦争反対国は相当な政治的資本をつぎ込んだ闘いで疲労しており、どんなことにも譲歩しがちになっていた。4月末から5月にかけての政治力学を考えると、実行可能な行動指針はほかになかったのだろう。だが、ご都合主義がいかにやすやすと結束を破るのか目の当たりにして、驚かざるをえなかった。

孤立する国連

板挟みになった国連は、政治的にも人材的にも、その曖昧さに高い代償を支払うことになった。イラク情勢は芳しくなかった。ガーナーは復興人道支援室（ＯＲＨＡ）室長に着任後、3週間で解任され、アメリカ外交官ポール・ブレマーがその後を継いだ。博物館からの略奪や暴力行為が横行し、アメリカ陸軍参謀総長のエリック・シンセキがアメリカ軍部隊の増強を求めたのは正しかったことが裏づけられた。だが、アメリカが安保理で外交的勝利を収めたとはいえ、少数の支持国以外の国から大幅な増派が望めるわけではなかった。なかでも、ヨルダンやパキスタンなどのイスラム教国が分遣隊を送るという話は、あっという間に消えた。以前から平和維持部隊に参加していたインドも、ブッシュ政権時代に徐々にアメリカの戦略的同盟国になったとはいえ、イラク戦争に引き込まれ、宗派間戦争に転じかねない戦いに巻き込まれることに乗り気ではなかった。その他の旧植民地国は、占領軍となることに積極的ではなかった。その一方で、政治面のみならず経済面、財政面でも、国連がすぐにはイラクで主体的役割を果たさないということが明らかになった。

財政面で問題となったのは、「国際諮問監視理事会」に授けられる権限だった。この機関は、2003年5月採択の安保理決議1483に基づき設立された「イラク開発基金」を監視する役目を負っていた。イラクの全石油収入を集めるイラク開発基金は占領国の権限下にあると、決議で明示されていた。よって、この莫大な財源を監視する役割を国際社会で担えるのは、安保理決議1483で認められた国際諮問監視理事会だけだった。世界銀行とIMFはこの件に対し強い態度に出ることはできず、ブレマーは自分の権限が制限されないことを望んでいた。バグダッドのセルジオ・ヴィエラ・デ・メロは国連事務総長特別代表という立場から、国連が影響力を行使できる数少ない機会だと見て取った。そこで、国連は諮問監視理事会の権限をめぐって闘うべきだと、6月のビデオ会議で主張した。だが、国連の立場は孤立しており、たちまち敗北を喫した。

国連が影響力を行使できる最後の手段は、バグダッドに送り込む政治の専門家だった。これならアメリカの政策に影響を及ぼせるかもしれなかった。デ・メロはすでにバグダッドに移っていた。国連で高い評価を得ていた彼は、アナン事務総長の積極的な支援を受けて、中東やイラクに造詣が深い人材と平和維持活動の専門家から成る一流チームを編成した。なかには、東ティモールやコソボでデ・メロと一緒に任務にあたった者もいた。わたしもメンバーの大半を知っている。

政治顧問として重要な役割を果たしたのは、ガッサン・サラーメだった。世界屈指の中東専門家であるサラーメは、優秀なアナリストであり教授でありながら、政治的策士としても非常にやり手の稀有な人物である。パリ政治学院の教授を長年務めていたが、レバノン文化大臣に就任するなど、政治家としても、影響力を持つ母国レバノンのみならず、中東全域に幅広い人脈を持っている。現に、サラーメをはじめとする少数の中東専門家の尽力もあり、2003年の6月から7月上旬にかけて、デ・メロは多岐にわたるイラク人と連絡をとることができた。そのなかには、外交官のアドナン・パチャチなどのスンニ派聖職者や、シスタニ師などの有力なシーア派指導者も含まれていた。およそ数週間にわたり、国連は控えめに、政治的に適切だと思われる助言をブレマーに提供した。国連は役に立つとブレマーは気づいた。イラク統治評議会をまとめようとしていたとき、彼はおそらくその助言に耳を傾けたにちがいない。だが、イラク統治評議会の発足後、ブレマーにとって国連の利用価値はほとんどなくなった。

爆弾テロで亡くなる数日前、デ・メロはブレマーとの打ち合わせで屈辱的な経験をした。イラク復興に国連ならではの正統性を与えられると、彼がブレマーに告げたときのことだ。イラク統治評議会も設立されたことだし、それはイラクでは当てはまらないとブレマーは無遠慮に答え、さらにこう言い放った。いずれにしても、国連の国際的権威にどんな意味があるのか？　アメリカは戦争を始めるときも、分裂した安保理を無視したというのに？

バグダッドで悲劇が起きた日

バグダッドの国連事務所爆破のニュースが、ヨーロッパのわたしのもとに届いたのは、8月19日の午後だった。あの運命の日にわたしたちはイノセンスを失ったと、コフィー・アナンはのちに語った。確かに、それまでわたしたちの誰ひとりとして、国連が標的になると思ったことなどなかった。もちろん、9・11の悲劇でも、国連本部ビルがアルカーイダの標的となる可能性があったことは承知していた。だが、わたしたちの多くは無意識のうちに、国連本部を国際政治とその倫理的ジレンマが論じられるところとして、国連職員や国連軍が派遣される現場を彼らが自らの命を賭けて他者の命を助けるところとして、区別して考えている。イラクに派遣された国連職員たちも、自分たちは間違いなく後者の仕事をしていると思っていたはずだ。彼らの多くは戦争に深い疑いを抱いていた。けれども、今回は国連がイラクの新生を支援できると、戦後処理が成功すれば戦争を引き起こしたひどい外交政策――あるいはその無策――を乗り越えられると、心の底から期待していた。

国連職員が犠牲に

8月19日、わたしは自分がイノセンスを失ったとは思わなかった。ただ、深い憤りを感じた。あの日命を落とした国連職員――それに毎年世界各地で任務中に亡くなる平和維持要員――の数は、毎年何十万にものぼる市民の紛争犠牲者と比べれば、ごくわずかかもしれない。けれども、彼らはいまだ人類が果たせぬ夢、つまり、他者を配慮する真の国際社会を体現した存在なのである。占領国家における国連の適切な役割をめぐり政治議論を重ねてきたわたしたちに、深い傷を残すことになった。

犠牲者22人のうち、5人と知り合いだった――セルジオ・ヴィエラ・デ・メロ、ジャン＝セリム・カナーン、フィオナ・ワトソン、リック・フーパー、ナディア・ユーネス。ジャン＝セリムの妻のローラ・ドルチは、平和維持活動局（ＤＰＫＯ）の若く熱心な職員で、彼女は平和維持活動に活力と倫理観を与えてくれた。わたしはそのひと月前、第1子出産のためにジュネーブに滞在していたジャン＝セリムとローラの夫妻に会った。マッティア＝セリムと名づけられた2人の息子は、この世に生を受けて3週間もしないうちに父親を亡くした。8月20日、わたしは急いでジュネーブに向かった。事務総長の代理として、アニー・ヴィエラ・デ・メロに哀悼の意を表し、ローラと赤ん坊を訪ねた。国連の代表として、カイロで営まれたジャン＝セリムの葬儀にも出席した。彼の母親はフランス人のプロテスタントで、父親はエジプト人のキリスト教徒だ。エジプトの親戚があふれんばかりの気持ちを込めて、わたしを寛大に迎え入れてくれた。

わたしたちの誰もが、さまざまな要素が入り混じった産物である。しかし、東方キリスト教式の葬儀の間、乳香が焚かれ煙が濛々とたちこめる会場で、長々とした祈祷に耳を傾けながら、この独特の融合がまさにジャン＝セリムであったと、わたしは感じていた。それはやがて息子のマッティア＝セリムがさらに豊かにするだろう。ジャン＝セリムはまさに、西と東、欧州とオリエントの本物の出会いが生み出す、多様性と豊かさを体現していた。これこそ偏見を抱く人々に対する最高の答えである。

カイロでは、ナディア・ユーネスの家も訪ねた。同じエジプトでも、彼女の出自はジャン＝セリムとはずい分違った。ナディアはイスラム教スンニ派で、カイロのほかにロンドン、パリ、ニューヨークで、何不自由ない生活を送る実業家一族の出身だった。このように活力あふれる家系で育ったことがナディアの成功の一因だった。バグダッドのセルジオ・ヴィエラ・デ・メロのもとに赴任する前、彼女はコフィー・アナンのスポークスマンと儀典長を務めていた。親しみやすく思いやりのあるナディアは、みなに慕われていた。

わたしの補佐官であるヘディ・アナビは、スコットランドで営まれたフィオナ・ワトソンの葬儀に参列した。スコットランド出身の温厚で聡明なフィオナは、ローラと同じ平和維持活動局で働いていた。予定より1日早くバグダッドの業務に戻らなければ、命を落とすことはなかった。その後、わたしたちはニューヨークでリック・フーパーの葬儀に参列した。リックは、キエラン・プレンダーガストの信頼厚い顧問で、爆破テロの日は、友人である同僚の代役でバグダッドにいた。

セルジオ、ジャン＝セリム、ナディア、フィオナ、リックの5人は、異なる四大陸の出身で、国連の良心を体現した人物だった。彼らの痛ましい死は、誰にとっても耐えがたかった。わたしがとくにつらかったのは、彼らが何のために命を落としたのか、はっきりわからなかったことだ。プレンダーガストはかつて、無情ながらいくばくかの真理を込めて、国連はイラクでは「添え物」だと指摘したが、もちろん、そんなもののために死んだはずがない。

平和維持活動局の代表を務める間、国連の任務で命を落とす人々を数多く見ることになった。24人のパキスタン人職員が亡くなった、シエラレオネのヘリコプター墜落事故のように悲劇的な事故もあった。コンゴのイトゥリでは、9人のバングラディッシュ兵が待ち伏せされて死亡した敵対行為もあった。そのたびに、わたしは個人的な喪失感を覚えた。だが一方で、もちろん家族に深い悲しみを与えはするが、このような悲劇は決して無駄ではないと感じた。彼らは何百万人もの人生を変えることができる、危険だが人の役に立つ活動に従事していたからだ。あの忌まわしい2003年の夏、バグダッドで亡くなった友人たちが、そうした献身的な姿勢の模範である以外に、実際に変化をもたらすことができたのか、わたしにはよくわからなかった。だからこそ、彼らのことを決して忘れてはいけない。

イラク占領と国連の役割についての新たな疑問

爆破事件後、イラクに駐在する外国人国連職員の数は激減した。すでにテロで大きな損害を被っていたイラク人の国連職員——8月19日に死亡した22人のうち7人がイラク人だった——だけが、しばらくの間、イラク国内で国連のプレゼンスを示す重要な存在となった。ニューヨークでは、国連職員のイラク再派遣と安全条件について議論が始まったが、なかなか結論に達しなかった。これは実質的に、イラクにおける国連の役割についての議論だった。危険が避けられないのなら、どんな役割であれば国連のプレゼンスを正当化できるのだろうか？　これが本当の疑問だったが、こんなに単刀直入に切り出すことなど到底できなかった。占領が終結しさえすれば国連のプレゼンスは大きくなると、誰もが繰り返すばかりだった。

暫定政府の発足

国連総会の開幕に際して国連事務総長とアメリカ大統領の間で開かれる9月の恒例会議では、ブッシュ大統領のトーンに若干変化が見られた。アメリカが勝利すると繰り返すその口ぶりに、いくらか執拗なところが感じられた。だが、政権が予測するイラク人主権国家実現までの道筋は、それまでと変わっていなかった。プロセスの最後にイラク人に統治権が譲渡される、憲法草案は譲渡前にすぐさま合意にいたると、ブレマーは相変わらず断固として主張していた。彼はできるかぎり厳格に管理したがっていた。スンニ派の代表者不足が大きな課題であると承知していたが、政党を慎重に制御することで、政界の新興勢力への「働きかけ」を監視したいと考えていた。アナン事務総長は安保理の10月の昼食会で、国連がアメリカの方針に不安を抱いていると伝えた。要するに、アメリカの計画する道筋を逆にするよう促したのだ。速やかに統治権を移譲して、長期間かけて憲法を起草すべきだと国連は考えていた。結局のところ、またもやうやむやにされて、安保理決議1511が10月半ばに採択された。

ワシントンでは、統治権移譲に向けた日程を前倒しすべきだという認識が高まりつつあった。決議採択のひと月後、新たな取り決めが成立して決議1511の要求に応えた。暫定憲法を制定し、政党が選出した制憲議会による暫定政府を樹立し、2004年半ばに暫定政府に権限を移譲することになったのだ。シスタニ師をはじめとするシーア派指導者は、セルジオ・ヴィエラ・デ・メロとの会議などで、憲法制定プロセスの前に選挙を実施すべきだと以前から主張していた。彼らは、政党が選出するプロセスに不満を抱いていた。2004年半ば以前に選挙を実施することが可能か、シーア派指導者から正式に質問を受け、国連もこの論争に巻き込まれた。国連事務総長から要請を受けたブラヒミは、2004年半ば以前の選挙実施は不可能であるが、政党による選出のプロセスもやはり満足ではない、と結論づけた。ブラヒミはその後、アメリカが定めたイラク統治評議会に代わる、イラク暫定政府が２００４年６月１日に樹立されるまで協力した。

暫定政府発足を受けて、７月１日、正式に占領統治が終了した。このとき、連合国暫定当局（ＣＰＡ）――旧称は復興人道支援室（ＯＲＨＡ）――は正式に解散し、ブレマーはイラクを離れた。国連は選挙の準備に取りかかった。セルジオ・ヴィエラ・デ・メロの後任として、パキスタンの駐米大使アシュラフ・カジが、イラク担当の国連事務総長特別代表に任命され、バグダッドに移った。

国連の真の役割とは

国連のプレゼンスの適正規模と、国連職員の安全を守るために整備すべき体制について、国連では議論が続いていた。多国籍軍以外に国連を守る部隊を配備できないか、複雑な構想が練られた。わたしが望んだように、軍事的理由から妥当な判断がくだされた。国連の安全は、最終的に多国籍軍の責任とされたが、国連を保護する専用の部隊が割り当てられることになった。国連職員の安全を徹底的に確保する責務は、バグダッドの爆破テロ事件後に新設された国連安全保安局が負うようになった。国連平和維持要員《ブルーヘルメット》が関与せずにすんだことは、わたしとしては喜ばしかった。だが、今振り返ってみると、国際テロによる新情勢が世界中の平和維持活動に及ぼす影響を、わたしは過小評価していた。

新たな脅威への自衛の策として、国連内部に大規模な治安部門を設立せねばならなかったことは、国連と受入国の関係、ひいては平和維持要員の姿勢を変える、大きな変化の前触れだった。イラクとアフガニスタンでは、国連事務所の周囲に防護壁が築かれた。この壁は、国連と、積極的にテロ行為に荷担することはないが国連に脅威が及んだときにもはやそれを阻止する心構えのない何百万人もの住民との間に生じた分断が、形となって現れたものだ。国連は真に大切な資産を失いつつあった――市民からの信頼だ。

イラクでの役割について、国連内部で繰り広げられた激しい議論を思い返すと、誰もが国連事務局という立場を大げさに考えていたように思う。帰するところ、国連という組織は、加盟国の、とりわけ強力な加盟国の管理下にあるのだ。目前の政治目標の妨げとなるなら、彼らは国連を見捨てることもいとわない。政治情勢が変わり、戻るほうが都合がいいならば、彼らは平然と国連に戻ってくる。国連の「政治的信頼性」とは、相対的概念なのだ。国連がイラクで傍観者の立場のままでいたら、アメリカから取るに足らない存在とみなされ、国連にとって致命傷になりかねないと、アナン事務総長は懸念したのではないだろうか。そのような懸念、および国連の積極的役割がアメリカに訴えるという希望は、おそらくどちらも過剰反応だった。

仮にアメリカがイラクの政治移行プロセスで大成功を収めていたとしたら、ワシントンに自らの重要性を証明しようと国連がいくら奮闘したところで、アメリカの見方は変わらなかっただろう。反対に、アメリカがイラクで困難に直面したとき、ブッシュ政権は国連を一時的に利用したことがあった。だからといって、アメリカ政府の国連に対する見方は基本的に変わらなかった。

それに、国連の役割が「不可欠」であるとあれほど声高に謳われながら、国連の役割はかぎられたままだった。

原則に基づく立場を堅持しなければ国連は信用を失うと危惧していたが、それも間違っていたのかもしれない。その立場のせいで、国連は占領国で政治的役割を果たすことができなかったのかもしれない。要求する立場に立たないほうが戦術的には好ましかったと、今なお思っているが、権力に立ち向かうために国連ができることについて、力を持たない人々が抱く期待値を、わたしは過大評価していた。国連が原則のために立ち上がらなければ、国連に拠って立つところなどないと今なお思っているし、国連はその希望を裏切ってはいけない。ところが、わたしの想像以上に、妥協や調整を大目に見る傾向がある。イラクの危機は、原理原則が支配する真の国際社会という夢と、原則の有効性についてわずかな信頼しかない国々の現実との間で繰り広げられる、果てしない攻防における1つの出来事だと言える。そうした現実を踏まえれば、原理原則に支配された世界のほうがより良い安全な世界だと信じるわたしたちみたいな人間は、自分たちがいずれ現実政治《レアルポリティーク》の実践者を倒すだろうなどという幻想を抱くべきではないのかもしれない。

国連を何とか優位な立場にしようとした労力は、結果的には無駄だった。国連以外に寄る辺のない人々の人生に変化をもたらせるかどうかを、唯一の判断基準にすべきなのである。イラクの場合、国連が政治的に関与する余地はあまりなかったので、さしたる変化をもたらすことができなかった。国連の冒したリスク——最高の人材を失う悲劇や国連の評判の損失——が、国連が実際に行った貢献の代償だったなどということは、承服できなかった。たとえそうであれ、これは慎重に選択した結果というより、おそらく国連が抵抗できなかった特定の政治形態がもたらした帰結だった。

米英仏、それぞれの立場の帰結

国連にとってイラク危機でもっともつらい教訓となったのは、1945年に設立されたこの組織に対して、政策的にも人事的にも、主要加盟国がほとんど配慮を見せなかったことだ。この傾向は、戦争に先立つ外交上の不首尾でひときわ目立った。外交的禁止事項の実例として、やがて教科書に載るかもしれない。

アメリカは誤った思い込みをしていたが、ある意味、首尾一貫した立場を貫いた。ブッシュ政権は、新たな時代の幕開けだと信じ込んでいた。エリオット・コーエンなどの作家は、世界中がアメリカの力の行使を乞うようになると、尊大な見解を示した。アメリカがその権力を自由に行使したいと考えた場合、国連は、無視するか避けるべき不必要で複雑な存在だった。ブレア首相が執拗に主張しなかったら、おそらくアメリカは、最初の決議に基づき開戦する前に、2つ目の決議を採択させようと長く不利な回り道をすることはなかっただろう。安保理復帰を回避すれば、間違いなく否定的な反応を引き起こしただろうが、2つ目の決議採択を目論み失敗したことに比べれば、否定的反応のほうがはるかにましだったにちがいない。アメリカのネオコンが国連に抱いていた敵意と、ブレア派の浅薄な多国間主義支持が結びついたことは致命的だった。これはつまり、パウエル国務長官がアメリカの立場について国際社会と本気で闘わずに、2003年に入ってからの決定的な数か月間、国外に出かけず国内で闘わなくてはならなかったことを意味する。多国間主義的な取り組みに成功の見込みがあるならば、国際社会と闘うことは必要だった。

イギリスは何もかも失った。アメリカ政府から中途半端な支持しか得られないまま、イギリスは2つ目の決議のために必死に闘った。だが、決議の採択を断念せざるをえないと判明したとき、アメリカからの信頼やアメリカに対する影響力をさして得られぬまま、ヨーロッパにおける自国の政治的信頼を犠牲にして、イギリスは自らの原則的立場を捨てた。イギリス政府の間違ったアドバイスに従い、アメリカ政府は時間と政治的資本を無駄にした。今後同盟国としてイギリスが必ず共同歩調をとるという確証を得ただけだった。

一方でフランスは、正しい姿勢を示し、世界の大半を代表するという名誉を安保理で勝ち取ったと思った。ある意味そのとおりだった。ド・ヴィルパン外相は安保理で拍手喝采を浴びた。多くの外交官が非公式に、フランスの「勇気ある」姿勢に賛辞を贈っている光景が見られた。自分たちが声をひそめてさえとても言えないことを、フランスが実に大胆に発言していることに大喜びしたのだ。

だがフランスは、シャルル・ド・ゴールの時代とはまったく異なる世界で、ド・ゴール主義の立場をとっていた。冷戦時代とは異なり、キューバ危機の重大局面におけるド・ゴール大統領のように、重要な戦略的課題についてアメリカとの連帯をフランス政府が表明しても、フランスとアメリカの不調和は解消されなかった。そのつもりがなかったとしても、アメリカ政府にとってイラクが戦略的課題である以上、フランスが異議を唱えたことは背信行為とみなされた。国際社会には当時、アメリカ一極しか存在しなかった。中国とロシアはフランスと近い見解を持っていたが、戦争反対の旗印を掲げる役割を喜んでフランスに任せていた。だが、フランスは自分たちがアメリカの対極だと言うつもりはなかった。

このときの状況は、ド・ゴール時代とはまるで異なっていた。ド・ゴールは、フランスとアメリカの結束を肯定しながら、世界が2つに分裂することは認められないと主張できた。国連に関しても、状況はド・ゴールの時代と異なっていた。ド・ゴールは国連をあまり尊重せず、国連を指して「ル・マシャン」、つまり「例のあれ」と見下した言い方をした。シラク政権はド・ゴールよりはるかに国連に協力的で、いずれ過ちだとわかる戦争に加わらないことで、フランスは国連と安保理の正統性を救うと心から信じていた。だが今にして思えば、あれほど熾烈な闘いが安保理で繰り広げられなかったら、国連はこれほどの損害を被らなかっただろう。安保理の権威が蔑ろにされることは、安保理にとっても核不拡散政策にとっても有害であるということが、これではっきりわかった。

イラク危機から得た教訓

イラク危機から、わたしは次のことを確信した。主要国がその危機に戦略的利害があると見る場合、その利害が他国の見解や利害と対立する場合、安保理があえてその危機に取り組むのは危険だということだ。こうした危機によって必ず生まれる緊張に耐えられるほど、国際社会はコミュニティとして成熟していないし、安全保障理事会は強固な組織ではない。国連は冷戦を解消しなかったし、冷戦を解消したと装ってもいない。こうして国連は存続し、冷戦ほど難易度が高くなくても対応せねば危険度が高まったにちがいない危機に際して、非常に有益な役割を果たすことができた。最善は善の敵（完全を求めるとかえって失敗する）かもしれない。壮大な目標は、ささやかでも大切な努力をかえって台無しにすることもある。平和維持活動の代表者として、わたしはそう確信を持つにいたった。だが、冷戦のような歴然とした危機はもう過ぎ去った。つまり、国連が取り組む危機は、さほど明確でないということになる。

安全保障理事会が注意を怠った場合、国連にとって不可欠な信頼も人命も代償にすることになると、イラクでの経験が証明した。イラク危機により、国連の信頼性はかなりの打撃を受けた。多少の差こそあれ、どの安保理理事国もこの経験で痛手を負った。この危機は、安保理理事国が公共の利益を求める力を減じ、国連の体現する結集した力という概念を損ねた。国連という組織がイラク危機で負った傷を、わたしたちは今後も目の当たりにするだろう。

兵器拡散の脅威は現実であり、今なお第一級の脅威である。それに対処するには集団行動が求められるが、次に挙げるような難しさがある。イラクの場合、ブッシュ政権が脅威を誇張したことで、多国間主義的手段が脅威の対処に有効なのかという疑問が生じた。同時に、アメリカの一方的な武力行使は、サダム・フセインと逆の行動をとろうという強い動機を、核拡散国家予備軍の間に生み出した。自国が脅威にさらされていると考える国が、こっそり核開発能力を獲得しようとするのも当然かもしれない。核不拡散体制を支持する国は、核開発を目指す国から信頼を得ることが難しくなるだろう。イランとの交渉が長引いていることからも、相互理解を築き、効果的な国際レジームに合意することが、イラク危機以後いかに難しくなったか窺える。

注

（1）該当箇所の全リストは次のとおり。「（a）国連機関による、および、国連機関と非政府組織との間における人道・復興援助の調整を行うこと。（b）難民と国内避難民の安全で秩序ある自発的な帰還を促進すること。（c）当局、イラク国民およびその他関係者との集中的な作業により、国際的に承認された代表的なイラク政府の樹立に到るプロセスを促進するための協力を含め、代表的統治のための全国と地方の制度を回復および確立するための取り組みを前進させること。（d）その他の国際機関と協力し、主要インフラの再建を促進すること。（e）国内および地域の組織、適宜、市民社会、援助機関、ならびに、国際金融機関との調整を通じたものを含め、経済の再建と持続可能な開発のための環境整備を図ること。（f）基本的な文民行政機能に貢献するための国際的な取り組みを促すこと。（g）人権の保護を促進すること。（h）イラク文民警察隊の能力再建への国際的な取り組みを促すこと。（i）法律と司法の改革を促進する国際的な取り組みを促すこと」（訳注：「　」内の訳文は、国際連合広報センター公式ウェブサイト〈http://www.unic.or.jp/news_press/features_backgrounders/1128/〉より引用した）。

第3章

グルジア

——避けられたかもしれない戦争

数十年も継続する平和維持活動があるという事実を取り上げて、平和維持活動全般を非難する向きがある。当事者が和解の意欲を失うので、平和維持活動は逆に紛争を長期化させていると、とがめる声もある。わたしはこうした反論を認めなかった。何十年も続いている平和維持活動のコストは、人的にも金銭的にも、小規模な戦争のコストと比べればはるかに小さいからだ。〝凍結した《フローズン》〟紛争は、熱い《ホット》紛争よりもまだましである。だが、現状に甘んじているとの指摘は、やはり正しい。長期にわたるミッションについて言えば、紛争当事者だけではなく、国際社会も現状に甘んじている。戦争の回避に千金の価値があるのは間違いない。ただし国際社会は、戦争がない状態を真の平和と同一視するほど、志を低くするべきではない。

凍結した諸紛争

国連に着任後まもなく、長期にわたる平和維持活動を検討し、終結の手がかりを探すことにした。順番に消去していったところ、次の2件の最長ミッションに関して、わたしにできることはないとわかった。一番古いミッションは、中東の国連休戦監視機構（ＵＮＴＳＯ）だった。１９４８年、イスラエルの建国直後、近隣アラブ諸国とイスラエルの間に第一次中東戦争が勃発した。この戦争の停戦監視を目的として、ＵＮＴＳＯが創設された。ほぼ同じほど長期にわたるのが、国連インド・パキスタン軍事監視団（ＵＮＭＯＧＩＰ）だった。独立後のインドとパキスタンの間で、カシミール地方をめぐり印パ戦争が発生した。その停戦ライン監視のため、１９４９年に

ＵＮＭＯＧＩＰが創設された。ＵＮＴＳＯの監視団は現在、国連レバノン暫定軍（ＵＮＩＦＩＬ）と国連兵力引き離し監視隊（ＵＮＤＯＦ）に派遣されている。マネジメントの観点からすれば、ＵＮＴＳＯの終了は確かに筋が通っているかもしれない。一方で、政治的観点からすると、ミッションの継続は筋が通っている。イスラエルと近隣アラブ諸国との対立は、依然として最大の問題である。包括的な平和が訪れないかぎり、アラブ諸国の大半はＵＮＴＳＯの終了に反対するだろう。ＵＮＩＦＩＬやＵＮＤＯＦと違い、任務の継続に少額の追加コストしかかからないことを考慮すると、ＵＮＴＳＯ終了をめぐって政治的闘争を繰り広げることは得策ではなかった。南アジアのＵＮＭＯＧＩＰも同様だった。作戦行動の観点からすると、前線の７００キロメートルに45名の監視団を配置しても、大した違いをもたらすことはできない。そのうえインドは本来、カシミール問題を国連の議題に取り上げることを認めておらず、ＵＮＭＯＧＩＰに重要な役目を果たしてほしくないと考えている。これと正反対の理由から、カシミール問題が安保理の議題にのぼるように、つまり実際に議題として取り上げられなくても理論上はそれが可能であるように、パキスタンはＵＮＭＯＧＩＰの継続を熱心に望んでいる。この場合もやはり、加盟国にわずかな財政負担しかかからないことを考慮すると、ミッション終了で生じる政治的コストは割に合わない。

次の２件のミッションも長期にわたり継続している。国連西サハラ住民投票ミッション（ＭＩＮＵＲＳＯ）は、１９９１年４月、モロッコとポリサリオ戦線の停戦を監視するために設立された。国連キプロス平和維持軍（ＵＮＦＩＣＹＰ）は、１９６４年以降、トルコとキプロスの停戦を監視している。この2件のミッションに関して、わたしが貢献できることは何もなかった。独立を目指すポリサリオ戦線は、西サハラでモロッコに対して——それ以前はスペインに対しても——武力闘争を行っていた。この戦闘は長引いたが1991年に停戦が成立し、住民投票により決着をつけることで両紛争当事者の間で合意に達した。ところが、20年以上たった今なお、投票の条件について折り合いがついていない。1997年にアメリカのジェイムズ・ベイカー元国務長官が、両者の妥協を探ろうと力を尽くした。アルジェリアとモロッコが本当に和解しないかぎり（訳注：ポリサリオ戦線はアルジェリアの支援を受け、同組織が樹立した政府はアルジェリアの首都を根拠地とする）、この紛争の解決は不可能である。ベイカー元国務長官が失敗した紛争に介入するつもりはなかった。

キプロスについては関与しなかった。すでにアナン事務総長が、国連きっての交渉担当者、アルヴァロ・デ・ソトというペルー人外交官に、この島の分裂を終結させる解決策を依頼していたからだ。デ・ソトは、ハビエル・ペレス・デ・クエヤルが国連事務総長に選ばれたときに国連に入った。キプロス共和国は国連の正式加盟国であり、ギリシャの強い後押しでEUにも加盟した。一方、島の北部を占める北キプロス・トルコ共和国（北キプロス）は外交的に孤立しており、同国を国家として承認している国はトルコしかない。1974年以降、北キプロスにはトルコ軍が駐留している。両国が首都とするニコシアは、世界にただ1つ残る分断都市である。デ・ソトは5年の間、実務的問題ならびに紛争の根本的問題の解決策を懸命に模索したが、失敗に終わった。

失敗の原因は、従来の外交プロセスとキプロスの政治を切り離したせいだった。外交官が巧みな交渉を通じて、国民の関与なしにその運命を変えられる時期は、善くも悪くも過ぎ去った。テレビとマスコミが全盛のこの時代、外交的譲歩につきものの複雑さを気運に結びつける公的な議論に根差していないかぎり、巧妙な外交術はもう効果を発揮しないだろう――だが、もちろん、気運が高まっても巧妙な譲歩はおいそれとは考案できない。キプロス島の分断はもう40年以上続いている。その状態が永続する可能性はきわめて高い。

グルジア対アブハジア紛争

凍結した紛争のうち、自分に何かできるかもしれないと思ったのは、グルジア（訳注：2015年4月より、同国の日本語の呼称は「ジョージア」に正式に変更されたが、本書では、本書に述べられた事態が発生した当時用いられていた「グルジア」を訳語として使用することとする）とアブハジアの紛争だった。コーカサス地方の情勢に対する国際社会の無関心は、いずれ戦争の再発につながるのではないかと危惧していた。2008年の夏に起きたロシアとグルジアの武力衝突は、その考えが正しかったことを裏づけた。同時に、まとまりを欠いた国際社会のなかで国連が成し遂げられることに限界があることも、明らかになった。安保理の亀裂が深まるなか、戦争に向かう勢いを止めるために国連事務局ができることはなかった。それは荷が重すぎた。国連の原則的立場を支持する強力な盟友がいなければ、国連事務局は結局のところ無力なのだ。

アブハジアの紛争は、ソビエト連邦崩壊に端を発していた。グルジアは、19世紀初頭にロシア帝国に併合された。10月革命後、短期間だけ独立を果たしたが、やがてソビエトに統合された。グルジアの西部のアブハジアは、19世紀半ばにロシア帝国の領土になった。アブハジアの人口の大半を占めていたムスリムは、それを機にオスマン帝国が支配する地に移り住み、彼らが去った地域に、グルジア人やロシア人など多様な民族が流れ込んだ。こうした歴史的背景から、全領域がソ連に統合されたあと、グルジアとアブハジアの法的立場に違いが生じることになった。グルジアは、グルジア・ソビエト社会主義共和国となり、アブハジアはやがて、グルジア・ソビエト社会主義共和国内に設けられた、アブハズ自治ソビエト社会主義共和国となった。さらに重要な点は、多様な歴史から作り出された――アメリカの政治学者ベネディクト・アンダーソンの概念を借りるなら――この「想像の共同体」には、根本的に大きな相違が存在していたことである。グルジアは、古代コルキス王国にまでさかのぼる歴史に誇りを抱いていた。アブハジアはかつてこの王国の一部であった。アブハズ人はグルジアの思惑に不安を抱き、自治を守るためソビエト政府を頼みにした。ソビエトがアブハズ人に特権的地位を与えたのは、アブハズ人のアイデンティティに配慮したというより分割統治政策が動機だったとしても、今となってはもうさしたる問題ではない。ソビエト連邦が崩壊したとき、アブハジアは選択を迫られた。非グルジア系のアブハズ人の大多数は、再生されるロシアの一部にとどまることを望んだ。アブハジアに住むグルジア民族はそれを拒否し、独立したグルジア共和国の一部になることを望んだ。

グルジアは1991年に独立を果たし、翌年ソビエト時代の憲法を廃止した。非グルジア系のアブハズ人は自治権が失われることを危惧し、独立を宣言してグルジア当局を武力で追放した。1992年、分離を望むアブハジアに、グルジアは軍を派遣した。激しい戦闘が起こったが、1994年にロシアの仲介で停戦合意が成立し、立ち入り禁止区域とともに停戦ラインが定められた。建前上は独立国家共同体（CIS）――事実上はロシア――による平和維持部隊が派遣され、国連が停戦の監視を開始した。停戦合意は妥協案だった。グルジアとの紛争でロシアから支援を受けていたアブハジアは、停戦により、CISの仮面を被ったロシア軍駐留という再保証を得た。これに対してグルジアは、国連グルジア監視団（UNOMIG）を獲得した。国連の監視団がいれば、ロシアの行動を抑制し、グルジア・アブハジア紛争を安保理の議題にのぼらせることができる。アブハジアの大半（コドリ渓谷は除く。山岳地帯に位置し、冬場はアクセス不可能になるこの渓谷には、アブハジアの首都スフミにいたる道がある）は、ロシアと緊密なつながりを持ち分離主義を掲げるアブハジア政府の支配下にあった。推定25万人のグルジア人が脱出して、停戦ラインのグルジア側にある難民キャンプで暮らしていた。この絶望的な状況から抜け出すための和平プロセスはなかった。また1つ、凍結した紛争の舞台が整えられた。

グルジア訪問

2002年11月、わたしはモスクワ訪問と組み合わせてグルジアを初訪問した。ちょうど、イラクに関する議論が激化して、アメリカと安保理主要国との関係が徐々に悪化するさまをニューヨークで目の当たりにしている頃だった。「テロとの世界的戦い」として軍事化した外交政策が、法の原則を蝕みつつあり、私的制裁を加えるように各国の背中を押していた。ナショナリズムは伝染病だ。アメリカとロシアが互いのナショナリズムを強化するさまは衝撃的だった。仮にブッシュ政権が賢明な政策をとっていたとしても、ソ連崩壊後に味わった屈辱感がロシアのナショナリズムを増幅したことは間違いないが、イラク危機がもたらしたマイナスのエネルギーが、この傾向を助長したのかもしれない。世界は再びゼロサムゲームのパターンに陥り、ある種の「ミニ冷戦」状態になりつつあった。グルジアは、ロシアから離れなければアメリカに近づけなかった。チェチェンのテロリストがパンキシ渓谷を通りグルジアに侵入することを警戒したアメリカは、テロとの戦いを真剣にとらえるよう仕向けるべく、グルジアに特殊部隊を派遣した。これは当然ロシアの疑念を呼んだ。こうして悪循環が始まり、双方とも相手方のあらゆる行為を否定的に解釈した。

グルジアは美しい国だ。その西端にあるアブハジアはとりわけ美しい。冠雪したコーカサス山脈が、黒海を見渡す丘を背景にしてそびえ立ち、その丘には地中海沿岸に見られる植物が生い茂る。アブハジアがロシア帝国に統合されてから、太陽と美しい浜辺を求めるロシア人はこの地を好んで訪れた。実際、ロシアのリビエラといった様相を呈しており、１９００年代初頭のフランスのリビエラの写真と驚くほどよく似ている。１９６０年代に建設された奇妙な外観の療養所と、イスラム教を駆逐した地であることが窺える東方キリスト教の修道院が、何軒かあった。ユーカリと杉の木の森林に点在する建物は、第一次世界大戦前の好景気を反映した、魅力的なアール・ヌーボー式の邸宅だった。わたしはスフミ近郊のそうした邸宅の1つでスターリンが所有していた邸宅に泊まった。スターリンは20世紀でもっとも有名なグルジア人だ。建物の配管はソビエト時代のままで、バスタブは古く、ぬるい湯がわずかに出る程度で、タオルはさっぱり乾かなかった。1900年代初頭にロシアの実業家によって建築された、このようなブルジョワ階級向けの屋敷や、1950年代のソビエトのぜいたく品が老朽化した遺物は、歴史に取り残された物たちだった。さらに想像に身を委ねれば、20世紀の悲劇的な亡霊たちもいた。ヨシフ・スターリンだけではない。身の毛のよだつ行状に及んだ、秘密警察長官のラヴレンチー・ベリヤ。彼の屋敷もすぐ近くにあった。それから、レフ・トロツキー。レーニンの死後、モスクワに戻り自身の地位を守ろうとせず、スターリンの不誠実な助言に従いスフミにとどまったことが、彼の政治生命にとって致命傷になった。

バルコニーの欄干にもたれかかり、シュロの木に囲まれた黒海に昇る月を眺めながら、わたしは会談相手の意図についてあれこれ思いをめぐらせた。彼らはかつてソビエト共産党の高官だったが、当時はアブハジアの閣僚となっていた。翌日、やはりソビエト共産党出身で、当時のグルジア大統領エドゥアルド・シェワルナゼと、トビリシで会った。シェワルナゼと共産党元高官のアブハジアの閣僚たちは、多くの経験を共有していた。フランス革命とナポレオン戦争の混乱を生き残ったフランス人のように、彼らも「生きた《ジェ・ヴェキュ》」と言ってもよいかもしれない。あるいはもっと正確に言うなら、「生き延びた」と言うべきか。彼らは20世紀の悲劇の一部であり、無傷でその経験を乗り越えることは誰ひとりできなかったはずだ。犯罪者としては知られていなかったが、彼らは犯罪が行われていることを受け入れなければ、成功を収められなかったはずだ。そして今、彼らは過去の立場とは反対の立場にいた。シェワルナゼはソビエト帝国の崩壊に手を貸し、独立したグルジア共和国の大統領に就任した。ひとりのグルジア出身者ヨシフ・スターリンがソビエト帝国の戦後復興に重大な役割を果たし、もうひとりのグルジア出身者シェワルナゼがその崩壊に手を貸した——これは確かに皮肉なことだった。

地域紛争が世界規模の影響を

シェワルナゼとの会談

こんなことを言うと誤解を招くかもしれないが、高齢のシェワルナゼと会談したとき、「白ギツネ」の異名をとった手ごわい政治家というより、気のいいおじいさんといった印象を受けた。残り時間の少ない——大統領の任期はあと2年しかないと、いみじくも自ら述べた——人物、歴史を理解しながらそれを作ることを諦めてしまった人物のように見受けられた。「アブハジアの戦争が、民族浄化として、大虐殺《ジェノサイド》として、正確に評されていたら、解決策はすでに見つかっていたことだろう」。戦争がグルジアの主導で口火を切ったこと、戦争を阻止するために手を尽くさなかったことを棚に上げて、シェワルナゼは語った。もっとも、アブハジア軍がスフミを奪還する直前まで、シェワルナゼ大統領はスフミにとどまり、勇敢な一面を示したことも確かだった。わたしが会談した当時は、アブハジアから逃れたグルジア人の焦燥が募り、大統領の座を脅かすのではないかと、彼は懸念していた。

シェワルナゼの人生は、正反対の2つの側面から読み解ける。父親がスターリンの秘密警察に捕らえられながら、1948年、スターリンの全盛時代に自らも共産党員となり、ソビエト連邦を支配した警察制度の中枢で長いキャリアを築いた、生き残りの達人。一方で、1980年代後半の重大な時期にミハイル・ゴルバチョフ大統領の外務大臣として、ソビエト帝国の権力を維持するために、軍を動かしこれ以上血を流すには値しないと考え、おかげで数百万の人々の感謝の念と、別の数百万人の消えることのない憤りを買った人物。イデオロギーであれナショナリズムであれ、個人の意思より強い歴史の力を妨げても無意味なときもあると知っていた彼は、やはりマルクス主義者といって差し支えないかもしれないが、同時にもはやボルシェビキではなかった。武力の行使に限界があることを、武力が予期せぬ結果を生むときもあることを、シェワルナゼは十分に認識していた。彼はアメリカの新方針を警戒しているようだった。この方針は、テロとの戦いという共通の目的で、表面的にはワシントンとモスクワを近づけたが、現実には一方的な行動と外交政策の軍事化を促進したにすぎず、やがて二国間の距離を広げることになった。ロシア政府の協力がなくてはアブハジア紛争の解決にいたらないと、シェワルナゼはわたしにはっきりと述べた。さらに、ウラジーミル・プーチンとの会談によりロシア政府に融和主義的な姿勢が生まれたが、ロシア人がみなプーチンの指示に従うわけではないし、プーチン自身も考えを発展させる可能性もあると強調した。移行期間として10年は欲しいとシェワルナゼは考えていた。ソ連の遺産を消化するには、それくらいの時間が必要になるということだ。平和な状態に落ち着くには、悲惨な歴史の傷跡のない、新しい世代が必要だと考えているらしかった。

2008年の戦争は、彼の考えが誤りだったことを裏づけた。プーチンと、グルジアの第3代大統領となるミヘイル・サアカシュヴィリは、2人とも新しい世代に属する。だが、2人とも平和をもたらさなかった。それどころか、古い時代の警告は失われたようである。

シェワルナゼとの会談後、わたしはモスクワに飛んでロシア政府の閣僚と会談した。「グルジアを考える事務総長諮問団」との会議も予定されていた。この諮問団は、グルジアとアブハジアとの紛争が発生したときに、国際社会で共同戦線を張るために編成され、やがて双方に譲歩と交渉を促すことになった。メンバーは安保理常任理事国の西側3か国と、ドイツ、ロシアで構成されていた。ロシアと西側の隔たりを象徴的に埋めようとしたが、西側諸国が明らかに多数を占めたので、グルジア寄りと受け止められていた。

モスクワに到着したとき、アブハジア首相のアンリ・イェルゲニアもこの諮問団の会議に出席すると、ロシアの外交官から知らされて驚いた。さらに予想外だったのは、当時のロシア国連大使だったラヴロフがモスクワを訪れていたことだった。諮問団の西側諸国は、安保理理事国が参加する会議にアブハジアの首相が出席すると知り、難色を示した。アブハジアの支配者に過度の正統性を与えることを危惧し、疑念を強めたのである。結局、この会議は開かれなかった。諮問団の西側諸国に、ロシアとは立場を異にするという姿勢を示してほしいと、ロシアが望んだからだ。そんなことをすれば、諮問団の不安定な団結は目に見えて壊れていただろうし、紛争当事者に共同で圧力をかけるという目標も頓挫していただろう。そのわずか数日後、イェルゲニア首相は、苦悩するアブハジア大統領ウラジスラフ・アルジンバに解任された。

ロシアの立ち位置

グルジアの初訪問、ロシア国連大使の思いがけないモスクワ滞在、ロシアが国際的正統性を確立させようとしたわずか1週間後にイェルゲニア首相が突然解任されたこと――どれも、この紛争の複雑さを垣間見る手がかりとなった。アメリカのラムズフェルド国防長官がイラクを皮肉った言葉を借りるなら、グルジアのファイルには大量の既知の未知があり、いくらか未知の未知もある、ということになる。アブハジアのファイル管理には、モスクワで大勢が関わっており、アブハジアにも多くの策略がからんでいる。アブハジアの指導者の多くは、旧ソビエトでもっぱら諜報機関の仕事をしていた。彼らのなかにはロシア出身者もおり、モスクワにアパートを所有している者も多く、モスクワで快適な生活を送ることができる。個人的な競争心や野心が、彼らが政治的選択を決定する際に大きな役割を果たしている。

ロシアの政策も、やはり複雑な事情を抱えていた。軍部はグルジアに基地を構えており、過ごしやすい国への派遣を望む指揮官が多いことから、基地の存続を希望していた。治安機関はグルジアの顧客と支部組織に保護と支援を提供してきた。ビジネス関係者は、アブハジアを金儲けに格好の場所とみなしており、ときには犯罪組織と手を結ぶこともあった。スフミの古いホテルを修復し、景気のいい観光業界に投資し、伸びゆくロシアの中流階級から利益を得ようと躍起になっていた。外務省としては、アブハジアを、自国と西側諸国の関係を刺激する存在にしたくなかったが、コーカサス地方に対するアメリカの思惑を警戒していた。2002年の訪問時、緩やかな同盟として、アブハジアをグルジアの内部にとどめておくという解決策を、ロシア外交官が除外している印象は受けなかった。ただ、ロシアとアブハジアの関係が損なわれるほど、その解決策を推し進める覚悟がなかっただけだ。こうした多様な方面の戦略がときに衝突し、ときに補い合っていたが、もう1つ、事情を複雑化する要因として、ロシアの国内政治があった。アブハジアの厳しい立場を支持することが、政治家として愛国心の証明だとみなされ、ロシア政界で名を上げる手っ取り早い方法となっていたのだ。

西側の無関心

西側諸国の意向について、わたしが恐れていた点がこのときの訪問で裏づけられた。西側はこの問題に、実は大した関心を抱いていなかったのだ。イギリスとフランスは諮問団のメンバーであり、イギリスにいたっては元駐露大使のブライアン・フォール卿を諮問団に送り込んでいた。だが、安保理常任理事国にはほかに優先すべき重要事項があった。そのため、トップレベルの会議の議題としてグルジアを取り上げることは難しかった。わたしの記憶では、パリの大統領官邸での昼食会の時、アナン事務総長とシラク大統領の間で、一度だけグルジアについてさらりと話し合われたことがあった。ロシア国籍でグルジアにルーツのある国連高官セルゲイ・オルジョニキーゼも同席していた。ロシアとグルジアの間にとくに大きな問題はない、シェワルナゼ大統領が退任すれば事態は収拾するだろう、とオルジョニキーゼは進言した。このときのやり取りは、現状に甘んじ、戦略上の課題を無視して個人的な観点から紛争を解釈する傾向を如実に示していた。

アメリカとドイツは、それぞれ異なる理由からこの問題に戦略的に取り組んだ。ドイツにとって、中欧と東欧の安定化にはつねに大きな利害関係がからむ。ベルリンの壁崩壊以来、ドイツは、補完的でありながらときには相容れないこともある、次の3点を指針としているようだ。第1は、アメリカとの強固な同盟。第2は、欧州へのコミットメント。第3は、ロシアとの協力関係である。この10年後に起こるウクライナ危機でも、3つの指針は依然として健在だったが、その調整はさらに難しくなっていた。グルジア紛争が激化すれば、相容れないこの3点の調整が難しくなると、ドイツの外交官は気づいていたが、グルジアの内情に影響を与える力はドイツにはなかった。

ロシア政府とアメリカ政府がこの問題で中心的役割を果たしたが、両者とも競合する政策を抱えているようだった。ラムズフェルド率いるアメリカ国防総省は、グルジアとの軍事的連携を強化したがっており、軍事協力プログラムを進めた。このプログラムがきっかけで、グルジア部隊はイラク占領時にささやかな役割（バグダッドの国連事務所の警護）を担うことになった。グルジアは戦略的要衝に位置し、中東、とくにイランに近いことが、アメリカ軍にとって価値を生んでいる。国務省はさらに広い視野でグルジアをとらえており、ロシアとの間に危機を招きたくないと考えていた。それでも、将来的にグルジアをNATOに加盟させる案には賛同していた。ブッシュ政権の一部は、トビリシにまだ決着のつかない問題があるとして、当初グルジアの指導者に懐疑的だった。

それから1年後、2003年11月にいわゆるバラ革命（訳注：2003年11月のグルジアの議会選挙後にエドゥアルド・シェワルナゼ大統領を退陣させた抗議運動）が起こり、その懸念は払拭された。シェワルナゼ大統領が失脚し、アメリカ政府の眼鏡に適う新たなグルジア人指導者が政権に就いたのだ。戦術が異なる政策が結びついたのは、グルジアは必ず西側陣営に迎え入れられる、グルジアとロシアとの軍事的相関関係が根本的に変化したので、ロシアはそうした展開に抵抗しないだろうという、明確なビジョンがあったからだ。ブッシュの特命使節ルドルフ・ペリナ大使は経験豊富な外交官で、コーカサス地方に精通していた。グルジアに対する姿勢はワシントンとモスクワでまったく異なるが、モスクワは最終的に新たな状況を受け入れざるをえなくなる、と大使は示唆した。さらに、グルジア国民の意向を反映しているのだから、この進展には正当性があるとも信じていた。強力な国家が近隣に、または地球の反対側に、勢力範囲を築き上げられる時代は終わっていた。当初、わたしは彼の見方に共感した。住む場所を失い難民キャンプで暮らすグルジア人の姿や、アブハジアの支配するガリ地区に住むグルジア人に対する嫌がらせも、まだわたしの記憶に新しかった。子どもたちが通うみすぼらしい学校も視察した。グルジア語で書かれた教科書をはじめ、あらゆるものが不足していた。民族浄化だというシェワルナゼの指摘は正しかった。こんな武力の乱用は、絶対に正当化できなかった。

紛争に対する外交的取り組み

ボーデン文書

何ができるのか？　この疑問は国家首脳の議題にはのぼらなかったが、この問題を見守っていた外交官たちには、そろそろ何らかのプロセスの再開に向けた努力をすべき時期だとわかっていた。国連ミッションの責任者で、ドイツ人外交官のディートリヒ・ボーデンは、数年にわたり、西側諸国とロシアの意見が一致する落としどころを見つけ出そうとしていた。それが結実したのが、グルジアの「領土の保全」に言及した「ボーデン文書」だった。「領土の保全」を明記した文書をロシアに認めさせたことは、西側諸国の外交的勝利とされた。

しかし、この「勝利」は短命だった。アブハジアは最初から、彼らの基本的立場に異を唱えるボーデン文書は認めないと明言していたし、ロシアも、アブハジアにいっさいの強制をすべきではないという見解を表明した。こうした反対により、限定的ながらも自らの手で達成したとボーデンがみなしていた結束は潰えた。ロシアがアブハジアを「引き渡す」ことを西洋諸国は期待したが、ロシアにその気はなかった。ボーデン文書に関する議論と、アブハジアが文書を受け入れる条件をめぐる議論は、混乱を引き起こしていた。最善の結末を交渉の起点に据えるのは、現実的ではなかった。根本的問題となるアブハジアの立場に焦点を絞ったボーデンの取り組みは、失敗に終わった。ボーデンに先立ち、実務的問題と信頼構築手段を軸にした別の方法でこの問題に取り組んでいたほかの特別大使たちも、失敗した。異なる方法を試す必要があった。やがて、ジュネーブ・プロセスとして知られる新たな取り組みが始まった。

3つの課題

関連し合う3つの課題に取り組む以外、この紛争に解決策がないことは、もう誰の目にも明らかだった。その1つ目は、ひときわ目につき、かつ差し迫っていた、アブハジアとグルジアの関係だった。歴史的に見て、アブハズ人とグルジア人は良好な関係を築いてきたとされていた。また、アブハジアの文化は、グルジアによる支配と同じくらい、ロシアの影響拡大によって脅かされているとも聞いていた。ところが、残虐な戦争のせいで25万人ものグルジア人がアブハジアを追われ、その関係は損なわれた。彼らの避難先や帰還地区は、貧困、恐怖、腐敗、強盗がはびこる無法地帯と化し、唯一の財源はブルーベリーの収穫だけだった。こうした状況が解消——それには機能する国家、信頼できる警察と行政、誰もが認める正統性のある権威が必要だ——されないかぎり、平和がもたらされることはない。わたしはグルジア問題を扱う数多くの外交セッションに参加したが、そこで交わされる発言は現実と乖離していた。自分たちではどうしようもない出来事に巻き込まれた人々、自分たちには関係のない政治劇の手駒にされた人々の生活に、ささやかでも改善をもたらすことができないかぎり、どんな努力も正当化されないということを、わたしは忘れたことはなかった。

2つ目に取り組むべき課題は、グルジアとロシアの関係だった。グルジア人とロシア人も、歴史的に見て良好な関係を築いてきた。ユーゴスラビアを崩壊に追い込んだ民族的、宗教的分断は、グルジアにはほとんどなかった。それどころか、グルジア人のなかにはロシア政府で重要な地位を占める者も多く、異民族間の結婚も多かった。さらに、両民族ともオスマン帝国への反感を抱いていた。経済的に見ても、グルジアとロシアには密接な関係があった。東西に連なりそびえ立つ大コーカサス山脈が南北のコーカサス地方を隔てる自然の壁となり、沿岸の回廊地帯を走る鉄道が、アルメニアやアゼルバイジャンとの行き来を容易にし、黒海に面したロシアの領土とグルジアを結ぶ。ロシアと接する西側の境界が開放されていれば、コーカサスの自然地理学が東西のコミュニケーション軸をおのずと作り出し、グルジアはまさにその軸の中央に位置することになる。しかし、グルジアでアブハジアが支配する領域と、グルジアのその他領域とを隔てる停戦ラインがその結びつきを断ち、ソチとトビリシ間の鉄道運行を妨げていた。今後の関係を定めるものは何だろうか？　従来どおりの歴史的、地形的な結びつきだろうか、それともロシアとグルジアの非対称性が生み出す新たな活力だろうか？　この非対称性は、構造レベルでは明らかにロシアに有利に働いた。ロシアの広大な領土や、今でも圧倒的な規模を誇る軍隊は、グルジアの努力を小さく見せる。だが心理的レベルでは、グルジアに有利に働いた。矮小化したと敗北感を抱いたのはロシアのほうだった。何しろグルジアは、地上唯一の超大国の盟友として、NATOとEUの加盟候補国として、新たな展望が開けていたのだから。

3つ目は、もっとも根本的課題であるロシアとアメリカの関係だった。グルジアは果たして、冷戦を象徴する最後の戦場となるのか、それともロシアと新生〝西側諸国〟との橋渡し役となるのか？　ベルリンの壁崩壊後、NATOとEUへの加盟は、ソビエト連邦の支配下にあった中欧のみならず、ソビエト連邦の構成国にとっても、戦略的目標となった。この目標は、ついに自由と繁栄を授けてくれる民主主義の仲間に加わりたいという願いを反映すると同時に、ロシアの帝国主義の復活に備える保険でもあった。この時期、西側の一員になるという高揚感とロシアの弱体化が相まって、バルト三国をはじめ多くの国がNATOとEUに加盟した。

西側諸同盟の意味

加盟国にとって、EUとNATOは1つの夢の2つの側面を表していた。1つはヨーロッパによる繁栄、そしてもう1つはアメリカによる安全保障だ。ところが、両機関の競争心が災いし、同時に拡大を続けた場合の長期的影響については、戦略的に議論されなかった。国境の開放により物資と人の動きが自由になるので、EU拡大は現状にただちに影響を与えた。それに加盟国はEUの基準を満たす必要があった。EUは急速な拡大を警戒していたが、NATOに後れをとりたくはなかった。一方NATOのほうは、欧州内の結びつきを、大西洋を横断した結びつきより優位に立たせたくなかった。NATOが拡大しても、根本的にとまでは言わなくても、EUほど目に見える形で影響を及ぼさなかったはずである。北大西洋条約第5条による安全保障は、原則として、欧米の軍事計画に大幅な調整を必要とする。しかし、ロシアが軍事的脅威とみなされなくなっていたので、アメリカの安全保障の拡大は以前ほど重要ではなくなった。やがてこれが、プロセスの基本的欠陥だと判明する。

この時期に新加盟国がNATOへの加盟を希望した理由は、仮想敵国であるロシアに脅威を感じていたからだ。ところが、NATOが彼らを受け入れたのは、NATO上層部がもはやロシアを脅威とみなしていなかったからだ。この矛盾に対して、西側の政策立案者は見て見ぬふりをし、ロシアを敵に回すことなく、新加盟国に前向きな対応をしようとした。NATOとロシアの関係を変化させようとする試みの一環として、まず北大西洋協力理事会に（1991年）、次に平和のためのパートナーシップ協定に（1994年）、そしてついに常設合同評議会に（1997年）、ロシアを加入させた。この評議会の後継組織が、2002年に設立されたNATOロシア理事会である。このように、ロシアをNATO陣営に部分的に引き込んできたことで、西側同盟諸国とロシアの境界線は曖昧になるのだろうか？　グルジアの紛争、グルジアとアメリカの関係、それにグルジアとNATOとの関係が、この政策の限界を試すことになった。

2002年の年末にこのようなことを諮問団のメンバーと話していたとき、手っ取り早い解決策が見つかるという幻想は抱いていなかった。だが、各国首脳に任命された外交使節を団結させるプロセスを設定することは有益だと考えた。最高レベル同士で、戦略的含意を伝える良い機会となるのではないだろうか。それに、トビリシでなら、外交官同士で火花を散らすことはないだろう。先の「諮問団」のときと比べて、国連は格段に積極的役割を果たせるかもしれない。メンバー間の深い亀裂を考慮すると、国連が主導的役割を担うほうが彼らのためになる。それに国連なら、安保理決議が制定したフレームワークから外れることなく、いくらか融通もきかせられるし、国としての立場にも縛られない。うまくいけば、当事者同士を直接関わらせることができるかもしれない。

わたしが会議の議長を務めることに決まった。グルジア担当の国連事務総長特別代表も出席することになった。実質的に、ボーデン文書について不毛な議論を乗り越えるためにできる歩み寄りは、人道的、政治的、安全保障上の課題だけでなく、信頼醸成措置に取り組むことだった。最初は順調だった。2003年2月、新プロセスであるジュネーブ・プロセスに関する初会議が開かれ、わたしが議長を務めた。3つの議題が取り上げられた。ロシアの鉄道が中心の経済問題、難民の帰還問題、政治・安全保障問題である。なかなかバランスがとれていた。アブハジアとロシアは、信頼醸成措置について話し合えたことに、グルジアは難民の帰還や治安、情勢に関連する議論を進められたことに満足していた。次回の会議は、6月に高官レベルで開かれることに決まった。こうしてプロセスは始動した。

ジュネーブ・プロセスの始動

ところが、またもやロシア——とグルジア——に意表を突かれた。3月にソチで開かれたアブハジア首相との会合に、プーチン大統領はグルジアのシェワルナゼ大統領を招いた。そのときの公式声明で、鉄道、電気、避難民の帰還については言及したのに、国連については見事に無視したのだ。諮問団の一部のメンバーは非常に不快感を抱いたが、シェワルナゼ大統領が国連の関与を求めなかったとわかり、さらに不満が募った。ロシア政府——その一部ということだが（ロシアの特別大使で第一外務次官ヴァレリー・ロシーニンは、ソチの会議に出席しなかった）——は、やはり国連の進め方が不満だったのだ。国連主導では、西側から窮地に追い込まれやすくなると思ったのかもしれない。

グルジアのほうは、やはりロシアへの対応を決めかねていたようだ。シェワルナゼ大統領が指摘したように、アブハジア問題のカギはモスクワが握っていた。諮問団の西側のメンバーと国連を通せば、ロシアにいくらか圧力をかけられるかもしれないが、ロシアの態度を硬化させる恐れもあった。グルジアとロシアの関係を、世界的な東西の戦略的関係から切り離したほうがいいのか？　それとも逆に、その大きな取引の一部にしたほうがいいのか？　イラク戦争に向かう緊迫した世界情勢のなかで、「白ギツネ」の異名をとったシェワルナゼは、前者の選択肢に分があると判断したのだろう。国連は諮問団の西側のメンバーとともに、ロシアのこの動きに平静を装うことにした。国連グルジア監視団の責任者ハイジ・タリアヴィーニは、2つのプロセスを1つにまとめようと粘り強く取り組んでいた。

グルジアの無血革命

6月に予定されていた諮問団メンバーとの会議は、無事に開催された。この種の会議としては、アブハジアとグルジアの両陣営が一緒に出席した最初の会議となった。ロシア代表のロシーニンは温厚な人物で、会議は順調に進んだ。グルジアは、避難した住民の帰還と、停戦ラインのアブハジア側にあるガリ地区の安全について、具体的な進展を望んだ。戦争が起きる前、この地区の住民の大半はグルジア人だった。ほとんどのグルジア人がその地から逃げ出したが、家屋の手入れのため、あるいは夏のブルーベリー収穫のために戻る住民もわずかにいた。しかし、安全上の理由から、本格的な帰還は難しかった。アメリカの後押しを受けたグルジアは、ガリ地区に特別暫定機構を設立することを提案した。アブハジア側はこれを、自分たちの主権を脅かす受け入れがたい提案とみなした。

ところが、一見不穏な提案だが、詳細に検討すれば容認する余地があるかもしれないと、ロシーニンが穏やかに述べて、議論が進展した。この新提案を試せる行政機構の一環として、彼は警察を挙げた。会議の最終声明でもこの提案に言及し、7月末、国連ミッションに20人の警官を追加派遣することが安保理で承認された。ガリ地区に暫定機構を設けようとしたアメリカとグルジアの当初の提案とはずい分かけ離れていたが、ささやかなスタートながらも将来につながる希望となった。こうして、ジュネーブ・プロセスは政策に先鞭をつけることになった。その後実際に進展するかどうかは、時間の経過を待たなくてはならない。そうこうするうちに、慎重な言い方をすれば、〝事態が動く気配〟があった。決して十分ではなかったが、この動きがなければ、武力行使の圧力が高まり、事態は間違いなく悪化することになったはずだ。

疑惑の選挙結果

バラ革命によりシェワルナゼ大統領が失脚し、新政権が樹立されようとしているとき、わたしは期せずしてグルジアに滞在していた。首都トビリシに到着したのは、2003年11月20日の晩のことだった。同月2日に実施されたグルジアの議会選挙は開票作業が難航した挙句、その結果が公表されると、即座に疑問の声が湧き上がった。公式発表によると、シェワルナゼ大統領を支持する連立政党は、票の21パーセントを獲得し、グルジアの労働党は12パーセント、サアカシュヴィリ率いる野党の統一国民運動は18パーセント、そして、アジャリアの指導者アスラン・アバシゼの党が18パーセントを獲得した。アジャリアはグルジアからの分離独立を目指す地域の1つだ。[1] 選挙期間中、アバシゼはトビリシに軍を派遣し、シェワルナゼ大統領を支援した。労働党もシェワルナゼを支持した。公式発表では、彼を支持する政党が議会で過半数を占めるのに十分な票を獲得し、勝利を収めた。だが、選挙で不正が行われ、実際には過半数に達していないという疑惑が広まっていた。これは危険な状況だった。11月22日に予定されている野党の抗議運動で衝突が起こり、流血の惨事に転じる危険性が高い。抗議運動の前日の晩にグルジア外相と話をしたが、シェワルナゼ大統領は非常事態を宣言しないだろうと語っていた。ところが、事態は急速に進展した。

11月22日の午後、シェワルナゼ大統領の演説中に、抗議運動の参加者たちが国会議事堂を占拠したのだ。大統領はかろうじて国会から逃れた。サアカシュヴィリとニノ・ブルジャナゼが、歓声を上げる群衆に向かい、議会のバルコニーから呼びかけた。ブルジャナゼは議会議長を退陣する予定で、シェワルナゼ大統領とはすでに袂を分っていた。次回の大統領選挙が実施されるまで、自分が暫定的に大統領職に就くとブルジャナゼは発表した。シェワルナゼは大統領を退くつもりはないと発表したが、トビリシでは警察部隊が次々と抗議運動の側についた。わたしはその日、スフミに滞在していたが、アブハジアの指導者たちは懸念を露わにした。シェワルナゼに反感を抱いていたとはいえ、彼は奇しくもかつての同僚でもあったのだ。グルジアの新指導者の真価をアブハジアは図りかねていた。コーカサスでは数十年にわたり、イデオロギーでもなく、民主主義を求める声でもなく、アパラチキ（訳注：ソ連の指導層のうち党機関出身官僚を指す呼称）によって物事が決定されてきた。大衆の要求を完全に無視しないまでも、社会の平穏を保つためだけに、彼らはさまざまな官僚主義的圧力に適応するよう仕込まれていた。彼らに馴染みがなかったのは、無秩序な民主主義と外部からの介入である。どちらにせよ、彼らにとっては不穏きわまりないものだった。

大統領の退陣

わたしは23日の夜にトビリシに戻った。空港はとくに騒然とした気配はなく、空港から市内にいたる道では、通行車両が警察の検問に素直に従っていた。大統領は権威を失ったが、警察はまだ交通をさばくことができた。革命を目撃したのは、これが2度目か3度目——革命をどう定義するかによる——だった。1974年、ポルトガルのリスボンで、フランス大使館のインターンをしていたときは、独裁政権崩壊後に共産主義者と社会主義者が権力をめぐり争っていた時期で、毎週のように権力が入れ替わった。それより前の1968年5月、学生だったわたしはパリの5月革命に参加した。これは本当の革命というより革命劇だった。ソルボンヌ占拠と同じぐらい楽勝だと言わんばかりに、学生たちは議会占拠について話し合っていたものだ。つかの間とはいえ、それが実現可能に思えたときがあったことも確かだ。先が読めないまま丸一日が過ぎたあと、シャルル・ド・ゴール大統領が行った1本の演説が、その状況を一変させた。

この3件のいずれの場合も、政治学の実験を観察しているような気がした。革命ほど、政治権力の抽象的性質を端的に示すものはない。権威とは概念なので、すべて頭のなかに存在する。通常は権威に従うものの、ある状況で急にその権威に恭順の意を失う人たちの頭のなかにある。またこれも重要な点だが、権力を握る人たちの頭のなかにもある。ほとんどの革命で現行政府が権力を統制できなくなるのは、自己防衛の手段を失うからではない。もっとも、例外もいくつかある。たとえば、1792年、宮殿でルイ16世の護衛任務にあたっていたスイス人部隊は降伏しなかった。彼らは群衆と戦ったが打ち負かされた。だが、1989年の欧州から、2011年のエジプトの「覚醒」にいたるまで、近年の革命で現行政府が権力を失ったのは、制圧されたからではない。自信を失い、武力行使に訴える気力を喪失したからである。2003年11月、グルジアの今後を変えたトビリシの革命は、幸いにも後者だった。だが事態の進展に伴い、この革命が流血の惨事にいたらないという保証はなかった。

道路が封鎖され、抗議運動参加者が町にあふれていたので、わたしは政府の宿泊施設に戻れなかった。シェワルナゼ大統領はある建物に避難したが、そこも群衆に取り囲まれたという噂を聞いた。わたしは国連事務所に行き、事態の鎮静化を待つことにした。トビリシ入りしたロシアのイワノフ外相は、最初に野党陣営を訪問した。外相のこの行動をシェワルナゼ陣営は致命的な一撃と受け止めた。イワノフ外相は抗議運動を行う市民に向かい、ロシアは介入しないと伝えた。その後、外相はシェワルナゼ大統領と会談し、次いで再び野党側と会談した。シェワルナゼが退陣を表明したあと、イワノフ外相はサアカシュヴィリを大統領官邸に迎え入れた。そして革命は終わった。

窓から旗をなびかせた車が、クラクションを鳴らしながら、猛スピードで走っていた。試合に勝利したサッカーファンさながらだった。その日の朝、アブハジアとの停戦ラインのグルジア側にある都市ズグジジで、難民を訪問したのだが、彼らの悲痛な表情とは対照的だった。歓声を上げるトビリシの群衆は、自分たちが歴史を作っていると信じていたし、ズグジジの難民は、自分たちが歴史の犠牲者だと知っていた。アブハジアから追い出され、ロシア軍に見て見ぬふりをされ、グルジア当局にプロパガンダ戦争の道具として利用されていた。シェワルナゼ大統領の辞任が目前だというニュースは多少の笑顔をもたらしはしたが、彼らは将来に対してあまり多くの希望を抱いていなかった。過去にあまりに多くの落胆を経験していたからだ。

とびきりの情報源

トビリシには数々の噂が飛び交っていたが、わたしにはとびきりの情報源があった。新フランス大使のサロメ・ズラビシュヴィリだ。おそらく、グルジアの祖先を持つ唯一のフランス人外交官で、他国の外務大臣に就任した唯一のフランス市民だろう。ズラビシュヴィリと初めて会ったのは、彼女がフランスの外務省に入省したばかりの頃だった。政策立案部門の若手スタッフとして、彼女はソ連を研究していた。たとえ公式見解とそぐわなくても、ひるむことなく自分の意見を話すタイプで、同僚の間で尊敬を集めていた。1970年代後半から80年代初めにかけて、デタント政策にはっきりと懐疑的姿勢をとっていた。自分の意見を断固として、かつ理路整然と述べた。男性優位の世界に身を置いていた彼女は、その美しいダークブルーの瞳のせいで彼女の魅力に無関心ではいられなかった男性に囲まれていたために、プロフェッショナルで冷静な姿勢に徹するように努めていたのかもしれない。再び一緒に仕事をしたのは、わたしが西ヨーロッパ連合のフランス代表大使だったときだ。彼女は代行大使で、わたしたちは強力なタッグを組んだ。困難な交渉でも彼女は決して譲らなかった。おかげで、わたしはそのあと少し譲歩すればいいだけだった。

トビリシに着任後、彼女はすぐに実力を発揮した。抗議活動が鎮静化してから、わたしはズラビシュヴィリと国連監視団責任者のハイジ・タリアヴィーニとともに、人けのないレストランで食事をした。グルジアが過去の密約と腐敗から抜け出し、真の民主主義国家になれるかもしれないと、ズラビシュヴィリは胸を躍らせていた。そのときには思いもよらなかったのだが、数か月後、彼女はグルジアへの深い愛情から、快適なフランス公務員の身分を捨てて、グルジアの外務大臣に就任した。サアカシュヴィリがフランスを公式訪問した際、何とシラク大統領に正式に申し入れたのだ。彼女は結局、申し入れを受諾したときと同じ理由から、その任にあまり長くとどまらなかった。彼女が身を捧げたのは、彼女が考えるグルジアだった。そのためには、たとえ多くの敵を作ることになっても妥協するつもりなどなかった。

2つの視点

歴史がどのように作られるか、トビリシを去る前に、正反対の2つの視点から眺められたことは特筆に値する。1つは、革命に関わり、「人民の力」を信じたいとする人たちの視点である。革命が成就したあくる日の朝、その1人であるニノ・ブルジャナゼと会った。暫定大統領就任を祝うため、国会議事堂に彼女を訪ねたのだ。議事堂のオフィスで一夜を明かした彼女は疲れていたはずだが、そんな素振りは少しも見せず、落ち着いて自信にあふれていた。グルジアの経済状況に注意を向け、目前の数週間の政治についてはほとんど触れず、直近の未来はすでに既成事実であるかのように、今後の計画をはっきり打ち出した。彼女の話し方は政治家らしくなかった。テレビの画面で嬉々として語るサアカシュヴィリとは実に対照的だった。しかし2人とも、この無血革命が新たな政治の道を敷いたと信じているようだった。

もう1つの視点は、グルジアの保守派の政治家たち、全員に少しの分け前を与えるという密約を通じて、何もかも行われるという考え方に固執していた、いわばシェワルナゼの孤児たちだ。彼らは途方に暮れていた。それまでのゲームのルール――力をむき出しにした利害追求――が、今回は当てはまらないように思われたのだ。何とか自分を安心させようとして、わたしにこんなことを言う者もいた。スターリンにさかのぼるように、グルジア人は絶対的指導者を好む。この革命で台頭した人物のなかでも、ポピュリストのサアカシュヴィリはまさにそのタイプだ、と。いつか、必ず自分たちが幅を利かせるときがくると彼らは信じていた。たとえば、アジャリアについてこんな話をしていた。アジャリアの独裁者アバシゼは真の影響力を持っている。もしアジャリアが分離するつもりならば、グルジア新政府はグルジアのそのほかの地を支配することになる。アバシゼを抱き込む必要があるだろう。一番いい方法は、彼を新議会の議長に据えることだ。そうすれば、彼がアジャリアにいる機会を減らせるし、分離を望む地域に対して、トビリシに居場所があると暗に知らせられる。

彼らはこうして次の策を目論む一方で、ロシアの政策に面食らっていた。モスクワは何をたくらんでいるのか？　黒幕が陰で人形を操る世界に慣れ親しんできた彼らは、イワノフ外相の一挙手一投足に注目していた。長年自国の運命を支配できなかった国からすると、ロシアがただ傍観しているとは信じられなかったのだ。革命の動きに追随していたら、ロシアは支配権を握れないだろう。それとも、さらに複雑な筋書きがあるのだろうか? 重大な局面を迎えたとき、イワノフは少なくとも、運動の主唱者たちの間を行き来して、大統領の反対勢力に暗黙の承認を与えていた。シェワルナゼに運命を賭けていた人たちは落胆したが、同時に安心もした。やはりこの世は、影の実力者たちが取引する世界であると示していたからだ。ロシアがアジャリアにどんな対応をするか、彼らは注目していた。モスクワに戻る前に、イワノフはアジャリアの首都バトゥミに立ち寄り、アバシゼと会談した。イワノフはアバシゼに何を告げたのか? アバシゼに対して、穏健で節度ある態度を保つよう促したのか、それともその逆だったのか?

革命後の不安と希望

この問いの答えはすぐには出なかった。バラ革命の翌年の2004年の出来事を繙いても、はっきりした結論を導き出すことはできなかった。革命後、最初の重大な出来事は、2004年の春に起きたアジャリアの危機だった。取り急ぎ1月に実施された選挙で大統領に選出されたサアカシュヴィリは、共同歩調をとるようアバシゼに最後通牒を送った。ロシアはアバシゼの失脚を阻止する手立てを何も講じなかった。ロシアがこのとき穏便な姿勢をとったせいで、サアカシュヴィリはおそらく読み違えたのだ。

彼はのちに、アブハジアに対しても、ロシアと同じように強い態度に出てもいいという誤った結論を導き出した。これは、とんでもない誤りだとやがて判明する。早くも2004年に、グルジアもロシアも、アブハジアに関して「既成事実」を作りたがっている節があった。ロシアはすでに、市民権を申請したアブハズ人に気前よくロシアの市民権を与えていた。これは、グルジアのパスポートを拒否するアブハズ人が、移動に困らないよう人道的な便宜を図った、とも解釈できるかもしれない。けれども、ロシア市民に対する一方的な保護政策と結びついた場合を考えると、不吉な前兆だった。少数民族としてロシア人を抱えるバルト三国やウクライナは、アブハジアをロシアの新帝国主義政策の実験室とみなしていた。その政策により、いつの日か自国の独立が脅かされかねないと見ていたのだ。

とかくするうちに、2004年9月1日、ロシア南部にある北オセチアのベスランの学校が武装集団に襲撃され、1100人以上が人質になり、児童200人を含む330人もが犠牲になった。この悲劇的結末から、コーカサス地方で過激な暴力が起きるリスクがあることがはっきりした。また、この事件がコーカサス地方での治安組織の強化や、ロシアの強硬路線につながる可能性もあった。一方でグルジアは、2004年の夏、スフミを目指す船に対して海軍が警告射撃を行い、グルジア政府は武力行使も辞さないという姿勢を知らせた。さらに、グルジアと南オセチアの間でも衝突が起きた。南オセチアはグルジアの北部に位置し、やはりグルジアからの分離独立を目指す地域である。グルジア軍が撤退してようやく事態は収拾したが、グルジアの軍事予算の大幅な増加は、不安をかき立てた。

とはいえ、グルジアの将来に希望が持てる進展もあった。たとえば、サロメ・ズラビシュヴィリの外相指名は、グルジアの外交政策が超国家主義者《ウルトラナショナリスト》に牛耳られていない証拠だった。グルジア軍が南オセチアで芳しい成果を上げていないことから、軍事力行使を牽制する一派と、グルジアの統合回復の手段として外交を推す一派の勢力が強まっていた。なかでも主要な役割を果たした人物は、アブハジア問題を担当したイラクリ・アラサニアだった。やがてわたしは彼の人となりをよく知るようになり、彼の分別ある愛国主義を高く評価するようになった。

こうした相反する兆候は、2004年12月にジュネーブで開かれた諮問団の会議に反映された。わたしが議長を務めたが、このときは何もかもが保留にされて、何ひとつ結論が出なかった。そもそもこの会議は、諮問団に急き立てられて招集した。ロシアと西側諸国との関係悪化がグルジアとアブハジアに波及しているのではないかと、諮問団が懸念してのことだった。確かに、ウクライナの選挙に関連して、2004年はロシアと西側諸国との間に深刻な緊張が続き、ソフィアで開かれた欧州安全保障協力機構（OSCE）の会議は大失敗に終わり、アブハジアの大統領選挙――当然ながらグルジアは承認していない――は、ロシアが後押しした候補者が落選したせいで危機的状況に発展し、スフミの状況は不安定化していた。このアブハジアの大統領選に端を発した危機は、まだ解消されていなかった。

そのため、12月のジュネーブの会議は、被害防止対策がテーマとなった。プロセスを継続させることで、ロシアと西側諸国の決定的な亀裂を避け、避難した住民の帰還という身近な問題に焦点を絞った。国連難民高等弁務官がこの会議に参加した。政治的意思があれば、国連は具体的に援助の手を差し伸べる用意があると示すことが狙いだった。メンバーの間にわずかでも共通の土台が維持されていたという点では、会議は成功だった。いつも穏やかなロシーニンが、ボーデン文書に触れるほどだった。これは外交官が好み政治家が嫌う、罪のないささやかな外交的ゼスチャーだ。だが、具体的な進展は得られなかった。ジュネーブ・プロセスが、完全に行き詰まった状況を都合よく隠すための煙幕となる危険性を、わたしははっきりと見て取った。

つかの間訪れた和解のチャンス

２００５年１月上旬、それまでの不透明な状況がにわかに転じて、かなり希望が持てるようになってきた。アブハジアでは大統領選の再選挙が実施され、セルゲイ・バガプシュが当選した。バガプシュはかつてグルジア共産党第一書記を務めたが、実業家に転身し、１９９０年代後半には首相も務めた人物である。ロシアが後押ししていない候補者が選出されたという事実は、ロシア政府がアブハジアを思いのままにできるわけではないという証拠であり、明るい材料だった。外交的に働きかけられるかどうか、確かめる機会がめぐってきた。

２００５年２月、わたしは再びグルジアを訪れることにした。いく度か訪問したなかでも、このときほど希望を持てたことはなかった。グルジアとアブハジア紛争を――それに、南オセチア紛争も――交渉で解決にこぎつけるチャンスが到来し、そして逃したのも、２００５年の前半だったと思う。国際社会がある程度安心して見守りながら、両者が話し合えるかもしれないと思ったのは、このときが初めてだった。アブハジア側は安全保障を求めており、グルジア側は避難民のアブハジアへの帰還を求めていた。両陣営から問題に取り組む意欲が見て取れた。もっとも励みになったのは、互いが敬意を表していたことだ。敬意がなくては信頼を築くことなど無理だろう。この勢いに乗ることが重要だということで意見が一致し、2005年6月、諮問団のメンバーで会議が開かれた。グルジアとアブハジアの双方が出席したのは2003年以来だったが、両者は真摯に対話を交わした。2003年6月の会議とは雰囲気がまるで異なった。

アブハジア側についていうと、セルゲイ・シャンバ外相は、アパラチキを超えた人物だった。彼は明らかに自分自身に課すところがあったようで、会議前半の彼の激しい口ぶりを聞いて、会議がまた失敗に終わるのではと不安にさせられた。その年の2月にスフミを訪れたときに、政権の方針に統一がとれていないという印象を受けたことを思い出した。アブハジアの新大統領バガプシュは、経済発展およびアブハジアとグルジアの関係の進展に、真正面から力を注いでいるという印象を受けたが、チームに恵まれず孤立していた。周囲には、彼の戦略の幅を狭めるアパラチキしかいなかったのだ。大統領を訪問した際、庭園で会談を行わなくてはならないこともあった。花に盗聴器が仕掛けられることは、まずないだろうから。6月の会議初日にシャンバ外相が辛辣な言葉を発したのも、そうした状況を反映していたのかもしれない。ところが、翌日の会議では、ガリ地区の現状にまつわる問題に、外相は本気で取り組む意思を示した。グルジア系のアブハジア住民の大半がガリ地区に集中していたので、ある程度の信頼が回復されることになれば、多数の帰還民が発生するだろう。

グルジア側はというと、紛争解決担当大臣のゲオルギ・ハインドラヴァと、大統領側近のイラクリ・アラサニアが、和解に意欲的に取り組んだ。とくにアラサニアは、挑発的発言を慎重に避けて、グルジアの原則的姿勢を崩すことなく、問題解決を進めようと努めた。自分たちの基本的な立場をグルジア人は認めてもいないという思いを、アブハズ人はかねてより募らせていた。自己防衛に走り、手に負えない頑固な姿勢をとるのも、そうした屈辱感に起因していたが、このとき初めて、アブハジア側が屈辱感を抱いていないことが見て取れた。グルジアとしては当然アブハジアの独立を承認するつもりはなかったが、アブハジアにとっての重要事項を検討する用意はあったようだ。

段階的な進展の見通し

トビリシの訪問中、アブハジアへの制裁をめぐり、グルジア政府内の意見が2つに分かれていることに気づいた。その1つは、従来のグルジア政府の考え方そのものだった。グルジアからの独立を諦めるなら、その報酬として、アブハジアに課された制裁を解除する。和解の方向へ一歩でも踏み出すこと、グルジアとアブハジアの協力関係を深めることは、プロセスの最後とすべきで最初とすべきではない、という姿勢だ。わたしの見たところ、アラサニアは適切な判断をくだした。オープンな経済関係を築くことは、報酬ではなくインセンティブとみなされるべきなので、交渉の最後まで待つべきではないと考えたのだ。キプロスの例に鑑みても、これはおそらく正しい選択だっただろう。

キプロスで建設的な変化が見られたのは、南北のコミュニティが交流するようになってからだった。アブハジアとロシアの間で経済や人的交流がさかんになり、グルジアが欧州と近づきつつある時世では、アブハジアとグルジアの亀裂が深まるほど、人的にも政治的にも両者の隔たりが広がる危険性が高まる。よって、アブハジアに制裁を加えるのは賢明な政策と言えなかった。むしろ、ロシアがグルジアに経済的関心があるという現実を認めながら、アブハジアにとってグルジアを魅力的な国にすることでアブハズ人を引きつけるべきなのだ。

会議を重ねるにつれて、打ち上げ花火で終わらせず、段階的な進展の下地を整えるプロセスの概略が、付随する話し合いのなかで見えてきた。グルジアの視点からは、アブハジアのガリ地区の治安と人権の改善が大きく進むかどうかが、進展の試金石となる。もしこれが改善すれば、国連の関与が成果を上げたと言えるかもしれないが、それよりも重視すべきなのは、アブハズ人の善意が発露した賜物となるということだった。アブハズ人が避難民の帰還を阻止せず促進し、1990年代の民族浄化と反対の行為を進んで行ったということになるからだ。

アブハジアの視点からは、非武力行使の宣言とコドリ渓谷上流における実効力のある停戦協定が、アブハジアを脅して従わせようとする意思の有無を判断する試金石となるだろう。その間にも、経済関係の強化が双方に恩恵をもたらし、最終段階にいたる前に早まった判断に走らずに、グルジアとアブハジアが緊密になれると見込まれた。大多数のアブハズ人に退けられたら、このようなプロセスは、アブハジアのグルジアへの明確な再融合にはいたらないだろうが、アブハジアはその道を閉ざさなかった。現況が大きく変化すれば、寛容で繁栄するグルジアの魅力が深まれば、アブハジアは何らかの同盟を結ぶか、アブハジア側が独立と称し、グルジアも満足できるような特殊な形態――あるグルジア人によるとモナコのような形式――をとる可能性があると、曖昧さを残した。

和解の道が閉ざされる

2008年に南オセチア紛争が起こり、ロシアが南オセチアとアブハジアを主権独立国家として承認し、両者はグルジアから分離した。前述した楽観的なシナリオは、もはや達成不能な甘い考えに思えた。2005年初頭にわずかに開かれた道は、その後の年月で徐々に閉ざされていった。事態の暗転を招いた出来事が何か、はっきり指摘することは難しい。交渉による解決の可能性をつぶしたのは、むしろ一連の行為だった。このプロセスを任されていたアブハジア当局のシャンバと、サアカシュヴィリの側近アラサニアの間には、脆いながらも信頼が芽生えていた。しかし、アラサニアがグルジア国連大使としてニューヨークに派遣され、交渉の中心人物が欠けたとき、この信頼も失われた。

2005年10月、グルジアではサロメ・ズラビシュヴィリが外相を辞任し、サアカシュヴィリの反対勢力に参加した。これは、グルジアがEUとNATOに対してそれぞれ微妙に異なる対応をしていたのに、急にNATOとの関係重視に転じた1つの証拠だった。最前線では、境界がはっきりとしないイングリ川の停戦ライン付近に、グルジアのユースキャンプが設置された。これは合法ではあるが、事件誘発の危険を高める動きだった。さらに、複数の事件が別の紛争地帯で発生していた。それぞれの発端は特定できないが、停戦協定が全体的にほころびを見せているまぎれもない証拠だった。

厄介だったのは、そのほころびに両者とも真剣に取り組もうとしなかったことだ。諮問団メンバーの会議が何度か開かれたが、実りはなかった。ドイツがこの和平プロセスを救おうとして、ボンで会議の開催を提唱した。その頃、誠実で粘り強い性格でメンバーの尊敬を集めていたハイジ・タリアヴィーニに代わり、ジャン・アルノーが国連ミッションを引き継いでいた。アルノーは交渉にかけては国連屈指の経験を誇り、それまでもグアテマラ、ブルンジ、アフガニスタンなど、さまざまな場所で政治プロセスの管理にあたってきた。今回の国連ミッションの責任者に就任する前は、アフガニスタンでラフダール・ブラヒミの補佐官を務めていた。この人選からもわかるように、国連事務局はグルジア問題を真剣にとらえていたが、その努力は実らなかった。

停戦無効の兆し

２００５年以降、不安定化の兆しにますます苛まれるようになった。ロシア政府は、現地に新たな合法的事実を作り出そうと精を出し、ロシアのパスポートを入手するアブハジア市民は増える一方だった。あらゆる面で目に見えて悪化の一途をたどった。戦略レベルでは、依然として続くコソボ問題が、グルジアにも影響を与えつつあった。ロシアは例のごとく、コソボとグルジアの状況を対比させて、紛争解決には一貫性が求められると暗に主張した。それは、すなわちアブハジアの独立を意味していた。

２００５年5月、アメリカのブッシュ大統領は意気揚々とグルジアを訪問した。翌年7月、これに応えて今度はサアカシュヴィリ大統領がワシントンを訪問した。そのときブッシュはサアカシュヴィリを、「我が友」と呼んだという。その一方で、グルジア議会は、ロシアの平和維持軍の撤退を要求していた。ロシア政府は、アブハジアと南オセチア以外の基地から、あてつけがましく軍を引き揚げ始めた。もちろん、グルジアから分離したこの2つの共和国からは撤退しなかった。これはまぎれもないゼロサムゲームだ。とくに西洋諸国とアメリカとの和解が、グルジア・ロシア関係を犠牲にして行われていた。

数々の出来事が現地の情勢悪化に荷担した。２００６年1月、ロシアで原因不明のガスパイプライン爆発が発生し、厳冬期に、ロシアはグルジアへのガスと電気の供給を削減した。グルジアはこの爆発を、ロシアの意図的な工作であるとみなした。その年の夏、グルジアがコドリ渓谷で展開した軍事行動が武力衝突を引き起こした。コドリ渓谷は、アブハジア領域内にありながら、その支配下に置かれていない唯一の地域だった。また、グルジアの国防相を乗せた軍用ヘリコプターが、南オセチア上空を飛行中に狙撃された。秋には、ロシア軍将校がスパイ容疑でグルジアに拘束される事件が起こり、ロシアの制裁強化を招いた。

2007年を迎える頃、停戦協定はますます危うくなり、政治プロセスは行き詰まりを見せたかに思えた。2007年秋、サアカシュヴィリは、膠着状態に陥った現状の再検討を望むと発表した。これは、グルジアが国連に対して暗に不満——ロシアの影響が強すぎるとみなしていた——を表明し、西側諸国に対して、約束を果たすよう政治的圧力をかけるものだった。国連監視ミッションの責任者ジャン・アルノーもわたしも、再検討すれば対立解消の方法が新たに見つかるなどという幻想は抱いていなかった。それを目的とするならば、危険な戦略だった。期待に対応する手段を提供しないのに期待を高めることになるからだ。だがこれにより、戦略的に重要な役割を果たす2か国、アメリカとロシアに、傍観の危険性について注意を喚起することができた。

政治的意思の欠如

安保理は状況の悪化を回避するために、紛争の阻止や早期対応に力を入れている。往々にして専門家は——国連においても——優れた分析能力の必要性を強調する。現に2000年にまとめられた平和維持活動改革に関するブラヒミ・レポートでも、国連の早期警戒能力の増強が勧告項目の1つとして挙げられた。国連事務総長が、ひたむきで信頼に足る専門家の助言に頼れるならば、将来紛争が起きる恐れがあるとき、責任を持って対処するよう加盟国に注意喚起できるので、有利になるかもしれない。

とはいえ、わたしが思うに、知識や分析の欠如が主たる問題ではなく、加盟国の政治的意思の欠如こそ、主たる問題なのである。2008年の夏にグルジア紛争が起きる前の数か月間が、悲しいことにそれを裏づけている。わたし自身も当時、熱い紛争が生じる危険性を過小評価していた。むしろスーダンやコンゴ民主共和国、アフガニスタンに注意を向けていた。しかし、ジャン・アルノーは警鐘を鳴らしていた。彼の目には、政治的プロセスの体《てい》すらなしていないこと、何より優先されるのは、停戦協定を強化し紛争再発の危険性を最小限に抑えることだと、日ごとに明らかになった。

2008年春、アルノーは1本の内部文書をまとめた。とても先見の明のある内容で、今でもわたしのファイルに保管してある。このなかで事務総長は、「目前に迫りくるグルジアとアブハジア間の紛争について、率直に懸念を表明し、その危機に対処する責任を主要国に指示すべきだと思われる。彼らに戦争回避の責任を想起させ、至急〝一丸となって取り組む〟ことを要求すべきだ」と提案した。ところが、主要国は関心を示さなかった。いわゆる凍結した紛争の場合、確固たる政治プロセスを作成しないで停戦協定をまとめると、卑劣にも現状維持を容認したと批判される傾向がある。なるほど確かにそうだが、その他の手段をとるということは、武力行使をはじめとして、現状維持に挑戦する行動をとるということだ。グルジアの紛争は、こうした厳しい選択を誠実に検討することを国際社会が渋った、格好の例である。当然このような場合、基本となる論点に深く取り組むことが求められる。

それでも、グルジアを支援する西側諸国は、節度ある行動を公式に求めた。紛争の数週間前、コンドリーザ・ライス米国務長官はグルジア政府に対し、武力行使に反対する旨を伝え、グルジアが武力行使に出る場合は、同国の一存において行うべしという立場を明確に示した。緊張を緩和し、朽ちかけていた政治プロセスを活性化させようと、ドイツは率先して外交政策をとった。しかし、停戦協定に注目するよう呼びかけた国連の要請は、その他の国に対してあまり牽引力がなかった。2008年夏、アブハジアや南オセチアで武力衝突の危険性が増していることは、諜報活動に頼らなくても簡単に予想できた。その夏に紛争が起きずにすんだら、幸運だろうということも。

8月7日の紛争

EUからの依頼で、ハイジ・タリアヴィーニがこの紛争の詳細を報告書にまとめた。報告書の作成にあたり、彼女は諮問委員会に助言を求めることが認められており、わたしはその委員会の一員だった。委員会に提示された証拠から、グルジアが最初に南オセチアに対して戦闘行為に及んだことに、疑問の余地はなかった。これがロシア軍の激しい反撃を招いた。ロシア軍は、南オセチアとロシアを結ぶトンネルを通り、ただちに戦域に侵入した。どちらが最初に攻撃をしたのか、これまで大いに注目を集めてきたし、この疑問は、国際法が重んじられるならば、そして、自衛にかぎり武力の行使を認めた国連憲章51条が今後も意味を持つならば、やはり妥当性のある疑問だ。だが、紛争の分析でもっともわたしの目を引いたのは、アメリカとロシアの姿勢である。両国とも、グルジアの国内情勢に関する詳細な情報をつねに把握している。何しろロシアとグルジアの間には、1世紀を超えて作り上げてきた共通の歴史がある。アメリカは、グルジアと広範囲にわたり軍事協力を行い、1000人もの軍事顧問をグルジアに派遣している。

8月7日の夜に勃発した紛争は小競り合いなどではなく、事前に大々的に軍備が整えられていた。暗雲が垂れ込めていることに米露双方ともまったく気づかず、攻撃に面食らったなどという話は信じがたい。それにもかかわらず、公表された行動から判断すると、双方ともそれを食い止める策を何も講じていなかった。8月3日、大規模な軍事行動の危険性が高まっているとロシア外相は述べたが、安全保障理事会の注目を集めようと真剣に取り組んだ形跡はなかった。このことからわかるように、既成事実を作ったほうが都合がいいと、両者ともに考えていた節がある。ただ、米露が同じ既成事実を想定していなかっただけだ。グルジアが迅速で大胆な行動に打って出れば、アジャリアのときと同様に、オセチアの問題は一気に決着がつくとワシントンの誰かが考えたのだろうか？　アブハジアと南オセチアの立場を確固たるものにするために、グルジアと西側諸国がようやくロシアへの対処方法を学ぶように、グルジアの指導者が大失敗を犯すことをモスクワで誰かが待ち構えていたのだろうか？

紛争前のNATOサミット

わたしはその頃すでに国連を離れていたので、現在、そうした疑問に答える立場にはない。わたしのグルジアとの関わりについて結論が出たのは、紛争の数か月前の2008年5月だった。事務総長に同行して、ブカレストで開かれたNATOのサミットに出席したときのことだ。ルーマニアを訪問したのは、1990年初頭以来だった。ニコラエ・チャウシェスクの失脚直後に、フランスの外交政策立案部門の責任者としてブカレストを訪れたのだが、そのときとは対照的だった。冷戦終結後の20年間に順調に進んだこと、進まなかったことが、はっきり見て取れた。ブカレストの状況は好転していて、ルーマニアはEU加盟により明らかに恩恵を被っていた。繁栄の雰囲気が漂い、不気味で荒廃していたチャウシェスク時代との違いが際立っていた。かつては、半壊したようなアパートに囲まれたがらりとした空間に、陸に打ち上げられたクジラみたいに巨大な宮殿が鎮座していた。チャウシェスクの宮殿は残されており、NATOのサミットもその宮殿で開かれた。わたしたちは宮殿のだだっ広い廊下で、目的とする部屋を必死に探した。西側でもっとも強大な安全保障組織のサミットを自国で正式に開催することに、ルーマニアは誇りを抱いていた。ただ、汎ヨーロッパ主義との和解を表面的には受け入れていたが、深層では反感が渦巻いていた。

サミットを締めくくる晩餐会で、ブッシュとプーチンは同じテーブルだったが、両者の亀裂と敵意は隠しようがなかった。ブッシュはグルジアとウクライナのＮＡＴＯ加盟を強力に後押ししていた。フランスとドイツはそれを首尾よく押しとどめていた。アンゲラ・メルケルはプロセスの開始を認めながらも、終了する確証のない妥協案を生み出した。おそらくこれは世界最悪の状況だったにちがいない。サアカシュヴィリはあいにく、テーブルにほとんど１人で座り、不機嫌な顔を見せていた。もっと積極的に出なくては、彼を支援する弱腰の西側諸国が呑まざるをえない既成事実を作り上げなくてはと、一層強く確信していたのかもしれない。ロシアは、アメリカがそれ以上ごり押しを続けるという幻想を抱いていなかった。ＥＵの加盟国はというと、わたしと同じテーブルの中欧の外相２人が、「古いヨーロッパ」について不平をもらしていた。「危機が迫ったとき、頼れるのはアメリカだけだ」と息巻き、２人ともアメリカにつく決意を固めていた。スロヴェニアの外相ディミトリ・ルペルだけが、偏狭な国益が政策の決定要因となる例が急増し、ヨーロッパには共通の戦略的ビジョンがないと、賢明な意見を述べた。

欧州に新たな空間は開けるか

冷戦の終結により、物理的な分断がなくなり繁栄がもたらされた。けれども、それぞれの歴史を基盤とする、それぞれの記憶が生み出した心の壁は残っていた。過去と現在のグルジアの悲劇がまさにそうだ。あるべきヨーロッパの姿に共通の理解というものは存在しない。１９５５年、中立国となる条件と引き換えに、ソ連軍がオーストリアから引き揚げた。こんな妥協でさえ、現在はもはや不可能である。逆説的に言えば、１９５５年は分裂という現実を認めることで妥協に達しやすかったのだ。

現在、わたしたちは以前ほど分裂が存在しないふりを装っている。その実、野心や不安がせめぎ合い、共通の戦略的ビジョンの確立がほとんど不可能になっている。その歴史を考えても、グルジアやウクライナのような国家が、主権を明け渡してＮＡＴＯに加盟するとは考えられない。現に、かつてソビエトの支配下にあった国では、ロシア帝国主義の恐怖が今なお外交政策を決める最大の要因なのだ。ロシアと協力関係を構築したいと望むほかのヨーロッパ諸国を、世間知らずや臆病者だと見ているか、バカにしているのだ。ヨーロッパのどこに位置するかにより、相対的国力がどれくらいあるかにより、リアリズムの定義は著しく異なる。欧州の東側の弱小国なら、アメリカと強固な軍事同盟を結ぶよりほかに選択肢がない。欧州の西側の大国なら、軍事力の均衡の知恵と成否を平和の基盤とみなすことに、疑問を抱くようになる。そして、ヨーロッパの現状がどうあるべきか一致した見解を探し求め、ロシアに脅威を与えず、なおかつロシア近隣諸国の主権を制限しない方法を探すようになる。

この観点から言うと、現在のウクライナ危機が示すように、過去20年は結果的に失われた20年であった。当事者全員がこの失敗に責任がある。ＥＵは政治的に弱腰で、ロシアに脅威を与えずに新加盟国に安心を与えるような、強引になりすぎない自信を示せなかった。ロシアも新加盟国も、NATOは今でも基本的に反ロシアの同盟だとみなしている。ロシアも、かつての支配国とどのように建設的関係を築くべきか決められない。近隣諸国が発展するより脆弱なほうが、自国の安全に有利だとみなしている節がある。それにアメリカも、ロシアと長期にわたる安定した関係を構築できないでいる。

結果として、ヨーロッパは悲惨な過去の牢獄から完全に抜け出せない。そうなると、グルジアで、今度はウクライナで、過去の分裂が国中に及ぶことになる。ロシアと国境を接する地域は、ロシアと欧州を結ぶ架け橋となり、欧州に新たな空間を与えられたかもしれないのに、今なお適切なバランスを見つけられない。EUの拡大政策のアキレス腱は、欧州全体の対ロシア政策が欠けていることだ。ヨーロッパのさまざまな場所にさまざまな歴史があることを考えると、それも避けられなかったのかもしれないが、一方で、ヨーロッパ共通の外交政策を持つことが本当に可能なのかという疑問が浮上する。2008年にブカレストで開かれたサミットで、もう1つの重要な議題がアフガニスタンだったことが、何とも皮肉に思えた。はるか遠くのアフガニスタンは、大英帝国以外の欧州にとって、ほとんど関わりのなかった国だ。それが議題にのぼったのは、アメリカにとって重要だったからだ。これはNATOの結束にとって試金石となった。そして、アメリカは欧州にとって重要だった。

アフガニスタンの人々、またはグルジアの人々は、彼らの手の及ばない戦略的ゲームに巻き込まれた。グルジアの場合、国連は、アブハズ人とグルジア人が折り合いをつけられるような、政治的空間を作り出そうと努めた。それが成功していたら、グルジア系住民は国内の避難民キャンプで暮らすことにはならなかったし、アブハジアは、世界からつまはじきにされることにはならなかっただろう。国連は失敗したのだ。2005年以降、状況は着実に悪化していった。2008年の夏、熱い戦争が勃発し、グルジアから一部の地域が分離するという事態にいたった。結局のところ、凍結した紛争の終結を目指していた国連グルジア監視団は、事態が戦争にまで過熱したあと、期限延長について安保理で一致にいたらず、2009年、皮肉にもミッションは終了した。

その他多くの紛争と同様に、この2008年の戦争も回避できたはずだと、わたしは確信している。その原因を1つに絞ることはできない。むしろ、トビリシで、モスクワで、ワシントンで、欧州各国で、政策の失敗が重なったことが原因である。アメリカやロシアの政策立案者は、彼らの政策が影響を与える人々がどんな衝撃を受けるか、ほとんど気にかけていなかった。欧州諸国は消極的で、対応に乗り出したときはすでに手遅れだった。一方、現場で意思決定を行っていた者たちは、大きな戦略的ビジョンについて少しも理解していなかったように思える。そのせいで、市民は命を落とし、グルジアは永久に分断された。そしてヨーロッパの戦略的ビジョンは、いまだ定まらないままである。

注

（1）アジャリアは、グルジアの西端に位置し、トルコに隣接するが、ロシアとは国境を接していない。同国は黒海最大の貿易港バトゥミ港を主な収入源としており、分離独立運動は、政治的動機より経済的動機のほうが大きいようだった。アバシゼの政党が有権者の約97パーセントの票を獲得するなど、アジャリアでの選挙結果はとくに疑わしかった。彼の政党の獲得票は、前回の選挙より22パーセントも増えていた。

第4章

コートジボワール
――選挙は平和の近道ではない

国連安全保障理事会が対処すべきさまざまな危機を、どれも別個に取り組むべき問題であるかのように報道機関は取り上げる。それは現実とは程遠い。それぞれの真価に応じて危機に対処することがどれほど難しいか、危機を大きなゲームの取引材料にしないことがどれほど難しいか、2003年——安保理が複数の危機に一度に対処する必要に迫られた年——にわたしは学んだ。ご存知のように、2003年はイラク問題一色で、これが安保理の仕事にあらゆる点で影響を与えた。実を言うと、安保理のイラク問題の失敗は、コンゴ民主共和国での活動に有利に働いた。再び一致団結して事にあたれると安保理は証明したがっており、実際に結束できる可能性があった。コンゴのイトゥリ地区の暴力を阻止すれば、アメリカやイギリス、またはフランスの勝利というより、安保理の勝利となるからだ。

南北の分裂

コートジボワールの場合はまた事情が異なった。この国はもともと、かつての宗主国フランスときわめて緊密な関係を保っていた。独立から40年を経ても、大都市アビジャンにはフランス人の大規模なコミュニティがあり、二国間協定に基づきフランス軍が駐留していた。安保理理事国の大半の目には、コートジボワールはフランスの〝もの〟と映っていたし、この国で何か厄介ごとが起きれば、それに対処するのはフランスだった。フランスがイラク戦争反対の旗印を掲げていた時期、こうした歴史的つながりは、国連の関与が必要になった場合に、アメリカの賛同を得ようとするなら不利に働くだろう。

2002年にコートジボワールで徐々に危機的状況が生じたとき、深刻化する恐れがあり無視できないことに気づいた。西アフリカ諸国は、南部の沿岸地方と北部内陸地域の間に亀裂がある。そもそもは部族の違いに起因するのだが、植民地化の過程でその亀裂がさらに深刻になった。言うまでもなく、沿岸貿易は奴隷貿易から始まったが、それに伴い、植民地化もやはり沿岸から始まった。その結果、現在にいたるまで、概して南部にキリスト教徒、北部にムスリムが多く暮らしている。国の北方に位置する他国の部族より、国内の南北の部族の違いのほうが大きい傾向にある。コートジボワールでは、なおさらこの傾向が当てはまる。植民地時代、西アフリカはフランス領西アフリカとして一括統治され、その後、いくつかの国に分かれて独立したからだ。

2002年の秋、アビジャンを含む南部地方と北部地方とが争う内戦が、コートジボワールで起きた。西アフリカ諸国経済共同体（ECOWAS）の加盟国は、この事態にすぐさま懸念を抱いた。ECOWASとは、経済向上のみならず、地域の安全保障や安定化を図ることを目的とする機関だ。南北の分裂は、シエラレオネとリベリアでも紛争の原因となり、国家に大きな打撃を与えた。ガーナにもその危険が潜み、ナイジェリアでは重大な危険因子となっていた。マリやブルキナファソなどの内陸部の国にとって、コートジボワールの内戦は、経済的にも人道的にも災難をもたらした。国境が穴だらけなので、他国の紛争が波及するリスクを西アフリカ諸国は十分に心得ていた。コートジボワールは数十年にわたり、西アフリカのフランス語圏における経済的原動力で、おのずと他国の国際貿易の販路になり、他国民を多数抱えるようになった。コートジボワールの人口の25パーセントは周辺の西アフリカ諸国の出身者だった。これほど比率が高い――移民が人口の4分の1を占める――のは、コートジボワール経済の中心的役割を担うカカオ栽培が、労働集約型だったからだ（同国のカカオ生産量は、世界のカカオ生産量のほぼ半分を占める）。また、コートジボワール国籍の定義が不確かだったせいもある。

バグボ大統領の誕生

こうした不確実性が危機の根底にあった。1993年に、南部で有力なバウレ族出身のコナン・ベディエが大統領に就任してからの数年間、危機の下地は着々と築かれていた。ベディエは、独立以来コートジボワールを率いていたフェリックス・ウフェ＝ボワニ大統領が任期中に死亡したあとを受けて、第二代大統領に就任した。北部出身のアラサン・ワタラの出馬を抑えるため、ベディエは、〝イボワリテ〟（訳注：イボワール人つまりコートジボワール人としての純血性）を強調し、ワタラの国籍に疑問を投げかけ、外国人への嫌悪を煽りたてた。その後、政権に不満を抱くロベール・ゲイ将軍の起こしたクーデター（訳注：1999年12月24日に軍により引き起こされた）により、ベディエは失脚した。しかしその10か月後の2000年10月、対抗馬としてただひとり大統領選の立候補を認められたローラン・バグボが、思いがけずゲイに勝利した。立候補を認められなかったワタラなどの反対勢力の指導者は、再選挙を要求した。ゲイ将軍は選挙に不正があったと訴えたが、暴動が発生して逃亡した。こうして、バグボがコートジボワールの大統領に就任した。

選挙に疑惑がもたれたとはいえ、これはコートジボワールにとって重要な分岐点だった。数十年の間、ごくかぎられたエリートがウフェ＝ボワニ大統領の機嫌をとりながら国を動かしてきたが、大統領にはフランスからの独立を円滑に成し遂げた実績があったので、そうした点はほとんど人々の印象に残っていなかった。コートジボワールは、近隣諸国と比べてかなりの繁栄を享受していたこともあり、表面化してもおかしくない緊張が抑えられていた。バチカンのサンピエトロ大聖堂を模した大聖堂を首都ヤムスクロに建築するなど、国家予算の浪費もあった。だが、クーデターが起きるまでは、コートジボワールは繁栄と安定の安息地として西アフリカで広く認知されていた。ゲイのクーデター後に実施された選挙でローラン・バグボが当選したことで、表面的には変わらないように見えても、従来のコートジボワール流政治の時代が幕を閉じたことが裏づけられた。

同時代のコートジボワールの政治家の例に違わず、ローラン・バグボもフランスで教育を受け、フランス社会党に多くの友人がおり、逃亡を余儀なくされると最終的にフランスを亡命先に選んだ。ウフェ＝ボワニ大統領やベディエと同じように、バグボも南部出身だった。だが彼らと違い、主流派のバウレ族ではなく、少数派のベテ族出身だった。さらに重要なのは、彼らやワタラとも違い、バグボはいわゆる「ウフェ＝ボワニ体制」の一翼を担ったことがないという点だ。それどころか、左翼のイボワール人民戦線の代表として、ウフェ＝ボワニと対立した。投獄されたり

（ワタラがウフェ＝ボワニ政権の首相を務めていたとき）、国外に逃れた経験もあった。１９９０年の大統領選では、ウフェ＝ボワニの対抗馬として出馬し、同年に実施された初の公開議会選挙で議席を獲得した。バグボはコートジボワールの旧体制に属していなかった。前例のない軍事クーデターは、内在する緊張を隠していたうわべの平和や礼節が剥がれ落ちつつあることを示す、最初の兆候だった。人民戦線のバグボの予期せぬ当選は、新たな力学が登場したことを裏づけ、ほどなくして、その力学が内戦と数年にわたる危機をもたらすことになった。

分裂がどれほど根深いか、すぐにはわからなかった。むしろ当初は、明るいニュースがもたらされた。地方議会選挙の準備が整い、初めて全政党が選挙に参加できるようになった。２００１年後半にワタラが亡命先から帰国したことは、バグボが進める「国民和解フォーラム」に牽引力があることを示すように思われた。こうした努力が実り、２００２年8月下旬、バグボ、ワタラ、ベディエがヤムスクロで会談を行い、広い支持基盤を持つ政府が誕生した。

だがその後すぐに、北部で駐屯軍の反乱が起こり、内戦が勃発した。反乱軍はたちまち北部の半分の領域を制圧した。フランス駐留部隊が阻止しなければ、アビジャンを制圧するほどの勢いだった。わたしはそのとき初めて、国連平和維持活動にからむ話として、コートジボワール情勢に耳を傾けた。11月にアナン事務総長とパリで会談する予定のシラク大統領は、強い懸念を表明し、ベディエが推し進める〝イボワリテ〟は、非常に危険な力を生み出している、バグボは悪影響を受けている、コートジボワールは武器であふれていると指摘した。アフリカに心から関心を寄せていたシラクは、情報に精通していたらしく、最悪の事態を予想した。「コートジボワールは実に厄介なことになる」。ワタラの身の安全を保護するため国外に脱出させ、損害を抑えることが急務となった。

フランス主導の和平会議

ド・ヴィルパン外相の指揮のもと、フランス外交はただちに動いた。シラク大統領の招きで、2003年1月に、パリ近郊のリナ＝マルクシで和平会議が開かれた。議長は、人望篤い、フランス憲法裁判所のピエール・マゾーが務めた。この会議には交戦関係者全員が出席し、しきりにせつかれた挙句、ようやく合意に達した。国民和解内閣が組織され、次の大統領選が実施されるまで「コンセンサス首相」が内閣を率いることになるなど、意欲的な合意内容だった。首相は大統領に立候補できないという点でも、意見は一致した。この合意では、論争の的となり紛争の引き金となった諸問題にも踏み込んだ。すなわち、国籍、ワタラの大統領候補としての合法性、軍隊の改革、武装解除、メディアなどについてである。ECOWAS、アフリカ連合（AU）、欧州連合（EU）、フランコフォニー国際機関、主要8か国首脳会議（G8）、国連などから成る、監視委員会が編成された。密室のなか、コートジボワール人の間で達した合意が、国際社会全体から支援され、監視されるようにとフランスは考えたのだ。合意調印の2日後、シラク大統領、アナン事務総長、当時アフリカ連合総会議長でもあったタボ・ムベキ南アフリカ大統領の共催で、パリで会議が開かれ、アフリカ11か国の首脳が出席した。旧宗主国での開催が誤ったメッセージを伝えたにしても、これは立派な外交努力の成果であり、賢明な外交政策の実例である。フランス政府は、気乗りしないコートジボワールの政党間に実質的合意をもたらしただけではなく、重要な国際機関の支持も取りつけたのだ。これは決して小さな成果ではなかった。

2003年初頭、コートジボワールについて真っ先にすべきことは、国連平和維持活動の準備だと、わたしにははっきりわかっていた。フランス軍とECOWAS軍は、国を東西に二分する不安定な停戦を監視していたが、フランスはもう少し荷の軽い役割を望んでいた。それに、アフリカ軍が駐留を継続するならば、後方支援や資金援助も必要になる。ド・ヴィルパンはリナ＝マルクシ和平会議の前から、国連平和維持活動を提唱していた。フランス軍は2000年に、シエラレオネにおけるイギリス軍の成功を目の当たりにした。また、ユーゴスラビアの国連平和維持活動でのつらい記憶もあった。そのため、自国軍を国連の指揮下に置きたくないと考えていた。わたしの考えでは、コートジボワールに駐留するフランス軍は、シエラレオネのイギリス軍よりはるかに大規模だったので、この比較は当てはまらない。

わたしたちが恐れていたのは、ソマリアの再現だった。かつてソマリアで、軍人モハメド・ファラー・アイディードに対してアメリカ軍が単独で行った作戦が大失敗に終わり、国連ミッション（国連ソマリア活動。UNOSOM）が急きょ撤退するという事態にいたった。同じ戦域に異なる2つの指揮系統が存在することで生じるリスクを避けたいと、わたしはフランス統合参謀総長アンリ・ボンテジャーにはっきり伝えた。その直後のコンゴの任務でも実感したが、彼は解決を見出すために現実的な考え方をする人物だ。軍事プランナーをニューヨークに派遣し、国連のプランナーに協力させるとボンテジャーは申し出た。

だがコートジボワール情勢は、プランナーたちの構想の完成を待ってはくれなかった。リナ＝マルクシの和平会議で巧みに築いた秩序立ったプロセスが、あっさり脱線するのではないかという嫌な予感がした。バグボは国家の首脳として、憲法が認める権威と、旧宗主国の領域において下位レベルで調印する協定とをはっきり区別し、自らの政党の代表に合意の調印を任せた。しかも、コートジボワールの雰囲気は、リナ＝マルクシとはまるで違っていた。2月2日、フランスで署名された権限分割の合意に反対して、およそ10万人がデモを行った。ラジオやテレビは、外国人排斥のメッセージを流した。フランスはわたしが予想したより弱い立場に置かれていた。確かに、フランス軍駐留により反乱が阻止され、バグボは保護された。だが、駐留軍がアビジャンから撤退することはまず考えられなかった。アビジャンには、およそ2万人のフランス市民（多くは二重国籍者）がいて、フランス政府は彼らを見捨てることはできなかった。バグボがフランス駐留軍に頼る一方で、フランスはアビジャンの暴徒に人質をとられているという、持ちつ持たれつの関係ができていた。

安保理の利害の不一致

その間、安全保障理事会はイラク問題にかかりきりだった。アメリカのパウエル国務長官が、イラクの大量破壊兵器の「証拠」を安保理に提示し、米仏関係は最悪の状態を迎えることになった。フランスの要望に応えて、アメリカがコートジボワールの平和維持活動に同意する可能性は、ますます低くなった。コートジボワールの国内情勢が不安定なこともネックとなった。挙国一致内閣も、「コンセンサス首相」も、実効的な停戦も、コートジボワールにはなかった。

だが、事態が逆戻りしていることを危惧した西アフリカ諸国は、政治面で後押しする一方で、引き続き平和維持活動を国連に要請した。ガーナのジョン・クフォー大統領が3月に首都アクラで開いた会議では、目に見える成果が生み出された。コンセンサス首相のセイドゥ・ディアラが組閣することを、コートジボワール諸政党がようやく認めたのだ。危機解決に最大の利害がある西アフリカ諸国は数々の取り組みを行ってきたが、このとき初めてプロセスを進展させることに成功した。やがてアクラⅡ合意と称されることになったこの合意は、アフリカの国が後援しアフリカで署名された合意という点で、大きな価値があった。コートジボワールの和平プロセスは、もはやフランスだけの課題ではなく、ワシントンでもアビジャンでも同じくらい重要な課題となった。

平和維持活動の要請

平和維持活動の要請が当該地域から寄せられた場合、アメリカ政府でも拒否することは難しくなるだろう。とはいえ、現実的というよりイデオロギー的な理由で、これにはかなりの反対があった。アフリカ諸国がコートジボワールに部隊を派遣する場合、アメリカはECOWASに900万ドルを支援する用意があったが、一方で国連平和維持活動を阻止しようと交渉を強硬に進めていた。ECOWASから平和維持活動への移行を促進するために、わたしたちは軍事監視要員ではなく、国連平和維持活動の先遣隊のような印象を与える、「軍事渉外担当者」を最初に派遣することを提案していた。アメリカはこの提案に賛成したが、経費は微々たるものなのに、渉外担当者の派遣人数の削減を求めてきた。こうしたちょっとした駆け引きが重要になる場面を見るたびに、わたしは面白いと思っていた。誰もだましているわけではないし、最後にはたいてい常識が通ることが多いのだが、強大な力を持つ加盟国にとってもこうした駆け引きは重要だった。これが物事を成し遂げるためにかかる代価なら、安いものだった。

だが安全保障理事会には、停戦を揺るぎないものにするために派遣されていたECOWASとフランス軍を、国連平和維持活動に置き換えることを承認する準備ができていなかった。さんざん議論をした挙句、安保理が承認したのは、軍人要員なしの1年のミッションだけだった。6月に西アフリカを訪問した安保理理事国は、ECOWASとフランス軍の協力をほめたたえ、彼らにアフリカ部隊に対する自主的支援を求めたが、国連平和維持活動については触れなかった。地元メディアが安保理の当たり障りのない態度を助長していた。大統領府で開かれた会議で軍上層部と反乱軍が「戦争は終わった」と厳粛に宣言した場面を、大々的に報道した。同じような宣言はその後何度も繰り返されたが、当時の状況から判断すると、この声明はやや時期尚早だった。国防相と国家保安相の指名についてはやはり合意にいたらず、2003年9月、主な反政府武装勢力の集まりである「新勢力」出身の閣僚たちは、挙国一致内閣を辞任した。ガーナのクフォー大統領とECOWASが3月にアクラで上げた成果は、もはや白紙に戻りつつあった。翌月、警官と激しい口論になったフランス人ジャーナリストが射殺された。暴力行為が散発的に起こり、12月、停戦ラインの役割を果たす不安定な「非武装地帯」を、武装集団が越えようとする事件にまで発展した。資金不足の西アフリカ軍と強力なフランス軍の組み合わせは、コートジボワール国民にかつての植民地時代を思い出させた。この両軍の組み合わせでは、状況を安定させることは難しいだろう。

西アフリカの首脳陣はずいぶん前からそのことを承知していたので、訪問中の安保理に対して国連平和維持活動を要請した。だが、その要求は骨抜きにされ、公式報告書に「国際社会からのさらなるリソースが本格的に必要とされる」と記すにとどまった。

11月、状況が悪化の一途をたどるにつれ、西アフリカの要求は一層高まりを見せ、切れ者として名高いガーナ外相のナナ・アクフォ＝アドが、ECOWAS代表団を率いて安保理に赴いた。

外相は説得力のある主張を繰り広げ、派遣の必要性を明確に示した。わたしは彼を援護射撃するため、コートジボワールに調査団を派遣するというアナン事務総長の意見に賛成した。これがやがて、当初の計画である平和維持活動に進展することになった。

派遣の承認

シラク大統領がコートジボワール問題をアナン事務総長に提起して以来、フランスが大いに関与するこの危機においてわたし自身はどんな役割を担うべきか、思いをめぐらしてきた。フランスとコートジボワールは親密な関係にある。フランスがリナ＝マルクシの和平会議を開催したことも、それを裏づけている。この親密さが役立つ――孤立無援の紛争は、一般的に国際社会の関心をさほどかき立てない――場合もあるが、複雑にする場合もある。わたしにとってコートジボワールは、フランスの視点を事務総長に伝える能力が試される最初の機会となった。国連事務局と安保理常任理事国との関係促進に貢献しないなら、フランス人を平和維持活動局の責任者に任命する意味がないだろう。だが、劣悪な政策のせいで紛争に巻き込まれ、絶望的状況にいる人々の最善の利益を求めて働くためにも、わたしは曇りない倫理基準を持つ、誠実な国際公務員でいる必要があった。国連職員は出身国ではなく国連の指示に従うと、国連憲章で明文化されている。だが、紛争当事国はこの点をあまり真剣にとらえておらず、それが一層事態を複雑にしていることに、わたしはたびたび気づいた。熱気を帯びたコートジボワールで、自分がフランスの代理人と見られることは間違いない。そこで、最初のうちは目に見える役割を担うことを控え、経験豊富なヘディ・アナビ事務次長補に、調査団のミッションを指揮してもらうことにした。アナビ事務次長補はチュニジア出身で、平和維持活動局の創設以来、この仕事に従事していた。平和維持活動の経験が豊富で、怜悧かつ慎重な策士として知られ、安保理の議論が手に負えなくなったときの落としどころを誰よりも早く見抜いた。何よりも、非の打ちどころのない高潔な人柄はみなの尊敬を集めていた。調査団が戻ってくると、事務総長はこの件に関与の度合いを強め、国連平和維持活動の展開をはっきりと要求した。

こうした外交的イニシアチブが現場に与える影響は、すぐに現れた。挫折しやすい和平プロセスを進めるにあたり、政治と国際社会の関与がいかに重要かがわかる。新勢力は、挙国一致内閣からの離脱の中止を発表した。最後の一押しのところまできた。コートジボワールからの朗報を受けて、事務総長が再び国連平和維持活動の展開を求めた。2004年2月27日、安全保障理事会はとうとうこのミッションを承認した。平和維持部隊はECOWAS軍の一部を編入し、世界のその他地域から派遣された部隊で補完されることになった。決議文の丸一段落をあてて、フランス軍による国連ミッションの支援業務が詳述されていた。フランス軍の国連ミッションへの統合は、本来コートジボワールの選択肢にはなかったのだが、同じ戦域に2つの指揮系統があることで起きる危険を緩和するべく、決議文で詳細に綴られていた。大国から派遣部隊を迎えることで受ける恩恵とリスクは、国連軍がかつて得たことのない力を高めることだ。その後2011年になり、フランスのプレゼンスの重要性が裏づけられることになる。わたしはこうしたプレゼンスのもたらす強みと保険は承知していたが、数か月後、そのリスクについても気づくことになった。

再び悪化する事態

今度は国連が、コートジボワールにおいて国際社会の取り組みの中心に据えられ、さらに大規模な平和維持活動を展開しようとしていた。しかし、紛争後はどこでもそうなのだが、暴力行為や妨害者を軍隊が封じ込める間は、自力で平和がもたらされることはない。平和は政治プロセスの賜物であり、主要プレーヤー間の合意が結実したものである。それまでの1年の間に、出だしが大きくつまずいたせいで、合意の履行が達成困難であることがわかった。新たなミッションが生み出す勢いを活用してみてもいい時期だった。

安保理のさまざまな国に促され、ECOWASの全面的な支持を得て、わたしは高官レベルの代表団を率いてコートジボワールを訪問することにした。国際社会の新たな結束を反映し、代表団はあまり例のない構成となっていた。フランス、イギリス、ロシアの安保理常任理事国3か国が、高官レベルを代表として派遣したのだ。特筆すべきは、ガーナのイブン・チャンバスECOWAS事務局長が参加していたことだ。これは、バグボ大統領と新勢力に対して、西アフリカ対安保理という構図にはさせないという、強力なメッセージだった。

2004年5月上旬、わたしがコートジボワールを訪れたとき、事態はかなり緊迫していた。

安保理決議採択後まもなくして、再び状況が悪化したのだ。ハイチのように国際社会と結びついた民衆の力を野党が手に入れ、バグボ大統領を失脚させるという希望は、野党の反対運動が武力で鎮圧されて砕かれた。その1か月前、ハイチのジャン＝ベルトラン・アリスティド大統領は民衆運動で失脚していた。このときの武力鎮圧で100名以上の死者が出たとされ、国連チームが調査している最中だった。コートジボワールのメディアは扇動的なメッセージであふれており、1994年のルワンダの大虐殺《ジェノサイド》時のラジオ局と同じような役割を果たす恐れがあった。それでも、アビジャンの美しい通りを車で走っていると、この国が過激な暴力に傾くなど、にわかに信じがたい気がした。国内の分裂や1年半に及ぶ政治の停滞にもかかわらず、実質的な首都であるアビジャンはあまり影響を受けていないように見えた。夜には高層ビルがライトアップされ、今なお〝アフリカのマンハッタン〟の名にふさわしい光景だった。けれども、周辺に広がる郊外や地方、国の北部では経済活動が行き詰まり、アビジャンとは状況が異なると聞いていた。

もっとも驚かされ悩まされたのは、紛争当事者とのたび重なる会議だった。国連代表団のメッセージは単純明快だったが、彼らの反応は違った。西アフリカ屈指の豊かな国への平和維持活動の派遣は、コートジボワール国民が国際社会に恩恵を与えているのではなく、国際社会のコートジボワールへの親切心なのだと、わたしたちは彼らに伝えた。支援が必要な場所は世界中に山ほどあった。無責任な態度を改め、進展を妨げる前提条件を取り下げることが、彼らに求められた。リナ＝マルクシの和平会議で骨子が示され、アクラで確認されたロードマップは、明快だった

――大統領選挙の実施と、国家の軍隊の再統合である。

北部の反政府勢力は、正真正銘の公開選挙による大統領選を求めていた。その実施には、信頼できる選挙人名簿、およびワタラのような有力候補を排除することがない、被選挙資格の基準が必要だった。そのためには法的措置と確固とした行政措置が必要になる。反政府勢力は、大統領が統制する国家機構を信頼していなかった。こうした不安に対する妥協の産物として権限を与えられたのが「コンセンサス首相」で、首相は連立政権を率い、主要当事者に慎重に要職を割り振った。

バグボ大統領とその政党にも明確な要求があった。反政府勢力の武装解除を求めたのである。分離主義者集団に兵器の保持が認められ、憲法の秩序に挑戦するかぎり、信頼できる選挙は行われないだろうと主張したのだ。両者の妥協案として、反政府勢力をコートジボワール政府軍に編入させることになった。彼らの多くは、自説を理論的に述べ立証する才に長けていた。人命が論点となっている点を除けば、ソルボンヌのゼミでの鮮やかな討論を彷彿とさせることも多かった。しかし、彼らはそれぞれの姿勢を決して崩さず、互いに相容れないことがすぐに明らかになった。

選挙――不可欠だが不十分

和平プロセスの基本的欠陥は、根本的相違の解消を選挙頼みにしたことだと、わたしは次第に気づくようになった。平和国家でも選挙は対立を生み出すが、敗者は敗北を受け入れる。勝者がその勝利を乱用しないと信用しているからだ。内戦でバラバラになった国で、選挙という不確実なものに自分の未来や命さえも委ねようと、指導者がにわかに自信を抱き寛大になることなどあるだろうか？　選挙準備の手法や手続きなどをめぐり、数えきれないほど争いが起こり、片付いたと思ったらまた次々と厄介ごとが浮上した。それが前座にすぎなかったことを、その後の年月で思い知ることになる。コートジボワールではほぼ8年間、大統領選が実施されていなかった。運営上の何らかの問題が解決されなかったからではない。自らの勝利が確実でないかぎり、主な当事者たちは選挙を進めようとしなかったからだ。ならば当然、候補者が見込み違いをしないかぎり（これは後日実際に起きたが）、選挙は実施されない。

一方で、欠陥があるとはいえ、リナ＝マルクシとアクラで苦労して合意したプロセス以外に、選択肢はなかった。このプロセスを維持することが不可欠だと思った。時間稼ぎという作戦は、戦略にもなりうる。選挙の展望は確かに、暴力行為に魅力があると思わせない要因となるうえに、時間がたつほど、大統領選後に何をすべきか、有力な指導者の間で交渉の時間が持てるようになる。実のところ、選挙を平穏に実施するためには、選挙後についての取り決めだけが唯一の頼みの綱だった。２０１０年にようやく実施にこぎつけた選挙では、この種の取り決めがなされず、コートジボワールは２００２年以来最悪の危機に陥った。

富をめぐる紛争を阻止するために

2004年の時点では暴力沙汰に発展する危険が高かったため、合意の調印者を一堂に集めることは難しかった。彼らはみな知り合いで、フランスの大学の同窓生であり、同じ村の出身の場合もあったので、それは一見、さほど難しくないように思える。そのうえ、富と権力への飽くなき欲求は、彼らのほとんどが持っているようだった。互酬的関係《クライエンテリズム》により忠誠が保たれていた、ウフェ＝ボワニ時代を彷彿とさせるところがあった。だが同時に、この新たな時代がそれまでとは異なることも確かだった。バグボが古い体制に挑んだからだけではない。南北の両陣営で、高等教育を受けておらず、街角で頭角を現した新世代が登場したからだ。古い世代の政治家は、目標推進に利用できるこの新しいツールを見つけて大喜びだった。目的に適うなら暴力に頼ることもできたからだ。彼らの配下の者が民兵を率い、暗殺の指令などにあたっていた。わたしは南北両陣営でそうした政治家連中に会ったことがあり、不安を抱いた。彼らを阻止し、富をめぐる競争が敵意に満ちた民族間紛争に変質しないように、何らかの手立てを講じることはできないものかと考えた。

こうした脅威に取り組むうえでもっとも効果的なツールは、制裁措置、とくに個人に対する制裁措置だと、このときのコートジボワール初訪問で多くの監視要員から聞いた。部族より自分の懐を暖かくするほうが大事というような、本物の悪党も舞台裏にはいた。彼らは私腹を肥やすためなら、民族間紛争の悪循環を引き起こすこともいとわなかった。彼らを阻止するには、怖がらせることが一番だった――彼らは、自分の銀行口座と欧米に所有する高級アパートを失うことを恐れるはずだ。

バグボ大統領の説得

それには国際社会の団結が必要だった。わたしがアビジャンに引率した代表団は、ささやかながら国連が最初に手掛けた試みだった。これを足掛かりとして、アナン事務総長、ガーナのクフォー大統領、ナイジェリアのオルシェグン・オバサンジョ大統領は、6月にバグボ大統領と会談し、態度を軟化するようバグボに迫った。だが、アナン事務総長のアビジャン訪問中、バグボを支持する民兵「若き愛国者」による抗議運動が発生し、街角はいまだに「興奮する」ことがあり、事態は少しも収拾していないことがわかった。国際社会のトップレベルが一層意欲的に関与することが必要だった。7月にアディスアベバで開かれたアフリカ連合の会議と、同月にアクラで開かれたフォローアップ会議の終盤で、わたしたちは協調努力を求めて、バグボ大統領に猛然と詰め寄った。アフリカ連合の会議では、アナン事務総長も積極的に迫った。だが、頭が良く、圧力を受けることを事前に想定しており、自分が強い立場にいると心得ている国家首脳に、どうしたら圧力をかけられるだろうか?

その後、さまざまな相手に多種多様なテクニックを駆使する場面を目撃することになるが、バグボ大統領との対峙が、わたしにとって最初のレッスンとなった。相手の先延ばしの才を十分に承知していた事務総長は、楽観的な修辞疑問文で話の口火を切った。「それで、大統領は敵対する人たちと会談したわけですから、すべて決着がついたということですね？」。バグボはこう応じた。「まあ、なかなかいい会議でした。また会うことで合意しました」。さらに続けて言った。「法案はもう送ってあります」。つまり、ボールは自分の側ではなく（行き詰まりがちな）国民議会にあるとほのめかしたのだ。バグボはため息をつき、事務総長に片棒を担がせようとしながら、話を滑らかに一般論へと移した。「アフリカの国を治めるのは実に厄介です！」。事務総長はそれを受け流し、具体的な話に引き戻した。「アクラの国家首脳会談の日付を設定しなくてはなりません」。会談が終わりに近づくと、バグボはさっさと退席しようとして言った。「ラ・コートジボワール、危機は解決可能です。戦争は終わりましたが、物事を動かすのは政治ですな！　事務総長、お時間をとらせてしまい恐縮です」。

バグボ大統領は帰国前に、もう1つ不快な体験を乗り越えなくてはならなかった。7月6日に開かれた、ミニ・サミットという、多数のアフリカ首脳陣との非公開会議の席のことだ。オバサンジョが冒頭でこう切り出し、会議の基調を定めた。「アブジャ・サミット終了後、バグボ大統領が初めて約束を守られました！　我々は大統領を助けなくてはなりません」。ガーナのクフォー大統領がこれに付け加えた。「これは信頼の危機なのです」。長期政権を維持していることから、会議の「賢人」と称されるガボンのオマール・ボンゴ大統領は、この冒頭の一斉射撃を次のように締めくくった。「コートジボワールの責任の所在はバグボ大統領にある！」。バグボはこの猛攻撃に少々たじろいだかもしれないが、何食わぬ顔で通した。彼の応答は、前日アナン事務総長に述べた内容と基本的に同じだった。「コートジボワールの抱える問題は、実に骨が折れます。堂々めぐりです。……コートジボワールは、村祭りでつるつるしたポールを登ろうとしていた、植民地時代のフランス革命記念日のようなものです！」。

西アフリカ諸国の圧力

突きつけられていたのは、実に重大な問題だった。つまり、3週間後にアクラで開かれる会議で、バグボと反対勢力の間の実質的合意に基づき、選挙へのロードマップが最終決定されるかどうか、ということだ。甘言で釣ったり、ジョークを飛ばしたりしたせいで会議の緊迫感は抑えられていたが、政治的に見れば、西アフリカ諸国が一丸となりバグボ大統領とその野党に対して折り合いをつけるよう勧告していたのだ。プレッシャーを感じたバグボは、アクラの会議に備えて、与野党入り混じった委員会を編成することを約束した。会議は同月末に開かれ、成功裡に終わったかに見えた。議会は必要な法案を可決し、バグボは大統領の被選挙資格の問題解決を図ることに決まった――もっとも、バグボがどのように解決を図るのかは、やはり明確にされなかった。首相に権限が与えられ、反乱軍は10月15日までに武装解除することも決まった。

だが、10月15日を迎えても法案はまだ採択されていなかったし、武装解除にも着手されていなかった。さらに、反乱軍と野党の指導者にとっては、大統領の権限が失墜した状況のほうがかえって好都合かもしれないという噂が流れた。それによって生じた法的空白地帯がきっかけとなり、国際社会が支援する例外的な取り決めが交わされることになった。この取り決めは、アリスティド大統領が国外に亡命し、暫定大統領が誕生した例にならい、「ハイチ・シナリオ」と呼ばれた。バグボにはアフリカのアリスティドになるつもりも、大統領の座を明け渡すつもりも毛頭なかった。期限である10月15日の3日前、バグボは演説で雄弁をふるい、国際社会はその内容を肯定的に受け止めていた。この段階で、反乱軍に武装解除する意思がないことは明らかだった。フランスをはじめとする国際社会の大半が、バグボ支持に回るつもりのようだった。大方は、政府軍が反乱軍の支配する北部と南部を隔てる緩衝地帯を越えることになると予想し、見て見ぬふりを決め込むつもりでいた。

アビジャンで会ったヨーロッパのさる大使は、国連の活動が人物よりプロセス重視であることに我慢がならないようで、「アフリカには勝者と敗者が必要だ」とわたしに語った。国連と西アフリカ諸国の外交努力は、行き詰まりを見せていた。国際社会の主要国は、リナ＝マルクシの合意をあからさまに避けずにすみ、体裁が保たれるならば、バグボの勝利を受け入れてもいいという態度を示すようになっていた。こうした状況だったので、コートジボワール軍が11月4日に軍事行動を開始しても、わたしはさして驚かなかった。国連事務総長はただちに、この攻撃――フランス語の略称なら〝ＦＡＮＣＩ〟――を、「停戦の重大な違反」とみなしたが、安保理からはそれほどの支持を得られず、対抗措置を講じることができなかった。現に、安保理理事国の間で閲覧されていた声明書の草案は、10月12日のバグボ大統領の演説を称えていた。声明書は最後の最後になって軍事行動を非難したが、バグボ大統領の名は慎重に伏せられていた。

フランス軍への攻撃

24時間後、事態は一変した。2004年11月6日の朝、フランス軍基地がコートジボワール政府軍の戦闘機による攻撃を受け、フランス人兵士数名が死亡した。これが意図的な行為だったのかどうか知る由もないが、攻撃の状況を考えると、誤爆だったとは信じがたい。この攻撃のことは、フランスのミシェル・アリヨ＝マリー国防相から未明に電話を受けて知った。彼女から告げられたのは非常に衝撃的なメッセージだった。フランスは自衛のためにコートジボワール軍に応戦し、基地を攻撃したスホーイジェット戦闘機2機を撃墜したと、正式にわたしに告げたのだ。実際には、新たに攻撃される危険を排除するため、フランス軍は攻撃してきたコートジボワール空軍全機、つまりジェット戦闘機4機と軍用ヘリコプター5機を撃墜した。コートジボワールの危機は新しい局面に入った。

かつての宗主国による空軍撃破は、胸の奥底から湧き上がるような屈辱感をアビジャンの人々に与えた。大統領率いる与党は、労せずして民衆の間に熱いナショナリズムをかき立てたのだ。テレビやラジオ放送から邪《よこし》まなメッセージが流され、親バグボ派の民兵「若き愛国者」が何万人も、アビジャンの街角にあふれた。高校《リセ》4校が焼き払われたと報道され、数千人のフランス人が避難した。怒りに身を任せた群衆に直面し、フランス軍はきわめて難しい状況に立たされた。群衆には武器を持った者もおり、フランス軍はほとんど制御できなかった。発砲により市民に死亡者が出た。

当然ながら、フランスは自国軍の安全に強い危機感を抱き、コートジボワール軍が迅速に装備を整えて、再び自国軍を脅かすのではないかと考えた。11月16日、安全保障理事会は、コートジボワールに武器禁輸を課す決議を全会一致で採択した。このとき、安保理は和平プロセスの管理を引き受け、強制的に解決させようとする最初のステップを踏み出した。当初こそ安保理の足並みはそろっていたものの、長くは続かなかった。コートジボワールの危機が長引くうちに、国際社会に緊迫した状況が生まれ、気乗りしない仲間が立ちはだかるときに平和維持活動ができることには限界があることも露呈した。

プレトリア合意

団結したかに見えたアフリカにも亀裂のあることが、攻撃直後の各国の反応に見て取れた。オバサンジョ大統領はナイジェリアのアブジャで首脳会議を開き、武器の禁輸を求める声明を出したが、南アフリカのムベキ大統領はこの会議に出席しなかった。アフリカ連合から調停役を任じられていたムベキは、緊張が最高潮に達したときアビジャンに赴き、バグボと会談した。ムベキはコートジボワールの危機解決に一役買いたがっており、バグボは断固たる反植民地主義の信念を抱いているようにふるまった。ムベキにとって、この危機はいわば遅れてきた脱植民地化だったのではないかという印象を受けた。コートジボワールは感情面で旧宗主国を断ち切っていなかったので、確かにそのような側面はあった。アビジャンの街角にあふれる反仏感情は、積もり積もった鬱憤が爆発した結果だった。

翌数か月の間、ムベキはおしなべてバグボに好意的な態度を示し、遅延や失敗の原因はディアラ首相や反乱軍、国連にあると責めた。ムベキは2006年10月までアフリカ連合の調停役を務め、2005年はとくに積極的に活動した。2005年4月、ムベキは南アフリカのプレトリアの会議に当事者全員を招き、「プレトリア合意」に署名させることに成功した。コートジボワールの全政党はこのときもまた、「厳粛に停戦を宣言した」。さらに注目すべきことに、同年10月の大統領選実施、首相の権限強化、軍再統合に向けた実践的行動、必要な法改正、大統領候補の被選挙資格問題の解決を調停役に頼ることなどについても、彼らは合意に達した。独立選挙管理委員会の編成について練り上げられ、国連は総選挙の体系化に関与することが求められた。

その数週間後に暴力事件が発生すると、ムベキ大統領は6月末に再び当事者を集め、進捗状況を検討して、10月の大統領選を再確約した。2005年の秋を迎える頃、ムベキ大統領は役目を果たしたと実感した。バグボ大統領との良好な関係を利用して、一連の法改正を可決にこぎつけ、大統領候補の被選挙資格問題を解決した。彼の考えでは、次に行動すべきは、武装解除を引き延ばしている反乱軍のほうだった。

オバサンジョやその他西アフリカの首脳は、コートジボワールの危機について、まったく異なる解釈をしていた。膠着状態の責任はバグボにも反乱軍にもあるとみなし、危険な火遊びをしているバグボのせいで、周辺諸国全域が延焼させられるのではないかと危惧していた。彼らは、バグボ大統領にさらに強硬な態度で臨む必要があると考えた。なかには、ムベキは局面を正しく理解していないと思っている者もいただろう。安保理常任理事国入りをめぐるナイジェリアと南アフリカの競争がこの関係をさらに複雑にし、良からぬ傾向を招いた。アフリカ連合の平和・安全保障理事会は南アフリカの影響力が強く、たいていバグボ寄りの立場をとるが、ECOWASは彼に厳しい態度で臨むことになった。両機関を争わせるように、コートジボワールが巧みに仕組んだのだ。

国連への期待

一方でフランスは、国連ミッションがさらに強力な役割を担うことを望んだ。ブルキナファソの首都ワガドゥグーで開かれたフランス語圏諸国の首脳会談の終盤で、わたしは初めて国連への高い期待を感じた。シラク大統領のアフリカ問題担当顧問から、国連ミッションはどのように禁輸を実施するのかと質問された。平和維持要員は派遣先の国と戦争を開始するつもりがないかぎり——もちろんそんなことは誰も指示しないが——その国の政府に協力しなくてはいけないこと、国連憲章第7章（訳注：平和に対する脅威、平和の破壊および侵略行為に関する行動）の行使は、その点において齟齬を生じないことを説明しようとして、わたしは四苦八苦した。たとえ平和維持要員がその任務を命じられたとしても、せいぜいコートジボワールの港湾に赴き、船舶の調査許可を求めるのが関の山だろう。立ち入りを拒否された場合、要員は安全保障理事会に報告することになる。イラクで特定の施設への立ち入りが拒否されたとき、査察官が踏んだ手順と同じだ。平和維持要員が銃を携帯しているからといって、状況は変わらない。コートジボワール軍に止められたとしても、無理に押し入ったりはしないからだ。

国連に対する非現実的な期待

平和維持活動の限界

コートジボワールでもスーダンでもレバノンでも、いく度となく感じたことがあった――軍事能力に対して鋭い感覚を持っているはずなのに、国連がにらみを利かせることなど当然許さないはずなのに、強力な加盟国は平和維持活動に対し、非現実的な期待を抱きがちなのだ。彼らは安全保障理事会の権威を過大評価していた。派遣先の政府が非協力的である場合、平和維持部隊には、象徴的な権威しかないことを受け入れようとしなかった。安全保障理事会が政治的手段を講じるか、２０１１年にフランスがついに踏み切ったように武力で後押しするかしないと、その権威はあっさり無視される傾向にあった。

ひと月後、フランス国防相から再び電話があった。和平合意を指して「アクラの内容を実行させねばならない」とし、「威力を示すことが必要」だと、国防相は主張した。それができたらと思ったが、国連があまりに弱腰だったせいで、平和維持活動が的外れになったことは確かだった。わたしはいつも、国連平和維持部隊とミッションの責任者に対し、強い態度で臨むように、従順な態度ではいけないと発破をかけていた。わたしの同胞は構造的に弱い国連に対し、強いところを見せるよう迫り、わたしはわたしで、彼らの期待を押し下げようとしていた。わたしには国連の限界がわかっていた。

この議論の舞台は、安全保障理事会に移った。フランスは禁輸措置の履行について国連軍に追加任務を授ける決議を望み、一方アメリカは、コートジボワールにこれ以上資金を投入したくないと考えていた。結局、国連に負担を強いた典型的な妥協案にあっさり行き着いた――つまり、国連軍に追加任務が授けられたが、リソースは投入されなかったのだ。一貫性に欠けた安保理は頭痛の種だったが、その影響はかぎられていた。国連軍に潤沢な資金が投じられ積極的に活動できるとしたら、不確実な和平プロセスというチキン・レースに影響を与えたかもしれない。わたしとしてはもちろん、かぎられた資金で軍の屋台骨を強くするために最善を尽くしたが、決定的要素が政治にあるという幻想をみじんも抱いていなかった。つまるところ、国際社会はどれほど結束して事にあたれるというのだろう。政治生命を賭けて闘っている当事者たちに、外部からの圧力がどれほど効果を与えるというのだろう。

大統領選挙の延期

プレトリア合意後、事務総長はムベキの要請で、選挙担当上級代表を任命した。これは原則として広範な権限を有する役職で、国連は前例のない役割を選挙で担うことになった。任命されたアントニオ・モンテイロは、ポルトガルの聡明な外交官だ。精力的に取り組んだが、選挙準備は遅々として進まなかった。7月になると、10月の大統領選は無理だということがはっきりした。何らかの手立てを講じる必要があった。制度に空白が生じるのは危険である。

この状況をどう評価するかについて、意見が大きく分かれた。2005年の半ば頃、ムベキ大統領が状況をかなり楽観視していたのに対し、ナイジェリアとガーナの大統領は、強い懸念を抱いていた。西アフリカ諸国と南アフリカ共和国のそれぞれの努力は、合算されるのではなく、打ち消し合っていた。この不毛な力学を変えアフリカに一貫した方針を築こうとして、アナン事務総長は9月に会合を設け、ムベキとオバサンジョを引き合わせた。だが、両者の画策は続いた。ECOWASの会議がナイジェリアの首都で開かれたことは、バグボの敗北と受け止められたが、最終期限である10月末の2週間前に、アフリカ連合の平和・安全保障理事会は、彼の任期を1年延長することで一致した。

監視体制の導入は、南アフリカとナイジェリアの競争心に微妙なバランスをもたらした。南アフリカは、アビジャンで日々の監視に責任を持つことになった。ナイジェリアの外相であり、国連でシエラレオネのミッションを率いたオル・アデニジは、月例会議「国際ワーキンググループ」の議長を務めることになった。首相が任命されることも決定したが、実施までにはしばらく時間がかかった。初代コンセンサス首相のセイドゥ・ディアラは繊細で巧みな手腕を見せていたが、コートジボワールでも国際社会でも次第に支持を失った。その後任選びは難航した。

幸い、ナイジェリアと南アフリカがこれに協力してあたり、2005年12月上旬、ディアラの後任として、コナン・バニーを任命することで全員の合意を取りつけた。バニーは高名なテクノクラートで、西アフリカ諸国中央銀行の総裁を務めていた。就任直後、財務相の任命についてバグボ大統領と対立したとき、期せずして、彼の権限がどこまで認められるのかを試す機会となった。バニー首相はこの要職の人選を握りたいと考えており、結局、バグボ大統領のほうが折れた。

アフリカ首脳会議

翌2006年には、過去3年間に国際社会が獲得できなかった大きな成果を上げられるのだろうか？　新首相任命のように、国際社会で一致した取り組みが見られたことは、希望の持てる材料だった。国連の選挙担当上級代表を前任者ポルトガルのモンテイロから引き継いだスイスの外交官、ジェラール・スタウトマンが、準備を強力に推し進めていた。ところが2006年7月、選挙準備の進行は減速し、またもや10月の期限に間に合いそうにないことが明らかになった。

コートジボワールの危機解決に力を注いできたアナン事務総長は、任期満了を12月に控え、最後の力を振り絞るように懸命の努力を重ねていた。２００６年7月初旬、ガンビアの首都バンジュールで開かれたアフリカ首脳会議で、アナン事務総長はバグボ大統領に、コートジボワールの首都ヤムスクロですぐに首脳会議を開催するよう説き伏せた。この会議には、コートジボワール危機に関わる全主要人物と、ムベキ大統領やオバサンジョ大統領も出席した。

会議に先立ち、アナン事務総長は、バグボ大統領とバニー首相と別々に会談した。大統領と首相が進んで協力するという姿勢を示すため、わたしたちは共同会談がもたれることも期待したが、それは欲張りすぎというものだった。バニー首相は、ウフェ＝ボワニ財団の建物で事務総長を迎えた。これに対してバグボ大統領は、大統領官邸の広い部屋で会談した。大統領との会談場所と雰囲気は、コートジボワールの曖昧さを端的に表していた。会談する大統領の背後には、ルネサンス後期のボーベー産の見事なタペストリーが飾られ、１９６０から70年代初めの見栄えのしない建築様式の官邸と、奇妙な対比を見せていた。飲み物が運ばれてきて、アナン事務総長はアルコールではなくココナツミルクを飲んだ。バグボ大統領はすかさず、左派だったわたしの父親の思い出を語り、ロゼ・シャンパンを勧めてきた。

あいにく、これが首脳会議のハイライトで、その後の議論は期待外れに終わった。具体的なアクションプランは何とか合意に達し、９月に再検討されることになったが、機運はすでに失われてしまった。万事順調に進んだとしても、2007年の春より前に選挙が実施される見込みはないと、わたしはスタウトマンから聞いていた。国際社会の亀裂はかつてないほど広がっていた。フランスと西アフリカ諸国、国連事務総長は、安全保障理事会に中心的役割を与え、強硬姿勢をとりたいと考えた。しかし、南アフリカのムベキ大統領がこうした強引なアプローチに疑念を募らせたために、その機会は阻まれた。とはいえ、ムベキ大統領が疑念を抱くのももっともだった。その年の秋に彼が目の当たりにしたことが、その見方を裏づけたのではないかと思う。

大統領の正統性

バグボ大統領は、アクションプランを再検討する9月の会議に出席しなかった。国際社会とバグボ大統領との間に繰り広げられてきた長期戦は、このときヤマ場に達した。10月の期限が迫るなか、選挙や武装解除や和平にいたる道のりに立ちはだかる障害を乗り越えようと、手を替え品を替え辛抱強く続けてきた努力は、明らかに失敗に終わった。次に何ができるだろうか？　望めるなかで最良のシナリオは、バグボが大統領の座を明け渡さざるをえない事態に追い込まれることだろうが、それは政治的に考えても実際問題としても、ありえなかった。コートジボワールで大統領が罷免されることはないだろうし、そんな可能性を退けるほどに、バグボはまだ国際社会の支持を集めていた。

だが、西アフリカ諸国とフランスは、彼の権限をそれまで以上に安保理の決定に依拠させ、安保理決議を通じて、コートジボワールの権力分布を変えたいと考えていた。憲法で定められたバグボ大統領の任期は、本来2005年10月で切れており、これが端緒を開くことになった。同じ月に、安保理決議1633はアフリカ連合の平和・安全保障理事会の決定を支持し、バグボの任期を1年延長することを承認していた。こうして、大統領の正統性の一部を安保理決議に依拠させたのだが、その文言は慎重に選ばれ、基本的にリナ＝マルクシ合意の履行を求める内容となっていた。そこで反バグボ陣営は、さらなる行動に打って出ようとした。

安全保障理事会の権限の限界

国家主権か、国際法か

2006年11月に採択された安保理決議1721は、こうした努力の賜物だった。採択までの交渉と、採択後に結局突破口を見つけられなかったという事実は、安全保障理事会の権限の限界について真剣に考えるようわたしたちに教えている。このとき問われたのは、国連加盟国の国家憲法の秩序を、安保理が変える資格があるかということだ。国家主権か国際法かという枠組みで論じられた場合、多くの国は尻込みし、コートジボワールの国家主権の守護者たる自分が勝利を収めることになると、バグボはすぐさま気づいた。2005年の決議の慎重な文言から踏み出す必要があると、中国やロシアだけではなく、アメリカにも納得してもらう必要があったので、決議にいたるまでの交渉は難航した。

「［決議の］条項は、新たに選出された大統領が責務を担い、国民議会選挙が改めて実施されるまでの移行期間に適用される」ことを、決議は最終的に承認した。この大胆な文言は、空白を埋める暫定的措置としてしか認められないが、その言い回しから、決議に憲法のような趣を与えた。とはいえ、次に続く「条項」は、実際の差配というより意図と責務について述べたものだ。それに、国家憲法に対する安保理の権限の優越性を支持した者たちは、一見勝利を収めたかに見えたが、その勝利はたちまち覆された。数日後、アメリカの駐コートジボワール大使がバグボ大統領と会談し、コートジボワール憲法の権限が勝ると明言したのだ。

この決議は、安保理が国家主権について受け入れられるギリギリの線だったが、決議を支持した者たちの期待どおりの成果を生まなかった。2006年末、バグボ大統領は1年前より立場を強化させたように見えた。一方で、危機の解決に並々ならぬ関心を寄せていたアナン事務総長の任期は、終了まで秒読みを迎えていた。そして、じきに大統領選が実施されるのは、コートジボワールではなくフランスだった。バグボが大統領の座を離れるより早く、シラクがエリゼ宮を離れる――この象徴的な意味は、危機を政治的に解決しようと4年にわたり粉骨砕身してきた人たちの身に染みた。

ブルキナファソ大統領の関与

バグボ大統領が新国連事務総長の潘基文と2007年の1月に初めて会談したとき、大統領はうんざりとした表情で言った。「誰もが疲れ切っています」。確かに誰もが疲れ切っており、それが、隣国のブルキナファソが乗じる機会を生み出した。2007年3月4日、同国のブレーズ・コンパオレ大統領の後押しで、バグボ大統領と反乱軍の間に、新たな権限分割協定が結ばれた。

この協定を受けて、反政府武装勢力を代表する新勢力の指導者、ギヨーム・ソロがコートジボワール首相に任命された。武装勢力を束ねるソロはまだ35歳で、ベディエやワタラ、バニーなどよりはるかに若い世代に属していた。既存政党の党首はこの任命に不満だったかもしれないが、コンパオレの圧力に抵抗することは難しく、反対しようにもどうすることもできなかった。彼は過去に反乱軍に軍事支援をしていたという噂があった（反乱軍の多くはブルキナファソの出身で、彼らの〝イボワリテ〟が問われたことが、コートジボワール危機の重大な要因だった）。その後、選挙後の要職の割り当てについて密約が交わされたらしいなど、数々の噂が広まるようになった。

3月にワガドゥグーで合意が成立したあと、政治力学に動きがあった。安保理やアフリカ連合、ECOWASからの圧力ではなく、ブルキナファソ大統領に促されて当事者たちがじかに関係を持つことで、進展が見込まれた。常識で判断できることなど何ひとつなかった。2007年6月、ソロ首相の暗殺未遂事件が起こり、政治取引を受け入れるつもりがない勢力がコートジボワールに存在することが浮き彫りになった。だが国連は、ブルキナファソ大統領のお膳立てした取引より効果的な取引を仲介する立場になかった。この段階では、ブルキナファソ大統領に任せることが最善の選択だということで、安保理も事務局も一致した。ブルキナファソ大統領のおかげで、短く途切れがちなトップ会談ではなく、平穏で継続的な関係が初めて両陣営の間に築かれた。国連の役割は変化していた。マリ元大統領でコートジボワール危機の解決に強い関心を抱くアルファ・ウマル・コナレは、国連は「プロセスに付き添う」必要があると事務総長に伝えた。速やかな武装解除と信頼に足る選挙のために、関連分野の協定に取り組むことが国連に期待された。

２００８年４月、当時、安保理非常任理事国だった南アフリカが、アフリカ紛争問題に関する公開討論会を企画した。そのときにバグボ大統領が導き出した結論は、ムベキ大統領のみならず、リビアのムアンマル・カダフィ大佐も満足させたにちがいない（カダフィ大佐がまったく同じ内容を事務総長に伝えたのを聞いたことがある）。国連は国家間紛争に重点を置くべきであり、国内と地域内の紛争の対応は、地域または小地域の機関に任せるべきだと、大統領は述べたのだ。身勝手な主張ではあるが、これはとりもなおさず、紛争解決の最大の利害関係者である近隣国が、危機解決の最善策――つまり、やはり紛争当事者の一員と親しい近隣国のこと――をもたらしたという事実を示していた。

だが、わたしは納得できなかった。シエラレオネやリベリアで、国連が内戦終結に決定的な役割を果たしたところを、わたしは目の当たりにした。それに、コンゴ民主共和国の安定化には国際社会の強力な関与が必要なことも確信していた。アフリカの紛争当事者の多くが近隣国の思惑に疑念を抱き、アフリカ以外の国に力添えを求めた事例も繰り返し見てきた。コートジボワールでは、アフリカ連合とＥＣＯＷＡＳが対立するように、当事者が仕向けた場面も見た。だが一方で、制裁措置や厳しい決議で解決を図ろうとした安保理の試みが、この危機的状況の当初から失敗に終わっていたことも事実だった。コートジボワール問題は安保理にとって重要なので注目度を高めるべきだと主張しても、２０１１年まで誰も聞く耳を持たなかった。ＥＣＯＷＡＳの西アフリカ諸国を除けば、南アフリカやフランス――最初はバグボを支援したが、その後一貫して弱体化させようとした――を含めてどの国にとっても、危機解決に大きな利害はからまなかった。ブルキナファソには、そうした利害があった。同時に、欠陥のあるプロセスを軌道に乗せようとした自分たちの奮闘を振り返るにつけ、その努力は無駄ではなかったと思う。

こうした努力が解決策を生み出すにはいたらなかったし、目的の統一性はたいてい失われていた。西アフリカと南アフリカの間に共通のビジョンはなかったし、フランスにはフランスの懸案があった。だが、こうした絶え間ない圧力がなければ、また自らの大義のために暴力や憎悪を利用しようとする者たちに制裁措置で威嚇しなければ、コートジボワールが再び暴力に陥った可能性は高い。国際社会からの圧力が平和を生み出すことはなかっただろうが、新たな戦争を防いでいた可能性はある。それは価値ある成果だ。凍結した紛争は、激した戦争よりましだ。

バグボ大統領の敗北

2010年、待ちに待った大統領選挙がようやく実現した。わたしが国連を辞したあとだったので、選挙にこぎつけるためにどんな努力がなされたのか、内部の詳しい情報はわからない。ただ、主要人物――バグボ、ワタラ、ベディエ――の間で、取引があったのではないかと思った。バグボ大統領が自ら進んで権力を手放すとは思えなかったのだ。だから、そのような取引がなかったと知ったときには驚いた。選挙準備が進行したのは、バグボが自分の勝利を信じて疑わなかったからだ。だが、バグボは敗北を喫した。ベディエがワタラ――〝イボワリテ〟のコンセプトを導入した本人！――と同盟を結んだことにより、南部の票が割れる一方で、ワタラは一枚岩の北部の票を確実に獲得できたからだ。驚くまでもないが、バグボはこの選挙結果を受け入れず、2002年以来となる激しい内戦が勃発することになった。国際社会はこれに対し目覚ましい結束力を示した。バグボは国際社会に愛想を尽かされ、国連事務総長、安保理、アフリカ連合、ECOWASは彼に辞任を要求した。予想どおり、彼は辞任しなかったが、フランスと国連の合同軍に敗れ、当選したアラサン・ワタラが大統領に就任した。

こうして、アフリカで初めて、外国軍の介入により選挙結果が守られた。1999年、アメリカの分析家エドワード・ルトワックが、「戦争にチャンスを与えよ！」という挑発的な題名の記事を『フォーリン・アフェアーズ』誌に寄せた。ユーゴスラビア紛争を通して要領を得なかった国際社会の方針に対する、いわば追悼文のような内容だった。2011年、確かに戦争にチャンスが与えられ、前例のない結果を生み出した。この〝ハッピー〟エンドが、長年の内戦に終止符を打って民主主義の勝利となると、わたしは信じたい。だが、南北間対立のほんの中休みにすぎないのではないかという恐れも、いまだに抱いている。

ワタラが大統領の座にいるかぎり、彼は自分を支持する民兵を制御し、かつての競争相手の支持勢力に働きかけられるという希望を持ってもいいかもしれない。コートジボワールの急速な経済成長も、もう1つの明るい兆しである。だが、ブルキナファソのコンパオレ大統領が2014年後半に失脚し、ワタラは重要な盟友を失った。コートジボワールの若く好戦的な世代が和解に応じる用意があるのか、今後の見通しは予断を許さない。西アフリカ諸国を分断する南北問題は、いまだ解決にいたっていない。コートジボワールの動向は、コートジボワール国民だけではなく、コートジボワールで働く近隣諸国の市民にとっても、ひいては地域全体の人々にとっても、生死に関わる問題となりかねない。

国連は勝者を選べない

選挙を解決策の要に据えるやり方は、リスクを飛躍的に増大させる。根深い意見の相違が戦争の要因となっている場合、大義のために死をも辞さない人々に、中世の競技会よろしく、選挙結果を神の審判のごとく受け入れるよう求めることは、非常に危険である。片方が一人勝ちし、もう片方がすべてを失うようなやり方では、長く機能するはずがない。オール・オア・ナッシングの手法は、さらに膨大な労力をもって補わなければ、平和の土台としては危うい。

危機の真っ最中に、ヨーロッパのある大使から、「アフリカには勝者と敗者が必要だ」と言われたことを思い出す。わたしは当時、国連は勝者を選べないし、選ぶべきではない、プロセスを支援することしかできない、と応じた。その考えは今でも変わらない。それに、部外者が都合よく選んだ指導者に権限を与える戦略に国連が乗じるようになれば、国連はもっとも大切な資産である人々の信頼を失う。だが、選挙プロセスを支援するだけでは十分ではない。早い段階から国際社会が注目し、全当事者が分け前に与れるような解決策を取り計らっていれば、コートジボワールでもほかの国でも、時間も労力もかけずにすんだかもしれない。選挙プロセスを盾にとれば確かに危なげないが、必ずしも民主的ではないし、間違いなく倫理的ではない。勝者が敗者に敬意を示さず、敗者が身を引かない――言い換えれば、民主主義の基礎が築かれておらず、広く受け入れられていない――場合、選挙が暴力の新たなサイクルを引き起こす可能性がある。コートジボワールにはそのようなサイクルに陥ってほしくない。

第5章

コンゴ民主共和国

——武力行使の限界

人道的介入という概念には、人心に訴える明快なモラルがある。だが、1994年にルワンダで大虐殺《ジェノサイド》が起きたとき、人道的介入は真剣に検討されなかった。それが試されたのは1999年、民族浄化を食い止めるため、NATOがコソボに介入したときだった——安保理はこの介入を承認せず、理事国の間に深い亀裂を残した。それから4年後の2003年、安保理は再び、そして何度も介入問題に直面することになった。イラク戦争の場合は人道的介入ではなかったし、武力行使については合意に達しなかった。

ところが、世界がイラクに注目している間、アフリカの3か所で危機的状況が拡大していた。どれもが大きな悲劇を引き起こす恐れがあり、人道的介入の問題を提起した。わたしはこの3つの危機すべてに関わった。わたしがそのとき何をして何をしなかったかは、国際公務員が直面する倫理的ジレンマを示す格好の例となる。平和維持活動について2000年にまとめられたブラヒミ・レポートの言葉を引き合いに出して言えば、安保理が「聞きたいこと」ではなく「知る必要があること」を、わたしはきちんと安保理に話しただろうか？　その話に説得力があっただろうか？　3つの危機はそれぞれまったく異なる形で生じた。あれから何年もたつが、この疑問に答えることがいかに難しいか、アフリカの3つの事例から明らかになる。

アフリカの3つの危機

1つ目の危機は、前章で記したように、コートジボワールで発生した。不吉にも、当時のコートジボワールのメディアの過激な論調は、ルワンダ大虐殺《ジェノサイド》の時期に同国のラジオ局ミルコリンヌが流した憎悪に満ちたメッセージとよく似ていた。コートジボワールの危機は数年間続き、本格的内戦には発展しなかったが、危険なほど激発した時期が何度かあった。国連は忍耐を要する報われない役回りを引き受け、引き延ばし作戦を指揮した。それが最悪の事態に発展することを防いだのかもしれない。だが、2011年になるまで決定的瞬間は訪れず、長期にわたり、単にいくつもの出来事が発生しては中断されただけだった。

2つ目の危機は、スーダンのダルフール地方だった。2003年から04年の初めにかけて、暴力行為がもっとも凄惨をきわめた時期、ダルフールの危機はほぼ見て見ぬふりをされた。ところが2004年の半ば、世界的に取り上げられるテーマとなった。わたしもこの時期に、ダルフールに深く関わることになった。

3つ目は、コンゴ民主共和国（DRC）で発生した。コンゴ（訳注：以下、文中で「コンゴ」と記す場合、「コンゴ共和国」ではなく、コンゴ民主共和国を指すものとする）の北東の端のイトゥリに住む450万人のコンゴ人にとって、2003年は完全な崩壊に近づいた年となった。暴力が拡大し、大虐殺《ジェノサイド》とは言わなくても、大量殺戮がますます現実味を帯びていた。その後の趨勢を決定づけた、2003年5月のあの数週間は、わたしの人生で一番長い数週間だった。そのとき、わたしが直面しているのは、ボスニアのスレブレニツァや、もしかするとルワンダの再現になるかもしれないと気づいた。スレブレニツァでは国連の監視下で8000人が殺害され（訳注：460ページの訳注を参照）、ルワンダでは100日間で80万人もが殺害された。その間、国際社会はただ黙って見ているだけだった。

2003年当時から10年以上がたったが、コンゴもスーダンも今なお危機的状況にあり、深刻な暴力行為が発生する危険性がある。けれども、国連はこの二国に最大の労力を注いできたのだ。「ダルフールを救う」ために動員された数百万人にとって、そしてこの二国にほかのどこよりも力を注いだわたしにとって、厳しい問いに答えるべきときが来たと思う。わたしたちは正しいことをしたのだろうか？　それとも、何もかも無駄な行動にすぎなかったのか？　この二国について、わたしは詳細に検討するつもりだ。ダルフールについて、最初の問いにイエスと答えられるかどうかは疑わしい。コンゴの場合は、変化をもたらすことができたと今でも信じている。

ただ、幸運とまったくの偶然が、重要な役割を果たすことが今ではよくわかる。人道的介入についてモラルや作戦の明確性を公然と議論しても、不完全な平和の霧のなかで道を求めるわたしたちの助けにはならないことが、今ならよくわかる。混沌とした出来事に直面しても、機運に乗れるときは乗りながら、ときには後戻りすることがあっても、それでも一歩ずつ進まなければならない。悪魔と延々とチェスをする――大小さまざまの悪魔がいるものだ――とき、チェックメイトは決してとれない。わたしが伝えたいのは、途中で歩を止めることは誤りだが、自分が果たして正しいことをしているのか、歩を進めながらも決して確信を持てない、先の見えない歩みの話なのだ。

国連コンゴ民主共和国ミッション（MONUC）

国際社会はコンゴについて、端《はな》から全体的な構想を抱いていなかった。1999年末、国連コンゴ民主共和国ミッション（MONUC）が安保理で承認されたが、どんなことが待ち受けているのか、理事国にはそのとき見当もつかなかった。世界はコンゴに迷い込むことになった。

コンゴ民主共和国は、西ヨーロッパに匹敵する面積を持つ広大な国家だ。世界で2番目に大きな熱帯雨林が広がり、何と言っても、大きく蛇行するコンゴ川が地形の特徴である。交通インフラは存在しないか老朽化しているので、国全体を結ぶ交通網はない。森林の海のなかにある都市と鉱業地の島で、いわば内陸の列島みたいなものだ。モブツ・セセ・セコという独裁者が、都市ごとに抵抗運動を鎮圧し、都市部を掌握することにより、長年にわたりコンゴ——当時の国名はザイール——を支配した。しかし、冷戦末期を迎え、ザイールが西側支援国にとって戦略的重要性を失うと、モブツは専横をきわめた。彼は、1991年に複数政党制を認めたが、治安部隊は掌握したままだった。本物の国家ではなく見せかけの国家だった。行政の力は弱く、鉱山がもたらす莫大な富でモブツは私腹を肥やした。モブツ大統領の身辺を警護する者以外、治安部隊に給与が支払われることはめったになかった。

したがって、隣国ルワンダで大虐殺《ジェノサイド》が起きた直後、フツ族の虐殺者《ジェノシデール》が、反対勢力の指導者でのちのルワンダ大統領ポール・カガメに敗れ、国境を越えてコンゴにやって来ても、驚くべきことではなかった。この虐殺者とともに、何十万ものフツ族の人々が、カガメ率いるツチ族軍の報復を恐れてコンゴに逃れてきた。物議を醸したフランス軍主導のヨーロッパの作戦が、動揺する多数の難民の苦しみを一時的ながら軽減した。だが、難民のなかには、大虐殺《ジェノサイド》に積極的に荷担した者たちが多く含まれていた。天然資源に乏しく人口が密集したルワンダと、緩やかに支配され資源に恵まれた広大なコンゴは、ひときわ対照的だった。そして後者は、大虐殺《ジェノサイド》を指揮した者たちと、ルワンダ新政権に脅威を感じる人々の避難場所となった。

ルワンダの政権を率いるカガメにとって、この状況は受け入れがたいものだった。そこで、反モブツ派のローラン＝デジレ・カビラと組んで、1996年後半、ザイール東部を速やかに制圧した。報復による殺人が始まり、それに伴って多くのコンゴ人が殺害され、ルワンダ大虐殺《ジェノサイド》の巻き添えになった。1997年5月、カビラはコンゴの首都キンシャサにたどり着き、大統領に就任した。だが、この2人の同盟関係はすぐに破綻し、1998年の夏に再び戦闘が始まった。カビラに敵対する2つの勢力、コンゴ解放運動（MLC）とコンゴ民主連合（RCD）が首都キンシャサに進軍しようとした。前者はウガンダの、後者はルワンダの支援を受けていた。これに対し、ナミビアとジンバブエがカビラ側に参戦し、のちにアンゴラもこれに続いた。

こうして、アフリカ6か国を巻き込んだ、第二次内戦が本格的に勃発した。コンゴは2つに分裂した。それから1年以上が過ぎて、6か国と3勢力はようやくザンビアのルサカで停戦にこぎつけ、占領軍の順次撤退や国家統合などを定めた協定内容に合意した（訳注：ルサカ協定。1999

年7月10日に当事国・政治勢力が署名したにもかかわらず、紛争は継続し、停戦は事実上無効化した)。この協定の交渉にあたったのは、国連ではなくアフリカ諸国の首脳陣だったが、協定履行の監視は国連に任された。

ルサカ協定

1999年11月にMONUCを設立したとき、安保理はその任務を、停戦の監視とモブツ政権を打倒した第一次コンゴ戦争時の軍撤退の監視とに制限した。しかし、MONUCが、国連監視要員が停戦を監視し違反を報告する通常の平和維持活動と似ていたのは、せいぜい表面だけだった。ここはキプロスではなかった。そもそも、合意の当事者である一部の国家では、指揮系統が行き届いていない政府軍もあり、豊富な資源を有するコンゴで、彼らがその魅力に抗うことは難しかった。だが、反乱軍の動きはさらに説明がつかなかった。隣国と強い結びつきがあることから、彼らの行動には何か魂胆があったのではないかという疑問が浮上した。要するに、反乱軍ではあるが、隣国の代理人でもあったのではないかと疑われたのだ。そのうえ、ルサカ協定では、当事者の基本的立場について曖昧なままだった。当事者全員を「平等の地位を享受する」と定める一方で、コンゴの主権も認められたので、キンシャサの政府は自らを国家主権の受託者とみなした。

国連の任務をさらに複雑にしたのは、いくつかの武装集団が停戦協定に署名していないことだった。なかでも最大の集団は、ルワンダ解放民主軍（ＦＤＬＲ）という、ルワンダ大虐殺《ジェノサイド》に積極的に関わった者を主流とする組織だった。彼らはその頃、コンゴの東部のキブという、森林や採鉱場のある地域を拠点としていた。合意の当事者である軍が、こうした武装集団を「追い詰める」べきだと、ルサカ協定では定められていた。だが、広大なコンゴのジャングルにいる虐殺者《ジェノシデール》を、誰が「追い詰める」のか、明示されていなかった。しかも、ＦＤＬＲの指揮下で戦った者のなかに、ルワンダのカガメ政権に反対するフツ族が大勢含まれていたことも、この追跡業務をさらに複雑にしていた。彼らはルワンダ大虐殺《ジェノサイド》に荷担していなかったが、カガメ政権に反対し、一部は武力に訴えていた。その一方で、キンシャサのコンゴ政府にとって、ＦＤＬＲは代理集団であり、ルワンダの敵と戦うときに頼れる同盟軍でもあった。

ＭＯＮＵＣ設立を認めた安保理決議１２９１が採択されたとき、安保理はルサカ協定に言及した。だが、コンゴの森林でＦＤＬＲを「追い詰める」任務をＭＯＮＵＣに課すとは明言しなかった。では、ＭＯＮＵＣが優先すべき任務とは何だったのだろうか？　彼らに対しては、著しく相反する期待があった。コンゴ政府がＭＯＮＵＣに期待していたのは、外国軍を追い払い、国家主権の再構築に手を貸してもらうことだった。ルワンダ政府は、ＭＯＮＵＣが虐殺者《ジェノシデール》を「追い詰める」ことを期待した。国際社会は大虐殺《ジェノサイド》を傍観したのだから、国際社会に虐殺者を追跡する義務があると考えたのだ。虐殺者の問題は、ルワンダではなく世界の問題だと、カガメ大統領はかつてわたしに告げた。

安保理常任理事国の西側の国はというと、コンゴをめぐる過去のつばぜり合いにより立場が分かれた。ルワンダはそれまで、アフリカ大陸のフランス語圏と英語圏を隔てる断層線となっていた。英語圏のウガンダで6年間の亡命経験のあるポール・カガメが勝利を収め、ルワンダは明らかに英語圏に傾いた。このような背景から、コンゴ人の大半はフランスを、フランス語圏であるコンゴの同盟国とみなす一方、イギリスとアメリカがルワンダを支援しているのではないかと、疑いの眼差しを向けていた。過去の関わり方で立場が異なるとはいえ、罪悪感があるという点で、安保理理事国は一致していた。だが、罪悪感では明快な戦略的決断をくだすことはできない。理事国は、軍事行動が困難なものになると承知しており、巻き込まれたくないと思っていた。たとえばフランスは当初、軍事的手段に重きを置けば、コンゴにおけるルワンダの行為を正当化し、戦略的、経済的バランスがルワンダとアフリカの英語圏に有利になると警戒していた。一方で、虐殺者の制圧に全力を尽くさなかったといずれ責められるのではないかと、どの理事国も落ち着かなかった。

ルワンダ対コンゴの長期戦

このように戦略上の明確さを欠いたせいで、ルワンダとコンゴの間に長期に及ぶ代理戦争が引き起こされ、さらにコンゴ領域内でルワンダの国内政策が展開されることになった。そして月日とともに、ＦＤＬＲと地元のコンゴ人との交流が進み、フツ族の戦闘員や民間人がコンゴ人の妻を娶《めと》るようになった。2000年代初めに森林地帯で展開されたルワンダの作戦が功を奏し、FDLRはかなり弱体化していた。現在、おそらく数千人の戦闘員しかいないものと思われる。MONUCが最初に派遣されたとき、数十万人もいたことを考えると、その数は大幅に減少した。

彼らはルワンダにとって、もはや大した軍事的脅威ではなくなった。とはいえ、コンゴ国内では、やはり危険な武装集団であることに変わりはない。天然資源を搾取し、反抗する住民に報復行為を働き、コンゴ国民をひどく苦しめている。FDLRの大半が武装解除を頑なに拒んでいることから、しごく残忍な手段を用いた上層部による末端兵の支配と、コンゴに避難したルワンダのフツ族が、ルワンダで本当に和解が成立するとは信じていないことがわかる。

コンゴについての知識が深まるにつれ、徐々にではあるが、戦略的、道徳的曖昧さに気づくようになった。在任中にコンゴを9回訪問し、平和維持活動に関しては、ほかのどの国よりも足を運んだ。2003年に危機が発生する前、すでに3回コンゴを訪れており、2001年9月にはアナン事務総長と一緒に訪問した。

MONUCへの過剰な期待

2001年初め頃、コンゴに派遣された国連軍は基本的に、停戦ラインに沿って設置された小さな国連基地を守る護衛部隊だった。Mi8型ヘリコプターの飛行領域が隣の基地と重なるように、各基地は設置されていた。平和維持要員の総数――約5000名――は、数字としては一見多いので、MONUCに本来の実力以上に仲裁や市民を守る力があるという、誤った印象を与えたが、コンゴは広大な国土を有するので、実際は少数派遣隊が国中に点在することになった。その当時、外国軍が引き揚げ始めたのを受けて、わたしは国連軍の派兵削減も検討していた。MONUCは監視団なので、本来の任務は外国軍の撤退を監視することであり、コンゴに平和を築くことではないと、世界に気づかせる必要があった。MONUCは理論上、制限のある立場に置かれていた。不備のあるマンデートを盾にとれば、表面上は国連を守れるかもしれないが、2001年春にコンゴを初訪問したとき気づいたように、それでは人々を助けることにはならないのだ。

MONUCはコンゴ東部で、占領軍から国土を解放してくれる部隊とみなされていた。2001年4月、モロッコ軍の大隊がキサンガニに派遣されたとき、歓迎する人の波が押し寄せ、空港から基地に到着するまでに1時間かかったという。キサンガニはその頃、ルワンダの支配下にあった。この光景はさぞかし、ルワンダと手を組んだ反政府勢力、コンゴ民主連合ゴマ派(RCDゴマ)にとっては不愉快だっただろう。MONUCに大した力はなかったが、コンゴの人々の期待を高めた。これはきわめて危険なことである。キサンガニに派遣されたモロッコ大隊は、RCDゴマ、ルワンダ人、コンゴ人住民の間で板挟みになり、たちまち苦境に立たされた。

それから1年後、2002年5月14日、いわゆる5月の反乱で、150人以上のコンゴ人がキサンガニで惨殺された。RCDゴマとローラン・ンクンダ――ルワンダの支援を得たツチ族の上官。いくつかの騒乱で中心的役割を果たした――の部隊が、反抗的な住民を支配しようとしてこの惨劇が起きた。MONUCのキサンガニ部隊のほうが大規模だったが、暴力行為を傍観するだけで止めようとしなかった。2002年のキサンガニの殺害はコンゴの外国軍駐留の非合法化に大きな役割を果たしたが、MONUCはその後も何度か、助けなくてはいけないはずの住民の期待に応えられないことがあった。だが、2001年の春にひときわ目についたのは、MONUC派遣により促進された、国家再統一に向かうエネルギーだった。

国家の再統一に向けて

コンゴ民主共和国のローラン＝デジレ・カビラ大統領は、2001年1月に暗殺された。その背景は、こんにちにいたるまで不明である。ルワンダとウガンダによるコンゴ占領を解消するため、彼は軍事的手段を支持していたようだが、父の後を継いで大統領に就任したジョゼフ・カビラは、政治的解決策のほうを好むようだった。2001年2月にワシントンで開かれた「朝食祈祷会」で、ルワンダのポール・カガメ大統領とジョゼフ・カビラは、初めて顔を合わせた。しかし、2人の間には根深い不信感があった。同年4月に首都キンシャサを訪れたとき、〝グランド・ホテル〟はカビラと同盟を組んでいた国の士官であふれていた。コンゴは2つに分断され、キンシャサは戦時下の国の首都だった。グランド・ホテルは奇妙な様相を呈していた。ホテルの一部は軍司令部と化していた。軍服姿の将校たちは、ホテル代を払うなどもってのほかだと思っているにちがいなかった。そして、廊下にたむろする娼婦の数から察するに、一部は売春宿と化していた。

ＭＯＮＵＣの任務は困難をきわめた。停戦を厳しく管理するには、当事者の一方が代理部隊などを使って管理地域を拡大した場合、それを逐一報告しなくてはならなかった。実際、両当事者ともそうした違反を犯した。ＭＯＮＵＣ本部は一方の当事者の首都にあるが、キンシャサ側が違反した場合、ＭＯＮＵＣはたびたび目をつぶった。だからといって、ＭＯＮＵＣがローラン＝デジレ・カビラ大統領の敵意を免れることはなかった。大統領は国連ミッションに対して、自分の権力を反政府勢力から守る後ろ盾になることを、本来は期待していたのだ。

コンゴ担当の国連事務総長特別代表は、チュニジア出身の外交官カマル・モジャーンだった。彼はキンシャサ側の条件に基づく国家再統一を最優先事項としており、カビラ大統領との関係を損ないたくないと考えていた。明確な政治プロセスがないままでは、誰の条件で統一を成し遂げるのかはっきりしなかったが、当時、現場には期待感があり、外国軍撤退と再統一の話でもちきりだった。モジャーンは現実的対応を重視し、市民の交通のために、国家の大動脈であるコンゴ川の再開通に労力を注いだ。だが、根本的問題に取り組む必要があることを、わたしたちは承知していた。つまり、コンゴの隣国との和解、コンゴ人の間の和解、そして実効的な国家の樹立である。

外国軍撤退を促す手段

２０００年代初め、コンゴは占領下にあり、いかにして外国軍を撤退させるか、撤退後どのように管理するかが、急を要する課題だった。撤退を促すには２つの手段があった。１つは、コンゴに駐留する国家に対し、その思惑に疑問を呈して窮地に立たせることだ。もう１つは、コンゴ駐留の合法的な根拠を剥奪することだ。

前者の手段として、「コンゴ民主共和国における天然資源およびその他資源等の不法搾取に関する国連専門家パネル」の報告書が功を奏した。この専門家パネルは、２０００年６月、安保理議長の要請で国連事務総長により創設された。(1) ２００１年４月に発表された報告書の内容は、コンゴに駐留する全部隊とその派遣国を糾弾するものだった。(2) 名指しされた国家は、天然資源を搾取したとして非難された。報告書は片方の勢力だけを取り上げたわけではなかった。たとえばカビラ大統領の盟友であるジンバブエも、ウガンダやルワンダと同じように非難されていた。ウガンダ政府はこれに激怒し、コンゴ国内でウガンダの支援を受けていたジャン＝ピエール・ベンバは、この報告書を断固として否定した。

ベンバは、コンゴ民主連合・解放運動（ＲＣＤ-ＭＬ）と、コンゴ解放運動（ＭＬＣ）、コンゴ解放戦線（ＣＬＦ）が新たに統合してできた組織の代表だった。わたしが初めてベンバと会ったのは、彼が拠点としていたバドリテだった。荒廃した都市だったが、ザイール共和国の大統領モブツが建設した立派な宮殿と長い滑走路つきの巨大空港があった。モブツはかつて、チャーターしたコンコルドでヨーロッパからこの空港に降り立った。報告書は、自分とコンゴに対するフランスとベルギーの陰謀、「クジャク石計画」の一環で、それを証明する書類もある、とベンバは主張した。書類は金庫に保管されており、彼の身に何かあった場合に公開されることになっているという。RCDゴマの指導者アドルフ・オヌスンバも、報告書に不満を述べ立てた。だが、わたしがルワンダの首都キガリを訪れたとき、同国の指導者たちは報告書について一言も触れなかった。

ルワンダとウガンダからコンゴ駐留の合法的根拠を剥奪するには、かつての虐殺者《ジェノシデール》がもたらす脅威をなくすことが必要だった。こちらのほうが難しかった。キガリで会った指導者たちは、虐殺者の強制的武装解除の必要性を断固訴え、コンゴ政府が彼らを支援していると非難した。2001年9月、RCDゴマとMLCを統合――前者をルワンダが、後者をウガンダが支援していた――して、武装集団を武装解除するという案が出された。ルワンダは当然、非情な虐殺者が自主的に武装解除に応じるのかと疑念を抱いた。だが、東部コンゴにいるとルワンダが主張する、インテラハムウェとして知られるフツ族系民兵4万人のメンバーが、すべて冷酷な虐殺者というわけではなかった。したがって、その人たちのためにも、国際社会（とMONUC）は自発的武装解除を支持すべきだと考えた。国際社会が強制的な武装解除を持ち出して、ルワンダやRCDゴマがルワンダ解放民主軍（FDLR）やインテラハムウェに対して軍事行動の構えを見せるほど、この武装集団が自発的武装解除に応じる見込みは低くなるからだ。カミナの軍事基地に割り当てられたルワンダのフツ族約3000人の長年の苦難が、この問題を理解する格好の例になる。彼らはルワンダに戻りたくなかったし、ルワンダも彼らに戻って来てほしくなかったので、交渉は堂々めぐりに陥っていた。

2002年4月に、彼らの一部を強制送還する手はずを南アフリカが整えたが、問題が取り除かれるどころか、残されたフツ族の人々の態度を硬化させた。二国の政府間の疑念は根深かった。コンゴにいるフツ族の戦闘員はコンゴ政府から支援を得ていると、ルワンダ政府は知っていた。コンゴ東部が平和になるには、コンゴとルワンダの間に相互理解が必要だったが、あいにくそれは2002年には存在しなかった。一方でルワンダのほうも、人口の8割を占めるフツ族に新たな姿勢を示すなど、内政を大きく進化させる必要があった。これはいまだに実現していない。

英仏の協力姿勢

ジェレミー・グリーンストック英国連大使とジャン＝ダヴィッド・レヴィット仏国連大使は、自国の方針がルワンダとコンゴの関係に多大な影響を与える可能性があると承知していた。ルワンダはイギリスから、コンゴはフランスから支援されていると両国が考えるかぎり、妥協や進展の望みは薄かった。英仏国連大使は、それぞれの外相であるジャック・ストロー英外相とユベール・ヴェドリーヌ仏外相に、2002年1月にコンゴとルワンダを共同訪問するよう提言した。訪問の準備は入念に進められた。外相2人は両国で十分な時間をかけて会談を行い、単なる儀礼的訪問でないことを納得させた。この訪問はいくつかの点で大成功を収めた。英仏が協力して事にあたるという事実だけで、ルワンダもコンゴも動揺を来《きた》し、ポジティブな方向に働いた。二国間関係の強硬姿勢の土台をなす基本前提に、一石を投じることになったからだ。英仏外相は、両国の〝子分〟に態度を軟化するよう発破をかける必要性を思い知らされた。キガリの会談は楽ではなかったと2人から聞いた。

カガメ大統領との会談

数週間後、わたしはルワンダのカガメ大統領とキガリで初めて一対一で会い、その雰囲気を味わうことになった。アナン事務総長と一緒に大統領に会ったことはあるが、事務総長に同行せずキガリを訪れたときは、大統領側近との会談しかなかった。カガメ大統領は自分の時間をことのほか慎重に管理していた。最初のうちは、PKO担当国連事務次長のフランス人など、フランスの操り人形くらいにしか思っていなかったのだろう。

ところが、2002年2月、そろそろわたしと会って話してもいい時期だと思ったらしく、大統領官邸に招待された。夕方、予定時刻の1、2分前に会議室に通された。まず側近が姿を現し、予定時刻ぴったりに大統領が登場した。それ以降何度か訪問した際も、同じ手順が繰り返された。

支配と権力が行き渡っていることが伝わってきた。会談は1時間半に及んだが、カガメがアフリカでもっとも尊敬を集め、もっとも恐れられている指導者である理由を、わたしはこのとき理解した。無駄話も、無意味な発言もいっさいなかった。一文一文にメッセージが込められ、一分の隙もない論理に彼の真意が織り込まれていた。虐殺者《ジェノシデール》の一掃は国際社会の責任であると念を押され、国際社会が本来すべきこと、そしてどうやらコンゴには手に余ることを、ルワンダが行っていると言われた。大統領と話せば、誰もが距離感を覚えるはずだ。まるで小さなプロシア王国さながらに、カガメは自国と西隣の弱小国を治めていた。自国軍を駐留させてはコンゴと友好関係を築けないし、同盟関係にあるコンゴのRCDゴマとの関係も悪化すると伝えると、彼はわたしの話を遮りきっぱり言った。「我々は好かれるためにコンゴにいるのではない！」。

これは現実政治《レアルポリティーク》のレッスンだった。そしてまさにこの現実政治が、その後の外国軍撤退の下地を作った。コンゴに関する英仏関係の和解に加えて、いくつかの要因がその下地を作った。ルワンダが支援していたRCDゴマに対して2002年にキサンガニで発生した5月反乱は、コンゴの占領と分裂は持続不可能だということを示していた。安全保障理事会はこの反乱に当惑したが、ほぼ同時期、国連本部で「保護する責任」について論じていた。コンゴとルワンダに対するアメリカの方針も、以前よりバランスのとれた方向に変わりつつあった。

反乱の数日後、ブッシュ大統領の国家安全保障問題担当補佐官を務めるスティーヴ・ハドリーから連絡を受けた。強硬なルワンダ支持派のクレア・ショート英開発相が、国際通貨基金

（ＩＭＦ）のコンゴ支援を邪魔しようとしたが、その動きはフランスだけではなくアメリカからも阻まれたという。ルワンダに強硬な姿勢を示してきたアメリカは、今度はルワンダ軍のコンゴ撤退を求めていた。一方カビラ大統領は、ナミビア軍、ジンバブエ軍、アンゴラ軍との〝同盟〟解消にひそかに取り組んでいた。アンゴラが巧妙に説得し、ジンバブエに撤退を承諾させた。〝同盟〟軍は次々と撤退を始め、２００２年末までに全軍がコンゴから撤退することになった。

ターニングポイント

南アフリカ主導の和平合意

政治的なターニングポイントとなったのは、２００２年7月のダーバン首脳会議だった。このときに、アフリカ統一機構（ＯＡＵ）がアフリカ連合（ＡＵ）に姿を変えた。アフリカ連合の創設は、タボ・ムベキ南アフリカ大統領が上げた大きな外交的成果だった。ムベキ大統領は、コンゴの和平実現において南アフリカが果たす役割も、徐々に大きくしていった。コンゴの各勢力が一堂に会するコンゴ国民間対話が、南アフリカの主催によりサンシティで開かれた。さらに、ムベキ大統領は首脳会議の機に乗じて、カガメ大統領とカビラ大統領のダーバンでの会談を設定した。その3週間後の7月30日、ムベキ大統領立ち会いのもと、両大統領は広範な合意に署名した。

ルワンダはコンゴから軍を撤退させることを誓い、コンゴは、ＥｘーＦＡＲとインテラハムウェのフツ族兵士（訳注：ＥｘーＦＡＲとは、１９９４年の大虐殺《ジェノサイド》に加わった、元ルワンダ国軍兵士のことである。ＥｘーＦＡＲはインテラハムウェと行動をともにしたので、両者の区分は曖昧らしい）を「追跡する」ことを誓う内容だった。だがルワンダは、ＥｘーＦＡＲの受け入れを約束しなかった。南アフリカと国連から成る「第三者による検証メカニズム」が、合意の履行を監視するために設置された。南アフリカは、ＡＵ議長とこのコンゴ和平プロセスのまとめ役を兼任することになった。国連はこの合意交渉に関与しておらず、南アフリカが完全に取り仕切った。これが本当に戦略的ターニングポイントになるのか、当初甚だ疑問に思ったが、わたしが間違っていた。

コンゴ政府はＦＤＬＲ幹部に対して行動を起こし、25人を好ましからざる人物《ペルソナ・ノン・グラータ》に指名し、逮捕して虐殺者《ジェノシデール》として国際法廷に送った。8月末にキンシャサで行われる予定だったカビラ大統領とカガメ大統領の会談は中止となった（カガメ大統領がキンシャサにカビラ大統領を初訪問したのは、２０１０年になってからだった）が、9月13日、アナン事務総長、ブッシュ大統領、ムベキ大統領、それにウガンダのヨウェリ・ムセベニ大統領の立ち会いのもと、カビラとカガメはニューヨークで会った。9月17日、ルワンダはコンゴから軍の撤退を開始したとカガメ大統領が発表し、世間の耳目を引いた。2週間後の10月5日、2万３０００人のルワンダ軍は完全撤退した。兵站的にも政治的にも実に見事な成果だった。大胆な決定をくだし、それを実践する並外れた力がルワンダにあることを世界に証明した。これはわたしがその後何度も目撃したパターンに当てはまる。カガメ大統領は迅速な行動をとり、国際的な軍事力の分布を現実的に考慮できるが、決して圧力に屈しないように見えた。行動に移すスピードは予想以上で、断固としたメッセージと戦略的ビジョンを伝えた。

コンゴ東部の民族事情

ウガンダ軍の撤退は、ルワンダ軍の場合よりも複雑で危険を伴うことになった。2002年9月6日、ムセベニ大統領とカビラ大統領は、アンゴラの首都ルアンダで、ファシリテーターであるアンゴラのジョゼ・エドゥアルド・ドス・サントス大統領の立ち会いのもと、ウガンダ軍撤退を定める合意に署名した。コンゴ政府がウガンダとルワンダそれぞれとの関係を並行して進めることが重要だった。コンゴの東隣りに位置するこの二国は、複雑な関係にあった。カガメは長年、ウガンダで難民として過ごしたが、ルワンダとウガンダの関係は近年大きく変化した。コンゴ東部への影響力や経済的報酬をめぐり両国は競い合っており、代理の武装勢力を用いて、コンゴを舞台に間接的な戦いを繰り広げるまでになった。隣国コンゴの支配を相手に譲る余裕は両国ともなく、互いの動向を注意深く観察している。

ルワンダ軍の迅速な撤退後にウガンダ軍がどのような条件で撤退するのか、外国軍が立ち退いたあとの空白地帯を誰が埋めるのか、定める必要があった。ルワンダ軍が支配していた地域では、コンゴ人反政府組織のＲＣＤゴマに有利になるよう軍事バランスが図られた。彼らはルワンダと同盟を結んでいたので、引き続きその地域を支配することを望んだ。たとえば、南キブ州のウビラ地区は、ルワンダのＥｘ－ＦＡＲおよびインテラハムウェと組んだマイマイという勢力（東部地域で活動するコンゴ人民兵組織。一般的にコンゴ政府と同盟を結んでいる）に、一時期支配された。だが、ルワンダ政府からの強い抗議を受け、マイマイはウビラから引き揚げ、その後再びＲＣＤゴマの手に渡った。

ウガンダ軍が支配したイトゥリはさらに複雑だった。コンゴ北東部の端に位置し、首都から遠く離れ丘陵地帯に富むイトゥリ州は、ウガンダとルワンダのどちらからもアクセスしやすく、南北キブ州とは異なる政治力学が働いている。地元住民はかねてより、政府からなおざりにされているという思いを抱いていたが、イトゥリは東部諸州のなかでもっとも豊かな地域で、世界最大の金鉱地キロモトがある。ここでは、携帯電話のマイクロチップに使われるコルタンという鉱石も採掘される。民族事情に関しても、３００万人の住民を抱えるイトゥリ州は、南北のキブ州よりもはるかに複雑だ。ナイル語族に属し、よくツチ族になぞらえられるヘマ族と、バントゥー語族で、よくフツ族になぞらえられるレンドゥ族の敵対関係により多くの問題が起きている。一方で歴史的にみて、その他多様な民族の存在が、ルワンダとブルンジを引き裂いたツチ族とフツ族のような民族分極化の危機を防ぐ安定要因になっている。だが、２００２年から03年にかけて、イトゥリの豊かな資源をめぐる思惑と、民族間の緊張が煽られたことが重なり、致命的な事態を招いた。わたしがこの地で残虐な民族間対立が起きる危険があると気づいたのは、２００１年４

月にコンゴを初めて訪れたときだった。当時、MONUCの任にあたっていた若い職員から、コンゴ東部――南北キブ州とイトゥリ州――は民族間の暴力で分裂する恐れがあると聞いたのだ。その職員とはトーゴ出身のギルバート・バワラで、のちに母国の閣僚に就任した。多様なコミュニティをまとめられる地元の政治構造を通して対処すべきだと、バワラはわたしたちに提言した。だが、何も対処されないまま、治安は悪化の一途をたどっていた。南北キブ州では住民が次々と殺されていた。この暴力について、国際社会の注目を引こうとした人たちもわずかにいたが、MONUCが積極的に関与するほどには関心を引かなかった。政府の方針に反する場合は、なおさらMONUCの関与は望めなかった。コンゴ政府は、マイマイとRCDゴマ間の仲裁よりも、マイマイの兵士をコンゴ軍に統合するほうを選んだ。この戦略はキブに政治的空白を生み出すことになった。いずれにせよ、末端の役割を担うMONUCが、占領下の国で意欲的な戦略を打ち出すことは難しかった。

イトゥリをめぐる対立

イトゥリの場合、キブとはまた事情が異なった。東に隣接するウガンダとルワンダのコンゴに対する代理戦争のみならず、ウガンダとルワンダ間の競争意識もからんでくるからだ。2001年には早くも国際機関に危害が及んだ。赤十字の職員6人が州都ブニア付近で殺害されたのだ。この残忍な行為は国際社会に疑問を投げかけた。これは、国際社会が全外国軍の立ち退きを頑として要求すれば、何が起きるかわからないぞという警告なのだろうか。2002年末、コンゴ北東部の状況は悪化する一方だった。新年を迎える直前、スウェーデン出身のレーナ・スンド国連事務総長特別代表から電話があった。イトゥリ州と南北キブ州を結ぶ道路の要所ベニが、手に負えない状況になるのではないかと、特別代表は危惧していた。コンゴ国民間対話の開催を見込んで事態は複雑化した。強い姿勢で交渉の席に臨むために、各勢力が既成事実を作りできるだけ広い領域を支配下に置こうとして、対立の激化を招いていた。2003年早春、イトゥリで大量殺戮が始まり、3月10日、わたしは安全保障理事会に報告した。だが、イラク戦争を10日後に控えた当時、安保理には間違いなくほかに優先したいことがあった。

イトゥリの惨状

2001年秋から、コンゴの平和維持ミッションの責任者はカメルーン出身のナマンガ・ンゴンギが務め、献身的に任務にあたっていた。彼は人道支援の分野で豊富な経験があった。国連世界食糧計画（WFP）に長く勤務し、事務局次長まで務めた。彼のおかげでコンゴの人々に深い同情が寄せられた。彼は政治より人命救助に関心があった。武力を支持せず、ボディガードは銃を携帯すべきでないと言い張り、わたしたちを困らせた。けれども、危機的状況に陥った2003年の数か月間、ンゴンギの献身的姿勢が大きな違いをもたらした。彼がいなければ、さらに多くのイトゥリ住民が命を落としていたはずだ。

2003年3月、彼は粉骨砕身してイトゥリの停戦交渉にあたった。この時期、激化する暴力から逃れるために、イトゥリから数万人が脱出していた。3月18日、彼はついに停戦を成立させた。停戦合意には、4月24日までにウガンダ軍が立ち退くという内容も含まれており、これは、ウガンダが撤退しなければコンゴに軍を戻すと脅していたルワンダにとっても、大きな意味があった。イトゥリの州都ブニアは、それまでいくつかの異なる勢力に占領され、悲惨な状況を呈していた。軍事面においては、国連のマンデートが不適当で、国連軍が力不足であることが日を追うごとに明らかになってきていた。わたしたちが安保理に提案していたのは、南北キブ州のEx-FARとインテラハムウェに焦点を合わせた、2段階の自主的武装解除の構想だった。コンゴ政府はこの計画に少しも食指を動かさなかった。それに、いくつかの民族で構成された義勇兵がルワンダとウガンダの二国と緩やかに結びついていたイトゥリでは、この計画は実態にそぐわなかった。

ある日、ニューヨークの国連本部に届いたニュースにはぞっとした。コンゴの将来と自分たちの将来の立場について、代表者たちが南アフリカのぜいたくなリゾート地サンシティで交渉する一方で、その配下の武装勢力はイトゥリで残虐非道な行為に及んでいるというのだ。ンゴンギ特別代表はイトゥリへの部隊派遣を懇願していたが、南アフリカ兵とバングラディッシュ兵を主体とする武装解除特別部隊は、イトゥリ州ではなく南北キブ州に赴く計画を立てていた。国連が部隊派遣にもたついていると南アフリカ政府は不平をもらしていたが、準備ができていないのは彼らのほうだった。

イトゥリ紛争

平和維持部隊派遣の決断

4月初め、わたしは国連平和維持活動担当事務次長の任期でもっとも重大な決断をくだした。すでにコンゴに駐留していたウルグアイ軍部隊を、イトゥリの州都ブニアに派遣することに決めたのだ。奇跡的にも、ウルグアイ政府はこれに応じた。ンゴンギは以前からブニアへの部隊派遣を急き立てていた。わたしはこの決定に伴うあらゆるリスクを検討した。法的視点からすると、厳密には平和維持活動に責任は課されていない。イトゥリに部隊を派遣していないかぎり、現地住民を守る正式な義務はない。MONUCに権限を与えた決議には、「歩兵大隊の派遣された地域において、同部隊の能力の範囲内とみなされる」場合にかぎり、差し迫った危機にさらされた市民を守るものとする、と慎重に明記されていたからだ。わたしたちが派遣すれば、自ら法的責任を作り出したことになるので、法的状況は変化する。わたしはこんな細かい専門的解釈には承服しかねた。人々の悲劇を目の当たりにしたら、自分には介入する法的義務がないと知っていても、少しも慰めにはならない。

派遣するうえで現実に問題となるのは、暴力を阻止できる実効的措置がとれるのかという点だった。これは道徳的にも軍事的にも答えを提示することは難しい。道徳的見地からいえば、部隊が派遣されれば立ちどころに期待感が高まり、絶望に陥っているブニアの人々は国連が安全を約束してくれたものとみなすだろう。しかし、国連は果たしてその約束を守れるのだろうか？国連にとって最悪の瞬間だったスレブレニツァを再現することになりはしまいか？

国連平和維持活動の根底的ジレンマ

イトゥリ紛争は、国連平和維持活動の根底にあるジレンマをわたしに初めて突きつけた——介入して失敗するリスクを選ぶか、それとも、大量殺戮を防げるかもしれないのに介入しないリスクを選ぶのか。前者の場合、平和維持活動の信頼をひどく損ねるので、活動が実際に効果を上げられる状況においても、平和維持活動を実施できなくなる。それどころか、絶望的な状況にあるのに救援できると装ったために、将来の救援能力を失う恐れがある。後者の場合は、行動に移していたらあの惨事を止められたかもしれない、と思いながら生きることだ。

答えはあとになってみないとわからない。わたしはイトゥリに介入することに決めた。大きな賭けだった。ウルグアイ軍部隊は護衛隊だったので、ブニアのような難局に対する備えができているわけではなかった。重大な作戦を展開する能力が彼らにあるのか、わたしはンゴンギ特別代表以上に危ぶんでいた。いざ派遣が始まると、わたしたちの恐れていたことがすぐさま現実となった。ウルグアイ軍が到着するや、数千人もの避難民が、軍用機が着陸する滑走路と、ブニア中心部にある国連事務所に押しかけてきた。数日のうちに、自主的な巨大キャンプが2つできあがった。国連が守ってくれると約束したと住民は思ったのだ。その約束がいかにうやむやで当てにならないか、わたしにはわかっていた。

派遣を決めたのは、軍事面だけではなく政治面にも影響を与える可能性に望みをかけたからだ。最善のシナリオは、紛争の真っただ中に国連平和維持部隊をあえて派遣し、現地の政治力学を変えることである。国際社会の関心が予想以上に大きいことが、紛争当事者にわかるはずだ。ウガンダ軍は撤退をしぶっており、イトゥリ駐留の必要性を証明するために、ウガンダが混乱を仕組んでいるという噂が立っていた。国連軍の派遣によって、ウガンダ軍は引き揚げなくてはならないというメッセージが強く打ち出され、暴力の激化を抑えられるかもしれない。考えられる最悪のシナリオでも、国連軍が暴力を阻止できなかった場合、気づかれなかった惨状が次々と明らかになり、世界中の注目が集まるだろう。そうなれば、緊急介入軍を派遣する政治的機運が生まれ、MONUCを強力で活動的な部隊に変えられるかもしれない。

ひとたび決定がくだされると、実行は時間との競争だった。ウルグアイの歩兵大隊には自活能力がないため、ブニアへの移動手段は飛行機しかなかったが、滑走路の状態は劣悪だった。人手とリソースが不足する国連にとって、こうした兵站業務は非常に厄介だった。迅速な配備を実現させるため、国連の担当者と将校は知恵を絞った。ウルグアイ部隊の装甲兵員輸送車（APC）を、最大の貨物力のある大型ヘリのMi26で輸送した。C130とアントノフの小型輸送機が、部隊や食糧、弾薬、それにプレハブから発電機、蛇腹形鉄条網まで、軍事キャンプ設立に必要なあらゆる物資を運んだ。ニューヨークの国連本部のミーティングで、ウルグアイ部隊とAPCの実戦配備の進捗状況について、毎朝報告を受けた。配備開始直後はとくに緊張感が高まった。少数しか派遣されていなかったので、攻撃されたら自衛さえおぼつかなかったことだろう。

4月26日までに225人がブニアに到着した。ところがその日、ブニアの65キロ南西で、新たに敷設された地雷で軍事監視要員が死亡したことを知った。これは不吉な兆候だった。国連がブニアに小さな足場を得たにもかかわらず、イトゥリ地方全体の状況は悪化する一方だった。わたしが思い描いた最悪のシナリオにますます似た様相を呈してきた。ブニアの状況は悲惨だった。キャンプ周辺に集まる恐怖におののく数千ものコンゴ人に、平和維持部隊ができることはかぎられていた。迫撃砲で殺される住民の数は増える一方で、衛生状態は最悪だった。なたで襲われひどい怪我を負った女性や子どもたちに対し、老朽化した建物内に設けられた間に合わせの救急処置室でできる治療はかぎられていた。

多国籍軍の派遣に向けて

4月末には、国連の力だけでこの惨事を止めることはできないとわたしは判断した。唯一の望みは、強力な多国籍軍の派遣だった。国際社会は9年前のルワンダのときのように逃げ去ったりしないという明快なメッセージを、紛争当事者に伝えられるかもしれない。だが、多国籍軍の

「指揮国」を見つけるのは大変だろう。他国の軍隊を結集できる強力な軍でなければ、多国籍軍の展開は不可能だ。しかも、急な派兵要請に応じられる国は、世界でもごくわずかしかない。アフリカ大陸では南アフリカが一番有望だったが、すでに限界に近い部隊を派遣しているので、MONUCのためにこれ以上増派を要請するのは難しいだろう。

アメリカ大陸はどうかというと、合衆国は当然イラクに集中していた。カナダはルワンダで痛手を負っているので、よほどのことがないかぎりアフリカに派兵することはないだろう。勇敢なカナダ人司令官ロメオ・ダレールが、ルワンダ大虐殺《ジェノサイド》時に国際社会から協力を得られず過酷な経験をして、内外で大きな問題となったからだ。ヨーロッパでは、イギリスがイラクに関わっていたので、フランスが唯一の選択肢となった。アフリカへの部隊派遣に強く、ルワンダ大虐殺《ジェノサイド》後にゴマで「ターコイズ作戦」を展開したとき、フランス軍部隊はコンゴ東部にいたのだ。だが、フランスの経験は諸刃の剣でもあった。「ターコイズ作戦」のせいで虐殺者《ジェノシデール》がコンゴに逃亡したと、ルワンダ政府上層部はみなしていた。

5月5日の月曜日、わたしは安全保障理事会に警鐘を鳴らした。アメリカの支援とフランスの関与が必要なときだと思った。わたしの状況報告がアメリカに影響を与えたことがすぐに見て取れた。これはきわめて重要な意味を持っていた。安保理では、まだイラク戦争をめぐる動揺が続いており、アメリカの強力な後押しを得られなければ、安保理が多国籍軍派遣を承認する見込みは現実としてなかった。しかし、フランスは国連ミッションに乗り気ではなかった。イラクをめぐる安保理の危機を、いかにしてコンゴにとっての好機に変えられるだろうか？　理事国を調整し的確な意思決定を導くにはどうしたらいいのか？

安保理の足並みは乱れていた。米英両国が安保理を差し置いてイラク戦争を開始した衝撃から、理事国はまだ抜け出せなかった。国連の敵も味方も、国連の意義を疑問視していた。大虐殺《ジェノサイド》の芽を摘む力がないとみなされたら、国連の未来は危機にさらされかねない。こうした問題はとくにフランスに関係するはずだ。フランスの政治的影響力は、フランスが常任理事国である以上、安保理の影響力と結びついている。世界の多数の国が意見を同じくすると的確に見きわめ、フランスはイラク戦争反対派の陣頭指揮を執った。

だが一方で、世界が権力に対してどう反応するか、フランスは目の当たりにしていた。たとえイラク侵攻に疑念を抱いていても、多くの国はアメリカ政府との関係をこじらせたくないと考えていた。イラクをめぐる気まずい対立のあと、イトゥリ紛争は安保理が、とりわけフランスとアメリカが再び団結し、次の問題にあたる機会を与えるかもしれない。こうした政治的配慮は重要だが、多国籍軍派遣の旗振り役は誰に任せたらいいだろうか？　2003年5月、政治機構の要所にふさわしい人々が配置されていたのは、非常に幸運だったと言わざるをえない。

アメリカ国連代表部でアフリカを担当する大使代行は、リック・ウィリアムソンという政治任用官だった。弁護士としてイリノイ州の共和党政策に携わり、その後ブッシュ政権でダルフール問題の特使を務めた人物だ。アフリカの人々に心を配り、外交の慣例に束縛されていなかった。

予断を許さなかったこの時期、彼は力強い味方となり、それが正しいことだという信念のもと、コンゴ問題をワシントンに訴えた。

シラク大統領への協力要請

フランス側の状況はもう少し入り組んでいた。コンゴ派遣の難しさを嫌というほどわかっているフランス国連代表部を通すより、パリの政策決定者のもとに自ら直接赴くほうがいいだろうと、わたしは考えた。フランス軍のアンリ・ボンテジャー統合参謀総長の協力を得られるのではと思ったのだ。ボンテジャーはアフリカで数件の軍事作戦に関与した経験があるので、危険性を評価することができ、政治家に率直な意見を述べることも躊躇しなかった。彼と会ったのは、アナン事務総長とシラク大統領の会談の下準備をするためだった。ボンテジャーは慎重な姿勢を示したが、フランス軍参加に反対の進言はしないだろうと感じた。フランス政府が派遣を決断した場合、現地の惨状を理解するボンテジャーなら、現実的解決策を見つけるためにあらゆる努力を惜しまないだろう。彼は強い倫理観の持ち主なので、たとえリスクを伴ったとしても、協力できるなら協力を拒まないはずだ。そして、彼は実際に協力してくれた。

彼との根回しが整った時点で、アナン事務総長とシラク大統領の電話会談を設定した。会談は土曜日の朝、ニューヨーク近郊のポカンティコ・ヒルズのロックフェラー邸で、事務総長と理事国メンバーと一緒にリトリート会議（訳注：リゾート施設など、職場から離れ、普段とは違うリラックスした環境で行う会議）に集まっているときに行われた。会議の議題は、安保理の役割についてだった。アンゴラ国連大使のガスパール・マルティンズが、コンゴの現状と安保理の無策について述べた。国連事務総長が安保理主要国に多国籍軍指揮についてひそかに打診し、その現状を根底から変えようとしていることを、アンゴラ国連大使は知らなかった。事務総長は会議が終了したらすぐに来るようにとわたしに言い残し、電話会談に臨むために退室した。終了後、事務総長の満面の笑みを見て、会談が成功裡に終わったと即座にわかった。わたしたち2人は興奮を抑えられなかった。シラク大統領は協力を約束した。大統領はアナン事務総長に好感を抱いており、アフリカに心から関心を寄せていた。わたしはボンテジャー統合参謀総長が大統領に進言したのではないかと思う。かぎられた規模の派遣でも大きな違いを生み出せることが、大統領にはわかっていた。これで現場の力関係が変わることになり、安全保障理事会の力学も変化するだろう。またとないほどの最高のタイミングだった。

構想の第一段階を達成し、わたしは安堵した。何しろ、国家の首脳からゴーサインを得たのだ。アナン事務総長が、言うべきことを引っ提げて、絶好のタイミングで介入したことに、わたしは感服した。もちろんシラク大統領は、事務総長との友情ではなく、本質的理由からこれに応えたのだが、2人の間の友情もこれに貢献したことは確かだった。コフィー・アナンは、事務総長の権限の活用方法を心得ていただけではない。真の権力は自分ではなく国家元首にあり、威嚇するより甘言で言い含める必要があることも心得ていた。アナン事務総長はそれを実にうまくやってのけた。とはいえ、1度の好意的な電話会談だけでは、多国籍軍の実現に十分とはいえなかった。紆余曲折が待ち構える闘いの第一歩にすぎなかった。

軍事監視要員の犠牲

わたしはいく度かその闘いの最前線に立った。ブニアでは、制御不能な状況に直面したウルグアイ軍部隊がますます神経を消耗させており、彼らが撤退するというリスクもあった。万が一そんな事態になれば、その後の多国籍軍の派遣が不可能になる。わたしは錆びついたスペイン語を駆使し、ブニアから部隊を撤退しないようウルグアイ大統領に話をつけた。コンゴと何の利害もない南米の小国が、駐留を決意し任務をまっとうして国連を支援してくれたことに、わたしは今でも深く感謝している。

現地では、政治的、軍事的バランスが変化を見せていた。5月12日、対立するレンドゥ族からヘマ族がブニアを奪還した。これが国連ミッションに悲惨な事件をもたらした。数日後、60キロ離れた場所で、避難しようと必死に無線連絡をとっていた国連の軍事監視要員2名が、レンドゥ族の武装集団に惨殺された。ヘマ族によるブニア奪還を阻止しなかったとして、レンドゥ族がMONUCに制裁を加えたのだ。MONUCのヘリコプターは2人を迎えに行ったが見当たらず、着陸せずにその場から飛び去った。そして2人は悲運に見舞われた。陰鬱な空気に包まれた日となった。MONUCは打ちのめされた。どうしたら悲劇の増幅を防ぐことができるだろうか。

わたしは指揮系統のトップであり、戦略的方向性を示す立場にいたが、戦争と同様に、平和維持活動は遂行がすべてだということを十分認識していた。軍事要員と文民要員の数千人の男女が、大きな1つの任務に何十もの専門分野で取り組んでいた。たとえば、無線通信を傍受する将校、ヘリコプターの移動を承認する管制官、現地の治安状態を検討する政治分析官、平和維持部隊の任務を視察する軍事監視要員などだ。スタッフの多くは、並外れた献身ぶりと義務感を示していたが、その力量にはばらつきがあった。一連の指揮統制が不十分であり、組織に人員的なゆとりがなかった。そのため、多くを――それどころか過度に――担当者個人の力量に頼っていた。2人の監視要員を失ったことが、後日、平和維持活動の専門化と強固な組織構築に取り組むにあたり、重大な役割を果たした。単に効率性の改善だけではなく、命を守ることがこの取り組みの目的だった。

その間にも、カビラ大統領はルサカの停戦合意を反故にし、ブニアに自国軍を送り込むと脅していた。彼らはレンドゥ族と手を組んでいるらしかった。もしそうならば、安定化どころか、間違いなく暴力を助長することになる。

フランス軍派遣の条件

シラク大統領とアナン事務総長の間で前向きな会話が交わされたあと、フランスの外交スタッフの手により、フランスが関与する際の条件が具体的にまとめられた。わたしの同胞はやるべき仕事をしていた。わたしがフランス外務省にいたら、フランスの国益を守ろうと、フランス軍が危険な目に遭わないようにと、やはり同じことをしただろう。だが、国際公務員としてのわたしの仕事は、多方面の関係者の利益のために大国のリソースを集め、コンゴ国民の命を救うという高次の目標と、各国が当然抱く懸念との折り合いをつけることだった。各国の利害が国連の目標と両立しない場合が大半だった。利害をその目標のために利用するのは骨が折れるし、ときには少しばかり巧妙な外交術が必要になる。フランスがイトゥリの軍事行動の際に提示した条件は、確かにどれも手ごわい内容だった。

・軍事行動はブニアとその空港にかぎる。
・派遣期間を厳守すること。派遣は9月で終了しなければならない。
・フランスの軍事行動ではないことを明確にするために、合同軍が参加すること。
・書面によるウガンダとルワンダの合意。

最初の条件——軍事行動はブニアとその空港にかぎる——は実に厄介だった。フランスの提案を拒否すべきだという職員もいた。フランス軍派遣をブニアに限定すれば、暴力を止めるというより、暴力をほかの場所に移すことになるのではないかと危惧したのだ。ブニアでは事態が沈静化するかもしれない。だが、ほかの地域は手に負えない状況に陥り、数千人を超えるコンゴ人がブニアに集まり、混乱と悲劇が生み出されるかもしれない。わたしもその成り行きを懸念した。だが仮にそうした事態になれば、政治的見地からも作戦的見地からも、フランス軍はブニア以外の地に赴かざるをえなくなるはずだ。次々と繰り広げられる人道的危機に直面したら、フランスは自ら課した法的制限を盾にとることはできなくなるだろう。それに、パニックに陥って次々に押し寄せる難民に対処したくはないだろう。この問題はなるべく議論されないほうが望ましいと思った。軍事行動の対象地域について多義性を残しておきたかった。ブニアから始まった安定化が、次第にイトゥリ地区全体に広がるかもしれない。そうした原動力を生み出す絶好の機会であった。

2つ目の条件はさらに難題だった。多国籍軍が去ったあとに、治安の空白を生じさせるわけにはいかない。よって、後続部隊と派遣期間を重複させることが不可欠だった。だが、いったいどうしたら9月下旬までに後続部隊を配備できるだろうか？　それには、MONUC拡大を承認する新決議と、多国籍軍に置き換わる部隊を提供する国の多大な厚意と、ウルグアイ軍部隊の配置よりもさらに大掛かりな後方支援が必要になる。

3つ目の条件もまた難題だった。イトゥリの状況は悲惨であり、多くの国はフランスをこの任にあたらせることで満足していた。ルワンダでの「ターコイズ作戦」の怪しげな遺産のせいで、フランスと関係があると見られることに神経をとがらせている国もあった。今回は「フランスの軍事行動」ではないと打ち出すことがきわめて重要だという点で、わたしはフランス政府と意見が一致した。さもなければ、部隊が中立ではないとみなされ、図らずも民兵組織と手を組まざるをえない状況に追い込まれる危険もあった。

シラク大統領とアナン事務総長の電話会談後、わたしは10日間で20か国以上の政府高官と話し、スウェーデンからは貴重な特殊部隊、ポルトガルとベルギーからは輸送機、イギリスからは小隊の提供を取りつけた。イギリスを仲間に引き込むことにとくに熱意を傾けた。イギリスのユニオンジャックとフランスのトリコロールが一緒にはためけば、ルワンダとウガンダに対し、部隊の不偏不党の姿勢を象徴的に示すことになる。それに、英仏両国の関係が、イラク戦争の方針をめぐる対立構造にもう当てはまらないことも示せる。

また、わたしはヨーロッパ人としての意識が高いので、ヨーロッパ軍——南アフリカなどのアフリカ諸国と一緒に取り組むことも、イトゥリ派遣もやぶさかでない——の派遣は、イラク戦争をめぐる激論で負った傷の修復にEUが乗り出しているという、何としても伝える必要のあったメッセージを送ることになると考えていた。EUが軍事行動に出れば、ヨーロッパの人々が次の段階に進む、願ってもないきっかけとなるかもしれない。EUの共通外交・安全保障政策上級代表であるハビエル・ソラナは、即座に賛成した。後日「アルテミス作戦」と呼ばれたイトゥリでのフランス軍主導の多国籍軍展開は、国連・EUのアフリカでの協調行動にとって初の試金石となった。

イギリスの参加とアメリカの協力

5月19日に取り急ぎブリュッセルで会議が開かれることになり、わたしはこの10日間で初めて楽観的になった。前週の労力は無駄ではなかったし、おかげで、もっともとらえがたい要素、つまり政治的勢いが生み出された。48時間のうちに、いくつか朗報が舞い込んだ。ブリュッセルの会議は成果を上げた。イギリス代表部は、いわゆる「フランスの構想」を自国政府が支援すると表明し、アナン事務総長から電話を受けたブレア首相は、イギリスの参加を認めた。ブニアでは停戦合意に達し、コンゴの赤十字は、町中に散乱する遺体を回収することができた。混乱を引き起こした責任があるとされ、事態収拾のためにイトゥリに呼び戻されることになったウガンダは、ヨーロッパ軍派遣を支持すると公式に表明した。英米の外交も非常に協力的だった。ブッシュ大統領の国家安全保障問題担当大統領補佐官コンドリーザ・ライスは、カガメ大統領に電話をかけた。リック・ウィリアムソンはワシントンでロビー活動を行い、9月にフランス主導の多国籍軍の後を引き継ぐMONUCを増強することについて、国務省の承認を得た。まさに「綱渡り」だったと、ウィリアムソンは明かした。米仏関係と過去数か月間の安保理の状態を考えると、それは想像に難くなかった。

多国籍軍派遣と後続のMONUCの強化が現実になりつつあったので、今度はわたしがコンゴ、ルワンダ、ウガンダに赴く番だった。現地情勢は今なお不安定であり、フランスの提示したとくに重要な条件が満たされていなかった。ルワンダがまだ合意書を提出していなかったのだ。それがなければ、軍事行動を開始することはできない。ケネディ空港に向かう途中でフランス大使と電話で話しているとき、この件について念を押され、わたしの楽観的気分はしぼみ、プレッシャーを感じた。

5月23日、キンシャサでまずカビラ大統領と話し合いをもった。わたしはブニアにコンゴ政府軍を送らないよう大統領に訴えた。その返答から、あまり手ごたえは感じられなかった。戦いが起きれば我が軍は戦わなくてはならない、と大統領は答えた。また、ナマンガ・ンゴンギ事務総長特別代表の辞任についても伝えた。ンゴンギは多国籍軍派遣の実現に力を注いできたが、国連を離れることになった。後任はウィリアム・スウィングだった。米国務省入省後、駐南アフリカ大使などを経て、2年前までは駐コンゴ民主共和国大使を務めていた。カマル・モジャーンから彼を紹介されたとき、是非とも国連に欲しい人材だと思った。

国務省を退職後、スウィングはアナン事務総長から、停滞していた西サハラの国連ミッションの特別代表に任命された。彼はこのミッションで手腕を発揮したが、コンゴのミッションに彼を迎えることには、さらに大きな戦略的意味合いがあった。危機のただ中にある地域のミッションに、アフリカの経験が豊富な、しかもコンゴを熟知するアメリカ人外交官が着任すれば、一度にいくつもの目標を達成できる。アメリカがコンゴに関心を示しているという証であり、コンゴは国連を無視できなくなり、またアメリカもコンゴを見放すことができなくなるだろう。現にスウィングは、コンゴ担当の国連事務総長特別代表の任期中、国連のコンゴへの関与についてアメリカ議会で熱心に提唱し、成果を上げた。イトゥリ紛争の真っ最中に、このような願ってもない人選をカビラ大統領に伝えることは、国連がいかにコンゴにコミットしているかを示すのに、うってつけの方法だった。一方で、この任命に不安を抱くカビラ大統領の補佐官たちにとっては、国連の関与を阻止することが一層難しくなった。国連に解決を大きく依存する大規模な危機の途中で、事務総長の意向に疑念を投げかけることは難しいだろう。

2000キロ近く離れた東部地方で起きている悲劇を、首都のキンシャサにいる人たちは肌で感じていなかった。外交官をもてなすディナーの席で、食事とワインは相変わらず良質だったが、外交官の会話は相変わらずひどかった。退官を控えたヨーロッパの大使が、コンゴの腐敗について尊大な物言いをするのは聞くに堪えなかった。その席で嬉々として語った彼の理論によると、コンゴで平和を手に入れるためには、1000人を買収するほうが、部隊を派遣するよりはるかに安上がりだということだ。彼の母国や他国が、過去数十年もの間コンゴの腐敗を見て見ぬふりをしてきたことを、どうやら忘れているらしい。独立以来、自国の統治に口を出す権利がほとんどなかった気の毒な人たちに、汚職や賄賂がどんな影響を与えてきたのか、彼は大して気にしていなかった。キンシャサではまだ、コンゴの未来はもっぱら外交ゲームとみなされていた。

ブニアの緊迫した状況

ブニアの状況は首都キンシャサとはまったく異なった。その数日前、コンゴの閣僚の乗った航空機に地対空ロケットが命中し、ウガンダのカンパラに緊急不時着した。空港と都市を結ぶ道路はヘマ族の民兵組織であるコンゴ愛国同盟（ＵＰＣ）に支配されており、国連のウルグアイ軍部隊の力だけではやはり心もとなかった。キンシャサから送られたコンゴの警察隊は、到着後すぐに使い物にならなくなった。彼らはただ無為に過ごし、食い扶持がかかるうえに、新たな騒動の火種となった。空港周辺は安全とは言えなかったが、数千人の避難民が滑走路沿いにテントを張って寝泊まりしていた。ブニア市内も、いつもなら活気あふれる市場に人影はなかった。町で見かける人といえば、銃を持った若者だけだった。12歳にも満たない少年が、その肩に明らかに重すぎる機関銃と弾薬を携行しているところを見た。ビン・ラディンのＴシャツやコカ・コーラのＴシャツを見せびらかす者もいた。政治的メッセージは判然としなかったが、暴力がもたらした結果は、〝病院〟を見れば一目瞭然だった。

この件については、気が滅入るような数々の報告を事前に受けていた。〝病院〟といっても実際にはだだっ広い部屋で、〝手術室〟は部屋の片隅をカーテンで仕切っただけだった。子どもたちと一緒に簡易ベッドに横たわる女性たち、薬品が何点か並んだ小さな戸棚、手や足を失った男性たちを見て、シエラレオネで見た光景を思い出した。ひたすら献身的な医師と看護師たちは、乏しい物資で何とかやりくりしていた。ニューヨークから来た役人を相手になぜ時間を無駄にせねばならないのかと思ったことだろう。

その後、わたしはＵＰＣ幹部の１人と会った。ＵＰＣとは、ルワンダの支援を受けたヘマ族の大規模な民兵組織で、その頃一時的にブニアを支配していた。その幹部は20代の男性で、自分より年若い護衛に囲まれていた。彼らの多くは麻薬をやっているようだった。この幹部は自分が"ボス"であることをよほど見せつけたいらしく、話の途中でひっきりなしに携帯電話をかけた。医療用品の盗難はどんな大義のためにもならないとわたしが指摘すると、彼は「参謀長と話さなくてはならない！」と答えた。この会談ではぞっとすると同時に、こういう言い方はおかしいが、安心もした。つまり、事態はあっという間に悪化しかねず、民兵組織幹部にとっては、ここの人間の命はビデオゲームと同じように何の価値もないのだ。一方で、この組織が本格的な戦闘集団ではないこと、心理的要因や国際社会の確固たる決意――威嚇であれ阻止であれ――によって左右される余地が大きいこともわかった。だが油断は禁物だった。

イトゥリに停戦をもたらすために

イトゥリの窮状を軽減するにはどうしたらいいか、人道支援団体と話し合っていたとき、銃撃音が近づいてきて、打ち合わせを中断せざるをえなくなった。わたしたちを守る2台の兵員輸送装甲車に向けて、武装集団がやたら発砲している光景が、開け放たれた窓から見えた。わたしたちは安全な場所に慎重に避難し、鉄条網と砂袋の陰に隠れるよりほかになかった。

銃撃が止み、ペトロニーユ・ワウェカとの話し合いを再開した。彼女は控えめな物腰だが、イトゥリに不安定ながらも停戦をもたらすうえで、ンゴンギ事務総長特別代表とともに重要な役割を果たした。ワウェカは、主流派のヘマ族やレンドゥ族よりも小規模のアルア族出身だったので、紛争の調停役に適していた。それからかなりあとになって、彼女の祖母の素晴らしい——が、真偽のほどは定かでない——話を聞いた。帰宅途中にライオンに出くわし、ライオンが立ち去るまでにらみつけたというのだ。ワウェカは祖母からその能力を受け継いだのかもしれない。もっとも彼女の場合は、ライオンよりさらに危険な存在、民兵組織の指導者をにらみつけたわけだが。狭苦しい掩蔽壕《えんぺいごう》で、彼女はイトゥリの人々の素朴な要求を具体的に話してくれた。

アフリカの数々の紛争における恐ろしい行為を聞くと、とりすました西洋人たちに都合のいい感情を生む。西洋人はアフリカ大湖地方の紛争を、とても人間の所業とは思えない、自分たちにできることは何もない、自分たちが大昔に卒業した原始的な世界の名残だとみなしている。実際にはその反対だと気づくべきである。人間が社会的につながる方法は数あるが、そのつながりが決裂したとき、最悪の事態はいつでもどこでも起こりうる。けれども、人には普遍的な願いがある。ペトロニーユ・ワウェカの願いは同じ状況に置かれた母親すべての願いであった。「子どもたちが殺されないように、人を殺さないように、娘たちがレイプされないように! 今度こそ強力な部隊を送り込んで、有力者から武器を取り上げてほしい。それも、今すぐに! 苦しむのはもうたくさん! これ以上待てない!」。

わたしには適切な答えがなかった。約束できる立場にいなかったからだ。何も確約できなかった。嘘の約束はできないが、これ以上絶望させることもできなかった。そのとき取り組んでいること、乗り越えるべき障壁について、正直に説明しようと努めた。多国籍軍派遣にはルワンダとの合意が必要なこと、ウガンダの協力を取りつけねばならないこと、ブニアの状況をこれ以上悪化させないように努めること、老朽化した滑走路の修繕と多国籍軍の迅速配備のために効果的な後方支援が必要なこと。確かに不確実なことばかりだった。

翌日ウガンダに赴き、私有農場にいるムセベニ大統領を訪問した。フランスはウガンダとの二国間援助を復活させていた。大統領は意気軒昂として陽気で、年老いた部族長と学校教師のような雰囲気を併せ持っていた。なかなか帰ろうとしない背の高いフランス人に興味を抱き、もしかすると面白がっていたのかもしれない。出身部族を聞かれたので、「ブルターニュ人」だと答えた。独立心が強く頑固者と言えるほど不屈の精神を持つ、とブルターニュ人気質について説明した。大統領は平和維持活動の10の戒律を述べ、黄色いリーガルパッドに丁寧に書き込み、参考にとこちらに差し出した。ウガンダが妨害することはないと確信して、わたしはカンパラをあとにした。ルワンダも同じ決断をするという条件で、多国籍軍に協力しイトゥリを混乱に陥れないという戦略的な判断をウガンダの大統領はくだした。

カガメ大統領の合意書

このあと、もっとも重要な話し合いが待ち受けていた。5月28日、ルワンダのカガメ大統領とキガリの大統領官邸で面会することになっていた。ルワンダに向かう機内でマキャベリを読みふけった。イタリア・ルネッサンスの最高の頭脳の持ち主と一緒なら、いくらか心の慰めが得られるのではと思ったのだ。彼の著作もシェークスピアの戯曲も、コンゴの部族気質について書かれた本と同じくらい、アフリカ大湖地方の政治入門書としてふさわしい。共通するテーマは権力だ。権力をいかに維持するか、象徴的行為と残忍な行為をどう組み合わせれば、確実に民衆を支配できるか記されている。

イトゥリではその頃、ジャン＝ピエール・ベンバの反政府組織（訳注：コンゴ解放運動〈ＭＬＣ〉のこと。ウガンダの支援を受けた）が、ルワンダから敵視されていた。ウガンダとルワンダが手を組んでいた時代、ベンバの組織はコンゴ民主連合（ＲＣＤ）と同盟関係にあった。ルワンダはちょうど方針を調整している最中で、ルワンダの支持する武装組織ＵＰＣが、イトゥリの州都ブニアの支配を固めたばかりだった。北キブ州では、ブテンボとベニを目指し、ＲＣＤゴマがさらに北上するという噂も流れていた。キブとイトゥリの戦域が結びつくと、厄介なことになる。北キブ州を支配するＲＣＤゴマと、ブニアを支配するＵＰＣが近接することになるからだ。これではルワンダの影響力が強くなりすぎるので、ウガンダはおそらく気に入らないだろう。

派遣まで時間が迫っていることはわかっていた。フランスは安保理決議の採択を待たずに派遣準備に取りかかっていたが、それ以上進めるには決議が必要だった。だが、ルワンダのカガメ大統領の合意書なしに決議は採択されないだろう。時差のおかげで、わたしがカガメ大統領と面会してから数時間後に、コンゴを議題とする安保理会議が開始される予定だった。合意書は安保理会議に間に合うだろうか？　わたしはひどく神経質になっていた。大統領にできるかぎり丁重に依頼した。合意書を送ってくださいませんでしょうか……速やかに！

今になってみると、カガメ大統領が必ず戦略的に行動することを考えれば、わたしはそんなに神経質にならなくてもよかった。危機的状況を招くつもりならば、大統領はわたしと面会しなかったはずだ。国際社会の軍事協力体制が築かれていたのだから、大統領が戦略的決断をくだすのは自明の理だった。このタイミングを選択したのは、戦略的重要性を明確に示すためであり、不確実な状況を生み出すためではなかった。大統領は政治戦略にギアチェンジしていた――この戦略は、ＲＣＤゴマが権力分担協定での政治的影響力を強めようとして支配地域を拡大する動きと、矛盾していなかった。

カガメ大統領の合意書は、午後に会議室に届けられた。２週間後の6月10日、多国籍軍の先発隊がブニアに降り立った。さっそくＵＰＣによる試練に直面したが、見事に切り抜けた。ブニアの治安は急速に改善に向かい、イトゥリ州のその他地域でも改善が見られた。わたしたちが望んでいた機運が生み出された。欧州軍にケンカを売ろうとする者はいなかった。たとえそうするつもりでも考え直した者もいただろう。ときおりブニア上空を飛行するフランス製のジェット戦闘機ミラージュは、彼らの間に畏敬の念を生み出した。

MONUC増強の成功

わたしたちもほっと一息ついたとはいえ、時間との競争がまた新たに始まっていた。多国籍軍の派遣期間が終了したあと、どの国の部隊をいつ派遣できるのか？　万が一に備え、「見通し外」の部隊の確保をEUに働きかけた。ヨーロッパにその軍を駐留させておき、許可が下りた場合コンゴに派遣するという方式だ。7月18日、ソラナが事務総長を務める欧州連合理事会の会議で、EUはこの案を退けた。また、多国籍軍撤退後、特殊部隊をMONUCに移動してくれるようスウェーデンに持ちかけた。1999年、オーストラリアを主体とする多国籍軍により東ティモール紛争が鎮静化し、多国籍軍の撤退後、ニュージーランド軍やその他派遣国とともに、オーストラリア軍が現地に残留した前例があった。当時この連携プレーが大きな役割を果たし、後続の国連軍は作戦的、政治的信頼を確保できたのだった。コンゴから多国籍軍が引き揚げたとたん、妨害勢力が国連軍に立ち向かってくるのではないかと、わたしは危惧していた。

だが、こうした要請が退けられた以上、多国籍軍を引き継ぐ部隊をできるかぎり増強することが、なおさら重要になった。安保理主要国を交え、MONUC増強について7月いっぱい話し合いが続けられた。7月28日、MONUCを1万800名に増員し権限を拡大することに、安保理は同意した。しかし、多国籍軍撤退前にMONUCを派遣するには、もう数週間しか残されていなかった。部隊派遣国の並々ならぬ努力の甲斐あって、9月下旬までにイトゥリ団と称される最初の追加部隊が、奇跡的に配備された。恐れていた空白は避けられた。あとから聞いた話だが、国連のスローペースに慣れたフランス軍は、国連軍派遣が期限に間に合うとは思っていなかったので、非常に驚いたという。

ＭＯＮＵＣ増強の意義は大きかった。それ以降、ＭＯＮＵＣは完全に異なるミッションとなった。だが、５０００人足らずの部隊でイトゥリ全域に対処するのだから、苦労は目に見えていた。この人数ではフランス主導の多国籍軍とさほど変わらないし、フランス軍の活動地域はブニアにかぎられていた。例によって、国連は少ないもので大きなことを成し遂げるよう期待されていた。国際社会は信頼を獲得したばかりだった。その信頼を維持したいなら、わたしたちには優れた部隊、優れた指揮、そして武力の戦略的行使が必要になる。すべてが国連に託されようとしていた。

進展を見るも真の和解は得られず

その後の数年で、こうした武力の戦略的行使がいかに難しいか、それを政治戦略の一部にすることがいかに重要か、明らかになった。軍事力による解決にはおのずと限界があり、効果的な政治プロセスが築かれなければ、失望を招く結果に終わることは避けられなかった。

再び起こった戦闘

２００４年３月頃には、コンゴ東部の状況は再び悪化の一途をたどるようになっていた。２００３年に、敵対する各勢力をまとめるべく暫定政府が発足し、軍部の要職についても合意に達した。だが、本当の意味での統一は達成されず、コンゴ政府軍の創設にも本格的に取り組まれていなかった。国際支援の獲得と治安部門の大胆かつ体系的な改革案について話し合うため、2月にニューヨークで会議を開いたが、まったく実りがなかった。暫定政府が基本的に有する曖昧さが、かつての敵同士で主導権争いが絶えない、軍部のあらゆるレベルに反映していた。

一触即発の状態は、東部コンゴの要衝で南キブ州の州都であるブカブで、とうとう限界に達した。新たに任命されたカビラ陣営の軍司令官と、南キブ州知事であるRCDゴマのハビエル・チリバンヤ・チリムワミとの間の不和が、次第に手がつけられなくなり、カビラ陣営とブカブのRCDゴマとの間の危うい均衡が崩れたのだ。知事は2004年4月に停職に処され、司令官は解任された。ツチ族出身でルワンダ寄りの副司令官ジュール・ムテブチ大佐が、政府によって新たに任命された司令官フェリックス・マベ将軍にたてつき、対立はさらに激しさを増した。ムテブチ大佐はやはり任を解かれたが、彼に忠誠を誓う部隊とともにブカブに残った。ブカブで戦闘が起こった。やはりツチ族出身でルワンダ寄りのローラン・ンクンダ将軍は、ムテブチを援護するために、北キブ州の本拠地から南キブに向かうと発表した。ンクンダは、2002年にキサンガニで起きた大量殺戮に責任があり、2008年秋にコンゴ東部に大混乱を引き起こした人物である。

政府陣営のマベ将軍が町に入った時点で、すでにマベ将軍に反対する態度を表明していたMONUCは政治的解決を望み、ンクンダ将軍があくまでも自説に固執するならば、武力行使に打って出ると最後通牒を突きつけた。だが、ンクンダはこの警告を無視した。MONUCが地歩を固守する準備ができていたとしても、彼を阻止しないようにとコンゴ政府は国連軍部隊に命じた。わたしは大西洋の向こう側にいたので、悲惨な逆転劇が起きたことを知ったのはそのあとだった。この戦闘は壊滅的な結末を迎えた。6月2日から9日にかけて、暫定政府に公然と異を唱える勢力にブカブは支配された。数百人が殺害され、MONUCはその無力さを示す結果となった。やがて、厳しい政治的圧力がかけられ、ムテブチはルワンダに亡命し、ンクンダは北キブ州に撤退した。

MONUCへの失望

しかし、傷跡は残った。MONUCは、信頼とアルテミス作戦が生み出した機運を失った。1年前にMONUCを援助した欧州諸国の政府は、即座に失望を表明した。フランス国連大使は安保理のリトリート会議で、MONUCは「笑い者になった」と発言した。わたしにとっては、MONUCの実動能力に関する危惧を裏づける形となった。機動性があまり高くない1万人の部隊が欧州ほどの国土に駐留しても、大した抑制力はない。指揮統制が優柔不断な場合はとくにそうだ。この紛争を機に、国際社会との関わりを深めることをわたしは決意した。MONUCを増強しても、コンゴのような広大な国家に平和をもたらす道は開けない。だが、軍事力は政治的影響力の基盤の一部であり、政治目標を達成し安定をもたらすために、軍事力を戦略的に用いることは可能である。MONUCを強化し、国際社会との政治的関わりを深めること、この2点を同時に行うことが必要だった。

アメリカの仲介による合意成立

2004年9月、国連総会が開かれる週に、アナン事務総長は例年どおりアメリカ大統領と個別会談を行った。事務総長はコンゴの話題を提起した。わたしたちは自己規制をしないことに決めたので、事務局は臆することなく、アメリカに対し1万3100人の増員を要求した。この数字は前例がないばかりか、単にMONUC要員を倍増する以上のことを表していた。その会議でアメリカが認めたのは、わずか3000人の増員だった。目標には程遠い。そこでアナン事務総長は、イギリスでは6000人を追加派遣する用意があると、ブッシュ大統領に伝えた。大統領はその情報を把握していなかった。大統領が事前にその事実を知ってくれていたらと思わずにいられない！　コンゴが凄惨きわまりない状況にあるというのに、コンゴ情勢は世界列強の最優先課題として注目を集めることはなく、その後もそうはならなかった。だが、事務総長の熱心な働きかけが功を奏して、やがて安保理が総数1万7000人を上限とする派遣を認めた。要請した人数より少なかったが、それでもかなりの補強が望める。その間にもアメリカが次第に関与を深め、2004年9月にアメリカの仲介で合意が成立し、ルワンダ、ウガンダ、コンゴの三国は共同委員会を立ち上げ、協力してコンゴ東部情勢の正常化に取り組み、ルサカ、プレトリア、ルワンダの各合意で定められた課題の遂行にあたることになった。2005年、ブルンジ共和国も合意に参加した。

とはいえ、２００４年後半の数か月間は、危険な状況にあった。ＭＯＮＵＣはまだ増強されておらず、三国の合意で希望が生まれたものの、ルワンダ軍がコンゴ東部に進駐したとの噂が流れ、ルワンダとウガンダの関係は再び悪化した。ルワンダ政府はその噂について肯定も否定もしなかった。ルワンダのカガメ大統領はコンゴについて、ころころと意見を変えた。あるときなど、コンゴ政府がフツ族のルワンダ解放民主軍（ＦＤＬＲ）に何らかの行動を起こさない場合、自分たちが直接手をくだすことも辞さないと、ルワンダ政府は迫った。その後、ルワンダは自国の部隊をコンゴ軍の指揮下に置くことを提案したが、コンゴのカビラ大統領は拒んだ。驚いたことに、ルワンダ政府はこの戦略を貫き、２００９年に再度同じ提案をした。このとき、コンゴ政府はこれを受け入れ、コンゴ東部でルワンダ・コンゴ共同作戦が実行されることになった。

MONUCの信頼の回復

２００４年10月、軍司令部を再編制し、ミッションの信頼性を回復すべく、わたしはコンゴに赴いた。従来、部隊の指揮は首都キンシャサで執られていたが、〝主要な活動〟の場は明らかに東部だった。さらに、ブカブの惨事から、現場司令官に権限を付与すること、および戦域近くにいることの重要性に気づかされた。部隊に積極的姿勢を授ける司令官が是非とも必要だと思った。わたしはその仕事にふさわしい人物を知っていた。オランダ海兵隊大将パトリック・カムマートだ。かつてエリトリアで国連軍を指揮し、直近の2年間は平和維持活動局で軍事顧問を務めていた。彼はコンゴの軍事的課題に精通し、平和維持部隊の主要派遣国から尊敬を集めていた。国連の初任務はカンボジアのクメール・ルージュの支配地域で、歩兵部隊を指揮した。彼は困難な軍事作戦で指揮を執っているときのほうが、ニューヨーク本部にいるときより落ち着いていた。

師団司令部がキサンガニに設立され、キンシャサにある総合司令部に報告する任務を負うことになり、カムマートはその師団司令部の師団長に任命された。ちょうど6000人が増派されたところだった。その大半が南アジア諸国、つまりバングラディッシュ、インド、ネパール、パキスタンからの部隊だったので、師団司令部はいく分、イギリス支配下のインドさながらの様相を呈した。

新事務総長の潘基文がコンゴを初訪問したときなど、南アジア4か国はそれぞれの軍楽隊を披露し演奏を競い合った。とくに気を遣ったのは、過去に何度か交戦したインドとパキスタンの関係だった。ニューヨークのわたしのオフィスでは、インド人職員もパキスタン人職員も一緒に働いていた。だが、近接航空支援に不可欠な戦闘ヘリコプターを提供するのはインドだけだと知ったとき、わたしは不安を抱いた。インドの近接航空支援がパキスタンの地上部隊と一緒に働けるものだろうか？　それは杞憂だと言われたが、実際に杞憂に終わった。

新師団長が部隊を駆り立て、軍事行動のスピードはたちまち変化した。部隊活動は設営地にとどまらなくなった。機動性のある作戦基地に兵士を配置し、夜間に巡回し、定期的に「遮断・捜索」作戦（訳注：地域を巡回して武器や武装勢力を捜索するための軍事戦術）を展開した。民間支援の受け入れも拡大し、商業契約を結んだヘリコプターが、作戦展開の必要に応じて部隊を輸送した。国連はこのような活動を想定しておらず、平和維持活動の認識をとらえ直すこうした活動に対し、官僚主義的な反対の声が数多く上がった。MONUCは今や主導権を握り、平和維持活動の認識を新たにし、国連のやり方に一石を投じた。

新たな方針にはリスクも伴った。2005年3月に試練となる事件が起きた。ブニア北部を巡回中に待ち伏せされ、9人のバングラディッシュ兵が殺害されたのだ。バングラディッシュ部隊は勇敢にも仲間の死を受け止め、カムマート師団長は迅速に対応し、民兵組織に対する作戦が実行に移され、数十人の民兵が殺された。4月上旬、MONUCはイトゥリの民兵組織に武装解除を求める最後通告を送り、それに基づいて行動した。こうして、MONUCの軍事面での信頼は回復した。

その後、1万5000人の民兵が武器を捨てた。国連の軍事行動がイトゥリ情勢を変えたのだ。しかも、民間人の適切な保護に必要だと専門家が推奨した兵力の、10分の1にも満たない兵員で達成したのである。最新の対反乱作戦マニュアルで、反乱対策の目的は暴徒を殺すことではなく人々を守ることだと、アメリカの陸軍と海兵隊は主張している。対反乱作戦の兵士の比率は、平和維持活動を着実に展開するために必要な要員の比率に当てはめて考えられる。マニュアルでは、保護すべき市民1000人に対して兵士20人という比率が推奨されている。この比率をイトゥリに当てはめると、およそ9万人の兵士が必要だったという計算になる。

選挙支援

2005年のイトゥリの軍事行動は、明らかにMONUCの活動のなかでもっとも成功したものであり、優れた指揮が決定的な役割を果たすことを証明して見せた。しかし、2005年が残り少なくなるにしたがい、国連は異なる種類の重大な軍事的課題に直面するようになった。4500万人の住む地域に安全をもたらすことではなく、人口6000万人の国家で選挙を安全に実施することが目的になったのだ。コンゴでは過去40年にわたり、複数政党による選挙は実施されていなかった。全国で選挙の安全を確保するとなると、MONUCがいくらか信頼を回復したとはいえ、その能力をはるかに超えた任務となる。妨害は無理だと主要関係者に思わせるように、適切な政治力学を生み出す必要があった。再びEUを頼ることが可能だろうか？　ブニアでの軍事的、政治的大成功が、欧州諸国の記憶にまだ新しいはずだ。

絶望的状況に直面していたMONUCにかつて救いの手を差し伸べたのは、EUだった。MONUCはコンゴとその周辺国に、欧州が関与と監視を怠らないという有益なメッセージを送り、EUという機関をアフリカに知らしめた。コンゴも国連もEUも得るものがあった。アフリカで成功を収めたEUと国連の協力関係を基盤にして、その経験を再生できるとヘディ・アナビ事務次長補とわたしは考えた。今度は緊急派遣ではなく、選挙期間を通しての用意周到な強化ということになる。ハビエル・ソラナも、EUが手がけたばかりのヨーロッパ共通外交・安全保障政策に利すると見て取った。そこで、2005年12月、わたしたちは欧州連合理事会の事務局とひそかに協力して取り組むことにした。コンゴの選挙にEUの軍事的支援を要請する旨を記した正式書簡を、年末にEU議長国のイギリスに送達した。イギリスはこれに好意的だったが、数日後、ドイツがEU議長を引き継いだ。

ドイツはこの要請に乗り気ではなかった。ドイツに根回しを怠ったのは、わたしの責任である。欧州以外の国に関与する際、ドイツは段階的に慎重に進める。また、ドイツの世論は少しでもアフリカと関わることに難色を示す。ドイツ政府にしてみれば、国連事務局の2人の職員が陰で策を弄していたと感じたのだろう。国際機関、とくに地域機関以上の存在を目指すEUが機能するためには、日の目を見る前に加盟国にひそかに握りつぶされずに、国際事務局が構想を推進できるようにすることが不可欠だと思う。国際公務員にとって、狭い国家的見地を超えて行動するよう国家に迫ることと、国内の政治的制約を無視して国家を当惑させることとの間には微妙なバランスがある。このとき、わたしは少々押しが強すぎたのかもしれないが、結果としてそれが功を奏した。

コンゴの選挙期間中に軍隊を派遣することにEUは同意した。これは、心理作戦として並外れた成功を収めることになった。派遣先は首都キンシャサだけで、選挙期間に実際に派遣された戦闘部隊は、わずか二個中隊にすぎなかった。だが見通し外の部隊——基本的にガボン共和国に駐屯するフランス軍――と、派遣とともに実施した公共情報キャンペーンによって、派遣部隊の力が人々の頭のなかで大幅に増幅された。要するに、選挙を台無しにする恐れのあった勢力は、何かトラブルを起こしたら、欧州が総力をあげて武力行使に打って出ると思ったのだ。選挙はつつがなく終了した。自分たちが選挙の成功を揺るぎないものにしたと、EUは堂々と主張できた。

軍事行動より政治的キャンペーン

2003年のアルテミス作戦、カムマート師団長が指揮した2005年のイトゥリの軍事行動、2006年のEU軍派遣による選挙支援――この3つは、2013年の「介入旅団」創設（後述参照）以前の15年間に、軍事力がコンゴに変化をもたらした事例である。この成功例から誤った結論を導き出さないように気をつけてもらいたい。雌雄を決する決定的な戦闘を交えたわけではないし、反政府組織は1つも打倒されなかった。政治力学を変えるほどの威圧的なショーを見せることによって、また必勝間違いなしの戦いを厳密に選ぶことによって、勢いをつくり認識を築くために、部隊を派遣し、ときには部隊を利用した。ほとんどが政治劇であったし、この〝ショー〟こそが、具体的な軍事行動以上に成否のカギを握っていた。優れた指揮と的確なものの見方も、確かに成否のカギを握った。だが、軍事行動を展開する政治的背景こそが、もっとも決定的な要因だった。MONUCがイトゥリで直面した民兵組織は、戦略的挑戦というより戦術的挑戦だった。彼らは、まともな訓練を受けていない犯罪者――主に麻薬関連――の集まりだった。

ＭＯＮＵＣの軍事行動は、つねに主要国の政治的支援を受け、コンゴ政府の支援を得られたが、南北キブ州の場合は違う。ここでは、ＦＤＬＲの虐殺者《ジェノシデール》による脅威に取り組むという、大国の表面上のコンセンサスはあるが、未解決の政治的課題について、とくにルワンダとコンゴが真の和解にいたるために必要な条件について、国際社会のコンセンサスはない。

進まない政府軍の改革

わたしが国連を去ってから数か月後、悲しいことにそれが証明された。安全保障理事会はＦＤＬＲの脅威に取り組みたいと考えていたが、コンゴ政府軍のあるべき姿について明確なビジョンを持たないまま、コンゴ部隊の後方支援を行うようＭＯＮＵＣに命じた。このような共同作業を求められた場合、個々のケースに応じて決定がくだされるのでないかぎり、効率性に疑問があるとして、わたしはいつも反対した。コンゴ軍の改革は思うように進まず、多くの部隊は規律が緩んでいるか欠けていた。進展が見られないということは、根本的問題が潜んでいるということだ。つまり、国際社会とコンゴ政府の指導者の間で、政府軍のあるべき姿が一致していないということなのだ。抜本的改革が行われないかぎり、国軍ではなく派閥と手を組んでいると、国連は気づくことになるだろう。そのような組み合わせは、さらなる暴力行為を引き起こす恐れがあった。

２００９年、ンクンダの率いるルワンダ寄りの民兵組織、人民防衛国民会議（ＣＮＤＰ）の一部がコンゴ軍に編入された。危険な武装集団が無力化され、コンゴ軍が虐殺者《ジェノシデール》に対する戦いを強化させたとして、国際社会は安堵した。だが、残虐行為に及んだ部隊と兵士を編入したことにより、その他武装組織にとんでもないメッセージを送っているという事実を、国際社会は見落としていた。ルサカ協定に参加せずに、虐殺者と手を組んでいた民兵組織マイマイのなかには、注目を集め報酬を得るには残虐行為に及ぶことが最善策だという結論を引き出す者も、当然ながら現れた。

2010年の夏、キブで数百人ものコンゴ人女性が集団レイプに遭った。犯人はFDLRだけではなく、マイマイの民兵もいた。CNDPの一部がコンゴ軍に編入され、彼らがコンゴ国民の利益ではなく、自分たちの利益のために金になる採鉱場を私物化していることを、マイマイの民兵は腹立たしく思っていた。絶望的状況にあるキブの住民たちは、信頼できる軍隊の保護を受けていたのではなく、新たな支配者を得ただけだった。信頼に足る軍の創設に、政府はまだ着手していなかったのだ。

軍隊は重要である。絶望的状況を救おうとして、叫び声をチャンスに変えようとして、わたしは平和維持要員に多くの時間を集中的に費やした。実のところ、わたしたちが効果的な軍事行動を指揮していたら、2005年のイトゥリのような作戦をもっと実行していたら、国連は現在、コンゴの政治の安定化にさらに貢献できる立場にいたにちがいない。もっとも、国連の旗のもとであろうとなかろうと、外国からの介入はいずれ敵意を生み出すものであり、軍事的プレゼンスがもたらす政治的影響力は収穫逓減を引き起こす。だが今にして思えば、大きな間違いは政治的なところにあった。軍事行動は次第に、国際社会の注意を本質的問題から都合よくそらすようになり、安全保障理事会はコンゴの政治問題を蔑ろにするようになった。

信頼できる組織の構築と国連の役割

国連は先頃「介入旅団」を創設し、ルワンダの支援を受けてコンゴ東部で活動した最後の民兵組織、3月23日運動（M23）の打倒に貢献した。この出来事は軍事力の重要性とその限界を示している。M23に対する勝利から垣間見えるもっとも明るい兆しは、コンゴの軍隊が果たした役割である。彼らの勇気とプロ意識に、コンゴ中の人々が誇りと愛国心を感じた。軍事的勝利よりもそうした感情のほうが、もしかすると国の未来にとっては大切かもしれない。だが、軍隊だけではコンゴ東部に平和をもたらすことはできない。それに、コンゴ軍を支援した強力な平和維持活動の成功から、誤った結論を導いてはいけない。国家の安定化に向けて軍が果たす役割については、まるで海外の特殊部隊とともにする近隣の悪玉退治だけが重要だと言わんばかりに、過度に強調されるきらいがある。

つまるところ、強力な平和維持活動という概念は、強力な政治姿勢に支えられていなければ、中身がないのである。国際連合に平和を強化する力はない。それどころか、アメリカをはじめとするどの国も、そんな力は持ち合わせていない。アフガニスタンやイラクで近年起きたことからも、それは明らかである。国連にあってほかの国にないものとは、自分たちが公明正大だという信用を築く力である。それには、きわめて厳格で規律ある武力行使が求められる。国連の監視下で民間人が殺害され、平和維持要員がこれを黙って見過ごしたとしたら、国連は人命を救うという任務に失敗しただけではなく、その政治的信頼性も損なわれる。そうなれば、政治プロセスを進展させるうえで、国連は満足な役割を果たせなくなるだろう。正統性や代表性が疑問視される政府の補助機関に成り下がれば、国連は軍事的信頼も政治的正統性も失い、国際社会に貢献できるもっとも大切なもの、すなわち恒久的な平和を築くうえで欠かせない基盤である、多様な集団のなかに歩み寄りの姿勢を育む力を危険にさらすことになる。

国政選挙が実施されたとはいえ、コンゴにはそうした貢献がまだまだ必要である。かつての虐殺者《ジェノシデール》を掃討するより、安定性のほうがはるかに必要とされる。恒久的平和を築けるかどうかは、コンゴ政府が国内全土で権威をいかに確立するかにかかっている。かつてそうしたように、犯罪者を撲滅するために別の犯罪者を雇っても、暴力の連鎖は終わらない。終わらせるには、責任あるプロの軍隊を創設するしかない。かつても今もコンゴの最大の難問は軍事ではない——信頼できる組織を築くことなのである。

注

（1）2000年6月2日、安保理議長声明（S／PRST／2000／20）。

（2）「コンゴ民主共和国における天然資源およびその他資源等の不法搾取に関する国連専門家パネル」の報告書、2001年4月12日（S／2001／375）(http://www.un.org/news/dh/latest/drcongo.htm)（訳注：現在はこのページは存在しないようである）。

第6章

コンゴ民主共和国
——それに値するか?

政治プロセス確立への努力

コンゴ民主共和国に関与する際に国際社会が何を政治的目標にしているのか、これまで明確にされてこなかった。そのうえ、国内の深刻な人道的危機が、政治の軽視に一層拍車をかけてきた。コンゴ人女性に対するおぞましい性的虐待が、国務長官時代のヒラリー・クリントンをはじめとする国際社会の注目を集めている。コンゴ人女性の悲惨な現状は、深刻な政治問題、すなわち国家機関の崩壊が最悪の症状となって現れているにすぎない。それというのも、政治プロセスが機能していないからだ。最初の和平合意として1999年に結ばれたルサカ協定では、コンゴ国民間対話の開催が定められており、政治プロセスはおろそかにされなかった。キンシャサのコンゴ政府、反政府勢力、さらに政治的敵対勢力を代表するあらゆる主要組織や集団、コンゴ社会の主要な構成員の代表者――フランスでは「活力《フォルス・ヴィヴ》」と呼ばれる――が、コンゴ国民間対話で一堂に会することになっていた。

ルサカ協定は、コンゴ国内の和平プロセスと地域力学の関連性についても認識していた。コンゴが周辺国の戦場となり、虐殺者《ジェノシデール》の避難所となったのは、コンゴの国力が弱かったせいだ。だがルサカ協定では、コンゴがもう10年以上も苦しめられている、この未解決の根本的問題に取り組むことはできなかった。コンゴの国力増強を近隣地域が受け入れずして、どうしてコンゴの復興を望めようか？　コンゴ人の間での意見の一致は復興の基礎として欠かせないが、それだけでは十分ではない。国内の和平プロセスと地域の和平プロセスとを、緊密に連携させる必要がある。国連がそれを完全に理解したのは、２０１２年になってからだった。アイルランド元大統領で、元国連人権高等弁務官のメアリー・ロビンソンが、国内と地域の和解を含めた調停役として、非常に広範な権限を与えられたときのことだ。この役目は現在、アルジェリア出身のサイード・ジニットが担っており、アフリカ連合（ＡＵ）の平和・安全保障理事会委員の経験を十二分に活用している。

国民間対話開催の模索

ルサカ協定のフォローアップとして、アフリカ統一機構（ＯＡＵ）〔訳注：アフリカ連合〈ＡＵ〉の前身〕は１９９９年12月、高齢の元ボツワナ共和国大統領クェット・マシーレ卿を、国内プロセスのまとめ役に任命した。しかも、マシーレはこのプロセスをわずか3か月で完了させなくてはならないとされた。戦闘相手である反対勢力に正統性を授けるプロセスにきわめて懐疑的だったコンゴ政府は、マシーレの任命を仕方なく受け入れた。彼が〝英語圏〟に属し、数名のイギリス人顧問がいることが、コンゴ政府に不安を与えた。ウガンダとルワンダの英語圏の敵対勢力とマシーレが緊密な関係にあると、コンゴ政府はみなしていた。そのうえ、コンゴの指導者の多くは、まったく英語を解さなかった。ローラン＝デジレ・カビラ大統領が暗殺され、その後を継いだ息子のジョゼフ・カビラ大統領とルワンダのポール・カガメ大統領の対談が2001年2月に行われてから、状況はようやく変化を見せ始めた。2001年9月にアナン事務総長がコンゴを訪問中、コンゴ国民間対話の開催地としてキサンガニの名が挙がった。国土のちょうど真ん中に位置し、深刻な惨禍に見舞われたこの都市で会議が開かれることになれば、コンゴ政府が自らの国を取り戻し、未来の舵取りをすると示す、象徴的出来事となるだろう。ただ、都市の武装解除が必要になるため、開催は一筋縄ではいかなかった。2001年時点で、ルワンダが後ろ盾となっているコンゴ民主連合ゴマ派（RCDゴマ）と、キサンガニを支配するルワンダには、同都市を武装解除するつもりは毛頭なかった。けれども、2002年初めにキサンガニを訪ねたときには、住民が武装解除を強く求める光景を目にした。キサンガニと東部地方の支配は政治的に難しいとようやくルワンダが判断したのは、2002年5月の反乱の暴力沙汰が国際社会の激しい怒りを引き起こし、圧力が高まったときだった。その後、コンゴ国民間対話は国外で開催されることが決まった。2001年10月、エチオピアの首都アディスアベバで開かれた国民間対話は、出だしからつまずいた。招待された代表320人中70人しか姿を現さなかったのだ。開催後1週間もしないうちにコンゴ政府の代表が帰国し、会議はほとんど体《てい》をなさなくなった。結局、南アフリカ共和国政府が、各代表を南アフリカの豪華なリゾート地サンシティに招待して会議を再開することになり、国民間対話の危機を救った。

わたしがサンシティに行ったのは、2002年2月25日、国民間対話が正式に開幕して2日後だった。紛争終結について交渉する場合には、交渉場所がきわめて重要になる。快適すぎると交渉をぐずぐずと引き延ばす誘因となる。殺風景すぎると和平交渉をまとめるうえで必要な関係者の参加を見込めない可能性がある。サンシティは娯楽地なので、決して殺風景すぎるということはなかった。わたしはいささか不安を抱かずにはいられなかった。その2日前、わたしはゴマにいた。近くのニーラゴンゴ山が噴火したとき、溶岩が町に流れ込んで都市を二分し、数千人が避難を余儀なくされたときの悲惨な話を聞いた。この都市を牛耳るRCDゴマは、その機に乗じて車を盗んだり避難した住民の家を略奪したりするなど、思いやりどころか欲望をむき出しにしたという。わたしたちはブーゲンビリアの咲く庭園で、残虐行為に及んだ張本人たちとともに高価なドリンクをすすっていた。その悲惨な話とはあまりに対照的だった。

和平交渉進展への特使任命

当然ながら、コンゴを支配する武力を無視することは賢明ではなかった。コンゴで最大の武力を擁する勢力を会議の席に着かせることが、絶対に必要だった。彼らが参加しなければ、どんな合意も無意味になる。同様の道徳的ジレンマは、和平交渉のたびに生じる。要は、銃を持たない人々や銃の犠牲になった人々も意見を言えるように、均衡をとることが課題となるのだ。コンゴ国民間対話においては、市民社会の代表者と政治的反対勢力が、そのような意見を述べる役割を担うはずだった。ところがわたしが到着したとき、政治的反対勢力に関する議論は、武力を持つ人々の交渉に牛耳られていた。政治的反対勢力はコンゴ政府の側につくことになるのか、それともウガンダの支援するコンゴ解放運動（MLC）、あるいはルワンダの支援するRCDゴマ側の味方となるのだろうか？　自由選挙が何十年も実施されず、多数の政党が存在しながら党首以外にメンバーがいないような国では、武装集団の代理人となっている自称市民団体リーダーや政党党首と、力を与えるべき市民の本当の代弁者とを見分けることが、専門的または政治的見地からもきわめて難しかった。サンシティでは、後者に与えられる余地がかぎられ、合意は実質的に軍事当事者により形成された。

数か月の間、交渉は遅々として進まなかった。2002年6月、アナン事務総長はセネガル元首相のムスタファ・ニアスを特使に任命し、交渉の進展を促そうとした。わたしは当初、船頭多くして船山に上るの轍を踏むのではないかと懸念した。だがニアスは、非常に明敏で忍耐強く、決して諦めなかった。温厚な語り口に控えめな態度で相手に接し、成功体験をひけらかすことなく、地道に効率的に自らの方針を押し通した。彼は優秀なチームも率いていた。その1人が、エリトリアの元国連大使ハイレ・メンケリオスだった。エリトリア大統領のもとで仕事ができなくなったとき、アナン事務総長がメンケリオスを国連に雇い入れたのだ。メンケリオスは、ルワンダのカガメ大統領や個人的な知り合いであるその他大勢の主要人物と、国連との関係構築に貢献した。メンケリオスはおとなしい風貌だが、エリトリア独立戦争ではゲリラ兵として戦った。その経験により、戦争から国家形成にいたる時期の難しさを知る、不屈の現実主義者になった。その後、軍隊と軍高官職の問題が交渉の大きな妨げとなったとき、元カナダ軍参謀総長のモーリス・バリル中将がニアスのチームに加わり、チームはさらに強化された。1990年代、国連が一番苦しかった時期、バリルは国連事務局の軍事顧問責任者だった。軍人としてのプロ意識と政治手腕を併せ持つ稀有な逸材として、誰からも尊敬を集めていた。わたしは、国連時代に政治的・軍事的困難に直面したときいく度となく彼に特殊任務の指揮を任せた。それを後悔したことは一度もない。

また、南アフリカのタボ・ムベキ大統領は、アフリカの紛争解決に自国が主導的役割を担うことを望んでおり、サンシティ会議のホスト国として積極的に活動した。南アフリカは、この紛争に対し国際的に重要な役割を担う準備はできていなかった。一方、ニアスは内部プロセスで中心的役割を果たすことになった。ニアスとムベキの活動は必ずしも連携していなかったが、両者がそれぞれ圧力を加えたことが最終的に功を奏した。「コンゴ民主共和国の移行におけるグローバルかつ包括的合意」が、2002年9月16日にプレトリアで調印された。数々の未解決事項をまとめる必要があった。それに、この合意が本当に解決につながるのか懐疑的な人々——当初はわたしもその1人——もいた。アナン事務総長に概要を報告するため、ニアスはニューヨークにやって来た。クリスマスの2日前、事務総長宅の立派な羽目板張りの書斎で、わたしたちは会った。ニアスは明快に状況をまとめた。「調印者たちは依然として敵対しています」。それにもかかわらず、ニアスは楽観的だった。解決すべき課題には、憲法制定、軍隊の組織化と統率力、キンシャサの治安対策などがあった。彼は2003年2月末までに交渉をまとめたいと考えていた。結局それよりもひと月遅くなったが、なかなか悪くない結果だった。

暫定政権と憲法

暫定政権への移行に関する協定が、2003年4月2日にようやく成立したが、大方の権限分割合意と同様に曖昧な内容だった。ジョゼフ・カビラは大統領にとどまるが、副大統領の座に4人が就くことになった。RCDゴマ（ルワンダが後ろ盾）の指導者、アザリアス・ルベルワ、MLC（ウガンダが後ろ盾）の指導者、ジャン＝ピエール・ベンバ、政府側の代表としてアブドゥライエ・イエロディア（フランスの精神分析学者ジャック・ラカンの弟子という変わった経歴の持ち主）、野党の代表としてアーサー・ザヒディ・ンゴマの4人だ。やはり同じような権限分割のロジックに従い、文民や軍人に高官職が割り振られた。もっとも暫定憲法では、その任命権は大統領に優先権があるとされていた。暫定政府の期限は2年と定められ、半年間の期限延長が2回だけ認められるものとし、大統領選挙をもって終了するとされた。この期限は少々高望みかと思われたが、わずか3年後の2006年秋に実施された大統領選挙で、ジョゼフ・カビラ大統領が当選したことを考えると、決して非現実的ではなかった。

この協定には多くの欠陥があり、翌年にはそれが露呈した。それでもコンゴ国民の胸に多くの希望の灯をともした。フランス革命のきっかけとなった請願陳情書のように、サンシティで採択された36の決議は、コンゴ国民の希望と苦情の詰まった、称賛すべき、かつ痛ましいリストのように読める。教育から司法まで、環境破壊から腐敗まで、数十年に及ぶ悪政とその後数年の戦闘の結果が列挙されていた。この決議は、達成すべき目標について雄弁に述べていたが、目標達成のためのプロセス導入や機関設立については、残念ながら不十分であった。国会議員は、サンシティの会議に参加したコンゴ人により指名されることになった。国民議会の定数は500名、上院議員は120名とされた。暫定政権の間、国会議員に政府を覆す権限はないが、国民投票にかける憲法草案作成という重大な責務があった。

その後、この憲法草案は2005年12月に国民投票で承認された。もし憲法を起草したのが議会ではなかったら、より優れた憲法が成立していただろうか？　そもそも議会自体が、コンゴ国民間対話により承認された勢力の延長線上にあった。どんな和平合意であれ、武装勢力間の取り決めとなることは避けられない。憲法はそこからさらに進んで、発展の余地を生む政治的空間を開くべきである。その点に関しては、アフガニスタン憲法の起草から承認にいたる過程のほうが斬新的だったので、望ましいと言える。だが、アフガニスタンでもコンゴでも、国際社会の主要国家は、新権力の中枢を早急に合法化して固めることに躍起になり、大統領に強力な権限を与えようと口出しした。確かに、悲惨な戦争で引き裂かれた広大で多様性に富む国家で、地方に権力を分配しボトムアップのプロセスを経ていたら、さらに長く危険な道のりをたどることになっていたかもしれない。

コンゴ国民の多くは「連邦主義」と聞くと、国家解体に向かう第一歩ではないかと恐れ、反発する。国際社会の陰謀かもしれないという疑念が、たちまち彼らの胸に広がる。1960年代のカタンガの分離独立騒動、それにもちろん、近年のルワンダ軍によるコンゴ東部の占領が記憶に残っているからだ。コンゴ国民間対話を経て成立した議会が上げた成果よりも、段階的なプロセスを経た場合のほうが優れた成果を上げたという保証はない。最終的に選ばれた政治形態は、フランス憲法に多少の影響を受けていた。たとえば、大統領には強大な権限が付与されていた。これは、その恩恵を被るジョゼフ・カビラ大統領だけではなく、大統領府が国家安定の頼みの綱だとみなすコンゴ内外の人々にとっても、非常に魅力的に映った。

ザヒディ・ンゴマが国際社会の後押しで4番目の副大統領に任命され、カビラ陣営に強力な国際支援があるというメッセージを内外に送った。RCDゴマの指導者アザリアス・ルベルワは、エティエンヌ・チセケディが副大統領に選ばれることを望んでいた。チセケディはカサイ州出身の政治家で、モブツ政権の最後の数年間、コンゴの民主主義への熱望を象徴する存在となっていた。もし彼が選ばれていたら、4人の副大統領のうち3人が、ジョゼフ・カビラ大統領陣営以外の人物ということになった。それでは大統領の立場を危いまでに弱め、再び戦争が始まるのではないかという不安が、主要当事者の間にあった。軍事情勢や反政府勢力とその後ろ盾の真の思惑に、不透明な要素が多かったからだ。ザヒディ・ンゴマの指名は、不安定な政治的均衡をとるための妥協案だった。彼を選べば、2人が大統領陣営、2人が反政府勢力の副大統領となる。

2003年初夏の時点では、カビラ陣営と、ルワンダおよびウガンダに支援された反政府勢力との間に力の均衡を確立すること、分離的な動きを阻むことが最優先事項だった。だが、コンゴの大物政治家であり、反モブツ政権の象徴だったエティエンヌ・チセケディを含めなかったことは、確かに問題だった。

ルワンダとの関係改善の要因

この包括的政府がコンゴとルワンダの関係修復に寄与することを、わたしは望んでいた。2003年5月にルワンダのカガメ大統領に会ったとき、包括的政府が樹立されたらコンゴのあらゆる問題は消え去るだろうと、大統領に言われた。コンゴが友好的な隣国である証としてコンゴ政府に友人が欲しいという意味ならば、これは歓迎すべき発言だった。だが一方で、カガメの立場は、コンゴにいるルワンダの〝友人たち〟を危険な状況に追い込んだ。彼らは絶えず、コンゴの利益よりルワンダの利益を図るのではないかと疑われるのだ。4人の副大統領に関する協定が合意に達したとき、わたしはRCDゴマの指導者アザリアス・ルベルワに、キンシャサに赴いて副大統領に就任し、バラバラになった祖国の復興に着手するよう促した。法律家としての教育を受けたルベルワは、ツチ系コンゴ人で、ルワンダの支援が必要不可欠だった。ルベルワは自分にとっても、少数派であるツチ系コンゴ人にとっても、ルワンダとの同盟を命綱とみなしていた。また、コンゴ人の間に真の和解が成立するには、外国の利害の代理人などと疑いをかけられる者がいてはならないことも理解していた。抜きんでて思慮深く明快な理念を持つコンゴ人指導者の1人として、ルベルワはその2つの考えの間で板挟みになっているように見えた。だが、果たしてルワンダのような外国勢力が、コンゴの友人に対し、代理人でなくてもよいと認めるだろうか？

結局、コンゴ国内の取り決めではなく直接的な力の行使によって、コンゴ政府とルワンダ政府の関係は形成されてきた。２００２年、南アフリカとアメリカからの圧力で、ルワンダはコンゴから手を引いた。それから6年ほどたった２００８年の秋、コンゴとルワンダの間で新たに折り合いがついたのは、それぞれが弱い立場に立たされたからである。コンゴ部隊の仕掛けた武力攻撃が、ルワンダの支援する民兵組織、人民防衛国民会議（ＣＮＤＰ）に完敗したとき、２００３年とは違い、ＥＵはコンゴ政府の救援に駆けつけるつもりはなかった。一方でオランダとスウェーデンは、ルワンダへの資金援助を一時打ち切ることにした。するとカビラ大統領とカガメ大統領は、調停役も外部の既存機関も仲介させることなく、即座に合意に達したのだ。コンゴ政府は、4年にわたり戦闘を続けていたＣＮＤＰを軍隊に組み入れ、かつての虐殺者《ジェノシデール》に対して軍事行動を開始した。そのなかには、政府が過去に同盟を組んでいた勢力もあった。また２０１３年に、ルワンダを後ろ盾とする反政府勢力、3月23日運動（Ｍ23）を打倒したことも、国連の断固とした姿勢、コンゴ軍の決意と勇気、重要な資金提供国が援助を中断してルワンダに直接圧力をかけたことなど、現実的な力を計算に入れた結果だった。両国がほんのつかの間だけ弱い立場に置かれたことが、二国間の関係を変えるには、長年の外交努力より効果を上げた。だがこのような関係改善は、やはりコンゴの安定化と同じくらい脆弱で表面的だ。現在ルワンダが安定しているのは、経済発展のおかげでもあるが、厳しい政治統制の反映でもある。水面下では解消されぬまま政治的緊張が高まり、いつの日か限界に達するかもしれない。どちらの国にも、相手と互恵関係を育むに足る自信はない。

外国の介入の限界

国連平和維持活動のなかで、このコンゴのミッションほどコストがかかったミッションはない。本格的な平和維持活動を受け入れた国のなかで、コンゴ民主共和国ほど人的被害を経験した国はない。介入というコンセプトはともかく、多くの人にとって、国連のコンゴでの失敗は平和維持活動自体に欠陥があることを示している。これまで努力した甲斐があったのか、ほかに何かできたのではないか、ほかのことをすべきではなかったのかと、わたしはたびたび自問する。

国際社会のコンゴへの関与は、軍事面でも政治面でもいつも中途半端だった、コンゴ国民に発言権が与えられなかった、という批判の声がよく聞かれる。強引な軍事的関与には限界があると前章で説明したが、強引な政治的関与もやはり難しい。国連という機関は、国連憲章の冒頭で大胆にも「我ら連合国の人民は」と主張する機関である。国連はコンゴで、各国家の利害と人々の願望の橋渡しをしようと努めた。国家に圧力を加えるための仕組みも作られた。たとえば、ルサカ協定により設立された政治委員会、つまり移行支援国際委員会（ＣＩＡＴ）には、合意の履行監視が義務づけられた。この委員会を通して、キンシャサに基盤を置く主要勢力の代表は、コンゴ国民間対話で合意したプロセスを順守した。コンゴ政府はこの仕組みを快く思っていなかった。彼らはコンゴ人のナショナリズムをやすやすと高め、これに対抗できたので、国際社会が国家指導者に対して行使できる影響力は終始弱かった。コンゴ国民を代弁していると国際社会が主張しても、新植民地主義だと疑われかねなかった。

選挙の成功と実質的意味

国際社会が出した答えは、紛争から抜け出そうとする他国の場合と同様に、コンゴでも選挙組織に優先権を与えることだった。２００５年から06年にかけて、憲法制定のための国民投票、大統領選挙、議会選挙が実施され、国連史上最大の選挙支援となった。ロジスティクス（後方支援）は気が遠くなるほどの作業で、費用は最終的に5億ドル近くかかり、コンゴ人もコンゴ人以外も、数千人もが選挙支援にあたった。国連は2人の人物に多大な恩恵を受けた。１人は、事務総長特別代表で国連開発計画の常駐調整官である、ニュージーランド出身のロス・マウンテンだ。かつて人道的緊急事態に従事した経験があり、コンゴでも同様に選挙を指導した。実務家で、エネルギーにあふれ、彼の辞書には「ノー」という文字がないのではないかと思うほど、優れた能力の持ち主だ。ヘリコプターを配備し、選挙公報を印刷し、発電機を遠隔地の投票センターに送った。大統領選のために、およそ5万の投票所が開設された。もう1人は、トーゴ出身の物静かな大学教授、タジョディネ・アリ＝ディアバクテだ。この2人は、南アフリカの強力な後押しとともに、選挙の成功に大きく貢献した。だが、もっとも重要な役割を果たしたのは、コンゴ国民にほかならない。最初の選挙の数か月前、独立選挙管理委員会を訪問したときには感動した。キンシャサでは、デジタル面でも新しい民主主義の基盤が整いつつあり、選挙に関わる人たちの興奮が伝わってきた。彼らを取りまとめたのは、神父で大学教授であるマルマル選挙委員会委員長だった。彼は数百万人の有権者の登録手続きを円滑に進め、選挙プロセスの信頼性を確立し、全員の尊敬を集めた。しかし、彼が大統領と親密だということが次第に明らかになり、後日その公平性に疑念を持たれることになった。

わたしたちは成功を収めたのか？　数十年もの間発言を封じられてきたコンゴ国民は声を上げることができたのか？　ある次元では、確かに声を上げた。国中のいたるところで、読み書きのできない人までも、遠く離れた登録所まで何キロも歩き、生まれて初めて選挙登録した。彼らは市民となった。この2500万人もの新たな市民が、電子データベースに名前を登録され、〝国民〟になっていった。だが振り返ってみれば、一連の選挙にほとんど意味がなかったと言っても、あながち間違いではない。

2004年10月、洞察力に優れたあるコンゴ人指導者から、わたしはこんなことを言われた。

半世紀ぶりの自由で公正な選挙として、選挙で選ばれていない国会議員の起草した憲法を国民投票にかけてもあまり意味がない、と。憲法は必ずと言っていいほど、有権者がとても親しみを覚えることができない複雑な文書である。マーストリヒト条約とリスボン条約の批准についてヨーロッパで起きた議論が示すように、必ずしも有権者が文書の真価を決めるわけではないのだから、国民投票は最善の選択ではないのかもしれない。コンゴ憲法の制定に関する圧倒的な勝利（賛成票84パーセント）は、コストをかけて獲得した、最初からわかりきった結果だった。値の張る不必要な手続きと言ったほうが正直かもしれない。理想を言えば、憲法を国民投票で問うよりも、憲法起草の責任がある議会を選出するほうが好ましかった。また、国政選挙（大統領と議会）が優先されるということは、地方制度の整備が遅れるということだった。

大統領選挙

国際社会は、アフガニスタンと同様にコンゴでも大統領直接選挙を強力に推進したが、これは危険をはらんだ戦略的選択だった。大統領の立場は確かに強化され、大統領は国家再統合の象徴となった。だが不吉なことに、モブツ政権時代から続くキンシャサ中心の体制は、打破されなかった。相変わらず首都における勢力地図が重視されたことで著しく危険が高まり、危うく選挙プロセスが水泡に帰すところだった。

2006年初頭、野党のベテラン政治家であるエティエンヌ・チセケディが大統領選に出馬するかどうかが大きな問題となった。民主社会進歩連合（UDPS）の歴史に残る党首であり、政治的敵対勢力の代表として暫定政権副大統領に選ばれなかったチセケディが、果たして大統領選で政治の舞台に再登場するのか？　本人は乗り気でないようだった。彼は当初、選挙登録をしないよう支持者に呼びかけた。ところが、選挙登録期間が終了すると、登録の再開を自らが立候補する条件とした。もっとも、当初の登録ボイコットの呼びかけはさして影響を与えなかったようだ。それに、登録手続きを再開したらさらに選挙が遅れていたところだった。２００６年にコンゴを訪れたとき、わたしはチセケディに出馬を要請したが、国際社会は彼の参戦を強く望んではいなかったと思う。側近の多くは立候補を望んでいたかもしれないが、当時74歳だったチセケディ本人は、コンゴ政治の新局面に乗り出すつもりはなかったようだ。初の民主的大統領選で敗北する危険にさらされるより、コンゴに民主主義の概念を再導入した人物という伝説的イメージを守りたかったのかもしれない。

カビラ大統領の勝利

チセケディが出馬しないと表明したことで、ジャン＝ピエール・ベンバがジョゼフ・カビラ大統領の対抗馬となる可能性が生まれた。ベンバの父親はモブツ政権時代に巨万の富を築いた実業家だった。チセケディの票の一部がベンバに流れたため、カビラ大統領はキンシャサで過半数を獲得できなかった。短気でポピュリスト、荒々しく混沌とした政治の世界を楽しむタイプのベンバは、多くの点でジョゼフ・カビラとは正反対である。ベンバは非常に弁が立ち、虚実織り交ぜた多彩な話で相手を打ち負かす。ベンバ陣営は健闘し、大統領選を決選投票に持ち込んだ。これを警戒したカビラの側近もいたが、かえって選挙で不正が行われていない証拠になった。2006年10月末の決選投票の結果、カビラ大統領が58パーセントの票を獲得し、勝利を収めた。最初の選挙で不正が行われたとするベンバの主張は、この結果を踏まえると虚しく聞こえた。

大統領選は無事に終了したが、国内政治は地域ごとにひどく分裂したままだという懸念は強まった。ベンバの得票数は42パーセントだったが、キンシャサをはじめとするコンゴ西部の全地域で過半数を獲得した。出身地の赤道州《エクアトール》では90パーセントの票を獲得した。カビラが有権者の58パーセントの票を獲得できたのは、東部の全地域で過半数を獲得したからだ。キブとカタンガでは90パーセントを超える票を得た。ベンバはやがて敗北を認めた。2006年12月、大統領就任式に出席するためコンゴを訪れたとき、わたしはベンバに出席を促したが、彼は出席しなかった。両者の関係は悪化し、2007年4月、キンシャサで政府軍とベンバの私兵との間に武力衝突が起きるという、深刻な事態にいたった。政府軍の激しい爆撃にさらされ、ベンバは南アフリカ大使館に逃げ込み、その後国外に亡命した。1年後、ベンバはブリュッセルで逮捕された。彼の指揮下にいたとされる民兵が中央アフリカ共和国で犯した戦争犯罪の責任を問う逮捕状が、国際刑事裁判所から出されていたのだ。しばらくの間にせよ、何かと問題の多い中心人物が、コンゴの政治の舞台から姿を消した。

国家制度の整備の必要性

国際社会は途方もなく莫大な費用をかけ、選挙によって大統領の立場を強固にしたが、一方で、ほかの制度をほとんど蔑ろにした。議会は次第に力を失った。司法制度の整備は相変わらず見通しが立たず、軍と警察の改革は長年手つかずのままだった。地方行政には権力が与えられず、地方が中央政府の意のままにされ、近隣国から体制的弱点につけ込まれる危険が残っていた。ベンバが国外に亡命したときも、州知事選挙で不正操作や買収が発覚したときも、国際社会は何の反応も示さなかった。意図的というより初期設定によって戦略的選択がとられた。和平は制度ではなく、コンゴと地域の指導者の間で交わされる——そして翻される恐れもある——危うい取引を拠りどころにすることになった。それから5年後の2011年、再び国政選挙が公示されたが、国際社会は基本的に、正統性の重要な根拠となる自由で公平な選挙を諦めていた。このときは、エティエンヌ・チセケディがジョゼフ・カビラ大統領の対抗馬となり、コンゴの市民社会は団結した。過半数を獲得した候補者がいなかった場合、決選投票を行うと定めた選挙法が改正されたが、国際社会は反対の声を上げなかった。深刻な不正行為があったとする信憑性の高い申し立てがあっても、見て見ぬふりをした。こうした無関心はコンゴに良い影響を与えなかった。祖国を変革するために強い権限と議論の余地のない正統性が必要とされる、カビラ大統領のためになったとも思わない。国際社会への信頼性を低下させただけであり、祖国の変化を願う多くのコンゴ人に絶望と不信感を生み出しただけだった。

カビラ大統領との最後の2回の会談で、わたしが主に関心を抱いていたのは体制の強化だった。2回とも長時間かけて差し向かいで話をした。最後から2番目の会談は、ニューヨークのウォルドルフ゠アストリア・ホテルの彼のスイートで、わたしがまだ国連平和維持活動局事務次長を務めていた、2007年9月に行われた。最後の会談は、キンシャサの大統領室だった。2009年秋に、コンゴ国民の活発な対話を支援するオープン・ソサエティ財団を手伝うため、コンゴを訪問したときのことだった。前途に待ち構える長く困難な道のりについて大統領と話し合った。

ジョゼフ・カビラ大統領と初めて会談したのは、彼の父親が暗殺されてから数か月後の2001年4月だったが、それ以来、大統領とコンゴは長い道のりを歩んできた。だが、まだ片付いていない仕事が数多くあった。効果的な司法制度がまだ整っていなかった。ただ、イトゥリの残虐な民兵組織指導者の1人トマス・ルバンガを逮捕し、ハーグの国際刑事裁判所（ICC）に送還した件は、罪が見逃される時代は終わると示唆するメッセージとなった。やはり国際刑事裁判所に起訴されたボスコ・ンタガンダにも逮捕状が出ていたが、まだ捕まっていなかった。ルワンダが支援する民兵組織を統合する取り決めが2009年にルワンダとの間で交わされ、ンタガンダのコンゴ政府軍への編入が認められると、事態は一層悪化した。異なる政策に直面したときのコンゴ諸機関の対応能力も、相変わらず低いままだった。コンゴはまだ脆弱なので、政治的領域の重要な要素を外すわけにはいかないと、わたしは大統領に強く訴えた。どちらの会談でも、議会の果たす役割が重要であること、制度の強化が権力の拡大につながることを主張した。地方が力をつけ、国家が国際社会に認識され、説明責任を負えるようになれば、コンゴは東部の近隣諸国と安定した関係を構築しやすくなるはずだ。

国際社会の努力は無駄だったのか

2011年の選挙で証明されたように、わたしの主張は大統領にも影響力のある大国にも受け入れられなかった。脆いながらも存在した国際社会の団結力は、2006年の選挙で頂点に達し、その後、莫大な利益を生み出す採鉱権をめぐる争いと入れ替わった。中国がこの争いに参入し、競争は激化した。コンゴはこの状況に大喜びしたが、西洋諸国は影響力と市場のシェアを失うことを懸念して狼狽した。

コンゴ国民と政府は次第に外国人に対する信頼を失いつつある。国際社会は努力が報われずに疲れ果て、意欲を失っている。独立後50年を経て、コンゴの指導者は西洋の思惑に疑念を抱くと同時に、コンゴがついに自立できたと自負している。現在、コンゴのナショナリズムが高まった分だけ、国際社会は疲労困憊している。介入旅団の創設と、メアリー・ロビンソン、次いでサイード・ジニットの国連特使任命は、コンゴが正しい道を進むために国際社会が手を貸せる、最後の機会に思える。だが、この期に及んで国際社会がどんな影響力を行使できるのか、わたしは疑問に思う。介入する場合、外国人の政治的信頼性は消耗資産である。喉から手が出るほど支援が必要な人たちが、外国の助言と影響を受け入れるために開く窓は、ほんの短い間しか開かれていない。閉じられる前に、その機を素早く活用しなくてはならない。

わたしが一番悔やんでいるのは、コンゴと国連の間にまだいくばくかの信頼があったとき、平和維持要員が作り出した猶予を早期に利用できず、体制を築けなかったことだ。現在、コンゴの指導者と国際社会は、圧倒的な劣勢に立ちながら、この広大な国家の将来を一発勝負に賭けている。国際社会に言質が求められることはなく、コンゴ国民に信頼が必要とされることもない。針路を定めるのは、介入のごく初期の段階である。この段階で、最大の政治的・軍事的リソースを投入すべきだった。わたしたちはアフガニスタンでもコンゴでも、まったく逆のことをした。最初は小規模に開始し、徐々に軍事的・政治的姿勢を強化していき、結果として手遅れになってしまったのだ。

それでも、すべての努力が無駄だったとは思わない。絶望的状況に置かれたイトゥリの住民が国連に命を救われたこと、国の将来についてコンゴの人々と白熱した議論を交わしたことは、看過できない事実である。わたしにとっては、その事実がコンゴに取り組んだ全年月を価値あるものにする。だが、2006年の選挙終了後、国連の役割を根本的に変えなかったことは誤りだったかもしれない。2006年の大統領選後、移行支援国際委員会が解散し、国際社会が政治監視機構の役割を失っていたのに、国連は軍事において中心的役割を維持し、東部地域でほぼ政府の補助機関となっていた。国連は最悪の立場に立たされた。つまり、まだ責任を担っていたというのに、権威と正統性の大半を失っていたのである。シエラレオネのミッションのように、もっときれいに終了させることが望ましかった。シエラレオネでは、派遣先から乞われる前に国連は自ら規模を縮小させた。だが、きれいな終了を迎えるため――無謀でなければの話だが――には、早い段階からコンゴの政治に戦略的に関与する必要があった。そうすれば、国連が撤退を始めた時点で、自立した体制と安定した大統領職が整備されていたかもしれない。わたしは再三それを推進したが、緊急の軍事行動に気をとられることが多かった。

意欲的かつ焦点を絞った政治戦略のために、国際社会がどの程度まで国連を支援するつもりだったのか、はっきりしなかった。民主政権も専制政権も擁する安保理に、国家機関の強化を目的とする首尾一貫した戦略を期待すべきではなかった。内戦から抜け出した国の民主化プロセスが予測不能だと、民主的か非民主的かに依らずあらゆる国家が警戒していたとしても、やはり一貫した戦略を期待すべきではない。結局のところ、安定性とは何だろう？　政府が意見の不一致を制御する能力、または機関が意見の相違を管理する能力のことか？　民主主義社会は表現として後者を支持するが、疲労困憊し懐疑的になった国際社会は、間違いなく前者を好む。

コンゴを変えられるのは、結局コンゴ国民だけだ。わたしはコンゴと深く関わり、コンゴの人々に、数十年の独裁政権と20年の内戦を経験したあと、自分たちの国を作り上げたいとする多くの勇敢な人々に、深く感銘を受けた。なかには自らの命を代償に捧げた人もいる。２０１０年に暗殺された、「声なき人々の声」というＮＧＯ代表のフロリベ・チェベヤもその１人だ。多くの人々は辛抱強くコンゴを変えようとしている。国連はコンゴ国民の期待に必ずしも応えていないが、コンゴの分裂と深刻な内戦の終結に寄与した。現在、コンゴ経済は急成長を遂げているところで、多くの国民の生活が改善された。だが、国家機関は依然として脆弱で、ほとんどその体《てい》をなしていない。

平和維持要員は、派遣先の国でかぎられた役割しか果たせないことを受け入れる必要がある。彼らが協力できるのは、極限の暴力行為を食い止めることだ。崩れやすく絶えず脅かされる道を、もっと開かれた社会に向けて切り開くことだ。とどのつまり、派遣先の国家指導者の意向を超えたところには踏み込めないのだ。それに、国際社会が関与すると決めた程度しか、平和維持要員は影響力を行使できない。けれども、そうした困難を乗り越え成果を上げたとき、何百万人もの人々の生死を分ける大きな影響を与えられる。そのわずかな望みは、多くの失敗を犯しても叶える価値がある。

第7章

スーダン

——分裂した国家に
分裂した戦略をあてる危険

ダルフールの悲劇

2003年、ダルフールで殺害が始まった。当時、国連事務局の内部会議でこれに警鐘を鳴らしたのは、たった2人しかいなかった。スーダンの国連開発担当職員のムケシュ・カピラと、ニューヨークの人道問題担当事務次長ヤン・エーゲランだ。ダルフールの危機が国連で大きな問題として取り上げられ、国際社会で議論の的になったのは、2004年6月になってからだった。2003年の国際問題はイラクの話題が大半を占めており、その年のわたしの主な関心事は、コンゴ東部の危機的状況だった。翌年、ブカブでのミッションの失敗で、わたしたちは再びコンゴ問題に引き戻され、コートジボワールのローラン・バグボ大統領が立場を硬直化させたことにも懸念を強めていた。わたしはスーダンに目を向けていなかった。

平和安全執行委員会の会議で、1人のパキスタン人女性が勇気ある発言をしたときに部屋に流れた沈黙を、わたしは今でも覚えている。彼女はアスマ・ジャハンギールといい、当時、超法規的、専断的な即決処刑に関する国連特別報告者だった。平和安全執行委員会とは、危機的状況についての認識を共有する目的で、アナン事務総長が創設した国連の内部組織である。同じ頃、アメリカ国際開発庁のアンドリュー・ナチオス長官が、国連事務総長に会いにわざわざニューヨークまで足を運んだ。長官は以前からスーダンに関心を寄せており、ジョージ・W・ブッシュ政権きってのスーダン通の高官であることがわかった。事務総長との面会に、ダルフールの被害が正確に書き込まれた地図を持参していた。何百という村が焼き払われ、生存者は大規模な難民キャンプに移り住み、国際援助に生活を頼るしかなかった。こうした一連の会議で、ジェノサイドという言葉が使われていたかどうかは覚えていないが、ダルフールで大きな悲劇が生じていることは明らかだった。

同時期、スーダン南部に壊滅的被害を与えた長年の内戦が終結する気配があった。2002年にケニアのマチャコスで調印した合意のフレームワークを土台にして、スーダン政府と、南部の主要反政府勢力スーダン人民解放運動（SPLM）は、1月に富分割協定、3月に権限分割協定の締結にこぎつけた。6月初旬、和平合意調印後に本格的な平和維持活動への道筋をつける先行ミッションを設立すると、安保理は決定した。アナン事務総長は、国連事務総長特別代表としてヤン・プロンクを指名した。彼は従来の外交官の型にはまらない強烈な個性の持ち主だった。オランダの開発相を務めた経験がある左派で、人権問題に対して一貫しない姿勢を示す政府に異を唱えることも辞さなかった。プロンクは1999年に閣僚を辞任した。平和維持部隊がボスニアのスレブレニツァでムスリムの保護に失敗したと、国連がまとめた厳しい報告を受けて、スレブレニツァでオランダ部隊を指揮した政治的責任をとったのだ。スーダンに対しても、それまでの政治活動と変わらぬ献身ぶりを見せ、その誠実な人柄のおかげで多くの人から——なかにはエリトリア大統領のような思いもよらない人物からも——尊敬を集めた。だが、プロンクとスーダン当局との関係はやがて破綻した。

AUの自信と国連への期待

2004年は、アフリカ連合（AU）の平和・安全保障理事会が発足した年でもあった。アフリカ統一機構（OAU）からアフリカ連合への組織改編は、多くのアフリカ人にとって、計り知れないほど大きな象徴的意味があった。なかでも、激しい気性で知られるアルファ・ウマル・コナレ元マリ大統領にとっては、なおさらそうだった。アフリカに大いなる野望を抱いて、コナレは新たに設立されたAU委員会の初代委員長を務めた。アフリカ人監視団がダルフールに派遣されることになり、アフリカの問題はアフリカが引き受けるというアフリカのビジョンが、いよいよ試されるときがきた。スーダンの南北間和平の展望と、アフリカ連合設立とともにアフリカが新たな夜明けを迎えるという希望は、ダルフールの悲劇への対応によって確かなものになるだろうか、それとも打ち砕かれることになるのだろうか？

ダルフールに関しては、当初から相反する姿勢が見られた。西側諸国ではダルフール問題について草の根運動が発生し、とくにアメリカで盛んだったため、ダルフールは欧米の政治の世界で知られるようになっていた。彼らの目的は、かつて大量残虐行為に直面したときにそっぽを向いた国際社会に、同じ轍を踏ませないようにすることであり、彼らの多くはダルフールに人道的介入が必要だとみなしていた。アメリカ政府は草の根運動による世論の圧力に反応したが、イラク安定化に忙しかったので介入するつもりはなかった。かといって、オマル・アル＝バシール政権を支持するつもりもなかった。アフリカでは、ブッシュ政権の意図に疑念を抱く国もあり、アメリカが反政府勢力を支援し、スーダンの政権交代を目論んでいるのではないかと懸念していた。そのうえ、ＡＵの新たな指導者たちは、アフリカの紛争を自分たちで手際よく解決できると実証したがっていた。

国連は、こうした相反する期待が集まる中心地だった。そこでアナン事務総長は、アディスアベバで開かれるＡＵ首脳会議に参加する前に、パウエル米国務長官とともにダルフールを訪ねることにした。訪問の終盤にさしかかり、国連とスーダン政府は共同声明を発表することで合意した。もしこの声明が履行されていたら、スーダンと国連との協調関係に道を開くことができただろう。国連もスーダン政府も、「一部のダルフール市民を標的にした攻撃、とくにジャンジャウィードなどの不法な武装集団による一連の攻撃を阻止する必要性、および4月にスーダン政府と反政府勢力――スーダン解放運動（ＳＬＭ）と正義と平等運動（ＪＥＭ）――が交わした人道的停戦合意に一致するように、ダルフールの治安を確保する必要性」を認識していた。国連は人道的援助を増やし、監視員を派遣してＡＵを支援することを約束した。スーダン政府は、非公式の親政府民兵組織であるジャンジャウィードの武装解除に一層の力を注ぎ、人道支援のアクセスを促進することを保証した。

反政府勢力鎮圧の方策

アディスアベバのAUでは、4月に合意に達した「人道的停戦」の監視員を警護するため、300人規模の部隊を派遣することをコナレがすでに計画していた。反政府勢力の鎮圧のために当初アラブ人民兵を利用していたスーダン政府が、精霊を瓶に戻す（訳注：一度起こった好ましくない変化を元に戻すことの喩え）準備を整え、国際社会の支援を歓迎するかもしれないという、ひそかな希望があった。だが、反政府勢力のほうは合意を結ぶつもりがあるのか？　話し合いに参加しないようにエリトリアが反政府勢力を言いくるめていると、コナレは非公式に懸念を表明した。そのうえ、部隊配備の役割には最初から不明瞭なところがあった。数百もの小さな村が点在し、600万人を超える人々が住む地域に、300人から成る〝部隊〟の配備は、明らかに適切な規模でなかった。監視員の威信は、監視する合意の効力次第だった。それでも、部隊と軍事監視団というハードウェアは、政治プロセスというとらえどころのない概念よりも支援しやすかった。平和維持活動や部隊配備――アフリカによるものでも国際社会によるものでも――の重視は副次的主題だったが、国家元首や草の根運動にとっては本題となった。

ニューヨークでは、アナン事務総長が非公式の月次昼食会で、軍事行動の脅威の限界について安全保障理事会に警鐘を鳴らした。アメリカの新国連大使は、元ミズーリ州上院議員のジョン・ダンフォースだった。アメリカ聖公会の司祭でもある高潔な人物で、スーダンに平和をもたらそうと力を注いだ。ダンフォースは着任直後に出席した会議で、アメリカは単独行動を好まないがどの国も関与しようとしないと物憂げに発言し、ダルフールをその例として挙げた。

7月22日、アナン事務総長は自分の会議室で、コリン・パウエル、アンドリュー・ナチオス、ジョン・ダンフォースと打ち合わせを行った。わたしも同席した。解決をもたらすのは軍事行動ではなく、スーダン国民間の合意であるとの意見に、パウエルは賛成した。彼はその数週間後、ダルフールの状況を「ジェノサイド」だと指摘した。SPLM指導者ジョン・ガランから、スーダンの警官または兵士を南部から追加派遣するという提案が出されていたが、果たして効果があるのか、わたしたちは当然ながら深い疑念を抱いていた。人道主義コミュニティの強力な代弁者であるヤン・エーゲランは、大規模な人道支援活動により状況は一時的に改善されたとする一方で、一層の「介入」を促していた。反政府勢力は分裂を繰り返していたので、わたしたちは明確な政治的対策を打ち出せないでいた。結局、事務局が安保理に提出する報告書を通して一段と政治的圧力を加えることで、意見はまとまった。だが、それで変化をもたらせるとは、誰も本気で信じていなかったのではないだろうか。

ジェノサイドの定義

軍配備が優勢になったのは、積極的にというより、実際にはそれ以外に選択肢がなかったからである。ダルフールでのAUミッションの計画立案は、国連平和維持活動局の軍事顧問パトリック・カムマート少将に任された。彼はダルフールを訪ねたうえで、3200名の兵士から成る部隊と1200名の警官を配備する案を提示した。この計画はそれぞれの思惑に一致した。国連は、成功の見込みのないミッションを派遣せずにすむ。AUは、新たに獲得した政治力を誇示したがっていた。欧米主要国は、何か「行動」を起こしたいとは思っていたが、自国軍を派遣するつもりはなく、多額の負担はごめんだと思っていた。アフリカのミッションへの2億2800万ドルという融資は、不快な状況から逃れるには妥当な額に思われた。

9月、アメリカ上院外交委員会の公聴会でパウエル国務長官が証言したとき、状況は大きく変化した。彼が次のように述べたことは、よく知られている。「ダルフールでジェノサイドが行われており、その責任はスーダン政府とジャンジャウィードにあります――ジェノサイドは今後も起きる恐れがあるのです」。当然、この簡潔な証言はただちにトップニュースに躍り出た。ジェノサイドという言葉は世界中の多くの人に、ホロコーストやカンボジアやルワンダの大量殺戮を想起させる。このように大きな犯罪を阻止する意思が国際社会に欠如していたことを、はっきりと思い出させる。したがって、世界最強の国家の国務長官がこう断言したとき、過去の悲劇の再現を食い止めるべく、アメリカが断固たる行動に出ると多くの人が期待しても、何ら不思議はない。ところが、その証言の全文を入念に読むと、パウエル国務長官には優秀な弁護士がついていても、政治顧問と情報操作担当者には恵まれていなかったことがわかる。証言は、国連ジェノサイド条約の条項に関する長々とした分析に基づいていた。条約ではジェノサイドに、「国家的、民族的、人種的、または宗教的集団の全員または一部を、壊滅させるという意図で行われる行為」と、幅広い定義が与えられている。

実際にダルフールでは、ジャンジャウィードの民兵が非アラブ系住民に大掛かりな暴力行為を行っていた。非アラブ系住民の村をことごとく焼き払い、女性をレイプし強奪行為に及んだ。1948年に国連で採択されたジェノサイド条約で定義されたように、こうした行為がジェノサイドであると主張しても確かに差し支えなかった。この条約において、ジェノサイドという言葉は一般に理解されているより幅広い意味で定義されている。だが、広範にわたる行為をジェノサイドととらえているため、その対応策について条約はなおさら慎重を期している。

パウエル国務長官は条約に基づき、ダルフールで起きたあらゆる人権侵害について、国連による正式な調査を求めた。言い換えれば、報告を求めただけで、具体的なアクションを求めたわけではなかった。ジェノサイドという言葉を用いたわりに、これはいささか腰砕けであった。アメリカはダルフールの状況をジェノサイドとみなすが、国際社会にはさらなる証拠が必要だとパウエルは述べ、さらにこうも明言した。しかるべき措置がとられ、「過去の残虐行為に責任がある者の責が問われ」、「国際司法裁判所に持ち込まれる前に」、調査を実施することはスーダン政府に汚名をそそぐ機会を与える。ジェノサイドを持ち出したのは、何か行動を起こすべきだという道徳的な判断というより、時間稼ぎを狙う外交手段だった。

各部隊派遣の模索

　こうして、ダルフールの悲劇を早期に終わらせるのではなく長引かせる、不透明で混迷を深める長き道へと、舞台は整えられた。それは、翌月の安保理の月次昼食会で、発展途上世界の理事国数か国から意見が出たときにはっきりした。彼らは、分裂を促す扇情的な言葉を用いるのではなく、「インセンティブ」を求めるべきだと主張した。だが、その後西側の全理事国に支持されたアメリカの外交戦略は、インセンティブではなく処罰を主眼にしていた。スーダン政府が大虐殺《ジェノサイド》を阻止する行動に出なければ、政府も大虐殺《ジェノサイド》の共犯者とみなすとしたのだ。このように背後に強い非難をちらつかせての交渉は、妥当、または現実的だったのだろうか？　あなたが天使側にいるならば、悪魔との交渉は似つかわしくない。あなたが悪魔呼ばわりされる側にいるならば、天国にいたる道は長くつらい道に見えるだろう。

　国連はというと、こうした矛盾の狭間にとらわれていた。ダンフォース国連大使は、アメリカが提議した調査要求決議案の支持を得るため、大虐殺《ジェノサイド》は起きた可能性が高いと言い直し、国務長官の発言を和らげた。そのため、9月18日に採択された決議（安保理決議1564）は、曖昧な内容になった。本来の政治的目的は事実の立証ではなく、圧力をかけて時間を稼ぐことだったからだ。この決議には、制裁を意味する「さらなる手段」という脅しと、スーダン政府の協力に対する期待がないまぜになっていた。一方で、ダルフール情勢は思わしくなかった。外交官たちが時間稼ぎをしている間に、住民の命が次々と失われていくという事態は、アナン事務総長には受け入れがたかった。パウエル国務長官はアメリカ上院議員に、AUが「相当数の部隊を派遣する」用意があると説明し、「それが住民に安全をもたらす一番の近道」だと述べていたが、わたしたちはそんな幻想は抱いていなかった。アナン事務総長は安保理に各自の責任を再認識するよう促した。AUの部隊派遣が近道だったのは、ほかにとるべき道がなかったからにすぎない。

部隊派遣が可能かどうかEUとNATOに電話で確認してほしいと、わたしはアナン事務総長から頼まれた。その可能性がないと事務総長はわかっていたのではないだろうか。ダルフールの悲劇の国際的関心を高める重要な役割を担ってきた裕福な国家に通告する、彼なりの方法だったのだろう。政治的合意に達せず軍隊だけ配備しても、効果があるとは思えないし、こうした武力による威嚇はほとんど意味のない政治ショーにすぎない、とわたしは危惧していた。これはスーダン政府に圧力をかけることが狙いだったが、スーダンの反政府勢力を硬直化させる可能性が高いこけ威《おど》しだった。内心納得がいかなかったが、わたしはEUとNATOに電話をかけた。

数日後、国連総会のためにニューヨークに来たシラク大統領から、NATOに架電したことをたしなめられた。「NATOをダルフールに行かせるなどとんでもない愚行だろう!」と大統領は厳かに言った。わたしは同意したが、NATOがダルフールに本格的に派兵する可能性は、前々からほとんどなかった。その一方で、アフリカ諸国は迅速な派遣に向けて並々ならぬ力を注いでいた。10月までに、ダルフールに約2000名のアフリカ人部隊を配備させた。安保理非常任理事国の椅子をめぐる南アフリカとナイジェリアの競争のせいで、派遣軍を管理し編制する力のある、いわば「屋台骨となる国家」を中心にAUミッションをまとめられなかったことを考えると、これはなおさら驚きに値した。

ナイロビでの安保理会議

ダルフールについて何らかの措置が講じられたことで、別の課題に取り組める、少なくとも国連の調査結果が出るまでの時間は稼げるとして、西側社会は満足した。だが、調査の準備は2005年まで整わなかった。2004年の秋、ダルフールのみならずスーダン全体に対し、純粋に戦略的に取り組み、検討する機会が安全保障理事会に訪れた。スーダン政府とSPLMとの和平交渉は着実に進んでいたが、安保理はさほど関与していなかった。将来ハルトゥームのスーダン政府とスーダン南部との間に和平合意が成立した場合の平和維持活動の展開に備えて、国連事務局はこの交渉に支援チームを派遣した。国連は大きな後れを取っていた。交渉はそれまで、イタリア、ノルウェー、イギリス、アメリカという少数の「オブザーバー」国家が厳しく管理していたが、彼らはようやく、幅広い支援を取りつける必要があると気づいた。

和平プロセスの前進に熱心なダンフォース米国連大使が安保理を説き伏せて、スーダンとソマリアの問題に特化した特別会議が、アフリカで開催されることになった。これは知的で勇気ある決断だった。スーダン情勢に関してほとんど知らない安保理のその他理事国に、アフリカの将来に関わる戦略的重要課題の1つを共有させることになったのだ。安保理は11月18日にナイロビに赴き、スーダンについて協議した。アフリカで安保理の会議が開かれたのは、これが2度目だった。最初は30年前にアディスアベバで開かれ、主に脱植民地化について話し合われた。しかも、ニューヨーク以外の場所で開かれたのは、わずか3、4回しかなかった。

スーダンの歴史的背景

2011年に南スーダンが分離独立するまで、スーダンはアフリカ最大の国土を有する国だった。北はエジプト、南はウガンダに国境を接し、南北間の距離は2000キロに及び、サハラ砂漠の東端に位置するスーダンは、特異な状況に置かれていた。アラブ系住民とブラックアフリカの分裂がスーダンを二分していたが、ナイル川——ブラックアフリカの奥深くから流れる2本の支流が、首都ハルトゥームで合流する——が、大きく異なる2つの世界、つまり、湿地と生い茂る森林という南部の緑の世界と、北部の砂漠の世界を物理的につないでいた。古代エジプトから何世紀にもわたり、北部の住民は奴隷や金、象牙を内陸から取り立て、南部を食い物にしてきた。現代でも、ハルトゥームのナイル川周辺に暮らすアラブ民族はスーダンで支配的な立場を占める。西アフリカのムスリム巡礼者がメッカへ向かう途中にスーダンを横切るので、彼らは南北貿易や東西貿易で富を蓄えてきた。1世紀にわたるイギリスの植民地支配によっても、このパターンはほとんど変わらなかった。植民地開拓者は主にアラブのエリート層を相手にし、いくつかの駐屯都市以外、南部にはごく少数の開拓者しかいなかった。

　1956年にスーダンが独立を果たしたとき、医学教育を受けた医師は南部にわずか6人しかいなかった。南部における植民地時代の唯一の遺産と言えるのが、プロテスタントの宣教師が広めたキリスト教だった。キリスト教の布教は、アフリカでもとくに素晴らしい、複雑な文明——もっともよく知られているのがヌエル族——に影響を及ぼした。植民地時代にすでに格差が広がっていた北部のアラブ系住民と南部のアフリカ系住民を結びつけるものは、独立当時、ほとんどなかった。しかも、スーダンでは1956年以来、ほぼ絶え間なく内戦が続いている。とはいえ、何世紀にもわたる交易を経て、アラブ系指導者は認めたがらなくても、彼らにもアフリカ系の血が多く混じっている。したがって、現在の分裂はもはや肌の色というより心理的な要因が大きい。地理的には北部に位置するダルフールでも、多くの〝アラブ系〟住民の肌の色は黒い。イスラム主義者の指導者ハッサン・トラビはわたしに、スーダンとは「黒人の国」という意味だと指摘した。この指摘にはいくらか皮肉が込められていた。スーダンのアラブ系住民とアフリカ系住民の関係は、アラブ系住民が自らのアラブのアイデンティティに深い確信を抱けば、おそらくそれほどこじれることはないように思えた。トラビやオマル・アル＝バシール大統領が過激なイスラム主義を奉じるのも、混成の進んだこの国を埋め合わせる手段なのかもしれない。

ＳＰＬＭ指導者ジョン・ガラン

ナイロビで開かれた安保理会議の会場は、１９６０年代から70年代初めを代表する建築様式の月並みな大ホールだった。とびきり平凡な現代世界の疑似均一化の好例と言えよう。会議は歴史的な出来事だったが、会場は歴史的な建造物ではなかった。わたしはそれまで、ＳＰＬＭの指導者ジョン・ガランと会ったことがなかった。彼は大物であり、自由の闘士というロマンチックな伝説だけでは形容できない人物である。民主主義は信じていなくても、祖国についてのビジョンを持つ、しっかりした戦略的思考の持ち主だった。南部はもちろんアフリカ系黒人の住民が多い北部でも、とくにハルトゥームのスラムで、彼の人気は高かった。和平合意がもたらす「平和の激震」について彼が語るとき、数十年間戦ってきたこの男にとって、単なる言葉以上の重みがあった。彼が和平合意の番人を安保理に要請したことには、外交辞令以上の意味があった。それは、反政府勢力の指導者が国民の未来を国際社会に委ねるという意味だった。

ハルトゥームの政府代表のアリ・オスマン・タハ副大統領は、ガランより洗練されており、やはり平凡ならざる人物だった。彼が連邦主義と地方分権化を明言したことには大きな意義があった。交渉の推進に力を尽くしたこの2人なら、「新しいスーダン」というビジョンで一致するかもしれないと予感させた。アフリカの指導者は一般的に、国連の役割について相反する感情を抱いていた。ウガンダ大統領ヨウェリ・ムセベニは、アフリカによる解決とアフリカによる派兵を支持し、こんなふうに語った。アフリカにはあらゆる肌の色の人がいる、ジョン・ガランのように青い肌の者も！

もっとも喫緊の課題は、今後の政府軍についてだった。ベースラインや部隊のバランスに関して合意が必要になることから、南北比率の合意は容易ではなかった。これは戦闘中に扱うには神経を使う問題である。ガランは譲歩する心積もりをしていたらしく、北と南の比率を7対3とすることで合意した。ただし、ハルトゥームの中央政府が軍の給与を支払うという条件を提示した。そうすれば、南部に割り当てられる資金は、軍隊ではなく開発に充当できるからだ。彼は演説の大半を、希求する「平和の激震」を戦略的にいかに強化するかよりも、交渉における実際の懸案事項に費やした。

失われた機会

振り返ってみれば、このナイロビの会議では絶好の機会を逸した。会議の準備は周到に行われず、安保理理事国の多くにあまり情報がなかった。問題の本質を知る者たちは、関与する国家を増やせばさらに成果を上げられるのか、確信が持てなかった。アナン事務総長はそれでも、南北間の和平プロセスとダルフールの和平プロセスを両立させる必要があり、スーダンの平和は国全体として検討する必要があると強調し、こう述べた。「スーダン全体を対象にした包括的な政治解決だけが、長期的安定という希望の灯をスーダンにともす」。さらに、全利害関係者が今後のスーダン国家統治について話し合う全国会議を呼びかけた。

タハ副大統領は、ダルフールの人道的停戦に違反したとして事務総長がスーダン政府を名指ししたと不服を申し立てた。しかしながら、前向きに応じて次のように述べた。「民主的で、幅広い支持基盤の政府を樹立するために、和平合意は国民間対話に道を開いた」。ジョン・ガランはスピーチでそこまで明言しなかった。彼を支持する西側諸国は、南北間協定の成立に熱心なあまり、大きな問題に取り組むように彼を急き立てなかった。

ダルフールの情勢悪化がガランの交渉戦略を脅かし、南北合意の成立が彼にとって一層の急務となったことは間違いなかった。ダルフールの紛争が脅威だったのは、バシール大統領とタハ副大統領の所属する国民会議党（NCP）による北部支配に盾ついたからだ。この紛争は、NCPとガラン率いるSPLM間の取り決めを揺るがす恐れがあった。この取り決めは基本的にその他の政治当事者をなおざりにし、両者の間で権力を分担するものだった。

2005年1月9日に調印された和平合意により、「国家統一政府」が樹立されることになった。移行国民議会の議席の80パーセントがNCPとSPLMの連立に与えられ（それぞれ52パーセントと28パーセント）、北部の野党に14パーセント、南部の反対派に6パーセントしか与えられなかった。この比率は、その他の利害関係者、とくにダルフールの利害関係者の意向が認められた場合には、見直されることになっていた。

詳細なるも曖昧な和平合意規定

本来探るべき包括的な解決を指導者たちが諦めたせいで、スーダンの人々はその後何年にもわたり、重い代償を支払わされることになった。スーダンの連立与党にとっても好都合だったこの戦略的過ちに、国際社会の一部、とくにアメリカが荷担した。だが2004年の末、わたしにはその過ちがはっきりわからなかったし、公の場で大きな議論を呼んでもいなかった。とにかく包括的和平合意（CPA）に重点が置かれ、2005年1月9日に調印の運びとなった。合意文書は全体で200ページを超え、非常に複雑な内容だった。細かい点まで気を配った3年にわたる交渉の成果であり、複数の加盟国から成る東アフリカ地域の政府間開発機構（IGAD）、およびケニアのラザロ・スムベイヨ将軍が、交渉で重要な役割を担った。さらにイタリア、ノルウェー、イギリス、アメリカの各国政府が、単にプロセスを「見守る」以上の働きをした。

合意文書の前文で、戦略的譲歩が詳述された。スーダン南部の自決権が承認されたため、分離独立の可能性も認められた。ところが同じ段落に、「暫定期間中に、統一が魅力的な選択だと受け止められる」よう当事者は努力すべきだとも書かれている。暫定期間は6年間で、その後、国民投票が行われることになっていた。さらに、欧米のオブザーバーはNCPとSPLMの意向に反し、全国の議席配分を決める国勢調査に基づき、暫定期間に中間選挙を実施するよう要求した。この選挙後に、合意で定められた割合（NCPとSPLMに80パーセント）は、実際の選挙結果と置き換えられることになっていた。これは合意が甚だ曖昧であることを示すものだ。各自の支配地域を厳しく管理するという、二大勢力間の取り決めとも読めるし、より民主的な新方法でスーダンを治めるための土台とも読める。主唱者の経歴を考えると、後者の解釈は間違いなく疑わしい。だが、権力者から権力を奪わないまでも、やがて権力が公平に分配され政治的自由を広げる、緩やかなプロセスが始まるのではという希望も持てた。

国際社会の関係者の影響が、暫定的措置を記した詳細な――おそらくは詳細すぎる――規定と、暫定憲法制定にいたるプロセスにはっきり見て取れた。こうした具体性は、合意内容が一時的であることを無視しているように思われた。当事者間の甚だしい不均衡も無視していた。すなわち、スーダン北部には、機能的国家としてのあらゆるリソースが備わり、強力な官僚制度が存在していた。これに対しスーダン南部に存在するのは、戦争を仕掛けた反政府活動と、国連機関とNGOが1989年に設立したオペレーション・ライフライン・スーダンを通じた、国際社会による民間人への基本的な生活支援だった。

またこの合意では、北部と南部に存在する大きな力の格差が、政治的、現実的にどんな意味を持つのか、十分に注意が払われていなかった。北部はそれまで支配的役割を果たしてきたが、南部は、植民地時代も独立後の体制でも実質的に無視されたうえに、戦争の影響をまともに受けていた。南部で南スーダン自治政府が創設されたが、北部でこれに相当する機関は作られなかった。スーダン北部では国家機関が州に直接対処するが、南部では自治政府の承認が必要だった。要するに、北部には機能的国家が存在したが、南部ではほぼゼロから築き上げる必要があったのだ。

制度に関して詳細な規定がある一方、紛争の核心である重要課題については曖昧模糊としたままだった。要となる規定は、南部で産出された石油収入の50パーセントを南部が受け取るという内容である。この規定は、和平合意の曖昧さを象徴していた。南部がスーダン全体の統治に参加することを、国民統一政府が本当に認めるだろうか？　それとも国民統一政府はスーダン南部の自治政府に相応する北部政府となり、南部を形ばかり参加させることになるのか？　こうした問題は、富分割協定などの取り決めのあらゆる側面に大いに関わってくる。その一方で、ハルトゥームの中央政府が、南部で集めたリソースの半分を南部に分配することを認めたのは注目に値する。ただ、この非対称性は誰の利益になるように作られたのか、定かではなかった。つまり、国家機関がどんな役割を果たすか次第で、北部で生じるリソースを監視する権利を受け渡すことなく、スーダン南部の政府は、その支配領域で生じた収入の半分を完全に確保できるといえる。だが、バシールのNCPが依然として国家機関を支配する立場にあるならば、NCPは北部で生じるリソースを完全に確保しながら、半分にあたる南部のリソースの支配権を確保できる、ともいえるだろう。

規定の詳細を吟味すると、いやがうえにも曖昧さが目についた。収入を公平に分配するには、各々の油井の正確な産出高を把握する必要があった。だが実際には、NCPが牛耳る中央政府の管轄下にある石油保安局が、油井の安全とアクセスについて責任を担い、スーダン南部の自治政府は、北部の技師や専門家が提示した数字に頼っていた。さらに根本的な問題として、リソース分配には南北の境界を明確に知る必要があった。権限分割協定は、1956年1月1日のスーダン独立時の境界線を採り入れていた。南北の境界線は、リソースの分配、得票数の割り当て、軍隊の再配備などの重大な問題にとって、大きな意味を持つ。だが、1956年独立時の境界線を誰もが受け入れているわけではなかった。帰属をめぐり当事者間で齟齬が生じ、論争の的となる地域もあった。結局、この件は和平合意の付属書に盛り込まれることになり、もっとも議論を呼ぶ問題の解決は先送りされた。

国連の役割に関しては明記されなかった。交渉は、地域機構であるIGADと、西側の〝オブザーバー〟により進められた。オブザーバーの国々は、軍再配備の監視を国連平和維持活動に託すという選択も考えていたが、査定評価委員会を中心的役割として維持したいと考えていたので、国連が取り仕切る可能性はなかった。それまでどおり彼らが交渉に力を注ぐ光景は励みになったが、当事者間の期待は一致していないのではないかとの懸念を覚えた。それは、今後の国連平和維持活動を考えるうえで不安材料となった。国連はいずれ間違いなく中心的役割を果たすだろうが、基本政策に影響を行使する力を持てないかもしれないと思ったのだ。

詳細な規定は紛らわしく、2005年1月9日に調印されたこの和平合意は、平和の指針としてはきわめて脆弱だった。今後の日程も定められていたが、最終的な成功は、和平交渉者が継続的に関与するかどうかにかかっていた。和平合意が結ばれたからといって平和を保証するものではないが、2005年に結ばれたこの和平合意は、不運と判断の誤りが相まって、交渉を正しい軌道に乗せることができなかった。

AU失敗の道筋

その年は、南北の部隊派遣――南部に国連軍、ダルフールにアフリカ連合（AU）軍――にもっぱら多大な労力が費やされ、いくつかの点で注意力散漫になった。政治プロセスがしっかり軌道に乗れば、部隊配備は変化を生み出し、政治合意を強化する余地ができただろう。だが、スーダンのような広大な国土を擁する国では、部隊配備の影響は限定的にならざるをえなかった。

2005年3月24日、安全保障理事会はスーダンに1万人の派兵を承認した。わたしはこの大規模な派兵が誤った期待を生み出す恐れがあると思った。コンゴの場合と同様に、1万人の派兵は一見大人数に思えるが、現実には、停戦監視団を守るため広大な領土にくまなく派遣されるのだ。一方、政府軍は1956年の南北境界線の北側に再配備され、帰属をめぐり厄介事の起こりやすい地域の治安警護のために合同部隊が設立された。国連軍の配備に注目が集まったのは、スーダン南部の自治政府が当初その規模に懸念を抱き、バングラディッシュやパキスタンなどのイスラム諸国と中国の部隊が含まれることを警戒したからだ。南部のSPLMはやがて見方を変え、さらに大規模な部隊でもよかったくらいだともらすようになった。部隊がどんな宗教を奉じていても、任務に関係がないことがわかったのだ。

一方ダルフールでは、部隊派遣の責任はAUが負っていたが、2005年3月に早くも別の選択肢が検討されるようになった。3月初旬、わたしは内部文書で、和平が合意に達した時点で展開するようにと、ミッションを強化する4つの選択肢を提案した。AU軍の拡大、AU・国連軍、国連軍、多国籍軍(MNF)の4つだ。多国籍軍が望ましいと推奨し、AU軍拡大とAU・国連軍については反対するとの意見を述べた。AUによる当初の小規模な部隊派遣は意欲的であり、確かにいくらか影響を与えた。だが、いかんせん規模が小さすぎて、最良の状況下でさえ長期的変化をもたらすにはいたらなかった。とはいえ、規模を拡大すればいいというものでもなかった。8000人規模の軍隊への後方支援と指揮統制は、3000人の軍隊への場合とは比べものにならないほど大変だろう。アメリカ国防総省の会議で、職業軍人はわたしの懸念を理解した。だが、国務省のジェンダイ・フレイザーと国家安全保障会議のシンディ・コーヴィル——2人ともコンドリーザ・ライスと親しい——は、AU軍の拡大を推した。さらに悪いことに、ヤン・プロンクは善かれと思い、総勢8000人の軍隊を要求すると公式に明言した。この数字に根拠はなかった。わたしはそのとき、AUに失敗の道筋がつけられたことがわかった。

ダルフール情勢のICCへの付託

その間にも、スーダン当局との関係はますます難しくなっていった。その年の初めに行われたダルフールに関する調査は、ジェノサイドが起きたと公式に結論づけてはいないが、ダルフール情勢を国際刑事裁判所（ICC）に付託すべきだと勧告していた。スーダンは、ICCを設立したローマの条約（訳注：ローマ規程。1998年7月17日採択、2002年7月1日発効）の非締約国だったので、ダルフール問題について法廷で争うには、安保理決議により付託されるしかなかった。安保理は、国連スーダン・ミッションの展開を承認した決議では、制裁やICCに関する言及を故意に避けたが、数日後、ダルフール情勢をICCに付託するという決議を採択した（安保理1593）。ICCに思想的に反対の姿勢をとるアメリカは棄権し、アルジェリアとブラジル、中国も棄権した。中国が拒否権を行使しなかったことには驚いた。それに、決議案を推進した理事国がその帰結を十分に検討したのか、わたしにはわかりかねた。司法制度は処罰を科すための制度であり、明瞭でなければならない。それに対し、平和維持活動は妥協と曖昧さだらけである。和平にいたる困難な道のりにおいて、平和維持活動はグレーな部分に対処する。ローマ規程で認められているとおり、差し止めが妥当だと安保理がみなした場合、訴訟前に手続きを差し止める権限が安保理に与えられている。だが、そもそも案件を付託したのが安保理であるなら、そうした法律上の可能性を選択肢に入れることは、ほとんど現実に即していないだろう。司法はそう簡単に切り替えられない。安保理がひとたび国際刑事裁判所を巻き込んだなら、その責任はとらなくてはならない。

この決議が採択されたのは、決議の支持国であれ棄権国であれ、安保理の全理事国がおそらく司法をきわめて政治的に見ていたからなのだろう。支持国やアメリカにとって、この決議は調査前のようにハルトゥームに圧力を加える方法であり、激しい議論に及ぶのを遅らせる手段だった。検察官がバシール大統領を起訴するとは、その当時の誰ひとりとして思いもよらなかった。安保理は、検察官が政治的反応を示すものだと思っていた。わたしは司法を戦術として利用するのは危険だと考え、司法と和平の両方が、いずれ悪影響を被るのではないかと恐れた。被告がスーダン政府となる可能性があったというのに、しかもどの国もスーダン政府に真剣に異議を申し立てるつもりはなかったのに、厳正な訴訟手続きをとったのは、かなり思慮が足りない行動だった。ジェノサイド論争と同様、国際社会の言葉と本音との間に隔たりがあることが、再びはっきりした。その言葉は、正義をもたらす道具となるどころか、平和維持活動を複雑にしかねなかった。

最初のスーダン訪問

2005年5月、わたしはスーダンを初めて訪問した。ハルトゥームとダルフールでは、ラフダール・ブラヒミも加わった。彼はスーダン首脳陣と何年も前からの知り合いだった。それに、母国アルジェリア独立のために戦ったブラヒミは、国連が植民地主義の陰謀の一翼を担ってはいないとスーダン政府に納得させるにあたり、国連でもっともふさわしい人物だった。その半年前、バシール大統領はアナン事務総長に、国連とスーダン政府は今後も長く協力する必要がある、国連は大国に操られないように気をつけるべきだ、と話したことがあった。国連に本心から協力したいと思っての発言かどうか定かでないが、額面どおり受け取る価値のある発言だ。スーダンの将来に共通の土台が見つかる可能性があるとすれば、スーダン首脳陣と戦略的合意に達するうえで、ブラヒミが重要な役割を果たすかもしれない。国民会議を開催する用意があると半年前のその会合でバシールが発言したことを、わたしはハルトゥームに向かう機内で思い起こした。ならば、スーダンを全体として見られるかもしれない。包括的和平合意が、南北間だけではなくダルフールの平和に道を開いたのかもしれない。AUのまとめた統計によると、ダルフールの殺人は当時、月に10人未満だった。ジョン・ガランの言う「平和の激震」が、ダルフールにも届いたのだろうか？　チャンスへの道が開いたのだろうか？

二大野党指導者との会談

民主統一党（DUP）指導者のモハメド・オスマン・アル＝ミルガニと、ウンマ党指導者のサディク・アル＝マフディーと会談し、和平への飛躍的前進がいかに難しいか思い知らされた。DUPとウンマ党は北部の二大野党で、ナイル川沿いの地域を拠点とする従来のアラブ民族のエリート層に支持されていた。1956年の独立後、バシールのクーデターにより追放される1989年まで、彼らがスーダンの政治を支配していた。当時将校だったバシールは、トラビの率いるイスラム主義者と結託し、クーデターを起こした。スーダンでは過去20年間、自由選挙が実施されていなかったので、この二大野党がどの程度の支持を得られるのか予測は難しかった。現政権よりはるかに大きな支持が得られると、両者とも主張した。1986年当時、ダルフールで圧倒的な支持を得ていたのは自分たちだと、ウンマ党幹部はわたしに念を押した。包括的和平合意はNCPとSPLMの利益を優先し、自分たちを無視しているとして、彼らは不満を抱いていた。アル＝ミルガニとカイロで会ったとき、スーダン政府とSPLMは修正に応じるつもりはないので、和平合意の再検討は現実的ではないが、合意の履行に際していくらか融通がきくと、わたしは彼に伝えた。導入される制度によっては、さらに多くの議席数が割り当てられる可能性もあった。DUPとウンマ党にはNCPよりはるかに多くの支持者がいると信じていたアル＝ミルガニには、大幅な譲歩に応じる用意はできていなかった。だが彼は、タハ副大統領とすでにある取り決めを交わしており、今後討議を重ねれば成果を上げられると自信を抱いているようだった。アル＝ミルガニはそれ以降の会議に国連も出席してほしいと要請し、国際的な承認を獲得しようと力を入れていた。

古い世代の指導者

ハルトゥームでは、当然タハ副大統領も本格的な政治討議に入る準備ができていた。彼との会談では、スーダンの主要政党間で政治討論が行われるかもしれないという感触を得たが、彼がどのような立ち位置にいるのか摑みづらかった。とても明瞭に話すが、とても用心深い人物という印象を受けた。スーダンの不明確さを如実に示す人物の1人だった。政策こそ安定をもたらす唯一の手段だと理解する、思慮深い人物であり、スーダンが失敗国家だと断言できないことを示す、生きた証だった。だが一方で、イスラム過激思想の持ち主でもあり、ＩＣＣに次に起訴されるのは彼だという噂もあった。スーダンの指導者はいたって洗練されていたが、独立以降のスーダンの歴史は、政敵を抑える限定戦争の歴史であった。１９５６年以来、武力のあからさまな行使は、金銭や駆け引きと同様に政権が用いる道具の1つとなり、その傾向はすぐには変わりそうになかった。わたしたちがスーダンに滞在中、ハルトゥーム郊外のキャンプで、難民が容赦なく立ち退きを命じられた。このことから、権威に盾突いた者に対して現政権がどんな対応をするか、改めて気づかされた。また、大学の同窓生や姻戚関係にあるというだけで指導者が馴れ合いで物事を決めることは、今後のスーダンでは通用しないということも示唆していた。

若い世代の声

わたしたちが会った指導者の大半は、50歳代から60歳代、または70歳代だった。だが、スーダンの若い世代はどう思っているのだろうか？　容赦なく鎮圧されたハルトゥーム大学のデモに参加していたような若者たちは？　スラム街に暮らす大勢の無職の若者たちは、政権を握る上流階級のにわか成金的ライフスタイルを見て、何と思っているのだろうか？　国連ミッションを担うあるパレスチナ人は、母国とスーダンとの類似点をいくつか挙げた。若い世代はきわめて過激で、本物のイスラム民主主義を求めており、支配層エリートの妥協と馴れ合いにうんざりしているという。グアンタナモ収容所の虐待やアメリカのイスラエル支持、イラクやアフガニスタンでの戦争を持ち出して、スーダン政府が反西洋感情を煽る体系的方法は主に防衛手段だった。与党NCPの幹部は、イスラム主義右派から異を唱えられることを何より恐れていた。イスラム主義者と権利を奪われた若者の連携が、彼らにとって最大の悪夢であり、現在のスーダンにとって最大の脅威かもしれない。

同じような懸念を、翌週、モハメド・ファエクとカイロで会ったときにも聞いた。ファエクはガマール・ナセル政権で閣僚を務め、ダルフールに関する国連調査委員会のエジプト代表委員だった。また、サダト大統領時代に何年も投獄された経験を持つ人権活動家でもあり、彼が民主主義的価値観に力を注いだことは間違いない。民主主義を望むアラブの若い世代の声が高まることで恩恵を受けるのはイスラム主義者ではないかと、彼は「アラブの春」の7年前に危惧していた。その原因は、準備不足で一貫性のない西側の政策にあるとも考えていた。

その間にも、広範な地域で情勢が悪化しつつあった。スーダン国民の間で合意を模索するよう促している場合ではなかった。あちこちの地域勢力が紛争を煽りたてるような事態になったら、一層収拾がつかなくなる。バシール大統領とエリトリアのイサイアス・アフェウェルキ大統領とのトリポリ会談に大いに期待を寄せていると、タハ副大統領は明かしていた。アフェウェルキ大統領は、ダルフールや東スーダンでさまざまな反政府勢力を支援し、その影響力を誇っていた。だが会談は失敗に終わり、バシール大統領はエリトリアに深い不信感を抱いた。アフェウェルキ大統領の宿敵であるエチオピアのメレス・ゼナウィ首相が選挙で大敗を喫し、主要都市を野党に奪われたことは会談に影響を与えなかった。アフェウェルキ大統領が、妨害者の後ろ盾になるという地域戦略をあえて追求しようと思ったのは、おそらくスーダンやソマリアで、自分が紛争解決に欠かせない人物になることを狙ったのだろう。リビアのカダフィ大佐は汎アラブ主義の夢を追い求めるために、チャドのイドリス・デビ大統領は出身のザガワ族の権力を強化するために、やはりそれぞれの目的に応じてスーダンと付き合っていた。

対照的な光景

焼き払われた村

ダルフール訪問は、ある種の対比研究となった。エル＝ファーシルでは、中央政府に任命された州知事が、わたしたちのために大きなパーティーを開いてくれた。平和で管理の行き届いた印象を与えたかったらしく、その点はかなりの成功を収めていた。ダルフールの多様な工芸品を贈呈され、舞踊と音楽つきの豪華なパーティーでもてなされた。その前日に、衛星電話で待ち合わせ場所の位置を聞きヘリコプターに乗り込んだわたしたちは、砂漠の奥地までスレイマン・ジャモウスに会いに行った。彼はザガワ族の出身で、1年後にダルフール和平合意に調印した、反政府勢力指導者ミニ・ミナウィと親しかった（ジャモウスはその後ミナウィと関係を断った）。彼は穏やかな口調ながら、きっぱりと言った。「わたしたちは政府を信用していない。これまで国民をだましてきたし、これからだってそうだろう」。

ヤン・プロンクは彼に分裂を思いとどまらせようとした。交渉を効果的に進めるにはそれしか手段がなかった。反政府勢力はヨーロッパの首都を次々と渡り歩くのをやめるべきだ、ダルフールに腰を落ち着けて、反政府勢力間で団結の基盤を築かなくてはならない、と訴えた。ジャモウスはこれに同意したかに見えた。彼によれば、いわゆる「アラブ」系と「アフリカ」系の民族間対立を操っているのは政府だった。政府が介入しなければ、緊張を生み出す原因はあっけなく消え去る。乾季が訪れたら、家畜が回廊を通過することを認めて、遊牧民と回廊地帯について合意にいたることができる。だが、政府が遊牧民に護衛をあてがって事態を煽り、対処可能な問題をエスカレートさせている。民兵組織ジャンジャウィードは、ダルフールで発生した事象ではなく、政府の道具である。

パーティーの翌日、ダルフールで暴力がどんな意味を持つのか、ジャモウスが何のことを言っていたのか理解した。アフリカ連合（AU）のヘリコプターで、わたしたちはコル・アベシェに飛んだ。村は焼き払われていた。ヘリコプターが着陸場所を探し、まばらな茶褐色の地面の上を旋回しているとき、まるで月面に着陸するような気分になった。1軒の家も、人ひとりも見当たらなかった。ところが、ロシア製のヘリコプターMi8のエンジンが停まったとき、状況は一変した。ヘリコプターの回転翼が巻き上げたほこりが収まると、こちらに近づいてくる2つの大集団が見えた。片方は全員男性で、みな白いジャラバに身を包んでいた。もう片方は全員女性で、青、赤、黄色、緑といったカラフルな服に身を包んでいた。

すると、カーキの衣服を着て手に銃を持った少人数の男たちが目に入った。AUにより配備された20名の兵士たちだった。この20名の兵士が派遣されてから、7000人の住民のうちおよそ3000人が、ジャンジャウィードに焼き払われて逃げ出したこの故郷の村に帰還していた。彼らは何もない村に戻った。壊れた鍋と火災で黒くなったものが、彼らの「村」の名残だった。そして、わずかに盛り上がる濃い色の地面は、以前家が建っていたというかすかな証拠だった。わたしたちはその地面の上を歩いた。AU軍の勇敢さに、わたしは感服するとともに慄然とした。彼らの存在が帰還住民に自信を与えていたが、本格的な攻撃を撃退する力は彼らにはなかったのだ。こんな奥地への配備は勇気ある賭けであり、このこけ威《おど》しが見破られたら、悲劇に転じる恐れがある。

政府の和解への意思

西ダルフール知事（ハルトゥーム中央政府による任命）との会談で、ブラヒミは率直に話した。説教するのではなく、上から見下ろすのでもない。わたしたちがそれまで目撃したことは、万人に備わる人間性にとって許しがたいことだと、彼はただ知事の人間性に訴えたのだ。人間はいったいなぜほかの人間に対して、わたしたちが見たような行為に及ぶことができるのだろうか？

知事は如才ない人物で、感情を交えずに応じた。知事によれば、政府が予防措置としてコル・アベシェに配備を指示したが、AUが拒否したという（AUは監視員を派遣したいと考えていたが、政府が先送りにしたことを、わたしは後日知った）。さらに、村に対する攻撃は、村のほうから仕掛けた攻撃に対する報復措置だったとも述べた。彼が嘘をついているのかどうか、その場で指摘することはできなかった。だが、わたしたちが見た数千人もの気の毒な男女は、数匹の羊と山羊のほか何もかも失い、アフリカ軍の傍らで身を寄せ合っていた。彼らが犠牲者であることに疑問の余地はなかった。それに、政府に攻撃の責任がないとしても、政府が彼らを保護していないことだけは確かである。ブラヒミは攻撃的にならずに、しかしはっきりとそう匂わせた。

コル・アベシェで目撃した光景から、推奨されている1万2000人の部隊では多すぎるか、十分ではないかのどちらかだと悟った。もし政府が和解プロセスに本気で取り組むつもりがあるならば、必要になるのは政治支援、とくに国際社会の当事者による政治支援、開発援助、そして機動部隊だった。政府は代理として配備していた民兵を再び統制下に置くようになったので、軍の努力を支援できる機動部隊が必要だった。政府が政治プロセスに取り組む準備ができていない場合、各地域で多発する争いを鎮めるために必要なリソースも情報も、外国軍には手に入らないということになる。こうした争いは、何しろ利用され操られやすい。ダルフールの複雑な地方政治については、AUも国連も、スーダン軍情報部にはかなわないだろう。その国の主要人物が解決を望んだ場合、ダルフールでもアフガニスタンのように、外国人が紛争の解決を促進する可能性もある。スーダンやアフガニスタンの準備ができていないのに、外国人が平和をもたらし解決策を見つけられると言い張るようでは、考えが甘すぎる。さもなければ、思い上がりというものだ。

南部情勢

南部で成果を上げるチャンスがあるだろうかと、国連の白いボーイング727でハルトゥームからジュバに向かうまでの間、わたしは考えをめぐらせた。ジュバは、のちにスーダンから分離独立した南スーダン共和国の首都となった。提案された1万人の部隊ではとても足りないだろうが、SPLMのガランとNCPのタハが合意を軌道に乗せれば、うまくいくかもしれない。ところがスーダン南部を訪問するうちに、これは手強い問題だという思いが強まった。

ミッションの展開にあたり、きわめて現実的な問題があった。ジュバ空港から数百メートル離れた国連のキャンプは、低地帯の草むらにあった。遠目では問題ないように見えるが、背の高い草を刈ると、ヘビがうじゃうじゃといるし、雨季には沼地になる。平和維持部隊も文民要員も、そのキャンプのテントで寝泊まりしていたが、大雨が降るとテントのなかは水浸しになった。コンクリート造りの建物を建てようと思うと、非常に厄介だった。砂利を敷く重機は南部に一台もなく、道路には地雷が埋まっていて、何もかも空輸しなくてはならなかった。そのため、外国人にとっては、ハルトゥームで暮らすよりはるかにコストがかかるのだ。こんな状況では、優秀な文民要員を南部に呼び寄せるのは、途方もなく難しいだろう。

国連援助機関の人道支援要員にはかなりの報酬が支払われており、かれこれ20年も活動していたので、十分な時間をかけて快適な施設が建てられていた。だが彼らがいるのは、ジュバから300キロ以上離れたルンベックだった。ちょうどその頃、国連世界食糧計画（WFP）はルンベックの拠点の拡張工事を終えたところだった。ルンベックはスーダン南部政府の暫定首都だったが、SPLMはガランと南部政府をジュバに移し、首都にする予定だった。ルンベックとジュバの二都物語は、政府の自立能力育成に協力すべき平和維持活動と、オペレーション・ライフライン・スーダンの人道支援が連携していないことを、如実に表していた。オペレーション・ライフライン・スーダンは、北部との戦いを最優先とする南部政府の代わりに、紛争中は一般市民の救命援助を効率よく実施してきた。

ルンベックへ

ガランに会うため、わたしたちはルンベックまでの長距離をヘリコプターで移動した。雷雨を避けるため低空飛行したので、生い茂る木々、サバンナや湿地、緑地が広がる以外、奥地には何もないのがよくわかった。人口約10万人のルンベックには、世界食糧計画が使用する舗装されていない一本の滑走路しかなかった。町に舗装道路はなく、国連事務所と何軒かの邸宅に発電機がある以外、電気も引かれていなかった。国連の白いトヨタ車かSPLMのSUV車以外、車も見かけなかった。ジョン・ガランと会ったのは、このときまだ2回目だったが、これが最後になるとは思いもしなかった。

熱帯の夜が帳《とばり》を下ろす頃、わたしたちはポーチでプラスチック製の椅子に腰かけて話した。国連の活動には少々失望したと、彼はすぐさま切り出した。派遣前、彼は大規模配備が必要なのかと躊躇していたが、その疑念はすっかり吹き飛んでいた。今度は小規模どころか、さらに大規模な部隊を望んでいた。彼が多くを望むようになったのは、人道援助活動の影響だった。国連援助機関による人道援助と同じように、国連に治安活動を提供してほしいと思うようになったのだ。国連の技術力と、人道援助コミュニティの大掛かりな地雷撤去作業を連携させ、道路を安全に開通させることに最善を尽くすと、わたしは約束した。だが軍隊の限界についても説明した。ウガンダで組織された残忍な反政府武装勢力、神の抵抗軍（LRA）の殲滅を、国連軍に望むことはできない。LRAは、紛争中にハルトゥームの政府から支援を受けていた疑いがあった。平和維持部隊は暴動や反乱を鎮圧するための軍隊ではない。紛争からの復興を目指すコンゴなどの国にかつて伝えたことを、ガランにも伝えた。結局のところ、どの国も自国の安全は自分たちで守るしかない。ところが、スーダン南部の反政府軍を正規軍に転換することについて話し合っているうち、未解決の政治的課題がまだ数多くあることが明らかになってきた。

ガランが去ったあと、わたしはリエック・マチャルとディナーをとりながら打ち合わせをした。彼のことは、『エマの戦争』（訳注：*Emma's War.* 未邦訳）を読んで知っていた。援助活動家だった英国人女性のロマンスあふれる話だ。彼女は未開の地でマチャルの活動に参加し、彼と結婚し、29歳のときに不可解な自動車事故で亡くなった。愛と理想主義にあふれた麗しい話に聞こえるかもしれないが、その背景にあるのは南部武装集団間の残忍な抗争だった。1990年代前半、ヌエル族のマチャルは、ディンカ族のガランに対し容赦ない戦いを繰り広げた。その後、マチャルは北部の政権に加わり、大統領補佐官となった。ところが2002年、彼はガラン陣営に戻り、南部で再び重要な役割を果たした。エマが恋に落ちたというこのカリスマ的な反政府軍指導者に、わたしはなかなか友好的態度を示す気になれなかった。抜け目ないタフな司令官であり、おそらく市民の大量殺害に責任があり、キャリアで2度も政治的立場を変えた人物である。新軍の創設手順について話し合っているとき、マチャルは自軍を解体したくない、その他の部隊と合流させたくない、さらには動員解除をしたくないとまで明言した。彼の軍はかなりの規模だったので、そのまま保有したいと思っていたのだ。ヌエル族とディンカ族の間の信頼は、スーダン南部自治政府と北部ハルトゥームの政府の間にある信頼と、大差なかった。ディンカ族出身のサルバ・キール南スーダン大統領が、ヌエル族出身のリエック・マチャル副大統領を解任したことを発端に、真の信頼関係の欠如は2013年末に新たな戦闘を引き起こした。

ガランの死

ルンベック訪問から3か月もたっていない7月最後の日曜の朝、ニューヨークにいるわたしに一本の電話がかかってきた。平和維持活動局シチュエーション・センターから緊急の電話で、カンパラから帰国途中のガランが乗ったヘリコプターが、悪天候のため行方不明になったと知らされた。しばらくして、捜索活動にあたっていた平和維持要員から、誰もが恐れていた知らせを受け取った。ジョン・ガランが死亡、墜落事故の生存者なし、と確認されたのだ。その3週間前、ハルトゥームで行われた国民統一政府の就任式で、ガランはスーダンの第一副大統領に就いたばかりだった。大きな影響を与える出来事の裏には大きな原因があると人は考えがちだ。ガランの死後、数々の陰謀説が飛び交った。だが、わたしも赤道アフリカの不安定な気候のなかを飛行した経験がある。その経験から言って、悪天候と不運が重なれば、こうした悲劇は起こりうると思う。

ジョン・ガランの死により、南北間の関わりは薄くなった。それに伴い、南北間の交渉で重要な役割を果たしてきたとされる、タハの影響力と権力も低下した。ガランが亡くなる前から、戦術が戦略に勝る危険性はすでに高く、長期的な共通ビジョンに関して合意にいたることは至難とされていた。ガランの死が決定打となり、均衡は崩れた。スーダンに関して、包括的で首尾一貫した戦略を合意にいたらせようとする強い姿勢を、国際社会は政治的にも概念的にも示さなかった。だが、ガランとタハという2人の主演俳優がいれば、1つのビジョンとは言わなくても、せめて両立する2つのビジョンを築けるという望みがまだあった。新生スーダンのビジョンは、ガランとともに死んだ。後継者のサルバ・キールには、スーダンを1つにまとめるビジョンもカリスマ性もなく、彼が南スーダンを1つにまとめられるかどうかも不確かである。

第8章

ダルフール
——困難をものともせず平和維持部隊を派遣

サルバ・キールという人物

2005年7月のジョン・ガランの死が戦略に与えた影響は、すぐには現れなかったが、交渉の方程式が変わったことは明らかだった。国際社会とスーダン政府の姿勢は、ますますかけ離れていった。政府の国際社会に対する不信感と、国際社会がスーダン南部とダルフール政策を統合できなかったことが、その傾向に一層の拍車をかけた。結果として、スーダンの北部と南部の関係はたちまち希薄になった。

権力の空白を回避するために、ガランと同じディンカ族出身のサルバ・キールが、スーダン第一副大統領に早急に就任した。ルンベックの会談でわたしはキールと会っていた。キールはあまり発言せず、内気な性格に見えたが、公務員採用問題に話が及ぶと、俄然活気づいたのが印象的だった。彼は北部からの侵害に誰よりも声高に反対していた。スーダン行政府を1つにすべきではなく、北部とは別の行政府を南部に樹立すべきだと考えているのは明白だった。

キールは北部でほとんど知られていなかった。北部にとって、現実に支持者がいるといえる南部の指導者は、ガランだけだった。だが南部では、キールはガランほど横暴ではなく、当初は、ほかの指導者たちに胸襟を開く用意があったように見えた。彼はリエック・マチャルを南部政府の副大統領に指名した。その数か月後、各指導者を束ねる力があるところを見せようと、マチャル指揮の部隊も含めて、南スーダン防衛軍（訳注：政府の正規軍ではなく民兵組織。SSDF）を新しいスーダン人民解放軍（ＳＰＬＡ）に統合した。これは将来にとって明るい材料だった。ガランが権力を掌握しているときにマチャルと交わした対話からは、とても実現しそうにないと思われたことだ。

足並みはそろわず

今回の任務に誇りを抱いていたアフリカ連合（ＡＵ）も、国際社会と同じように分裂の様相を呈していた。アルファ・ウマル・コナレＡＵ委員長は、軍隊や後方支援、指揮統制の限界を考慮せず、しきりに部隊を１万２０００人に増員したがっていた。わたしはニューヨークに戻る前にアディスアベバに立ち寄り、現状についてコナレと話し合った。活動の80パーセントを部隊と後方支援に、20パーセントを政治に費やすのではなく、その配分を逆にすべきだと彼に訴えた。ラフダール・ブラヒミからはひそかに、旧アフリカ統一機構（ＯＡＵ）の事務局長だった、タンザニア出身のサリム・アハメド・サリムを特使とするよう進言されており、その案をコナレに伝えた。コナレに異論はないようだった。さらにわたしは、国際社会の足並みをそろえるべきだとも強調した。リビア、エジプト、エリトリアには、それぞれ独自の政策とひいきとする支持勢力があった。さまざまな反政府勢力を後押しする欧米諸国も似たようなもので、かつてないほど厄介な状況が生まれていた。ハルトゥーム、ワシントン、アディスアベバ、カイロは、戦略や最終局面に関して何ひとつ一致していなかった。

その間にも、保護や団結を求める声は高まっていた。コフィー・アナンは、国連がダルフールに変化をもたらせるところを示さねばという、大きなプレッシャーにさらされていた。イラクの石油食糧交換プログラムの運営にまつわる国連のスキャンダルのせいで（息子のコジョがこれに関与していたことも含めて）、アナン事務総長は危うい立場に置かれていたからだ。それに加えて、ダルフールが依然として世界の注目を集めており、スーダンの南北合意は影が薄くなった。マスコミと欧米の世論にとって、優先すべきはダルフールにおけるAUの平和維持ミッションだった。国連にとっては、それをいかに支援するのが最善か難しいところだった。ドナーは、融通のきかない非効率的な二国間協定に基づき支援を提供していた。アメリカは、民間請負業者に委託しキャンプを設営していた。カナダは、ヘリコプターの費用を負担し設備を提供していた。欧州諸国は、資金を提供するか、将校を派遣していた。EUは、部隊と監視要員に資金を出していた（EU監視要員の賃金体系が国連よりも高いため、南部の国連ミッション監視要員の採用が一段と難しくなった）。意図的に役割を分担したのかもしれないが、混乱と無駄と不信を招く結果となった。ドナーはAUの会計管理に不満だった。AUのほうは、ドナーがマイクロマネジメントを行い、ひっきりなしに介入してくるとみなして欲求不満を募らせた。

平和維持活動局事務次長補のヘディ・アナビの助言にしたがい、わたしはAUと協力する国連特別代表に、大虐殺《ジェノサイド》を経験したヘンリー・アニドホという素晴らしい人物を選んだ。アニドホはガーナ出身の軍人で、カナダ出身の尊敬すべき軍人ロメオ・ダレールの副官も務めた。ダレールはルワンダの大虐殺《ジェノサイド》時に、小規模で展開していた国連平和維持部隊の司令官だった。アニドホは当時、ガーナ派遣軍を勇敢に指揮し、数千人のルワンダ人を救った。体格が良く、真面目な人柄で、高潔さとあふれんばかりのエネルギーを併せ持つ彼は、たちまちAU上層部の尊敬を集めた。その1人に、サイード・ジニットがいた。ジニットはアルジェリア出身の有能な外交官で、AU事務局でわたしと同じ任務を遂行し、AU平和・安全保障委員も務めていた。貧弱な装備しか持たない部隊を過酷な環境に派遣しているという事実を無視しがちの議論に、アニドホとジニットは現実主義的側面をもたらした。

新生AUには任務遂行に必要な体制が整っていなかったうえに、1990年代に国連がユーゴスラビア紛争に対峙したときと似たような状況に置かれていた。しかし、国連が旧ユーゴスラビアに大量に派遣した装備の整った欧州部隊は、AUにはなかった。それでも、この2人は不可能な状況で最善を尽くそうとした。現実的方針を見出すことは容易ではなかった。アフリカの指導者は自らの弁舌を盲信するきらいがあった。欧米諸国は、たとえ証拠があっても、計画の根本的欠陥に見て見ぬふりをしたがり、軍の設立には資金を出すだけで十分だと決め込んだ。これではまるで、車が欲しければ、タイヤ4つとエンジンと車体を買うだけでいいと思っているようなものだ。スーダン政府からは、せいぜい気まぐれにしか協力が得られなかった。反政府勢力の指導者は、合意に達するより現場で既成事実を作るほうに関心を示した。1990年代に痛い思いをして学んだ教訓は、忘れ去られてしまったようだ。

軍事面に限定された国連の役割

国連の役割が基本的に軍事問題にかぎられることが、ニューヨークにいるわたしには次第にはっきりしてきた。これは将来的に決して好ましいことではなかった。南北問題の歩む道のりは、ダルフール問題の道のりとは依然としてかけ離れていた。それはつまり、スーダン全体に統一をもたらす政治プロセスを進展させる権限が、誰にも与えられていないということだった。国民会議開催については取り上げられなくなり、タハ副大統領とアラブ系野党との関係を国際社会が追跡することはなかった。包括的和平合意は諸問題と切り離して履行され、国際社会はあえて連携をとらずに合意に取り組んだ。包括的和平合意を監視する評価調査委員会は、ノルウェーの外交官トム・ヴラールセンを委員長に任命し、監視役の中心的役割からヤン・プロンクと国連を首尾よく外した。

わたしはこんな権限の希釈化は間違っていると思った。できるだけ大きな政治的権限を1人の人物、つまりスーダン担当国連事務総長特別代表のヤン・プロンクに与えるほうが、絶対に好ましいはずだ。だが、和平合意の成立で大きな役割を果たした欧米諸国は、支配力を譲り渡すことに慎重な姿勢を示していた。彼らは平和維持活動の政治的性質をよく理解しておらず、プロンクとの関係も悪化した。

一方で、国連軍のインド人司令官ジャスビル・リッデルが、停戦委員会の委員長に就くことになった。彼は見事な手腕を発揮して、スーダン軍首脳部とSPLA首脳部との間に信頼を築き、数々の出来事を大事件に発展する前に鎮めた。だからといって、包括的で一貫性のある政治戦略の代わりにはならなかった。

国連はダルフールの現状を十分に把握していなかった。国連軍はダルフールに駐留していなかったが、AUのミッションの限界が明らかになれば、やがて国連が軍事面で大きな役割を求められることになるとわかっていた。自分たちがミッションの失敗あるいは交代を引き起こしていることに、アフリカのミッション拡大を提唱した者たちが気づいていたのかどうかはわからない。2005年11月、アナン事務総長は国連平和維持活動局に、ダルフールの任務計画の立案を正式に要請した。計画にはもう着手していた。わたしはすでに、平和維持活動局の軍事顧問でインド出身のランディール・メフタ将官と、彼の有能な企画担当官でイギリス出身のイアン・シンクレア大佐に依頼し、できるかぎりの創造性を発揮して、数より機動性を重視して考えてほしいと伝えていた。ダルフールのいたるところに確かな足跡を残すというわけにはいかないかもしれないが、機動部隊がいるだけでいくらか抑止力となるかもしれない。任務遂行に必要な能力が不足していることは明白だったので、わたしはノートにこう書き留めた。「北部の軍が参加しなければ、どうにもならない」。平和維持活動局でダルフールを担当するマイケル・ガウエットが、このミッションの計画を取りまとめた。彼は辛抱強く仕事に取り組み、だらだらと長引き遠回りする交渉に苛立つわたしを、なだめようとしてくれた。

欲求不満を抱えた時期

平和維持活動局代表としての最後の2年半を振り返ると、強い不満を感じざるをえない。その時期を、改革にしっかり取り組み、平和維持活動を組織的に強化するために充てたかった。なのに、ダルフールについての誤った解決策を際限なく追い求め、多くの時間を無駄にしてしまった。結果として、スーダンの人々に十分な変化をもたらせなかっただけではなく、平和維持活動がたゆまぬ努力で得た信頼を損ねるほどの大失敗に、国連を巻き込む危険も冒した。同時に、やはり困難を伴うその他のミッションに相応の注目を集める機会を奪った。

スーダンの国連への不信

アナン事務総長はその危険を誰よりも承知していた。そこで、2006年1月の安保理昼食会の席で、アフリカ連合（AU）から引き継ぐミッションはこれまでとはまったく違ったものにする必要があると訴え、理事国に警鐘を鳴らした。翌2月、ホワイトハウスで行われたジョージ・W・ブッシュ大統領と事務総長の会談で、スーダンはほとんど話題にのぼらなかった。事務総長は、AUとの引き継ぎには慎重な対処を要すると主張するにとどめた。だがこのときの会談は、国連がAUを追い出そうとしているという印象をスーダンに与えた。ネオコンのジョン・ボルトン国連大使――ダルフールの住民を助けるより、自分が目立つことに関心があるように見えた――が、ペンタゴンは国連にプランナーを派遣すると自慢げに語ったのに対し、アメリカ政府は再びＮＡＴＯに言及したが、その印象は打ち消せなかった。スーダンは「保護する責任」の履行が求められる状況にあるとの指摘が、次第に増えてきた。しかも、先進国に介入するつもりがないにもかかわらず、介入という言葉が独り歩きしていた。仮にそのような選択肢があったとして――もちろん、そんな選択肢はなかった――先進国が一方的にスーダンに武力介入すれば、決して望ましい結果は得られないとわたしは考えていた。ただ、しきりに聞かれる介入という言葉が、現実に取りうる唯一の行動指針であるただでさえ制限の多い任務に、新たな障害を生み出すことだけは確かだった。

スーダン首脳部が、ハルトゥームで広がっていた陰謀説を本当に信じていたのかどうかはわからない。だが、アフガニスタンとイラクに続いて、またイスラム教国家が侵攻されるのではないか、スーダン国民はいかにしてその十字軍を撃退するかという話題で、スーダンのモスクは持ちきりだった。イスラム教徒としての信頼を疑われたくないがために、バシール大統領が再びハッサン・トラビに接近するという噂が流れた。トラビは、１９８９年のクーデターを共謀したイスラム主義指導者だ。ジョン・ガランの未亡人のレベッカと会ったとき、政府がイスラム主義に傾くにつれ、亡き夫が推進した新生スーダンの夢がますます遠のいていくと、不安を露わにしていた。外交努力を望む一派はスーダン政府で勢力を失いつつあり、スーダンと国連は協力を続けるべきだと、かつてバシール大統領が事務総長に伝えた日は、遠い過去になってしまった。国連はもはや、政権弱体化を目論む欧米の陰謀に荷担していると見られていた。

わたしがフランス人だということも不利に働いた。フランスがチャド大統領のイドリス・デビと親密だということを、バシール大統領は知っていた。国内の反政府勢力を相手国が支援していると互いに疑い、スーダンとチャドの関係は次第に悪化していった。バシールはチャドを、スーダンに対する陰謀の足場になっているとみなした。だが安保理では、チャドはスーダンの紛争の被害者と見られていた。安全な場所を求めてダルフールからチャドにやって来た避難民が、ただでさえ貧しい国の最貧地区にさらなる負担を強いていたからだ。チャドの反政府勢力にデビ大統領が倒されそうになったとき、チャドが被害者だという見方は裏づけられた。その勢力は、ダルフールからチャドの首都ンジャメナ近郊にたどり着いた者たちだったのだ（そのわずか数か月後、チャドは同じ策略をスーダンに仕掛けた。正義と平等運動という反政府勢力が、チャドからハルトゥーム郊外のオムドゥルマンに到着した）。

ダルフール和平合意

それから2年を費やして、国連は敵ではなく友人だとスーダンに説得を試みた。まず、ヘディ・アナビが4月にハルトゥームに飛んだ。その後、ほとんど実りのない話し合いが長期にわたり続くことになった。国連が計画立案チームを派遣する条件について、アナビはスーダン政府と交渉しようとした。ミッション派遣前には、予備段階として必ずこの段階を踏む必要がある。わたしたちとしては、バシール大統領がミッションを認めなくても、計画立案チームの訪問を受け入れてくれることを期待した。だが、それも過剰な期待だった。バシール大統領は、AUのダルフール派遣団のみ受け入れる、どのみち、ダルフールの和平合意調印前に計画立案は行わない、という立場をとった（提示した条件は、わたしからすれば大いに理に適っていたのだが）。

5月上旬、ダルフールの反政府勢力とスーダン政府間の調停にあたっていたAUの努力は、報われたように思われた。バシール大統領が言っていた和平合意が、ナイジェリアの首都アブジャで遠からず結ばれることになったのだ。交渉が繰り広げられた数か月間、アブジャは実ににぎやかだった。欧米諸国からの使節団が、一致した戦略も首尾一貫性もないまま、アブジャをうろついていた。AUは、ダルフールに関する最高の専門家の支援をすでに取りつけていた。だが、ダルフール和平合意は入念に作られ、微に入り細をうがつあまり、最終目標の不一致が覆い隠されていた。2005年に南北スーダン間で締結された包括的和平合意を手本にし、権力および富の分配に関する規定、停戦の詳細な取り決めに関する規定が含まれていた。

ダルフールの再統一――大統領命令により3つの州に分けられていた――を求める反政府勢力は、ダルフールで選挙が行われてから数年以内に、国民投票を実施するよう求めていた。だがその間は、ダルフール暫定自治機構が設立され、「スーダン大統領首席補佐官」がその代表を務めることになった。代表は、ダルフールの2つの反政府運動、スーダン解放運動／軍（SLM／A）

と正義と平等運動（ＪＥＭ）が挙げた候補者のなかから、大統領が選ぶとされた。また、スーダンのアラブ系住民の一部が、政府により暫定自治機構のメンバーに選ばれるものと見られた。彼らはかつてジャンジャウィードの民兵の暴力に反対していたが、こうした民兵に武器を与え、資金を提供していたのは政府だった。アラブ系とアフリカ系住民の対立は、スーダン政府にも国際社会にも当てはまったが、ダルフールの政治情勢を反映してはいなかった。

欠陥だらけの合意内容

富の分配に関する規定は、分けるべき富がそれほど多くない、ダルフール特有の事情に適合するよう定められた。「元手」として3億ドルがダルフール復興開発ファンドに委託され、その後数年間でさらに2億ドルを与えることが、和平合意に明記された。さらに、ミレニアム開発目標について何度も言及された。しかし、ファンドの資金源がドナーなのか国家の石油収入なのか、いたって不明瞭だった。スーダン政府が国内避難民の帰還に関与するのか曖昧だったことが、合意の不明瞭さに輪をかけた。補償の「頭金」として政府が支給すると約束した金額は、３０００万ドルと信じられないほど少なかった。スーダン政府には、ダルフールを荒廃させた暴力行為の責任をとるつもりはなかった。この地域では、争いを解決する方法として、死傷者に対する経済的補償である「賠償金《ブラッド・マネー》」が認められている。それなのに、この微々たる金額と、明確な補償規定の欠如は、深刻な、そしておそらく致命的な欠陥だった。

効果的補償プロセスという重要な政治問題が、富の分配に関する規定を避けて通る一方で、停戦に関する規定は、その複雑さを考えると話にならないほど非現実的で、詳細すぎる箇所とひどく曖昧な箇所が混在していた。緩衝地帯、武装解除地帯、移転地区について定められていたが、対抗勢力の本質や彼らの不透明な指揮統制については、少しも考慮されていなかった。それと同時に、もっとも慎重を期すべき問題が曖昧にされていた。ジャンジャウィードについて明確に定められていなかったのだ。政府はジャンジャウィードの活動を「無力化する」こととし、政府の活動を検証する任務を負うAUダルフール派遣団（AMIS）に、彼らの行為に関する情報を提供する、とだけ記されていた。ジャンジャウィードの民兵から成るとされる大衆防衛軍に関する規定は、政府にこの軍の解散を要求していた。このことから、国際社会はジャンジャウィードを同じテーブルにつかせるつもりがないのに、スーダン政府は、ジャンジャウィードの行為について明確な責任をとるつもりがないことがわかった。そのうえ、ダルフールの反政府勢力の機嫌をとるために、彼らは国際社会から非軍事的後方支援を受けられると定められていた。そんな後方支援の実行は、武装解除や解散、復員に関する詳細にわたる規定と同様に、ほとんど悪夢も同然だった。

和平合意を現実につなげる可能性のある唯一の道は、盛り込まれていたダルフール・ダルフール対話の開催だった。この対話は、「争いの解決のために伝統的に確立された社会的仕組みが、社会平和を築き維持する役目を果たすように、この合意をダルフールの社会的、政治的問題に結びつける仕組み」と評された。しかし、アブジャの反政府勢力もスーダン政府も、アフガニスタンのロヤ・ジルガのように真剣な討議を始めるつもりはなかった。よって、対話といっても狭義の解釈で用いられた。つまり、「合意とその履行に支援を集めるための仕組み」とされ、基本的に交渉の場ではなく公開された情報ツールとなった。その後の話し合いで、支持拡大につながるようこの仕組みを利用したほうがいいとわたしは提案したが、スーダン政府は受け入れなかった。ダルフール・ダルフール対話は、この地の住民の心の悲しみに取り組む地域会議には、決してならなかった。

平和を遠ざけた和平合意

それでも、合意が国連にまったく言及していないことも含めて（停戦ミッションで監視員を派遣すること以外は）、欠陥の全貌はまだ明らかになっていなかった。後日スーダン政府が国連のダルフール派遣に反対する根拠として、この手抜かりが利用されることになる。だが、フール族の指導者アブドゥル・ワヒード率いるSLM／Aの一部や、ハリル・イブラヒム率いる正義と平等運動（JEM）が合意文書への署名を拒否する間に、ある反政府運動の一派閥――ザガワ族のミニ・ミナウィが率いるSLM／Aの一部――が署名したことで、たちまち疑念を招いた。調印は危なっかしいほど慌ただしく行われた。1日当たり数百万ドルが交渉チームに支払われる話し合いが数か月続き、国際社会はしびれを切らした。国際社会の存在は、調停役であるAUのサリム・アハメド・サリムの努力を後押しするどころか、かえって複雑にするだけだった。交渉の席にスーダン人よりも国際社会の専門家のほうが多かったことも、おそらく合意が専門的に長々と規定された要因の1つだろう。5月初旬にアブジャにいたのは、ナイジェリア大統領のオバサンジョなどをはじめとするアフリカ諸国首脳陣だけではなかった。アメリカのロバート・ゼーリック国務副長官、イギリスのヒラリー・ベン国際開発大臣、そして欧州諸国の大勢の特使もいた。彼らは合意を早く成立させたがっていた。そこで、ミナウィが最大の反政府勢力の代表なのだから、ハリル・イブラヒムやアブドゥル・ワヒードが交渉に参加するのを当てもなく待つより、ミナウィと合意を結んだほうがいいと判断したのだ。ハリル・イブラヒムはイスラム主義者なので、アメリカ政府から共感を得られるとは思えなかった。フランス在住のアブドゥル・ワヒードは、いずれ交渉に参加するかもしれないが、上官に切り捨てられる可能性もあった。

やがて、こうした推測がすべて誤りだったとわかる日が来ることになる。しかし、ダルフール和平合意は平和をもたらさない、それどころか現実には平和を遠ざけてしまったのかもしれないという事実を、交渉に参加していた者たちが受け入れるまでには、まだ時間がかかった。AUはこの和平交渉に莫大なエネルギーと人材を投入したので、当然ながらダルフールの部隊派遣に政治的根拠を欲しがっていた。また、この和平合意を自分たちの合意も同然とみなしていたので、欠陥を認めたがらなかった。それは国際社会も同じで、遅ればせながら、アブドゥル・ワヒードを説得すべく追いかけ回すようになった。数週間後、数名の司令官が合意に参加するという知らせが入り、国際社会の勝利の証として歓迎された。ところが現場では、それを上回る数のミナウィ派の司令官が合意から離脱したうえに、チャドが後ろ盾のＪＥＭに予想以上に力があることがわかった。

合意に賛同する者がかぎられていたことから、国際社会が和平プロセスを支援する際に往々にして直面する、道徳的な問題が浮上した。合意成立後、国際社会は非署名者に圧力をかけるべきか？　どの程度妥協すべきなのか、国際社会は的確に判断できるか？　この問題には現実的意味合いはもちろん、倫理的意味合いもある。十分な支持を得られない合意は失敗に終わるものだが、強力な支持者がいれば、対極の立場にいる者に参加を承諾させられる場合もある。

ダルフールの場合、反政府勢力と政府により道徳的問題は複雑化していた。妥協を拒む反政府勢力の指導者の多くは海外に在住し、外国のパートナーの援助でぜいたくな生活を送っていた。合意に対し非妥協的姿勢を示したところで、彼らにとっては痛くもかゆくもなかった。したがって、道徳的問題が彼らに与える影響は小さかった。だがスーダン政府も、明らかにその立場を乱用していた。非署名者に「テロリスト」のレッテルを貼り、彼らに対する軍事行動を合法化したのだ。非署名者の持つ影響力を考えると、停戦は一層困難になった。署名した反政府勢力の指導者ミニ・ミナウィに対しても、彼の信頼性を高めようとするどころか、政府はその勢力を削ぎにかかった。合意に署名した唯一の反政府勢力だったミナウィは、あっさりと大統領補佐官に任命され、ハルトゥームに立派な邸宅を構えた。ところが、そうした個人的特権――多くの国民に恩恵をもたらす努力もせずに得た特権――は、彼のSLM／Aでの支持基盤を拡大するどころか、彼を孤立させることになった。ダルフール暫定自治機構は形骸化し、複雑な合意内容は見当違いであることがたちまち露呈した。個人の同調者は獲得したが組織のパートナーは失い、ダルフール和平合意はスーダン政府にとって割に合わない勝利となった。スーダン問題に取り組んでいたときによく見かけたことだが、戦術的能力に優れていても、戦略的成果にはつながらない。政府の駆け引きは見事だったが、その腕を過信したのだ。

国連ミッションの要請

ダルフール和平合意が締結されて、国連ミッションがダルフールのアフリカ連合（AU）のミッションを引き継ぐときがきたと、米英両国は判断した。だがそれには、AUとスーダン政府を納得させる必要があった。「和平合意の成立」という、バシール大統領がかつて示した条件の1つは整っていた。そこで、ブラヒミ率いる代表団の一員として、アナビは再びハルトゥームに赴いた。彼らはスーダン政府から何とか譲歩を引き出した。その後に続くミッションの種類に関係なく、スーダン政府は国連・AU合同の計画立案チームを受け入れることになった。これは大きな進展となるかもしれないのに、反対の意味に解釈された。米英両国政府の強気な姿勢が成果を上げつつある証拠だと見る向きもあったのだ。

ブラヒミにとっては、スーダン政府との関わりが重要だと再確認する機会となった。国際社会がスーダン政府に意見を求めることなく、今後のダルフール配備について話し合えば、政府は姿勢を硬化させるだけだ。安保理がダルフールを訪れるのは、国連・AU合同ミッションが派遣されたあとだという噂が流れ、残念ながら、安保理がアメよりムチに頼っていることが裏づけられた。合同ミッション派遣前に安保理がスーダンを訪問すれば、任務開始前に合同ミッションを承認することになる。ブラヒミもわたしも、そのほうが好ましいと思っていた。

スーダン政府との会談

6月初め、国連・AU合同ミッションの計画立案をサイード・ジニットと指揮するため、わたしはスーダンに飛んだ。2003年8月にバグダッド国連事務所爆破事件が起きてからというもの、権力から原理原則を保護する存在と国連をみなさない人が増える一方だと、わたしは痛感していた。第2代国連事務総長ダグ・ハマーショルドは、旧ソビエト連邦から激しい非難を受けたとき、国連を必要とする者たち、つまりハマーショルドが仕えるべき者たちは大国ではなく弱者であり、国連の保護を必要とする者たちだ、と勇敢に発言した。弱き者、無力な者が国連への信頼を失うことになったら、国連はどうなるのだろう？　国連が象徴するものすべての破壊を狙う勢力が、その信頼の喪失を悪用したりしたら？

カブールでデモが暴徒化し、国連の設備が攻撃された。国連とアフガニスタンの長きにわたる関係で初めての出来事だった。そのうえ、ウサマ・ビン・ラディンがジハード戦士に向けて、スーダンへ行き十字軍と戦えと呼びかけていた。地中海からヒンドゥークシュ山脈にいたるまで、数々の危機が平和を破壊しており、そして今度は、アフリカの角であるソマリアとスーダンを侵入口として、アフリカに毒をまき散らすようになっていた。

ミッションの計画立案のために、わたしたちはまずアディスアベバに立ち寄り、スーダン当局に働きかける件についてAUの同意を取りつけた。AUのダルフール派遣団に難題が山積し崩壊寸前であること、ドナーからの圧力が増す一方であることから、AUのコナレも、国連への移譲はやむをえないと納得した。立ちはだかる現実を前にしても夢を諦めきれないコナレは、今後もAUが政治プロセスを掌握することに変わりはないと、わたしに念を押した。平和維持活動の政治的特質が理解されていないと思い知らされたのは、このときが初めてではなかった。まるで、軍事行動の指揮と軍事態勢が、政治状況と切り離せると言わんばかりだった。だが、それを論じている場合ではない。2007年1月1日付でAUから国連に移譲することで、わたしたちはとりあえず合意した。

ハルトゥームでの政府との会談は、地政情勢の変化によって、国連のダルフールとの関わりはアフリカのその他の紛争と比べて相当難しくなるという予測を裏づけた。SPLMに所属するラム・アコル外務大臣は、入閣以来、与党NCPよりも強硬な路線をとることに興じている節があった。国連に関する取り決めが和平合意に明記されていないという法的根拠を盾にとり、外務大臣は国連のダルフール駐留を拒否した。バシール大統領の顧問で、アブジャの交渉にも参加した強硬派のマジズブ・アル＝ハリファは単刀直入に言い放った――国連はイラク侵攻と関わっているからスーダンでは歓迎されない、アフリカの問題はアフリカによる解決が必要だ、と。彼は南部に総勢1万人の国連軍を配備する提案も退けた。

内務大臣も、穏やかな口調ながら、やはり強硬姿勢を示した。スーダンは急激な経済成長を遂げており強力な国家になった、と切り出してから、次のように続けた。それなのに、スーダンを対象にした決議が11か月に9回も出され、我が国は国連の攻撃にさらされている。2002年にパレスチナのジェニン難民キャンプ襲撃の際見て見ぬふりをしたように、国連は公平ではない。ヨーロッパは国連にダルフール入りをけしかけながら、反政府勢力に武器を供与し後押ししている。国連は自らの役割を人道と環境問題に制限すべきだとして、大臣は絶滅危惧種の白サイの話題に言及した――大虐殺《ジェノサイド》の議論とはかけ離れていた。

野党首脳の見解

その晩わたしは、サディク・アル＝マフディー、アリ・アル＝ハッサネイン、モハメド・イブラヒム・ヌグド、ハッサン・トラビなど、野党首脳とも会談した。彼らはAUとの会談を望んでいなかったので、ジニットは同席しなかった。彼らの主張は、政府の見解とはまるで異なった。国連のプレゼンスが政治参画への道を開くきっかけになるとみなし、誰もが国連軍のダルフール駐留を望んでいた。だからこそ、政府は国連軍のダルフール派遣を望まないのだ。野党首脳たちは、南北の包括的和平合意は包括的とは言えないと、繰り返し非難した。彼らにとって、国連のプレゼンスが合意交渉再開の道筋をつける手段であることは明白だった。

野党党首のなかでも、トラビはとくに興味深い人物だった。ソルボンヌで学び完璧なフランス語を話す、眼鏡をかけたこの男が、イスラム主義を奉じ、バシールが権力の座に就く手助けをし、ビン・ラディンをスーダンに招いた人物とは信じがたかった。彼は明らかに挑発したがっていた。スーダンに、ダルフールに、ダルフールの住民に、ダルフールの合意に、AUに、そして国連に否定的で、こんな発言をした。スーダンは国というよりむしろ土地であり、黒人の土地である。第一次世界大戦時、ダルフールは瀕死のオスマン帝国側につくという誤った選択をした。ダルフールの住民は好戦的だ。包括的和平合意は、「平和ショー」にすぎない。アフリカ人の能力の限界は周知の事実だ。アブ・ムサブ・アル＝ザルカウィ（アルカーイダの指導者）と政府は脅威だが、国連は歓迎される。ただし、国連もいずれ問題の一部になるかもしれないと締めくくった。自らが元首になることには関心がなく国家的観点では考えていないが、残念ながら、「世界のこの地域」に自由選挙は存在しない、ともトラビは説明した。

トラビはほかの指導者とは違っていた。彼の構想は、ダルフールやスーダンを越えて、広範囲に及んでいた。噂では、正義と平等運動のハリル・イブラヒムと親しいということだった。イブラヒムの思惑もやはりダルフール以外にまで及んでおり、スーダン政府にとってトラビ以上の脅威となっていた。トラビにとって、国際社会のスーダン介入はおそらく単なる一事件にすぎなかったのだろう。スーダンの危機は、国家など無意味だと考える新たなイスラムを促進する好機であった。彼の唱える穏やかで普遍救済論的なイスラムの教えは、彼の友人だったビン・ラディンの掲げた残忍なイスラムの平和的側面にあたることが、わたしにはわかった。国連がミッションを派遣したとしても、トラビが国連と戦略的友好関係を築けるとは思えなかった。笑顔を浮かべながら、ついでのように彼が触れた話から、アルカーイダの潜在的脅威は決して油断できないという印象を受けた。今思うと、彼はわたしたちのことを、力の及ばない場所で不可解な状況に巻き込まれた、お人よしの観光客と見ていたのだろう。だが、わたしたちには利用価値があった。彼にとってはそれだけで十分だったのだ。

ダルフール避難民の幻想

わたしたち計画立案チームは、次にダルフールに移動した。前回の訪問時より状況が悪化したことに、わたしはすぐに気づいた。ダルフール和平合意の成立後、非署名者に対して強硬な姿勢をとったAUは、ダルフールの大部分で拒絶された。フール族指導者アブドゥル・ワヒードの拠点となっていた、避難民キャンプに立ち入ることさえできなかった。AUは政府の味方とみなされていた。ジニットは会合に出るたびに、住民の希望に応えられないAUミッションについて、厳しい批判を浴びせられた。避難民の代表はAUに対しては罵るばかりだったが、政府から守ってもらえるとの期待から、国連に早く来てほしいと訴えた。彼らもハルトゥームの当局者と同様に、しかし正反対の結論から、国連もアメリカもイギリスもNATOも一緒くたに見ていた。

その翌年、初めてダルフールを訪問する新事務総長と一緒に現地を訪れたとき、わたしはそれを目の当たりにした。大規模な避難民キャンプに到着したとき、人々は口々に叫んでいた——「アブドゥル・ワヒード！　パン・ギムン！　USA！」と。スーダン政府の妄想にはまったく根拠がなかったが、同じ幻想を抱いている避難民キャンプの人々を見て、不安を覚えた。彼らはすぐに失望するだろう。やがてわたしたちも、ジニットと同じ批判を浴びることになるだろう。平和維持活動ミッションの任務に対し、誰もが過剰な期待を抱いていた。本格的な和平プロセスがないなかで、ダルフールの避難民キャンプの人々は、国連を政府との戦いに加勢してくれる存在とみなし、政府を侵略軍とみなしていた。だが、政府と戦うためにスーダンに平和維持部隊を派遣するのではない。

ミニ・ミナウィとの会談は期待外れだった。ミナウィは後日、ジョージ・W・ブッシュとホワイトハウスで会談するという、無駄な栄誉に浴することになった。合意に参加しなかった反政府勢力をミナウィが取り締まり、ダルフールに秩序をもたらしてもらいたいと、非署名者に対する軍事行動を大々的に呼びかけはしないまでも、西側諸国のどこかがひそかにそう望んでいるのではないかと思った。彼らはミナウィの力を拡大させるためなら何でもした。けれどもわたしの目には、ミナウィはどちらかというと、国際社会の相談役に後押しされたゲリラ指導者に映った。

ダルフールの住民を結束させる政治戦略を築ける人物には思えなかった。

反政府グループ司令官たちとの会談

わたしの不安は裏づけられた。ダルフールの砂漠に位置するビールマーザーとウンムラーイ付近に赴き、反政府グループの司令官たちと会ったときのことだ。わたしたちは村の学校で会った。砂上にじかに建てられた床のない小さな小屋で、とても「学校」と呼べるような代物ではなかった。「毛色の変わった」客人として、わたしだけプラスチック製の椅子に座るように言われた。木の棒に立てかけられていた椅子を動かそうとしたとき、脚が3本しかないことに気づいた。会談した司令官の大半がザガワ族出身だったが、彼らは口々にミナウィを糾弾した。ザガワ族を率いると言っておきながら、アブドゥル・ワヒードとフール族に協力を発表したミナウィの行為を、裏切りとみなしていたのである。エリトリアで会合を開き、勢力を統合するつもりだと司令官たちは明かした。わたしたちのヘリコプターを出迎えた「テクニカル」（軍事用四輪駆動車）の車列から判断するに、彼らはかなりの量の軍装備品を保有しているようだった。わたしは彼らに停戦を訴えた。攻撃がなくなれば、自分たちにもその用意があると彼らは応じた――もっとも、攻撃は頻繁に発生した。その翌日も襲撃が起きて、人道援助活動家が負傷者20人の救援に協力したという話を、信用できる情報筋から聞いた。

わたしは当初の予定より長く滞在することになった。わたしたちをエル＝ファーシルへ運ぶはずだったヘリコプター2機のうち1機が、手違いで離陸してしまったのだ。残ったヘリコプターで出発すれば、半数の同行者を置き去りにしなくてはならない。それは問題外だった。そこで、もう1機が日没前に戻ってくることを願い、その到着を待つことにした。反政府グループのテクニカルは、会合場所と1機だけ残った国連のMi8ヘリコプターを囲み、防衛態勢をとっていた。テクニカルには機関銃が搭載されており、なかには高射砲を積んだものもあった。おそらくスーダン政府軍との戦闘で入手したものだろう。ただ、外部からの支援もあるのではないかと、わたしはにらんでいた。カラシニコフを持った兵士が岩陰に身を潜め、数百メートル離れた開けた場所にテクニカルが停められていた。ヘリコプターが迎えに来なければ、わたしたちは砂漠の戦闘地帯の真ん中で夜を過ごさなくてはならない。わたしの警護特務部隊はそれは避けたいと考えていたが、ターバンを巻いたホストたちは、わたしたちをもてなせると喜んでいた。

彼らの世界は、個人同士の結びつきと忠誠心から成る世界だった。そしてその世界は、かつて対処した問題よりもはるかに大きな紛争に、粉々に壊されてしまった。わたしたちが属する、よそよそしく希薄な現代世界の結びつきとは、途方もなく大きな隔たりがあった。足止めを食らい、居心地悪そうに鎮座するヘリコプターは、その格好の象徴だった。まるで大きな虫の死骸に見えた。わたしたちはここで何をしているのだろう？

司令官たちの望みはごく素朴だった――子どもたちに教育を受けさせたい、最低限の公共医療サービスも欲しい、ラクダに飲ませる水が欲しい。何より欲しいのは安全だった。彼らは外の世界をほとんど、あるいはまったく知らなかった。ヘリコプターを待つ間、わたしはザガワ族の男に話しかけた。彼の話すザガワ語を、1人がアラビア語に通訳し、もう1人が英語に通訳してくれた。互いが伝えたかったことを、互いがどの程度理解できたのかはわからない。人道活動家は、彼らの慎ましい望みを少しでも叶えようとしていた。食糧や医療、教育が是非とも必要な人たちに与えようと頑張っていたが、わたしの役目は違った。反政府勢力の司令官たちにその役目を説明しても、納得してもらえるかどうかわからなかった。わたしは武力を行使して彼らを全面的に守ることはできない。だがそれこそが、ヘリコプターでやって来た平和維持部隊の全権を握る人物に、彼らが心の底で期待していたことである。わたしたちが現実に成し遂げようとしていること──ダルフール派遣が承認されたらの話だが──は、暴力で自らの目標を達成しようとする人たちの前途を複雑にし、政治にチャンスを与えるために、わずかばかり武力を誇示することだった。すべては政治の問題なのだ。けれども、戦争のさ中にいる人々にとって、それだけでは十分でなかった。

混沌とする部族対立の様相

当初、ダルフールのアラブ系民族指導者との会談は、ハルトゥームの政府首脳との会談の再現に思えた。十分な報告を受けているとみえて、彼らの話はハルトゥームで聞いた内容と、まるきり同じだった。ウンムラーイで目の当たりにした惨状を思い起こしながら、わたしは彼らを見据えた。会談相手のなかに、ジャンジャウィードの一員とされる、ベニ・ハルバ族の指導者がいた。彼の部族は、ウンムラーイの住民を絶望的状況に追いやった残虐行為と、まさに同じ行為をしてきた。彼らの話を聞くうちに、彼らも心底から恐れを抱いていることは無視できないと思った。伝統ある部族の指導者たる彼らが、部族を掌握できなくなっており、政府と手を組んで身を守れるのか測りかねていた。しかも、彼らは国連を敵だとみなしていた。イラクとアフガニスタンに侵攻し、イスラエルを支援し、ムスリムを憎む彼らの敵と、国連は同じだとみなしていた。

平和維持活動は道徳的相対主義に陥る危険が大きいことに、わたしは気づいた。ダルフールでは、加害者も被害者もみなムスリムだったが、被害者は、反政府を掲げるアフリカ系部族が圧倒的に多かった。自国軍への信頼を失った政府は、アラブ系伝統部族の指導者の助言に背いて、アラブの民兵を世に放った。わたしの目の前にいる指導者たちは、もはや自分では制御できない力学に巻き込まれていた。紛争解決に役立ってきた従来の社会構造は崩れつつあった。ふんだんに流通する兵器、残忍な戦争、大量の避難民の発生が、アラブ系部族であれアフリカ系部族であれ、部族内の力関係を変化させていた。年配の指導者は、部族民からの信頼を失いつつあった。アラブ系もアフリカ系も若い世代は戦闘能力を誇示し、伝統的権威に異議を申し立てていた。

1年後、ロンドンの簡素なアパートで、元ダルフール州知事のアフメド・ディライジェと妻のドイツ人女性に会ったとき、この分析は裏づけられることになった。その24年前、当時のスーダン大統領ガアファル・ムハンマド・アン゠ヌメイリーに、ダルフールに飢饉が迫っていると警告する手紙を送ったことで、ディライジェは名を知られるようになったが、その後彼は亡命を余儀なくされた。彼の話を聞いて、ダルフールの窮状がよく理解できた。第一次世界大戦中スーダンに編入されて以来、ダルフールは蔑ろにされてきた。そのうえ、ダルフールのアラブ系住民は、ナイル川流域のアラブ系住民より劣る二級市民とみなされた。ダルフールのアラブ系とアフリカ系の住民対立は、そもそもハルトゥームがこの地域の支配を掌握するために仕組まれた面が大きかったのだが、やがて問題が独り歩きするようになった。戦闘で正統性を獲得した新たな指導者たちは、今やそれぞれ相反する方針を追求し、ダルフールの住民の間に共通の基盤を築くことを難しくしている。新たな社会構造が形成されるよりも速く、伝統的構造が破壊されるのを目の当たりにしたのは、アフガニスタンとコンゴに次いで、これが3度目だった。スーダン政府がけしかけたこともあり、反政府勢力の間でますます分裂が進んだ。また、アラブ系部族の伝統的指導者が部族を束ねられなくなっていた。この2点のせいで、効果的かつ構造的な政治プロセスの構築が一層難しくなった。社会機構がほころび始め、分裂、カオス、無政府状態に発展する危険が高まっていた。

スーダンと平和維持活動の未来に不安を抱いたまま、わたしは出国した。ミナウィがほかの反政府勢力に対し権威を確立できるとは思えなかったし、ダルフール紛争に巻き込まれた隣国チャドとスーダンとの関係が、真に正常化する見込みはないだろうと思えた。南北の〝包括的〟和平合意に関していえば、計画どおりに北部の部隊が南部から撤退したことは心強かったが、議論を呼んだ問題は何ひとつ解決されていなかった。スーダン政府は石油産出地域と石油輸出をしっかり掌握したままで、1956年に画定された南北境界線の問題は、依然として未解決だった。

難航するバシール大統領との会談

ハルトゥームを去る前に行われたバシール大統領との会談は、難航した。国連ミッションを断固として拒否する大統領は、「これが最終決定だ」と会談で2度も言った。その2日前の演説では、十字軍に対する戦いを自らが率いると、熱を込めて語っていた。会談では国連に長々と非難を浴びせ、大統領いわく、国連はスーダンに絶えず敵意を示し、和平合意が調印された直後もスーダンに制裁を科し、国連憲章第7章に基づき決議を採択した。国際社会はブルンジ和平合意の非署名者（FNLのアガトン・ルワサ）に、容赦なく「テロリスト」の烙印を押したのに、ダルフールの反政府勢力はおだててヨーロッパに迎え入れている。こうした態度こそ、国際社会の真の意図を示すものだ。一方、チャドとエリトリアはスーダンに対して陰謀を企てており、ダルフールはその陽動である、とも主張した。アブドゥル・ワヒードはJEMに接近しつつあり、彼らの狙いはダルフールではなく、スーダン全体である。実際、ダルフールに多国籍軍が配備されたら、イラクと同じようにテロリストを引き寄せ、状況はますます複雑になるだろう。大統領はさらに、難民キャンプで暮らす人々の苦しみを一蹴した。キャンプで暮らしているが市内に持家があり、その賃貸料を受け取っている、それはビジネスだ。それに、あなたがた国際社会も、難民にキャンプから出て行ってもらいたくないはずだ、とひどく挑発的な発言をとうとうと弁じた。方々から非難にさらされていても、国際社会の圧力に抵抗する力には自信があるようだ。その後の2年間で、彼が正しかったことが証明された。

わたしたちは完全に行き詰まっていた。何か打てる手はないだろうか？　スーダン人の会談相手には、辛抱するようにと言う者もいた。だからといって、彼らはスーダン情勢の進展を求めていないわけではなかった。彼らによれば、進展の大きな妨げになっているのは、国際刑事裁判所の存在と、西側加盟国から派遣された国連平和維持部隊がスーダンの指導者を逮捕する可能性だという。チャールズ・テーラー元リベリア大統領が国連のヘリコプターで移送される光景が、アフリカの人々の脳裏に焼きついていた。トラビはわたしに、組織首脳陣にとってそれは大きな懸念であり、口にこそ出さないがつねに彼らの念頭にあると、ひそかに打ち明けた。2年後、対談中にバシール大統領がその懸念を表明していたという話を、ナイジェリアのオバサンジョ大統領は取り上げた。SPLM所属の閣僚で、思慮深いデング・アロルからも、辛抱するように言われた。彼はのちに、ラム・アコルの後任として外務大臣に就任した。アロルは、包括的和平合意で創設された合同統合部隊の1つを、ダルフールに配備することを検討していた。わたしにはその選択が現実的だとは思えなかった。とはいえ、SPLMの一部の者が、南北プロセスとダルフール問題について創造的な解決策を模索しているという証拠ではあった。バシール大統領の側近にもそうあってほしかった。

スーダン政府の強硬姿勢

その頃、コフィー・アナン事務総長は任期満了まで残り半年を切ったところだった。彼はレームダックにはなるまいと心に決めていた。レバノン侵攻とその直後には、政治プロセスの進展のために、アナン事務総長はかつてないほどの政治的リスクを冒そうとしていた。なかでもスーダン情勢では、安保理の西側理事国が国連ミッションを推進するのに対し、バシール大統領は強硬に反対しており、アナンは板挟みとなる厳しい状況にさらされた。国連がミッションに参加しても成功の保証はなく、国連・AU合同ミッションが失敗する確率も高かった。そんなことになれば、将来AUと国連が合同で事にあたる可能性はきわめて低くなる。バシールが合同ミッションを認めなければ、確かにAUがその失敗に巻き込まれることはないだろう。だがAUダルフール派遣団（AMIS）が挫折すれば、アフリカの人々の大きな希望であり誕生まもないAUに、計り知れない損失を与えることになる。ほかにAUを支援する方法はないだろうか？

世間の注目を集めても何の得にもならないと、わたしは確信した。国際社会はスーダン政府を公然と非難し、スーダン政府は一歩も譲らないというように、それぞれが立場を硬化させるのが落ちである。しかし、わたしが準備を整え、事務総長の支持を得た静かな外交は、スーダン政府が過激な姿勢を転換したほうが利すると理解した場合にのみ、功を奏する。これには、スーダン政府とその他勢力の間に、最低限の信頼と戦略的ビジョンが求められるが、どこを探しても、そんなビジョンは見つからないように思われた。

イスラエルのバンカー・バスター（訳注：地面に突入して地中で炸裂する地中貫通爆弾の総称）により、レバノンの国連停戦監視要員4名が死亡した翌日、わたしはスーダン大統領顧問の強硬派アル＝ハリファと会った。彼は容赦ないコメントで会談の口火を切った。自分たちさえ守れないのに、ダルフールの住民を守れるのか？　彼が交渉のためにやって来たのではないことは、火を見るより明らかだった。しかも、彼は国連を欧米の手先とみなし嫌悪していた。会談は完全に時間の無駄だったが、わたしはジャンジャウィード武装解除の政府案をまとめた美しい緑色の皮装冊子を携えて、ニューヨークに戻った！　スーダン政府は静かな外交に興味がないようだった。

米英の両政府も、それぞれの政策に邁進していた。7月末、スーダンの和平より政権交代に関心を寄せる人たちの助言を受けて、ブッシュ大統領はホワイトハウスでミナウィと会談を行った。この会談はスーダン政府に疑念を抱かせ、実勢に不相応な影響力をミナウィに与えることになった。その翌月、安保理決議1706が採択された。この決議は、スーダン南部における国連ミッションのマンデートを拡大し、活動範囲にダルフールを含めることを承認するもので、「スーダンの国民統一政府に対して承認を要請」した。国連憲章第7章に基づき、国連要員を保護するための十分な権限がミッションに認められ、認可されていない武器の接収なども承認された。

これは衝突を招くような決定だったが、わたしたちとしてはそんな事態が起きないことを望んでいた。すでに自らを難しい立場に追い詰めていた安保理は、威嚇が功を奏するかもしれない、同意を押しつけられるかもしれないと、望みをかけていた。だがスーダン政府は決して同意せず、安保理の大多数が追求してきた戦略が無意味だったことを露呈する結果になった。結局のところ、この意図せぬ結果は安保理にとって屈辱でしかなく、散々息巻いたあとに、たちまち弱みを見せることになった。安保理はその屈辱を、国連を犠牲にした下手な譲歩で隠そうとした。いわゆる「混合部隊による合同ミッション」のことだ。

国連の提案――3段階型プラン

10月、事態は初夏よりさらに悪化していた。自らの政策が及ぼす影響を深く考えたことなどない政治指導者たちは、深刻な問題を抱えていることに気づき、パニックに陥った。ブレア首相は、ある種の最終通告を出すことになるハイレベル会合の開催を検討していた。アフリカ諸国の首脳陣はハルトゥーム訪問を考えた。セネガルのアブドゥライ・ワッド大統領にいたっては、コンドリーザ・ライスに同行してもらおうと考えた。国連がダルフールで担う役割は政治的役割にかぎられると、バシール大統領は国連事務総長との電話会談で主張した。彼の言う政治的役割の定義がそれほど狭義でなかったなら――つまり、ダルフール和平合意に署名していない反政府勢力を合意に参加させることだったなら――この発言は朗報だった。いずれにしても、政治が達成できることに関して疑問の声が高まり、安保理にとっても世界のメディアにとっても、国連ミッションの派遣が成功を測る物差しとなっていた。ＡＭＩＳは資金管理も後方支援も混乱を来《きた》しており、支援するドナーも、このミッションが試練にさらされていることに気づいた。一方でＡＵは、国連とスーダンとの三者会合の開催を強く申し入れていた。この形態なら、ＡＵに影響力を行使し、ＡＵと国連の違いを強調できると考えたスーダンは賛成した。

打開策を探るべく、わたしは２００６年11月の上旬に安保理の一部の理事国と専門家会合を開いた。安保理決議１７０６から手を引く必要に迫られたイギリスはことのほか協力的で、イギリス国連大使本人が出席した。イギリスとしては、ＡＭＩＳを国連のサポートで強化することを望んでいた。アメリカはそれに懐疑的だった。あくまでも国連単独のミッションを推し、国連以外が関与することに懸念を抱いた。国連は３段階型プランを提示したが、わたし個人としてはあまり気が進まなかった。このプランは、国連軽支援パッケージ、国連重支援パッケージ、国連・ＡＵの〝混合部隊による合同ミッション〟の３段階のアプローチで構成されていた。

アナン事務総長が事前にコンドリーザ・ライスと話をしたところ、彼女は混合部隊ミッションの提案を支持したようだ。この合同ミッションについて、わたしは国連内部の会議で疑念を表明したことがあった。わたしが危ぶんだのは、後日指摘されたような、部隊に対する指示が国連とＡＵで食い違うといったことではない。この体制では責任の所在が曖昧になると危惧したのだ。合同国連ミッションには、参加国が国連を盾にして責任逃れをするという危険性がつきまとう。合同ミッションとなると盾にする組織が２つあるのだから、その危険性はなおさら高まるはずだ。また、両組織間で相手に責任をなすりつけ合う恐れもある。誰も実際に政治的責任を負わないことになる。

合同ミッションの承認

だが、賽は投げられた。AU首脳陣はこの3段階のアプローチに同意した。国連は最初の段階からアフリカ部隊への資金提供を行う。そこで、わたしたちは2006年11月16日にアディスアベバでハイレベル協議を開くことにした。アナン事務総長本人と安保理常任理事国、アフリカ主要国、スーダン、AU、EUが参加した。わたしの不安は増すばかりだったので、この会合のたき台となる〝覚書〟をしっかり用意して、合同ミッションを堅固にすべきだと強調した――これはまさに、アナン事務総長が同年の年頭に、安保理に向けて話したことだった。

アディスアベバでの交渉は9時間に及んだ。当時、この会合は外交的躍進だともてはやされた。スーダン国民統一政府のラム・アコル外相は、安保理決議1706はもはや「議論から外れた」と口にせずにはいられなかった。スーダン政府にとっては大勝利だったが、実のところ、会議をうまく締めくくりたい中国の国連大使に急かされ譲歩したという印象を受けた。スーダン政府は、合同ミッションを含む3段階を受け入れ、国連にドアを開いた。ところが、細部に落とし穴があった。各段階の履行はAU、国連、スーダンの三者会合で話し合われることになっており、ミッションの規模は最終的にバシール大統領に委ねられ、指揮統制に関する文言は、国連の役割について曖昧なままだった。

スーダン政府の交渉術

この合意の結果を検討するほど、わたしの疑念は深まった。国際社会が一国政府に支援の受け入れを懇願したという点で、交渉には根本的な欠陥があった。スーダン政府はそれまで、ミッション移行の進度と成否を握る手段をふんだんに持ったまま、交渉にあたってきた。わたしたちにとって大きな課題は、やはりスーダン政府の政治戦略だった。ミッションに反対する者たちにとって軍事行動が魅力的手段でなくなれば、スーダン政府は、強力なミッションが後押しする純然たる政治プロセスに関心を示すだろうか？　それとも、スーダン政府は軍事的戦略を推進し、平和維持部隊は遠ざけるべき厄介事とみなされるのだろうか？

その2日後、スーダンの戦略的選択を見つけ出そうと、わたしは大統領顧問のムスタファ・オスマン・イスマイルと会った。彼はまず、ダルフールの国際的側面について集中的に取り上げた。スーダン東部では、エリトリアを味方につけることが、合意を確実にするには欠かせない要因となっていた。スーダン西部にあるダルフールでは、チャドのデビ大統領と合意を結ぶことが重要になるので、チャド、スーダン、フランスの三国で国境の監視にあたってはどうかと、イスマイルは提案した。ダルフールの反政府勢力に関して、政府は補償、およびダルフール地方にかぎっての合意に力を注げばいいと考えていた。イスマイルとの打ち合わせではいつも、どんな問題でもさほど労せず政治的解決ができるような気がしてくる。

だが、スーダンから届いたニュースは、イスマイルがスーダン東部の反政府勢力と和平合意を結んだという話以外、楽観視できないものだった。ダルフール和平合意の欠陥を批判して以来、スーダン政府との関係が徐々に悪化したヤン・プロンクは、10月末、ついに好ましからざる人物《ペルソナ・ノン・グラータ》の通告を受けた。ダルフールで政府との戦いに敗れたことについて、さらにスーダン軍の士気の低さについて自身のブログに書き込んだことが、最後の一押しとなった。スーダン南部では、マラカイでにわかに暴力が激発した。ジャスビル・リッデル将校の決然とした対応とインド人部隊の貢献がなかったら、あっという間に激化したにちがいない。ダルフールには、ビールマーザー地区で爆破事件が多発したとの報告が届いた。6月にわたしが反政府勢力と会談したところだ。そのうえ、国連による支援は詳細にいたるまで、スーダン、AU、国連の三者の承認が必要になると、スーダン当局は主張していた。

半月後、アブジャで開かれたAU平和・安全保障理事会に、わたしは国連事務総長の代理として出席し、ミッションをかなり強化しなければ(これがスーダンに承認されるかどうかが、スーダン政府の意図と期待を判断する基準となる)、変化を生み出す見込みはないと、最後にもう一度アフリカ首脳陣に理解してもらおうとした。しかし、自分がまるで後衛戦を演じているような気がした。バシール大統領は元首として毅然たる態度を装い、ダルフールは大丈夫だ、アフリカ連合(AU)は適切な軍隊を保有している、と他国の首脳に繰り返した。不都合な問題をあげつらう資格がわたしにあるだろうか？　わたしは孤立した。ミッションを成功させたくないという合図が、スーダン当局の言葉の端々に窺われた。

リビアで再びの和平会議

絶望的な状況を救う唯一の希望は、政治プロセスを再び活発にすることだと思った。最良の解決策は、スーダンに対して国際社会が協調的アプローチをとるように、スーダン担当の国連事務総長特別代表が舵取りすることだった。だが、ＡＵはダルフール和平プロセスを掌握したがっていた。唯一残された選択肢は、ＡＵと国連が共同でダルフール和平プロセスの調整に乗り出すことだった。それまではサリム・アハメド・サリムが、ダルフールの和平交渉でＡＵの調整役を務めていた。２００６年12月、アナン事務総長はヤン・エリアソンを特使に任命した。エリアソンはスウェーデンの外交官で、２００５年の国連総会で議長を務め、アメリカのボルトン国連大使が台無しにしようとしたサミット共同声明を巧みに救出した。国連の支援を得て、サリムとエリアソンはチームとして調整に取り組むことになった。だが特別代表とは異なり、彼らは現地に駐在しておらず、純然たる政治プロセスは進まなかった。反政府組織はそれぞれの思惑を抱えた国が後ろ盾になっていたので、２人は1年にわたり、分裂を続ける多数の反政府組織の間を結論が出ない状態で行き来した。

サリムとエリアソンの２人の特使は、和平合意に参加を望まない反政府勢力との交渉を続けた。

国連事務総長とコナレAU委員長との間で長々と議論を重ねた結果、2007年10月に再び和平会議が開かれることになった。今度の開催地はリビアだった。主要国のなかには、リビアでの開催は受け入れがたいとする国もいくつかあった。会議に先立ち、わたしはパリのカフェでフール族指導者のアブドゥル・ワヒードと会い、彼の考えを確かめた。だがJEMと同様に、彼は国家事業のほうに関心があり、選挙でウンマ党との連携を探っていた。和平会議には関心がなかった。たとえ出席しても、合意を妨げる邪魔者として疎まれ、彼に対する制裁と彼の部隊に対する攻撃を正当化する機会として、スーダン政府に利用されるのが落ちだと思っていた。

アブジャの会議での過ちが、リビアのスルトで開かれた会議でも繰り返された。スーダンの主要政党もアラブ系部族も、交渉の席にいなかったのだ。会議が無残な失敗に終わったとしても驚くにはあたらない。バシール大統領は会議の2日前、チャド大統領との会談でリビア入りしたが、和平会議の開催日まで滞在することはなかった。しかも、議長のカダフィは――国連も共同で議長を務めた――会議の冒頭で、国際社会はアフリカの紛争解決に役立たないという持論を長々と述べた。南北和平合意プロセスの戦略的イメージは、ほとんど役立たなかった。それを理解していた閣僚レベルの政治家は、就任したばかりのディヴィッド・ミリバンド英外相だけだった。アメリカ政府の閣僚は、各勢力に政治的関与を促すより、スーダン南部の軍事力を構築するほうに熱心だった。まるで、従来どおり力の均衡を図ることが、南北スーダンの関係を安定化する方法だとでも言わんばかりだった。アメリカ政府きってのスーダン通、アンドリュー・ナチオスは、

２００７年末にアメリカ特使のポストを退いた。

バシール大統領と潘事務総長の初会談

したがって、ミッションに政治的基盤が欠けていたとしても、平和維持活動をダルフールで展開する目標しか、わたしたちには残されていなかった。だが、スーダン政府はうんざりするほど交渉能力に長けているので、２００６年11月16日にアディスアベバで会議が開かれてから、２００８年初めに合同ミッションが開始されるまで、１年以上も間が開いた。混合部隊による合同ミッションの提案が最初に取り上げられてから３年を超える月日がたっても、任務成功に必要な能力を把握するのに苦労することになった。その３年の間に、部隊派遣自体が目的となり、部隊の技術や戦闘能力といった問題が、ダルフールひいてはスーダン全体の平和基盤をどうすべきかという戦略的問題の影を薄くした。

最初に直面した外交上の難題は、２００６年11月の曖昧な合意から、安保理による合同ミッションの承認にまで進展させ、スーダン政府の同意を得ることだった。それには８か月を要した。すなわち、２００７年に「重支援パッケージ」の合意に達するまでに４か月、「合同ミッション」の合意に達するまでに３か月、安保理が決議を採決する方針で合意するまでにさらに１か月がかかった。

新事務総長の潘基文は、道義心からダルフールに深い関心を抱いており、さっそく変化を起こそうとした。２００７年1月24日、就任してわずか3週間後、バシール大統領に宛て「重支援パッケージ」の詳細を綴った書簡を送った。その数日後、ＡＵ首脳会議開催中の1月末に、バシール大統領との初会談が実施された。ダルフール情勢は良好だと大統領は強調したが、事前に調査して臨んだ新事務総長は、数百万人がいまだ避難していることを指摘した。バシールが激しく言い返すと、事実に基づく問題に関してはきちんと検証されているかどうかが重要だと、事務総長は穏やかに述べた。彼は次に、指揮統制や部隊編制など、合同軍に関する懸案事項について鋭い質問を投げかけた。この初会談では緊迫した瞬間も何度かあった。新事務総長は大統領と信頼関係を築き、本音を引き出すためには努力を惜しまないと心に決めていた。

一方スーダン政府は、おそらくアナン事務総長と比較し、新たなる協調の精神を褒め称えることにより、潘事務総長からできるだけ譲歩を引き出したいと考えていたのだろう。だが話題が具体的になるにつれ、両者の不一致は一層明白になった。そして、大統領が3月にようやく出した潘事務総長の書簡への返信が、重大な分かれ目となった。14枚に及ぶ手紙は、11月の合意を拒否するような内容だった。どうやら振出しに戻るしかないようだった。

合同ミッション受け入れの正式同意

やはり緊迫した空気に包まれた安保理の会議で、事務総長は平静を装い、「ポジティブな要素もいくらかある」と述べた。この危機的状況は、リヤドで開かれたアラブ首脳会議の終盤に、潘事務総長、コナレＡＵ委員長、バシール大統領の三者が会談し、サウジアラビアのアブドゥッラー国王の力添えで合意に達したとき、収束したように思われた。２週間後、国連平和維持活動局のロシア人職員としては最高位のディミトリ・ティートフが、ハルトゥームに赴いた（彼が選ばれたのは、ロシアは中国と同様に、スーダンの懸念を理解できる立場にいると見られたからだ）。そして、スーダン政府は確かに、「国連重支援パッケージ」の受け入れに同意した。合同ミッションの先遣隊とみなされるこのパッケージは、１１３６人の文民要員、３０１人の警官と３つの警察部隊、軍事輸送やエンジニアリング、通信と後方支援、航空、医療業務を提供する２２５０人の軍事要員で構成されていた。事態を楽観視する人たちは、これを大躍進だともてはやしたが、わたしは不満だった。国連は抜け出しがたい状況に徐々に陥りつつあるように思えた。

６月、バシール大統領は、混合部隊による合同ミッションの受け入れに正式に同意した。７月、安保理は合同ミッションを承認する決議を採択し、２００８年1月1日にＡＵから引き継がれる運びとなった。決議採択にいたるまでの交渉は、交渉相手がＡＵと安保理の西洋諸国だという点を除けば、スーダン政府と「成功裡」に終わった交渉と同じくらい困難だった。ＡＵはできるだけ干渉を受けずに国連から最大の資金を引き出そうとし、安保理西洋諸国は合同ミッションを国連の単独ミッションへの先駆けにしたいと考えていた。

今にして思えば、わたしがもっと柔軟な姿勢を示したほうが、組織としての国連に貢献できたのかもしれない。国連の関与を最小限に抑え、ＡＵに資金提供するというやり方を助長したほうが、責任の定義を明確にできたかもしれない。だが、そんな斜に構えたような姿勢は現実的ではなかっただろう。資金を出す加盟国が、国連が管理できないような取り決めを承認するはずがない。部隊を派遣していたアフリカ諸国も、資金を提供していた西洋諸国も、いずれ劣らぬ性急な姿勢を示したが、それぞれに異なる理由からだった。経済的に苦しいアフリカ諸国は、国連から資金提供を受けたがっていたのに対し、西洋諸国は強化したミッションを早急に展開したがっていた。前者に関しては、完全に国連の指揮下にはない部隊に資金提供するという大きな決断を加盟国がくだせば、解決できるだろう。後者のほうがはるかに難しく、わたしは国連最後の1年間の半分をこの件に費やした。合同ミッションの迅速な展開には、進んで部隊を派遣する国とスーダン政府の協力が必要だった。

合同ミッションへの期待

軍隊がダルフールに平和をもたらすなどという幻想は抱いていなかったが、政治的関与と断固とした平和維持活動が現状に改善をもたらす一助になればと、せめてもの希望をつないだ。数多くの平和維持活動を見守ってきた経験からして、多くはものの見方と機運にかかっている。派遣の初期段階において、かぎられた範囲でしか関与しないと選択したなかでミッションがいくらかでも成功を収めることができれば、それが抑止効果となり暴力を抑える可能性がある。だからこそ、わたしたちは「初期効果」を重視する計画を立てていたのだ。目標は、2008年1月1日、特殊部隊を含む一定数の精鋭部隊を、軍用輸送ヘリコプターと攻撃ヘリコプターとともに、現地に到着させることだった。精鋭部隊なら、ダルフールのどんな部隊も短期間で強化できるはずだ。次いで、専門的な工兵部隊を送り、満足なインフラのない地域への追加派遣を促進する。工兵部隊は、井戸の掘削や、放置された灌漑施設の修繕など、地元住民に対しても多大な貢献ができる。

わたしはすぐに、非アフリカ諸国はダルフールの窮状について声高に話しながら、自国兵士の派遣に積極的な国がほとんどないことに気づいた。会議や電話での呼びかけを何度も繰り返した結果、ヨーロッパでは北欧諸国だけが応じ、重要な専門技術を持つ特殊工兵部隊を提供してくれることになった。国連はヘリコプター18機を要請したが、提供しようという国は1つもなかった。攻撃ヘリコプターについてはとくに難しかった。わたしたちは以前、高度な訓練を受け迅速に反応できる部隊の必要性を思い知らされる、痛ましい出来事を経験していた。2007年9月末、ハスカニタ付近にあるAUの軍事基地が襲撃された。AUによる保護は不十分だとみなす武装集団が、報復行為に及んだのだ。何名かのアフリカ人兵士が殺害されたが、襲撃側は無傷だった。ほどなくしてスーダン政府軍が基地の救援にかけつけた。これはきわめて屈辱的な事件であり、このミッションが信頼を失っていることを示していた。ミッションを活性化するために、高い士気を持つ新鋭部隊の投入がますます急務となっていた。

フランスにたきつけられたEUが、チャドにEU派遣団を展開する計画を進めていることで、わたしはなおさら懸念を強めた。十分な装備を持ち自立したチャドの欧州部隊と、その隣国に展開する無力な国連・AU合同部隊とでは対比が際立ち、後者の評判を傷つける。だがチャドの欧州部隊は、ダルフール紛争の抑止に役立つかもしれない。スーダンからチャドに流れ込んだ勢力が、チャドのデビ大統領を打倒しようとしても、難しくなるはずだ。大統領打倒のリスクは現実だった。EUのミッション展開前の2008年初頭、チャドで暗殺未遂事件が起きていた。また、欧州部隊の駐留により、チャドに拠点を置く武装勢力はスーダン政府に対する作戦に着手しづらくなるだろう。強力な外国軍の駐留がスーダンとチャドの間の緊張を弱めるのなら、ムスタファ・オスマン・イスマイルがかつて指摘したように、好ましい影響と言えるかもしれない。だがわたしには、国連がチャドで有益な役割を果たせるとは思えなかった。チャド東部の基地の警備を任せられるように、国連にチャド憲兵隊の訓練が求められており、憲兵隊は1年後に欧州部隊と入れ替わる予定になっていた。それに、チャドの問題はダルフール紛争の影響の一部にすぎなかった。

スーダン政府の身勝手な主張

一方でスーダン政府は、ただでさえ難しい問題をさらに難しくしていた。ミッションの円滑な展開は、全当事者や部隊派遣国、ミッション受け入れ国、国連事務局の善意を必要とする、複雑な事業だと言える。ところが、ダルフールでのあらゆる活動に、長々とした厄介な交渉がつきものだった。たとえば、地位協定、ベレー帽の色、車両につける印、果ては、ダルフールから

1600キロ離れたポートスーダンでのコンテナの通関手続きにいたるまで、交渉は避けられなかった。三者体制は、広大なスーダンのお役所仕事を軽減するどころか、進展を妨げる官僚主義のツールとして利用された。

一番厄介なのは部隊編制だった。合同ミッションにはアフリカ軍しか配備すべきではないと、スーダン当局は主張した。部隊編制をめぐる争いは、特殊な工兵部隊のように富裕国にしかない戦力もあり、それを配備しないとなれば、ミッションに支障を来《きた》すことになる。アフリカ軍には過剰な負荷がかかっており、アフリカ軍のほとんどが、緊急配備の際に必須となる自助能力を備えていなかった。それに、スケジュールどおり配備するためには部隊派遣国との調整が欠かせず、スーダン政府からの早急な回答が必要だった。「即効パッケージ」に含まれる部隊と、残りの部隊派遣を促進する役目を負う工兵部隊にとって、配備スケジュールの順守はとくに重要だった。

何もかも、こちらの希望どおりにいかなかった。数点の提案に対し、スーダン政府は長い間態度を保留した。ようやく態度を表明したかと思えば、北欧諸国の工兵部隊派遣を断固として拒否した。これには非常に困惑した。北欧諸国はこの準備に多大なエネルギーと費用を費やし、わたしのほうも彼らを説き伏せるために大きな力を注いだ。また国連としては、南アジアから大勢の兵員を期待していた。南アジアは平和維持部隊に自国軍を派遣した経験が豊富で、わたしたちはネパールのグルカ兵を頼りにしていた。ところが、散々催促した挙句、非アフリカ諸国の軍——

中国軍は例外。中国政府との間には問題がないからだ――は受け入れられないと、アフリカ諸国からの申し出がなくなった時点で、スーダン政府は表明した。これは政治的にも作戦的にも問題だった。エチオピアは反政府勢力の一部と親密で、スーダンとは反目していたので、国連はエチオピアから多くの部隊を受け入れられない。また、エジプトはスーダン政府と親密なので、やはり多くは受け入れられない。その他のアフリカ諸国が申し出たのは、装備や自助能力のない軍隊だった。

その後、ニューヨークで、アディスアベバで、リスボンで、ダカールで、ばかげた交渉が続いた。わたしは何度かアディスアベバへ赴き、譲歩を引き出そうと努め、すでに準備に取りかかっていた他国の部隊、とくにタイの精鋭大隊に遅れず配備するという条件で、エチオピア部隊とエジプト部隊の拡大に同意した。EU・アフリカ首脳会議の終盤、平和維持活動局の事務次長補は事務総長の側近に同行し、再び部隊編制について話し合った。潘事務総長本人が、ダカールで開かれた首脳会議でバシール大統領とともに問題を提起し、エジプト軍の参加規模拡大を受け入れた。ハルトゥームでの会談時、作戦の展開前に部隊は装備に慣れる必要があるので、国連としては軍事的観点から装備なしの部隊を受け入れられないと、わたしはバシール大統領に進言した。大統領は自分も軍人であると述べ、装備に慣れるには1日の訓練で十分だと断言した。その後、わたしはバシール大統領から、協力的ではないとたしなめられた。

スーダン政府の勝利

今にして思えば、合同ミッションに合意した日に無駄になったばかげた交渉に、あれほどの労力を注いだのは間違っていたのかもしれない。スーダン国民統一政府の外務大臣を務めていた深く尊敬するデング・アロルから、わたしがいくつかの部隊——タイ大隊やネパールの特殊部隊団——を強く推したことで、スーダン政府は国際社会の思惑に疑心暗鬼を募らせたのではないか、と指摘された。わたしは敗北を受け入れられなかったが、もっと慎重を期すべきだったと思う。即効パッケージ計画はとうに消え去った。スーダン政府は成果を上げるミッションなど望んでいないこと、被害防止対策だけが唯一の現実的目標であることが、明々白々になっていたのだから、スーダンの意図を試す必要はもうなかった。おそらく、ミッションはダルフールの暴力の抑制に貢献できた。とくに、キャンプに警察を配備したことは好影響をもたらした。だが、ミッションは戦略的役割を果たさず、費用のかさむ余興でしかなかった。スーダン政府の勝利だった。

ミッション移行前の数週間、わたしの公式の場での発言はどんどん辛辣になり、11月末、安保理にこんな質問をした。「わたしたちが派遣しようとしているのは、何の変化ももたらさない、自衛能力も持たない、安保理と国連に屈辱を与える恐れのある、ダルフールの人々に悲惨な失敗をもたらす恐れのある軍隊ではないのか?」。その頃には、方針を変更できるのではという希望はすっかり消えていた。

合同ミッション開始の数週間後、わたしは再びスーダンに飛んだ。ハルトゥームでは、ムスタファ・オスマン・イスマイルから、わたしの口調が鋭く変化した理由を聞かれたので、こんなふうに答えた。スーダン政府との妥協点を見つけようと尽力してきたが、彼が国民に対し責任があるように、わたしは平和維持部隊に対して責任がある。そうした責任は矛盾しないし、ダルフールで効果的な平和維持活動を展開することが、共通の利益だと長年思ってきた。だが、スーダン政府はわたしたちの行く手を次々と妨げて、ミッションを失敗に追い込んだ。最近では、エル＝ファーシルでミッションの軍司令部の強化を図るため、わたしたちが参謀総長に任命した有能なイギリス人将校が解任された。わたしには平和維持活動を実施する義務がある。ダルフールのミッションが失敗すれば、平和維持活動は深刻なダメージを被るだろう、と。

イスマイルに話をしながら、その数日前の出来事について考えていた。ダルフール東部で、ミッションの補給部隊がスーダン政府から攻撃を受けたのだ。たとえ政府が否定したとしても、状況から判断して、誤爆ではなく意図的な攻撃であることに間違いなかった。補給部隊長は応戦しなかった。その判断は、戦術的見地から言えばおそらく正しかったのだろう。しかし、わたしはよくこんなことを考える。あの出来事が新ミッションの早い段階でさらに深刻化していたなら、平和維持活動に用のない場所に部隊を送り込んだことに、安保理は否応なく気づかされたのではないだろうか。もしそうなっていれば、安保理はその時点で方向転換を図ることができたのではなかろうか。

バシール大統領の起訴

スーダンとの関わりに一応の終結を見たのは、2008年7月14日のことだった。わたしは潘事務総長とともに、革命記念日の祝賀行事に参加するためパリにいた。その年、国連平和維持部隊は栄誉を称えられ、毎年恒例のシャンゼリゼ通りの軍事パレードに参加していた。同じ日に、国際刑事裁判所の検察官ルイス・モレノ・オカンポは、バシール大統領の起訴を求めると発表した。その4年前にパウエル米国務長官がジェノサイドという言葉を用いたが、この起訴は、それに端を発した長きにわたる一連の過程の帰結だった。ジェノサイドの指摘後に国連の調査委員会が発足し、その勧告を受けて、安保理は2005年、スーダンの案件を国際刑事裁判所に付託する決議を採択した。そして2007年の春、政府閣僚のアフマド・ムハンマド・ハルン、民兵組織ジャンジャウィードの指導者、ハスカニタでAU軍兵士の殺害に関わった反政府組織の指導者が起訴された。バシール大統領は公私にわたり、ハルンへの信頼をしきりに表明していた。

安保理理事国のなかには、準大物閣僚が起訴されたことで、スーダン首脳陣が彼らを切り捨て、方向転換を図ることを期待していた国もあった。司法は政治の道具としては役立たなかった。バシールの起訴要求が公表されると、AUとアラブ連盟は、取り消せないことを取り消そうと必死に策を講じた。安保理理事国は当惑した。もはや手を引くことはできないとわかっていたが、その成り行きを危惧した。それから6年を超える歳月が過ぎた現在、深手を負っているのは平和ではなく、国際刑事裁判所の信用である。スーダン政府はとくに過剰な反応を示さず、報復措置はとらなかったが、事態は何ひとつ変わらなかった。バシールはいまだに大統領の座にいる。訪問国の選択については細心の注意を払っているが、挑戦的態度を崩さず、要所である南コルドファン州の知事にハルンを任命した。国連が屈辱を味わったあと、今度は国際刑事裁判所が屈辱を味わうことになった。もちろん、最後に勝つのは誰なのか、結論を出すにはまだ早すぎる。スーダン政権の展開次第で、正反対の結果が引き出されることもあるだろう。だが、スーダンが平和を手に入れるには、革命でも政権交代でもなく、進化が必要だという意見が高まりを見せている。それこそ、バシール大統領の起訴を支持する多くの者が抱く、暗黙の目標だった。

ダルフールに見る国際社会の現状

スーダンの軌跡、とりわけダルフールの軌跡は、〝国際社会〟の現状を雄弁に物語る。ダルフールの奥地の基地で、ある晩、ハリウッド女優のミア・ファローと偶然一緒になり、基地の食堂で一緒に夕飯を食べた。貧しい人々に対する彼女の献身的な姿勢には感服した。彼女やジョージ・クルーニーのような人々が懸命に訴えなかったならば、こうした貧しい人々の窮状が世界に知られることはなかっただろう。同時に、世界がこれほど近づいたことで何が得られたのか、ときおり心のなかで自問する。広いテントで聞いたカダフィ大佐の発言を思い出す。テントには薄型テレビやミニバー、大きな白い革のソファが備わり、カダフィはそこで潘事務総長と会談した。ハエ叩きを手でもてあそびながら、カダフィは潘事務総長に向かって、国連がいかに役立たずか慇懃に説明した。「アフリカの紛争は、国連が注目すると激化する」とカダフィは言った。これは受け入れがたい発言である。ルワンダの大虐殺《ジェノサイド》は、国際社会が無視をした悲劇的な反証の最たるものである。ダルフールのパトロールにあたる勇敢なルワンダ部隊は、自国の経験から、彼の発言とは異なる考えを抱く生きた証である。

だが、裕福で安定した国の発展途上国の危機に対する見方と、紛争の入り組んだ現実との間に、大きな隔たりがあることも事実である。世界の和平に貢献し、効果を上げながら国内も満足させることは、かつてないほど難しくなってきている。わたしたちは世界の問題に関わるとき、それが悪に対する善の戦いと考えたがるものだ。確かに、妥協と共通点を追求するにあたり、被害者と殺人者が存在し、両者の道徳基準が同じではないという事実を隠すべきではない。それに目をつぶったせいで、国連はボスニアとの関わり方を誤ることになった。

だが、平和維持部隊は世界のSWATではない。近隣の悪者を一掃するというわかりやすい任務を負っているわけではないのだ。ほとんどの場合、相反する目的に直面し、道義的ジレンマが生じる。2005年、包括的和平合意——つまり「統一を魅力的にする」約束——という難しい処方箋を手に入れ、国際社会は大喜びした。これは、国際的関与のジレンマを表す格好の例だった。この推移を見守っていた者たちは、スーダンの分裂はアフリカにとってもスーダンにとっても好ましくないと確信する一方で、決定をくだすのはスーダンだということも認めていた。そこで、わたしたちは――それほど熱を入れずに――影響力を行使しようとしたり、甘言で釣ろうとしたりして自分たちの良心を満足させ、ただでさえ複雑な問題をさらに複雑にしたこともあった。スーダンは一国のままでいたほうがいいと、わたしたちに決める資格があるのか？　ダルフールにとって何が有益なのか、わたしたちに決める資格があるのだろうか？　重大犯罪が起きた場合なら答えは簡単であり、国際社会の行動が現実に人命を救う可能性もある――もっとも、行動に移すのはたいてい最悪の事態が起きてからだ。だが、低強度紛争のように状況が曖昧な場合、答えははるかに難しくなる。

南スーダン共和国の誕生

国際社会がスーダンに関与してから10年余りがたった。ひいき目にみて、その成否は相半ばするといったところだろう。南部の分離独立を問う住民投票は２０１１年に実施され、大きな流血沙汰が起きることなく終了した。国連もこの成功に少なからず功績がある。この住民投票は、世界で一番新しい国家、南スーダン共和国が平和的に誕生する下地となった。南スーダンの人々の思いが実現するようすを目の当たりにしたことは、実に刺激的だった。その一方で、長年潜在していた部族間の緊張があからさまな抗争となって噴出するなか、ゼロから国家を形成するという気の遠くなるような仕事に、南スーダンは直面している。南スーダンでまったく異質な部族を結びつけていたのは、実はハルトゥームへの抵抗だった。しかも、南スーダン創設に際して、キリスト教福音派の伝道者が助長した思想的偏見が随所に見られた。2013年の内戦勃発により、家を追われ国連施設に逃れてきた数十万もの人々は、当分自宅に戻れないだろう。国家として確立する前に、南スーダンは失敗国家となる可能性がある。その間にも、スーダンと南スーダンの交渉は、分離独立前と変わらぬ遅々としたペースで行われている。両国間に新たな紛争が生じる恐れは、いまだに消えていない。

依然として不透明な状況

ダルフールの状況はやはり不透明だ。10年前と比べて間違いなく暴力行為は減少し、人道援助により何十万人もの命が救われた。しかし、ダルフールは永遠に変わってしまった。JEM、SLMやSPLM-N（南スーダン分離独立時、SPLMから派生し北部に残った組織）の一派などのダルフールの反政府勢力が、ダルフール以外にも勢力を伸ばそうと手を組んでいる。もっとも、JEMのハリル・イブラヒムは、2011年、ハルトゥームに進軍する途中で殺害された。ジャンジャウィードに襲撃され、故郷の村から逃れた貧しい人々は、もう村に帰還できないだろう。この先も難民キャンプで暮らすことになる。そして、キャンプは今や新たな都市となりつつある。こうした都市が、機能不全に陥り絶望と暴力の温床となるか、新経済の基盤に発展するかは、人道援助団体も平和維持要員も解決できない、大きな問題の解決にかかっている。ときには無意識のうちに大きな影響を与えてきたとはいえ、まったくの善意から、国連は部外者の立場を保っている。

スーダンに現れた数々の不吉な兆候は、情勢悪化の可能性を示すものだ。バシール大統領は、彼の権威に異を唱えるイスラム主義者の問題に直面し、ダルフールで、さらにはスーダンのいたるところで、引き続きアラブ民族のアイデンティティを操っている。この人為的な二分化——南部のアフリカ系住民と北部のアラブ系住民、スーダンとダルフール——は、スーダンがはるかに深刻な問題に直面していることを示している。さらに、スーダン国民のアイデンティティの問題は、多くの点でうやむやにされたままである。アラブの春を特徴づけることになった人口問題、経済問題にスーダンはさらされているので、最大の難問はこれから訪れる可能性がある。アラブの春が引き起こした動揺を、世界はすでに目の当たりにした。このときのような単独の抗議が、変化を求める組織だった運動に拡大したら、ハルトゥームに悲惨な影響をもたらす恐れがある。国連にその備えができているのか？　国連は部外者として10年以上も、スーダンの複合的な紛争と危機の終結を求めてきた。だが、何がしたいのか自分でもはっきりしないかのごとく、国連はその他紛争地域と同様に、スーダンでも中途半端にしか関与しなかった。国連は〝改革者〟としてまったく信用ならないように見える。

第9章

レバノン
——戦争を終わらせるには

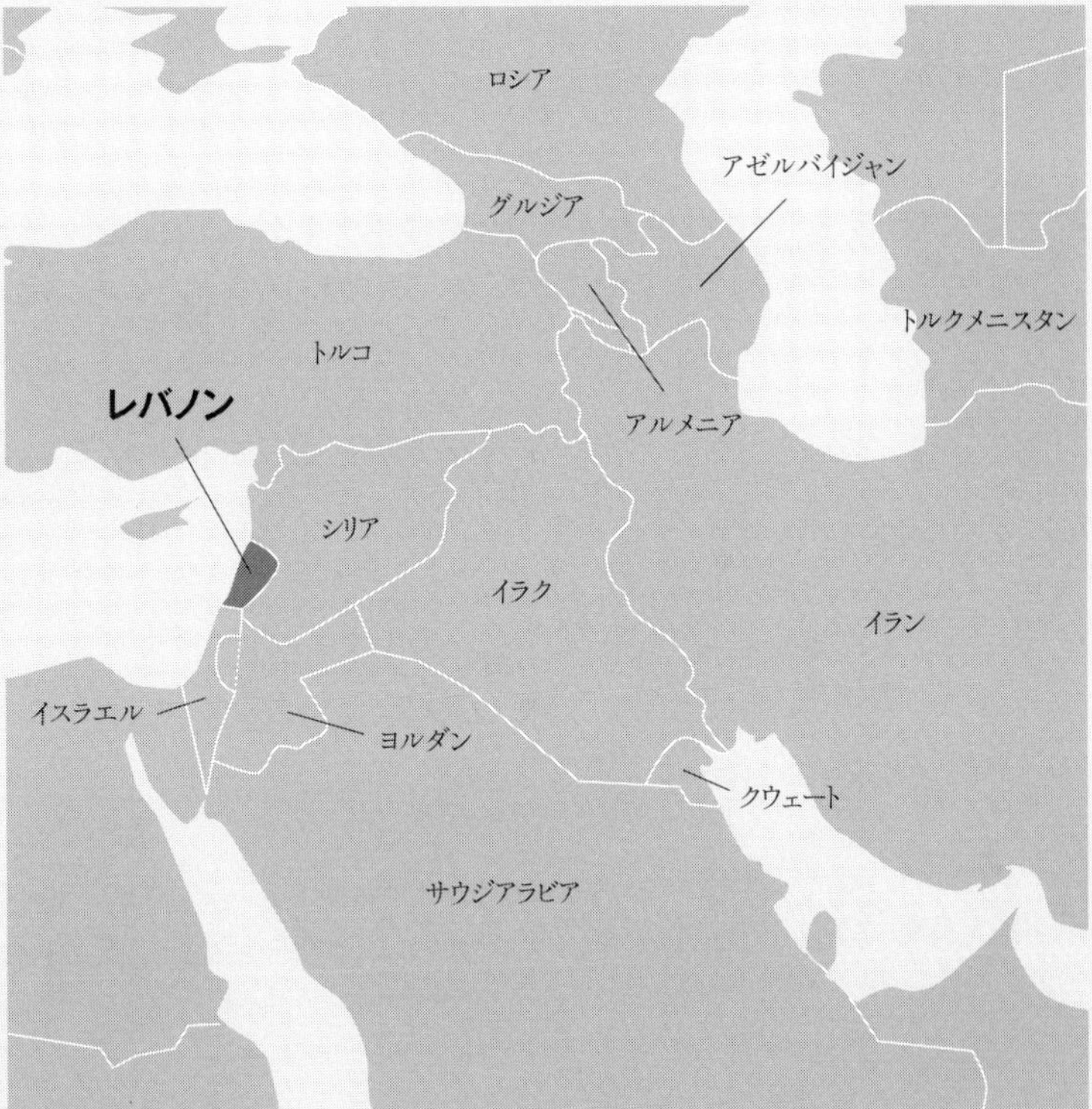

国連レバノン暫定軍（UNIFIL）

ヒズボラのイスラエル奇襲

２００６年7月12日、ヒズボラはイスラエル国防軍と北部イスラエルの村落に向けて、ロケット弾を連射した。ヒズボラの戦闘員は停戦ラインを越えイスラエルの哨戒隊を襲撃して、３人の兵士を殺害し2人を連れ去った。イスラエルはこれに即座に反撃した。大規模な空爆を開始したイスラエル軍は、砲撃と小規模な襲撃の支援を受けながら、レバノン南部からレバノン全土へと徐々に攻撃範囲を拡大した。戦闘開始から数週間後、作戦の終盤に差し掛かり、イスラエル国防軍はついにレバノン南部で大規模な地上戦に乗り出した。戦闘は33日間に及んだ。その間、ヒズボラはおよそ４０００発のカチューシャ・ロケットをイスラエルに発射した。43人のイスラエル市民と１０００人を超えるレバノン市民が犠牲になった。ヒズボラ戦闘員の死者数は不明だが、間違いなく数百人は死亡した。レバノン軍に28人、イスラエル軍に１１８人の死者が出ており、その大半は戦闘終盤の地上戦で死亡した。

この戦闘が始まる前の週は、わたしはスーダンの問題とダルフールで激化する戦闘にかかりっきりだった。ヒズボラが攻撃を開始した日、和平合意の非署名者を無視して事を進める危険性を強調しながら、安保理にダルフールについて報告していた。中東がカオスに陥っているかのように、危機的状況が重なった。ガザ地区では軍事行動が続き、イラク情勢は悪化の一途をたどり、イラン核問題の進展はなかった。ガザ地区でイスラエル兵1人が拉致される事件が起きた直後、ヒズボラは攻撃に打って出た。中東にさらなる分裂をもたらすことになっても、もはや対決姿勢が望ましいと誰もが認めているかに思えた。シリア経由でイランの革命防衛隊から支援を受けているヒズボラが、核問題で国際的圧力のかかるイラン政府から世界の注目をそらそうとしているという憶測が飛んでいた。一方で、アメリカと同盟関係にあるアラブ諸国は、イラクの情勢悪化でイランが大きな恩恵を受けるのではないかとの懸念を強めていた。ヒズボラの攻撃は〝対テロ世界戦争〟に新たな局面を開いた。

UNIFIL——最長の派遣部隊

国連平和維持活動にとって、この戦闘は重大な政治問題を提起し、やがて作戦上のジレンマを生み出した。政治的課題は、国連レバノン暫定軍（UNIFIL）がやはり非常に厄介な状況にあることに起因していた。UNIFILは28年間展開していた最長の部類に入る平和維持活動で、ある意味、きわめて伝統的な活動だった。1978年の安保理決議425に基づき承認された1つ目の任務は、イスラエル軍の撤退を確認することだった。イスラエル軍はパレスチナのゲリラを国境に近づけまいと、レバノン国内に侵入して一方的に「セキュリティ・ゾーン」を築いた。

イスラエルが撤退したのは2000年になってからで、それを受けて、UNIFILは1つ目の任務完了を発表した。これもいささか議論を呼んだ。イスラエルが撤退すべきレバノン領域について、明確に定めた取り決めが存在しなかったからだ。国連は安保理決議425の履行のため、レバノンの国境線を独自に画定（訳注：ブルーラインのこと）することで、この問題を解決した。

その他2つの任務の完了は、さらに見きわめが難しかった。2つ目の任務は、「国際平和と安全を回復すること」だった。この任務は、イスラエルとレバノンが和平協定に調印したときのみ達成される。その後、エジプトとヨルダンがイスラエルとそれぞれ和平条約を締結したが、レバノンとイスラエルの場合ははるかに困難だった。したがって、ミッションの継続は、ミッションが影響力を持たない基本的な戦略課題に左右されることになった。

3つ目の任務は、「当該地域におけるレバノン政府の実効的な権威回復のために、レバノン政府を支援する」ことだった。「実効的な権威」とは何を指すのか？　2000年にイスラエル軍がようやくレバノン南部から撤退したとき、レバノン軍はその空白地帯に進軍せず、レバノン南部の北限となるリタニ川北部にとどまった。それどころか、レバノン内戦へのイスラエル軍侵攻を受けて1982年に結成されたヒズボラが、リタニ川南部で唯一の「実効的な権威」を確立した。これは国連のような組織にとって、困難きわまる状況を生み出した。停戦ラインの片側にイスラエル国家。反対側には、重武装した非国家主体のヒズボラ。さらに厄介だったのは、ヒズボラがイスラエルとアメリカから公式にテロ組織とみなされていたことだ。とはいえ、UNIFIL

は、現地で事実上の権威を確立したヒズボラを無視することはできなかった。そのため、国連はテロを大目に見ている、テロリストと打ち合わせをすることもあると、非難の的になった。とくにイスラエルから非難された。

この3つは、どれもミッション・ステートメントとしてはあまり魅力的ではなかった。2000年のイスラエル軍撤退から2005年の夏にかけて、UNIFILはふらつきながらも何とか火消しをしていた。ベイルートの政治危機が長引き、親シリア（および親ヒズボラ）派と反シリア派との間に反目が広がるにつれ、UNIFILは次第に弱い立場に追いやられていった。フランスとアメリカの主導のもと、安全保障理事会がこの事態に介入し、シリア軍のレバノン撤退と自由で公正な選挙を強く求めた。2004年9月、フランスとアメリカが積極的に動き、シリア軍撤退、民兵の武装解除、自由で公正な選挙の実施を盛り込んだ、厳しい安保理決議（1559）を成立させた。中国とロシアは棄権し、非常任理事国の4か国も棄権した。こうして、フランスとアメリカが先頭に立つ西側陣営とシリアとの対立の火蓋が切られた。その後、立て続けに暗殺事件が起きた。なかでも重大な影響を与えたのは、2005年2月、ラフィーク・ハリーリー元首相の乗る自動車に爆弾が仕掛けられ、暗殺された事件である。富裕な実業家のハリーリーは、当初、シリアの支援を受けて首相に就任したが、のちに「反シリア」派の急先鋒に転じた。

レバノンでの平和維持活動の困難

翌3月、反シリア派が議会選挙で勝利を収め、長い交渉の末に、ハリーリーの閣僚だったフアード・シニオラが首相に指名されて、レバノンの親西側陣営は勝利を収めたかに思われた。2005年4月、シリア軍はレバノンから撤退した。同時期に、シニオラはヒズボラのメンバーを入閣させた。脆弱ながらも統一政府が実現しつつあるように見えた。これはレバノン南部で展開する平和維持活動にとって明るい兆しとなるはずだと、国連は信じていた。レバノン政府軍はリタニ川以南への配備を依然として拒んでいたが、ヒズボラがもはや政府の一員となったからには、現場で事実上の実権を握る者と、法律上政府レベルで実権を握る者との隔たりは狭まるだろうと思われていた。

この考えは甘かった。わたしとしたことが、もっと慎重になるべきだった。レバノンの国連平和維持活動の難しさを最初に感じたのは、2000年10月、平和維持活動局の代表に就任した直後だったが、そのわずか数か月後には政治的混乱にもみくちゃにされた。就任後1週間もたたずに、ヒズボラが停戦ラインで待ち伏せし、3人のイスラエル兵士を拉致したというニュースが飛び込んできた。翌日、拉致された兵士の車両を国連平和維持要員が回収しているとき、ヒズボラの工作員がやって来てその車両を引き渡すように要求した。以後数か月にわたり、イスラエル当局と拉致された兵士の悲嘆にくれる家族から、何か情報を摑んでいないかと問い合わせがあった。国連は何もないと返答した。

それゆえ、2001年5月にイスラエルを初訪問したとき、拉致事件を撮影したビデオをUNIFILが保有しているとイスラエル当局から知らされ、わたしは驚いた。調査を約束してニューヨークに戻ると、その数週間前、わたしの知らないうちに、司令官がそのビデオを本部に持ち込んだことが判明した。さらにまずいことに、そのビデオをニューヨークで分析している最中に、同地域担当の国連事務総長特別代表がビデオの存在を否定した。特別代表は報告を受けていなかったのだ。わたしはただちにイスラエル大使に電話をかけ、すでに有名になっていたそのビデオの存在を公式に伝えた。わたしが誠意をもって行動していることを、大使は理解してくれたと思う。とはいえ、国連が大きな痛手を受けたことに変わりはなく、まもなくメディアに激しく糾弾された。その頃になると、ビデオの引き渡しをイスラエルが要請したのに、国連は「隠蔽」したという話になっていた。インド部隊が撮影したそのビデオには、拉致事件ではなく、平和維持要員による翌日の車両回収と、ヒズボラの工作員に車両を引き渡したときのようすが収められていた。

ビデオに人道的価値など少しもなかったが、国連はいつのまにか抜き差しならない状況に追い込まれていた。国連のもっとも脆弱な部分が露わになり、ミッションは間違いなく苦しい立場に立たされた。国連はイスラエルの要請に応えられず、ヒズボラの要求を拒めなかった。つまり、国連がイスラエルにビデオを渡せば、兵士を拉致したヒズボラの工作員が特定される。すると、イスラエル軍は標的を定めて作戦を展開するだろうし、国連はあたかもイスラエルを援助したように見られ、報復を誓うヒズボラの格好の標的となる。車両の引き渡しを要求するヒズボラを平和維持要員が拒めなかったのも、やはり国連が弱い立場にいるからだ。22年間レバノン南部を支配していたイスラエルが、ヒズボラを打倒できないでいたのだから、国連が弱い立場に置かれるのも予想されたことであった。UNIFILは、停戦維持の事実上の当事者にケンカを売る立場にはない。できることと言えば、違反を報告するくらいだった。

事務総長の報告書

国連事務局と安全保障理事会は、このような状況をかなり前から把握していた。それに、国連平和維持活動のミッションがきわめて弱い立場にあるとき、強く見せかけることほど危険なことはないと、わたしたちは承知していた。だからこそ、イスラエル軍撤退時にミッションを一時的に増強したあと、その規模を徐々に縮小して2000名まで減らすことで、安保理の間では一致していたのだ。わたしが承認した報告書で、安保理も問題なく認めた数々の報告書を読むと、わたしたちは安保理に対しもっと率直に意見を述べるべきだったと痛感する。2001年初頭、わたしは次の国連事務総長の報告書を承認した。

UNIFILは3つのマンデートのうち2つを実質的に完了しました。イスラエル軍の撤退を確認し、できる範囲で、イスラエル軍撤退後の地域がレバノンのもとに戻ったとき、レバノン政府の権威回復を支援してきたのです。UNIFILは当局と密接な協力を図っており、もはやその駐留地域に支配力を行使していません。無論、UNIFILはレバノン政府に対し、最後の一歩を踏み出し、ブルーライン［国連が指定したイスラエルとレバノンの境界線］にまで要員を配置するよう、強制することはできません。

すべてそのとおりだった。UNIFILが「完了した」任務が、実際にはごく限定的だったという点を認めるならば、の話だが。制約のあるなかで、ミッションはできるかぎりの力を尽くした。だが、レバノン政府の「実効的な権威」は、レバノン南部に回復していなかった。兵力の段階的な規模縮小は、一連のプロセスが成果を上げたというより、非国家主体に対処しなくてはならない平和維持部隊に限界があると認めたということだ。イスラエルはその点について少しも幻想を抱いていなかったが、規模縮小には反対しなかった。UNIFILに対しさしたる配慮も見せなかったが、その連結役としての貢献と衝突鎮圧に果たした役割については、イスラエルも高く評価していた。

困難だが、撤退はせず

２００６年の夏を迎える頃、フィンランドのように、長年UNIFILの象徴だった部隊派遣国が、任務を終了し帰国した。フィンランド部隊は、駐留地のレバノン南部にサウナを持ち込んでいたほどだ。フィジー部隊とアイルランド部隊も、わずかな将校を残して帰国した。しかし、レバノンの政治を熟知した、フランス出身で有能なアラン・ペルグリニ少将が率いるミッションには、まだ興味深い混成部隊が残っていた。イスラエル、シリア、レバノンが隣接する東部には、インド部隊が配備されていた。ほかにも、ガーナ大隊、中国工兵部隊、フランス中隊、イタリア航空部隊も駐留していた。欧州部隊が発展途上世界の部隊と協力して任務にあたるという、次第に珍しくなっているが、まさに国際社会を代表する平和維持活動の姿だった。とはいえ、国際社会の象徴だからといって、不安定な停戦を維持するには十分ではない。ミッションはヒズボラのイスラエル攻撃を阻止できず、イスラエルの大掛かりな報復を阻止できなかった。

では、どうすべきだったのだろうか？　象徴的な介在部隊としての平和維持活動のミッションは失敗に終わり、1982年のイスラエルによるレバノン侵攻以来、平和維持部隊はもっとも危険な状況に置かれていた。2006年夏、レバノンは本格的な戦闘状態に陥り、2000名の平和維持部隊もこれに巻き込まれた。確かな評価がくだされるよりも前に、アナン事務総長とUNIFIL司令官、そしてわたしの直観は、撤退すべきでないと告げていた。激しい爆撃にさらされているレバノン市民に対して、たとえかぎられた力しかない国連ミッションであっても、重大な危機のさ中に国際社会は見捨てないという、明確なメッセージを与えられるからだ。だが、現地にとどまることでますます板挟みになった。爆撃が激しくなるにつれ、恐怖を感じたレバノン市民は国連の施設への避難を望んだ。もし彼らを施設に入れたら、何千人分もの食糧を用意していない国連は、たちまち対応しきれなくなる。それに、ヒズボラの工作員が市民に紛れ込む恐れもあった。そうなれば、国連施設はイスラエル空軍の攻撃対象になる。かといって国連が門戸を閉ざしたままでは、苦しむ市民を見捨てることになる。

平和維持部隊は勇敢に事にあたったが、彼らの任務は途方もなく困難だった。マルワヒン村から避難しようとしていた住民の車2台に、イスラエルのロケット弾が命中して16人が死亡した。そのときUNIFILは、遺体を回収することしかできなかった。イスラエルに殺害された人々に避難場所を提供しようとしなかったと、レバノンのマスコミは即座にUNIFILを叩いた。翌日、UNIFILは護衛隊を編制し、マルヒワンからティルスへの避難に同行したが、ティルスも爆撃を受けている最中だった。数日後、国連ミッションの文民要員が、ティルスの空襲で命を落とした。撤退すべきでないというわたしたちの直観には、政治的合理性もあった。当時、停戦を導くシナリオはなかったが、国連平和維持要員がその役割を果たすはずだと信じていた。UNIFILが撤退したら、停戦は一層遠のくことになるだろう。

しかし、駐留は困難かつ危険だった。侵攻直後、イスラエル国防軍は停戦ラインに隣接する地帯を「セキュリティ・ゾーン」と定め、車両の通行を認めないと宣言した。国連がイスラエルの決定を認めれば、UNIFILの駐留は即座に立ち行かなくなる。ミッションの拠点のほとんどがセキュリティ・ゾーンにあるので、物資を補給できなくなるからだ。侵攻後3日目の7月15日土曜日、アナン事務総長はイスラエルのエフード・オルメルト首相に電話し、UNIFILの移動の自由は守られるという言質を引き出した。わたしは大急ぎで安保理に知らせてこれを公表し、イスラエルの承認を確実にしようとした。だが、現場の状況は依然として厳しく、ペルグリニ少将はイスラエルの承認を待たずに補給部隊を送らざるをえなかった。補給部隊は戦闘が小休止したときに移動した。ヒズボラは射撃陣地の多くを意図的に国連の隣に設けたので、国連の拠点がイスラエルに攻撃される危険性が高まった。

停戦は急がれず

その間、早急な停戦を求める動きは、国際社会でほとんど見られなかった。コフィー・アナン事務総長だけが、この悲惨な状況を終わらせようと真剣に取り組んでいた。アナンは、元インド国連大使のヴィジェイ・ナンビアール率いるミッションを中東に派遣した。ナンビアールは当時、国連事務総長の政治担当顧問を務め、高潔な人格と国連への貢献で知られていた。国連の経験豊富な外交担当職員2人が彼に同行した。1人は、テリエ・ロード＝ラーセン。安保理決議1559の履行に責任のある国連職員で、反ヒズボラとみなされていた。もう1人は、事務総長中東特別調整官のアルヴァロ・デ・ソト。ラーセンもかつてこの職に就いていたことがあった。だが、彼らは何も成し遂げられなかった。そのうえ、あろうことか、安保理が停戦を求める声明を出そうとしたとき、無意味なプレス向け声明だとして――とくに、イスラエルを支持するとされるアメリカにより——阻止された。

いく分矛盾するが、安保理は次に、ナンビアールのミッションを利用して行動を遅らせようとした。ミッションが帰国して報告するまで、さらにはサンクトペテルブルクのG8首脳会議の結論が出るまで安保理は待つべきだと、ある大使が主張した。G8はほとんど成果を上げなかったが、このときに初めて多国籍軍について話し合われた。多国籍軍出動の提案は、後日の停戦交渉においてカギとなる要素になった。G8の共同声明は説得力に欠けたが、それも当然だった。首脳会議では、すぐに停戦に持ち込むべきではない、イスラエルに時間を与えたいという姿勢を、アメリカ大統領ジョージ・W・ブッシュとイギリス首相トニー・ブレアが公然と示したからだ。それは両国の大統領にかぎらなかった。EUの声明もやはり説得力に欠けていた。強烈なメッセージを出せば、EUが分裂しかねないと考えたのだ。欧州委員会のジョゼ・マヌエル・ドゥラン・バローゾ委員長はガザとレバノンに言及し、他者が破壊しているものを再建することが今後ますますEUの仕事になると、素っ気なく述べただけだった。

見世物としての国際会議

10日後もまだ激しい戦闘が続いていた。レバノンへの爆撃は止まず、一方でイスラエル北部の数百万の住民は、降り注ぐヒズボラのロケット弾に怯えていた。わたしは事務総長とともにローマに飛んだ。ブッシュの国家安全保障問題担当大統領補佐官であるコンドリーザ・ライスと、イタリア外相マッシモ・ダレマが、レバノンに関する国際会議を招集したのだ。この会議は悲劇で幕を開けた。会議前日の夕方、わたしのもとに停戦監視要員4名と連絡が途絶えたとの知らせが届いた。彼らは、UNIFILが展開していた地域の東部にあるヒアム村の近くの掩蔽壕《えんぺいごう》で、激しい砲撃戦と空爆にさらされていた。夕食中に電話がかかってきて、インド部隊がようやく監視要員の持ち場に到着したが、強力なバンカー・バスターで施設は完全に破壊され、停戦監視要員4人の死亡が確認されたと知らされた。イスラエルの爆撃を止めようと、ペルグリニ少将が何度も必死に試みたが、失敗に終わった。だが、その掩蔽壕はかなり以前から設けられ、国連の施設だと明確に表示されていた。

アナン事務総長は、ライス大統領補佐官との会議中にこの知らせを受けた。その晩遅く、わたしたちは事務総長のホテルの部屋に集まった。イスラエルのオルメルト首相に連絡をとるには時間が遅すぎた。事務総長は、ペルグリニ少将と、監視要員部門責任者のクライブ・リリーと話をした。爆撃をめぐる状況は厄介で、爆撃は「明らかに意図的」だとする声明が出された。イスラエル政府はこの表現に激怒した。ところが翌朝、事務総長とオルメルト首相が話をしたとき、オルメルトはイスラエルの行為を謝罪し、誤爆だったと述べた。事務総長はこの謝罪を受け入れた。9月に発行された国連の公式報告で、停戦監視要員4名の死亡は次のように結論づけられた。

2006年7月25日、19時25分、ヒアムの国連哨戒施設に500キログラムの精密誘導爆弾が投下され、破壊された。この件に関し、イスラエル当局は全責任を認め、「実戦レベル」のミスだとして国連に謝罪したと、調査委員会は述べている。この件に関わったイスラエル国防軍の実戦または戦術レベルの兵士に、調査委員会は直接聞き取りをしていない。したがって、現地および本部の国連職員からイスラエル当局に繰り返し要請したにもかかわらず、国連施設の攻撃をなぜ止められなかったのか確定することはできない。

攻撃の翌日、ローマ会議で実質的に中身のある発言をしたのは、爆撃を受けたレバノンのファード・シニオラ首相だけだった。首相はUNIFILのおかげでこの会議に出席できた。ベイルート空港は閉鎖されていたが、UNIFILのヘリコプターでキプロス付近まで移動し、そこからローマに飛んだのだ。シニオラ首相は、強化した国連軍の配備、捕虜交換、即時停戦など、戦闘終結のための7つのプランを提示した。だがこれには、武装勢力、つまりヒズボラの武装解除は含まれず、交渉内容の合意は不可能だということがすぐに明らかになった。また、これを親イランのシーア派勢力ヒズボラを決定的に弱体化させる機会とみなす、エジプトのようなスンニ派アラブ諸国をはじめとする多くの国にとって、会議で成果が上がらないほうが都合がよかった。結局、無難にまとめられた「議長声明」は、停戦すら求めなかった。この会議は、戦闘激化に反対する世論に配慮して、何らかの行動をとっているという姿勢を示したかった15か国が参加した見世物だった。彼らに現状を変えるつもりはなかった。会議が何ひとつ達成しなくても、驚くにはあたらなかった。

戦争終結への圧力の高まり

ただし、わたしにとっては、戦争終結についてシニオラ首相と話し合う最初の機会となった。首相は金融畑出身だったので、平和維持活動についての知識はなかったが、軍隊配備がもたらす政治的制約については、驚くほど心得ていた。彼は停戦戦略に「部隊」の展開が欠かせない要素となりつつあることを理解していた。その部隊がイスラエルの行為の延長にあると、つまり、イスラエル国防軍が開始した「仕事を終える」ために展開されると見られてはならない。ヒズボラと連立政権を組む、レバノン政府の要請で展開されなくてはならない。レバノン国内では、「レバノンを守る部隊」と受け止められなくてはならない。これは、サンクトペテルブルクのG8でブレア首相が掲げた多国籍軍とは、程遠いものだった。イスラエルとその盟友の西側諸国の期待と、それに相反するレバノンの要求との妥協点はどこにあるだろう。わたしは考えた末、軍事組織の構成員としては国連の軍事監視要員となり、部隊としてはEU軍となる、多次元型の国連ミッションというアイデアを提案した。

戦闘はさらに半月続いた。平和維持部隊が危険にさらされる可能性が高まり、わたしは事務総長に撤退を訴えるようになった。ある日の朝の電話会議で、方針は大きく変わった。撤退に反対のペルグリニ少将がナクラ本部から会議に参加し、撤退は駐留と同じくらい危険を伴い、かなり複雑な展開が必要になると主張したのである。実際問題として、国連の拠点の大半は停戦ライン付近に設置されていたので、撤退するにはイスラエルの領域を通るよりほかになかった。それでは政治的に深刻な影響を与えかねない。アナン事務総長は撤退しないことに決めた。だが、安保理との昼食を兼ねた打ち合わせで、UNIFIL撤退を抜け目なく持ち出し、停戦勧告の決議を採択するよう安保理に圧力を加えた。撤退しないとした事務総長の決断は正しかった。その決断には深刻なリスクを伴ったが、おかげでUNIFILは、その後の停戦合意で重要な役割を果たす機会を得られた。

レバノンの悲惨な光景が世界中で報じられるにつれ、戦争終結への圧力が高まった。ジャン＝マルク・ド・ラ・サブリエール仏国連大使とジョン・ボルトン米国連大使は、徐々に交渉を開始した。レバノンに関する安保理決議は、そもそもこの二国が後押ししてきたのだ。イスラエルとレバノンの間で根本的な政治問題を解決する必要があるので、正式な停戦はハードルが高いように思えた。そこで両国の大使は、二段階のアプローチで停戦を進めることにした。最初の決議で休戦を勧告し、複雑な政治的懸案事項を解決する時間を与える。それが解決されたら、次に停戦合意を支持する決議を提案する。

わたしはこのアプローチに疑問を感じた。政治的懸案事項の解決は難しいだろうから、2つ目の決議は出されないのではないかと危ぶんだのだ。イスラエル地上部隊がレバノン南部に展開中に1つめの決議が採択されたら、イスラエル軍による南レバノン無期限再占領の法的根拠となるかもしれない。これでは、2000年に苦労して抜け出した状態の再現になるので、イスラエルにとっては望ましくない。自国に再び占領軍が駐留することになるのだから、レバノンにとっても望ましくない。イスラエル地上部隊がレバノン南部で地歩を固めるようなことになったら、悲惨な結果を迎えることは目に見えていた。だが、米仏とも方針を変えるつもりはないようだった。

一方で、レバノン側はこの2段階アプローチを何としても阻止したがっていた。同一の決議で停戦とイスラエル撤退を勧告し、採択されることを望んでいた。けれども、レバノンは国連に対して大きな影響力を持たず、自国の根本的利益に反する方針を進める会議に、影響を及ぼす術を知らなかった。外交手段ではさほど大きな影響を与えられないだろう。政治力学を変えるには、現場で新たな既成事実を作るしかなかった。

転換点――交渉を変える「既成事実」

8月最初の週末、わたしたちはついに、交渉を変える新たな「既成事実」を作る方策を思いついた。履行されなかった1978年の安保理決議425の要求に応じ、長年堅持した方針を変えてブルーラインに派兵すると、レバノン政府が公表するのだ。そうすれば、停戦とイスラエル軍撤退を結びつけられる。そのうえ、2つ目の決議を採択する必要性もなくなる。単純なアイデアではあるが、レバノン政府の上層部に迅速に伝えないかぎり、機会は失われることになる。

このアイデアは、ガッサン・サラーメとの話し合いで生まれた。ガッサンとはパリ政治学院で教鞭をとっていた時代からの長い付き合いだ。彼は国連について熟知していた。２００３年、セルジオ・ヴィエラ・デ・メロとともにバグダッドに赴任中、国連事務所爆破テロに遭ったが、ガッサンは奇跡的に助かった。何より大きかったのは、彼がシニオラ首相と個人的に知り合いだったことだ。

もう１つのチャネルは、ノルウェーの外交官でレバノン担当事務総長特別代表のゲイル・ペデルセンだった。その誠実で公正な人柄は、レバノンとイスラエル双方の政府から尊敬を集めていた。彼はただちに協力を約束し、このメッセージを非公式に届けると請け負ってくれた。こんな大胆な提案をレバノン政府が受け入れる望みは薄いだろうと、わたしは思っていた。政府が過去数十年ぶりにレバノン南部の責任を負うことを実質的に意味するからだ。だが、試す価値はある。

驚いたことに、ヒズボラとの連立政権であるレバノン政権は数時間にわたり検討し、レバノン軍を南部に派遣する用意があると、翌月曜日に発表した。それまで南部を実効支配してきたヒズボラの議長ハサン・ナスラッラーは、この決定に支持を表明した。これが戦略上の重要な転換点となり、ニューヨークの交渉にさっそく影響を与えた。レバノン政府は初めて発言力を手に入れた。しかし、解決すべき複雑な問題がまだ山積していた。とりわけ、イスラエル軍の撤退と、増強された国連軍と約１万５０００人のレバノン軍派遣を同時に展開するのは、非常に厄介であった。アメリカは、イスラエルが撤退のペースを調節することを望んだが、レバノンとフランスは、イスラエル軍に制約を課したいと考えていた。もう１つ大きな問題となるのは、国境線の管理である。ヒズボラが再武装して何年後かに戦闘を再開するような状況を、イスラエルは当然望まなかった。

最大の難問は、派遣する介在部隊だった。アメリカとイスラエルはNATOを希望したが、レバノン政府にとっては絶対に受け入れられない選択であり、その見込みはまったくなかった。意外なことに、アメリカ政府はNATOではうまくいかないと心得ており、イスラエルに妥協を迫った。ハビエル・ソラナはEU軍派遣の道が開かれることを期待していた。だが、欧州諸国の人々が思っているような目で、中東はEUを見ていなかった。自分たちが思っているような正統性はEUになかった。レバノン政府が受け入れ可能な唯一の部隊は、国連のブルーヘルメットだった。イスラエルとアメリカは、国連が強力な部隊を派遣できるなら、レバノン政府の要求に同意するとした。さらに、平和回復を目的とした軍事力行使が国連軍に認められるように、国連憲章第7章に基づく決議を要求した。

国連憲章第7章

交渉が進むうちに、連立政権の一翼を担うヒズボラが強硬な姿勢を見せるようになり、国連憲章第7章に基づく軍事力を断固として拒否した。安保理での議論から、国連憲章第7章の理解が驚くほど欠如していることに、わたしはまたしても気づかされた。国連憲章第7章は、当該国の同意なしに軍事力を行使する必要がある状況のために起草されたものだ。国連憲章の起草者は、第二次世界大戦前のヨーロッパ情勢を念頭に置いていた。新たなヒトラーに対する軍事力の行使が、そのヒトラー本人の反対により阻止されるべきではないと考えたのだ。それをもっとも端的に表す事例は、1991年に、クウェートからイラク軍を掃討したアメリカ主導の多国籍軍だろう。レバノンでは、安保理がレバノンの同意なしに南レバノンに部隊を派遣しようとした場合、または同意が撤回されたのに安保理が駐留を継続する姿勢を見せた場合、国連憲章第7章が適用されることになる。この場合はもちろん違うが、イスラエル軍がほぼ30年も南レバノンで苦境に立たされたことは、レバノンの同意なしに派兵しようとする部外者に対し強い警告となっていた。だが、国連憲章第7章に言及しないからといって、介在部隊が弱小でいいというわけではなかった。フランスをはじめ部隊派遣の可能性がある国に、わたしたちはその点を説明した。彼らは自国軍をレバノンの戦争に送りたくはなかったが、自己防衛が可能で、恥をかかずにすむほどの「強さ」は備えるべきだと訴えていた。

最終的に、欧米諸国の懸念に対処しつつ、レバノン政府が受け入れ可能な安保理決議の草案の1パラグラフを、わたしたちが作成することになった。わたしの特別補佐官を務めるサルマン・アフメドが早急にまとめ、アメリカとフランスはこれを即座に承認した。サルマンは、平和維持活動の改革についてまとめた2000年のブラヒミ・レポートの中心的立案者であり、国連の平和維持活動局でもっとも政治的発想に長けた人物である。草案の文言は、次のように微妙なバランスがとれた内容だった。安保理は、「国内全土での権力行使を援助するため、国際軍の展開を望むとのレバノン政府からの要請に応え、ＵＮＩＦＩＬに対し、その兵力展開区域において、かつその能力の範囲内と判断するかぎりにおいて、必要とされるあらゆる行動をとり、その活動区域が何らかの敵対行為に用いられないことを確保し、強硬な手段により、安全保障理事会のマンデートによる責務の履行を妨げようとする試みに抗する」。レバノン政府の要請に言及し、ＵＮＩＦＩＬの役割を同政府への「援助」と定義したことで、ＵＮＩＦＩＬの主導権に暗黙の制限を設けた。だが同時に、援助の要請についての言及は一般的で、ＵＮＩＦＩＬが行動を起こして自ら「援助」できるのか、それとも政府の要請があった場合のみできるのか、明確に示されていなかった。「必要とされるあらゆる行動をとること」という表現は、「必要とされるあらゆる手段」という表現に近く、国連用語では伝統的に、国連憲章第7章を指すと解釈される。同様に、「何らかの敵対行為」という表現も意図的に曖昧にされた表現だった。

増強されたＵＮＩＦＩＬの展開

１つの決議に主な妥協点をすべて含めることで、意見が一致した。これの目玉となるのは、３つの部隊の連動だった。イスラエル軍の撤退に合わせて、レバノン軍と増強された国連軍が部隊の展開を開始する。決議には永続的停戦の概略が示され、これには、ブルーラインと呼ばれる停戦ラインの全面的尊重、ヒズボラの武装組織から政党への変化を婉曲に指した、武装集団の武装解除、非認可の兵器の流入を防ぐための国境の実効的支配、レバノン政府を南レバノンの唯一の権威として認めることなどが盛り込まれた。レバノン政府は大幅に増強したUNIFILの支援を受けることになる。2006年のイスラエル侵攻以前、UNIFILの要員は2000人だったが、1万5000人に拡大された。UNIFILが展開する地域がかなり狭いことを考えると、これはすこぶる大きな数字だった。シリアとの国境から地中海まで東西およそ80キロ、リタニ川からイスラエルとの停戦ラインまで南北20キロしかない。これは任務について綿密な計画を立てたうえではじき出した要員数ではなく、政治的取り決めによるものだった。2万人がいいと言った者もいれば、1万人と言った者もいた。1万5000人がちょうどよい数に思えたのは、イスラエル側を納得させるに足る大人数であり、ごく狭い地域に2万人も駐留させられるか疑問だったからだ。実際のところ、UNIFILは1万5000人に達しなかったが、どこからも要員不足だという文句が出なかった。朝鮮半島の38度線とともに、おそらくレバノン南部は、世界でももっとも過密な軍事区域にちがいない。

迅速な配備の必要性

問題となるのは、増強した国連レバノン暫定軍（UNIFIL）を国連が迅速に配備できるかどうかだった。イスラエル軍は、UNIFILの配備が完了する前に撤退する――遅れは戦闘再開の引き金になりかねない――ことで合意しているが、国連には迅速に配備する政治的義務がある。国連軍の配備に通常は数か月を要するので、わたしは頭を悩ませた。迅速な配備を実現させるには、軍を提供する力のある国の、自立能力がある部隊に頼るしかない。諸々の理由からアメリカ軍は問題外だった。となると、迅速な初期配備が可能なのは、ローマ会議以降、停戦に意欲を示す欧州諸国だけだった。欧州諸国の政府にとって、いよいよ口だけではなく金を――実際は部隊を――出し、その意欲を証明するときが来た。決議案作成にフランスが大きな役割を果たしたことから、その他欧州諸国は決断をくださずに、フランスの動向を見守っていた。当初、フランスが用意できたのはわずか200名の増派だった。それでは必要な兵力にとうてい及ばない。フランスで話にならぬほど少数しか認められないようなら、UNIFILの増強など当面無理だろうし、決議内容が履行される見込みは完全に潰える。

国連の軍事的リソース不足への批判

フランス軍上層部には、バルカン紛争時の国連平和維持活動の悲惨な記憶が残っていた。人質をとられ降伏した経験をフランス軍は忘れることができず、そんな屈辱を二度と味わうまいと固く誓っていた。1990年代初頭のあの無残な失敗は、指揮統制の不手際ではなく、致命的欠陥のあった戦略が原因だとフランス軍に説明を試みたが、無駄だった。バルカン紛争の末期に国際社会の信頼回復に決定的かつ積極的役割を果たし、憲法上フランスの最高司令官であるジャック・シラク大統領は、自国軍の懸念に深い共感を示し、国連平和維持活動への大幅な追加派遣に乗り気ではなかった。後日聞いた話では、ある地方紙の見出しを見た大統領はフランスを窮地に追い込むと感じ、苛立ちを隠せなかったらしい。それは、8月半ばのインタビューから抜粋された、「フランスは国連軍の屋台骨を担う必要がある」というわたしの発言だった。最終的には、フランスとイタリア、スペインが屋台骨を担ったわけだが、それは労せずして達成されたわけではなかった。

これにはイタリアとフランスの競合が役立った。良好な二国間関係を築き、素晴らしい連携を見せる両国軍ではあるが、相手に引けを取ることをよしとしなかった。長年中東と政治的関わりがあるスペインも、両国に取り残されまいとした。だが、1995年にボスニアでミッションを展開した国連と、2006年の国連は違うことを、フランスとイタリアの上層部に納得してもらわねばならなかった。わたしたちはフランス軍幹部の一団を招き、国連スタッフとともに部隊参加のルール作成に協力してもらい、国連が変化したことをその目で確かめてもらおうとした。彼らは半ば納得したようだった。ところが、ニューヨークに到着したイタリア軍参謀総長ジャンパオロ・ディパオラ大将は、彼が要請した戦略本部設立に国連は関心を抱いていないという話を聞いた。すると、NATOの幾重もの指揮系統に慣れた国防上層部は、もっとも恐れていたこと、つまり、国連は本気でないし、信用できないということが裏づけられた、との意を強くした。国連はわずかなリソースで運営されており、軍事に疎い文民が占めていたのだ。

わたしは国連スタッフに完全に同意していたわけではなかった。フランスとイタリアが、国連の手薄な本部を批判するのも当然だと思った。有事対策を立て、戦域司令官と戦略的対話を始めるために必要なリソースが、国連にはなかった。だが、彼らが文民の関与について不安を抱き、NATO型体制の導入を要請するのは見当はずれだった。ほとんどの平和維持活動がそうであるように、駆け引きがきわめて重要になり、部隊司令官に確固とした政治的指針が必要であるのは、レバノンも同じである。ミッション成功に欠かせない要因である、レバノン国民のコンセンサス形成に手を貸せるので、ミッションを率いるのは文民のほうが好ましいとわたしは思っていた。だが、この件に関して勝ち目がないとわかっていたので、わたしは口を挟まなかった。また、ミッションの部隊派遣国に対し、戦略レベルで密接な関与を認めるのはかまわないが、戦略的方向性を明け渡さないようにすることが肝心である。そのためには、部隊派遣国を満足させる必要性、国連の普遍性を守る必要性、およびその他の平和維持活動から戦略レベルで利益を得る必要性との間に、バランスを見つける必要があった。国連はヨーロッパ諸国の部隊に頼る以外に選択肢がないので、わたしは交渉で弱い立場に立たされていた。

戦略軍事チームの創設

わたしは、国連平和維持活動局（DPKO）内に、戦略軍事チームを創設することを認めた。伝統的な軍司令部と同じ体制を敷き、司令官は参加国から転属する。軍事顧問ではなくわたしに直接報告することを義務づけ、まずはDPKOといくらか切り離して運営することにした。つまり、DPKOの政治部門やロジスティクス部門と体系的交流を持たせなかった。しかし、転属した司令官のほとんどは一流の軍人で、チーム運営を軌道に乗せた。彼らはすぐに、DPKOの政治担当者や、文民および軍事要員の支援にあたるロジスティクス担当者と協力して仕事をするほうが利点が大きいと気づいた。当初は方便の賜物にしかすぎなかった戦略軍事チームは、その後数年の間に発展して、チームが強化と転換を助けた軍事部門に組み込まれた。以前から平和維持活動に参加していた非欧州部隊派遣国は、当初、ヨーロッパに便宜を図るためにわざわざ創設されたように見えたこの新体制を警戒し、新部隊に与えられる特別待遇にも憤りを感じた。しかし、それは部隊派遣国の一部にすぎなかった。インドをはじめとする数か国は自国部隊と、わたしの強い要請により、副司令官を派遣した。やがて、彼らは新制度のメリットを理解し、初期の間違いを正すのに一役買ってくれた。

体制に関して意見の一致を見たあと、ほかの扱いづらい問題に取り組んだ。NATOは国連と比べて、部隊派遣国の影響力が格段に大きい——それも、どちらかというと悪いほうに。NATO加盟国は自国部隊の利用に、「留保条件」と呼ばれる国家の制約を課し、重要な役職を分け合っている。国連が任命に口を挟める余地を残そうと、わたしはできるかぎり力を尽くしたが、どの国が主要司令官の任にあたるかについては、部隊派遣国の決定に委ねることを受け入れざるをえなかった。わたしはかねてこの慣習を排除しようと努めてきた。司令官の国連への忠誠心を弱め、役職が持ち回りで決まるという恐ろしい事態になりかねないからだ。志願者の幅が狭められ、ふさわしくない司令官が任命される恐れもある。派遣国が慣例に従った場合のリスクを減らし、信頼に足る候補者を出せるように、わたしは派遣国に複数の司令官を提示することを要求した。

戦力の問題

もう1つは、戦力の問題だった。国連平和維持軍は慢性的に戦力が欠如している。たとえばダルフールでヘリコプターが必要だったときのように、どの国も提供したがらない軍需品を必死に探したことがいく度となくあった。ところがこのときにかぎり、正反対の問題が持ち上がった。フランス統合参謀総長に任命されたばかりの陸軍大将ジャン＝ルイ・ジョルジュランが、レバノンに派遣するフランス部隊に、対空砲火システム、重砲、ルクレール主力戦車13台を装備すると表明したのだ。

部隊に高性能のレーダーシステムが配備されることはありがたかった。これがあれば、ロケット弾の発射位置の迅速な特定が以前より容易になる。対空砲火システムの必要性については疑問だった。ＵＮＩＦＩＬが展開する上空を飛行するのは、レバノンの領空を侵犯するイスラエル機だけだからだ。侵犯機を正確に特定し、領空侵犯を報告する能力は望ましいが、対空ミサイルまで必要なのだろうか？　たとえレバノンがそうした上空飛行を「敵対行為」とみなしたとしても、平和維持軍は航空機に威嚇射撃さえしないはずだ。既存能力を使用しないと、部隊が中途半端に見られる恐れがある。使用しないとわかっている戦力は、得てして配備しないほうがいい場合がある。戦車に関して言えば、レバノン侵攻時、イスラエルの戦車メルカバの性能が数々の議論を呼んだ。レバノンで主力戦車が有効なのか、わたしは疑わしいと思っていた。UNIFILはイスラエル軍と戦うわけではない。主力戦車が、敏捷なゲリラ兵に対して最善の抑止力となるのか、レバノン南部の隘路沿いに住む一般市民に伝えるメッセージとして最善なのか、わたしには計り兼ねた。だが、わたしは軍の将校ではないし、母国が配備について戦略的決定をくだしたことはありがたく思った。新兵器はすべて配備された。2年後、ルクレール戦車と高性能の榴弾砲が真っ白に塗装され、レバノン南部の国連基地に配備されているところを見た。この兵器はそれ以降、基地にひっそり鎮座している。

海軍特別部隊の派遣

8月後半、わたしは事務総長に同行して中東を訪問した。停戦は守られていたが、状況は緊迫していた。イスラエルはヒズボラの再武装を危惧し、依然としてレバノンに厳重な封鎖を行っていた。レバノンのシニオラ首相は国連に対し、レバノン政府への「援助」の一環として、海軍特別部隊の派遣を要請していた。レバノン沿岸に海軍特別部隊を派遣するとなると、国連軍にとっては前例のない活動になる。これは、陸上支援より海上支援のほうに色よい返事をする国がいくつかあったこと、および実際の海上訓練の一種だったことから、予想以上に円滑に進んだ。ただ、期待していたより革新的な活動ではないことが、やがて判明した。派遣国家の海軍の弁護士が協議した結果、この部隊には不審船に強制的に横付けし、公海上で臨検する権限がないということで、意見が一致したのだ。特別部隊は、4年間で約2万8000隻の航行船舶を停船させたが、不審船をレバノン当局に通報するにとどまった。通報したのは400隻で、不正な積荷が発見されたという報告は、現在にいたるまで1隻もない。国境や空港の管理を支援することについて、シニオラ首相はそれほど積極的に受け入れる姿勢を見せなかった。首相は人員よりも、ドイツが提供すると約束した設備を望んでいた。国境管理に関し、国連にそれほど豊富な経験と高い信頼性があるとは思えなかった。国連にできる最大のことは、レバノン政府の取り組みを監視することだろう。ヒズボラとシリアとの親密な関係を考慮すると、レバノン政府は非常に微妙な立場に置かれていた。

レバノン南部、戦争の爪跡

ベイルート南部を歩いているとき、戦争の与えた影響を初めて垣間見た。そこはヒズボラの拠点で、辺り一帯はイスラエルの爆撃により破壊されていた。住民の大半が親ヒズボラなので、国連は好意的に見られていなかった。訪問団に親イスラエルと目される人物がいるとわかると、住民はたちまち敵意を露わにした。レバノン南部では、事務総長訪問をお膳立てした者たちが一層神経をとがらせたので、わたしたちは住民とほとんど接触できなかった。だが、低空飛行のヘリコプターからの光景で、被害の大きさが見て取れた。イスラエルが親ヒズボラとみなした村には、ほとんど家屋が残っていなかった。ほかの村では、イスラエルが攻撃対象を選んだ形跡があり、ヒズボラと無関係のレバノン人の家がまばらに残っていた。テュロス付近の海岸に上陸したサン・マルコ大隊を歓迎するため、事務総長がヘリコプターを降りたが、わたしは機内に残っていた。この精鋭部隊は、ミッション増強のためにイタリア軍から最初に派遣された部隊だった。イタリアはそれまで、ヘリコプター飛行隊しか派遣していなかった。大隊の兵士は申し分ない能力を備えていた。その夏、国連ミッション増強を図るために奔走したことは、無駄ではなかったと感じた。

その日の早朝、作戦地域の東部でシーク教徒大隊の宗教儀式に出席した。わたしは革のベルトを外し、黄色いターバンを巻いた。儀式のあと、ワッザニ――ヨルダン川の小さな支流で、レバノン当局がここにポンプを設置したとき、イスラエルが抗議し緊迫事態に陥ったことがあった――の土手にいると、シーク教徒が当初はイスラム教徒と戦ったヒンズー教徒の戦士であったことなど、容易に忘れられた。インド部隊はレバノンの静かな片隅に、自分たちの慣行と食糧を持ち込んでいた。古い木々の陰で、わたしたちは一瞬の静寂を享受した。その静けさを遮るものは川のせせらぎしかなかった。鐘の音、ムアッズィンの礼拝を呼びかける声、シーク教聖職者の神秘的なつぶやき、聖書の時代から流れる川の水音――それを聞いているうちに、戦争の騒乱がばからしく思えてきた。

ヒズボラの再軍備──脅かされる安定

ＵＮＩＦＩＬと海軍特別部隊を迅速配備させたことは、国連とＥＵにとって大きな成功だった。両者はここ何年かぶりに、中東において真に戦略的役割を果たしていた。ＵＮＩＦＩＬがイスラエル北部との国境を確保した場合、それを前例として、イスラエル─パレスチナ間紛争に積極的に関与できるのではないかと論じられた。増強したＵＮＩＦＩＬが安全をもたらすことができたら、国連とヨーロッパに対するイスラエルの認識を変えられるかもしれない。２００６年の晩夏、欧米とイスラエルは大きな期待を抱いていた。ある程度まではその期待に応えられた。レバノン侵攻後の５年間、ブルーライン付近で発生する事件は比較的少なかったのである。しかし、２０１１年にシリアで抗議運動が内戦に発展すると、その争乱は再びレバノンの安定を脅かすことになった。

何十年ものイスラエル占領で成し得なかったことを国連軍が達成できるという期待には、無邪気としか言えないところがあった。平和維持部隊の大規模派遣と終日の巡視は、確かに、レバノン南部で「敵対行為」を目論む集団を抑止する効果があった。それがヒズボラの再軍備を防いだかといえば、もちろん無理な話だった。シリアの紛争が、非国家集団であるヒズボラの再軍備に結びついたという明白な兆候がある。彼らは今や、レバノン政府に事実上の拒否権を行使している。ＵＮＩＦＩＬはヒズボラの拠点とされる家屋を捜索していない、とイスラエル政府は苦情を言う。確かに、疑わしいというだけでは、ＵＮＩＦＩＬは家に押し入ることができない。また、リタニ川沿いのＵＮＩＦＩＬ監視拠点は、レバノンの検問所からある程度の距離を置いて設置されている。わたしは２００８年の夏にその検問所を訪れた。大量の荷物を積んだ車両を、レバノン兵が制止することなく通行させている光景を見て驚いた。そこから50メートルほど離れたところでは、ＵＮＩＦＩＬの部隊が双眼鏡をのぞいて、レバノン検問所を監視していた。

異なる道を開くことが可能だったのだろうか？　弁護士団なら、マンデートに「援助」と明記されたためにＵＮＩＦＩＬがレバノン政府の援助者になったことを、遺憾に思うかもしれない。だが、ＵＮＩＦＩＬにそれ以上の権威が備わっていたら、レバノン政府とヒズボラの衝突にたちまち巻き込まれただろう。ＵＮＩＦＩＬのスペイン部隊は、果敢にもマンデートを拡大解釈するようになり、敵対行為が疑われた現場写真を撮影していたとき、同国の兵員輸送装甲車がヒアム付近の路上で吹き飛ばされ、６人のスペイン兵が死亡した。責任の所在は明らかにされなかった。だがこの悲劇的事件は、非国家主体がこの地域で活動していること、ＵＮＩＦＩＬはたちまち標的にされかねない環境で任務を遂行しているということを、あらためて気づかせた。

ＵＮＩＦＩＬの政治的役割

レバノンの政治は、依然としてＵＮＩＦＩＬの成否を決める重大な要因であるが、レバノンの政治自体が、中東の域内政治に左右される面が大きい。国際社会は安保理決議１５５９でシリアに圧力をかけ、シリア軍のレバノン撤退を勝ち取った。けれどもこの時期は、2005年のラフィーク・ハリーリー元首相暗殺に代表されるように、殺害が相次いだ時期でもあった。停戦後、レバノン国際特別法廷の設置など、政治家暗殺に関する調査の手が強まり、レバノン大統領選の未解決問題が国内情勢の緊張を高め、とうとうヒズボラの政権離脱に発展した。ヒズボラの制御をもはやレバノン政府に頼ることができなくなり、この頃はUNIFILにとってもっとも難しい時期だった。レバノンはますます、シリア・イラン対西洋陣営という、地域分極化の犠牲になりつつあった。意図しようとしまいと、安保理決議1559はレバノン国内政治と中東域内政治との結びつきを強め、UNIFILとレバノンにとってリスクを生み出し、内戦によって南部で台頭した一勢力を弱体化させた。レバノン政府とその軍がレバノンの要であり、国内安定化の最大の希望だった。

2008年春、わたしは最後にもう一度レバノンを訪問した。カタール政府がちょうど、レバノンの政治に新局面を開いたところだった。カタールはイランと巨大なガス田を共有しているので、イランと対立すれば中東のどの国よりも失うものが大きい。レバノン大統領選と反対勢力の政権参加に関する合意が、ドーハで成立しており、UNIFILと主に交渉にあたったレバノン軍参謀総長のミッシェル・スレイマンが、次期大統領に就任することになったのだ。5月23日、国会で正式に大統領に選出される数時間前、わたしはスレイマンと長時間話し合った。UNIFILは、レバノンがバランスをとるうえで、間違いなく重要な役割を果たした。だが、それはイスラエルやアメリカ、フランスが期待した役割ではなかった。ＵＮＩＦＩＬの配備が、ヒズボラの武装解除につながりそうにはなかったが、南部の緊張を和らげ、局地的な紛争を鎮めた。これは強硬措置をとる以上に、分極化と暴力により壊滅状態になった政治からの脱却を望むレバノン国民に力を授けた。ＵＮＩＦＩＬは基本的に政治的役割を果たし、レバノンの政治力学に影響を及ぼした。レバノンの主権を維持しながら、レバノン軍を率い、シリアとの対立を避けるという難しい役割を担ったスレイマンは、大隊が作戦で重要な役割を果たすこともあるが、最終的に重要になるのは政治であると、誰よりも心得ていた。その役割の格好の事例は、パレスチナ難民キャンプ管理のためにレバノン軍がとった作戦行動である。この行動は、レバノン国家の信頼の再構築に貢献した。南部に強力なＵＮＩＦＩＬが展開しても、ヒズボラやイスラエルがひとたびその気になれば、戦闘再開を防ぐことはできないだろうが、ＵＮＩＦＩＬが両者の戦略的計算を難しくさせたのは間違いない。それこそ、平和維持活動がレバノンで成し遂げられる最高の貢献だった。

中東情勢の不安定化――波及の危険

激しい内戦後にサウジアラビアのターイフで１９８９年に取り決めたレバノンの不安定な和解は、イラク侵攻とサダム・フセイン打倒によって再び危機にさらされていた。何世紀にもわたりスンニ派が支配してきたイラクで、シーア派が勢力を握ったことが、中東全体にとって重大な転換点となった。政権こそ握っていないがシーア派が大きな存在感を示すアラブ三国――レバノン、バーレーン、サウジアラビア――では、イラクでシーア派が勝利を収めたことで、国内のシーア派に初めて希望と自信を与えた。

シリアの内戦激化（この内戦と国連の対応におけるわたしの役割は、第12章で紹介する）は、かつてないほど不確実で危険な状態に中東域内政治を陥れている。シリア暫定政府におけるバシャール・アル＝アサド大統領の役割をめぐり、アメリカとロシアの間に齟齬が生じ、安保理の活動が行き詰まりを見せるなか、中東諸国は親シリア政府、もしくは反政府勢力の支持に動いている。シリア内戦初期、その危険性について、レバノンに注意を喚起した者は大勢いた。ところがレバノンは、何十万人もの人々がシリアから国境を越えて逃れてきても――シリア内戦と「不干渉」の政策にしたがい――驚くほどの安定を保っている。とはいえ、ヒズボラはアサド政権支持にますます積極的な役割を果たすようになっているので、レバノンが宗派間抗争にも似た地域紛争に巻き込まれる危険はあるだろう。

第10章

コソボ

——ロング・グッドバイ

ユーゴスラビアの崩壊

コソボは、わたしが国連の平和維持活動局に入り、最初に現地を訪れたミッションであり、任期の最後の数か月間にもっとも差し迫った課題となったミッションだった。欧米人の多くにとって、コソボはいわゆる道徳的原因である。コソボは、スロボダン・ミロシェヴィッチの支配下で筆舌に尽くしがたい苦しみを味わった。コソボのナショナリズムを支持することは、多くの人から責務と見られている。1990年代のバルカン紛争時、国際社会が民族問題について無知だったことに対する反動といえる。この時期、平和維持活動は「中立」であるべきだという前提のもと、殺人者と犠牲者の区別がほとんどされていなかった。わたしは両者が同価値であるなど絶対に道徳的に認められないと思っていたし、国連は犠牲者の側に立つべきだと信じていた。かといって、西側の多くの外交官のように、バルカンのナショナリズムの一形態だけに味方すべきだとも思わなかった。こうしたこだわりのなさが、コソボにおける国連プレゼンスの最終局面を管理するうえで役立ったが、一部の欧米諸国の政府からは、彼らの大義を裏切っているとみなされて反感を買った。

コソボという地

コソボは、旧ユーゴスラビアを構成していた共和国および自治州のなかで、もっとも小さく、もっとも貧しい。エストニアやオランダの国土の4分の1もない。フィジーやモンテネグロよりも小さい。完全に内陸の地だ。セルビアとアルバニアに挟まれているので、戦略的に好立地とは言えない。天然資源は、亜炭——石炭のなかでもっとも不純物を含み、環境負荷が大きい——以外にほとんどない。ドラッグの密輸や女性の人身売買など、さまざまな組織犯罪が活況を呈していることを除けば、経済は低迷している。首都のプリシュティナは、社会主義の都市計画の不幸な産物で、ユーゴスラビア時代の老朽化した発電所の大煙突から吐き出されるスモッグが垂れ込めていることが多い。

コソボの人口の大半はアルバニア系住民が占める。彼らは、1912年の第一次バルカン戦争でスラブ系のセルビアに強制的に併合された、非スラブ系の人々だ。第一次世界大戦に先立つ2度のバルカン戦争の前から、セルビア人とアルバニア人の関係は険悪で、その後さらに悪化した。第二次世界大戦中、コソボでは少数民族のセルビア人は、王党派のチェトニクかチトーのパルチザンに味方した。1944年、アルバニア人はナチスドイツを支援するため、武装親衛隊の支部を編成した——第21SS武装山岳師団スカンデルベクのことである。共産主義政権下で、コソボの大多数を占めるアルバニア系住民は、ユーゴスラビアに完全に融合することはなく、自治権の拡大を声高に要求したが、わずかな成果しか上げられなかった。

ところが、コソボはもう1つ存在する。それは、セルビア人の想像のなかにあるコソボだ。ジョン・ザメティカが言う、「セルビア人のエルサレム」のことだ。多くのセルビア人にとって、コソボは中世セルビア王国の発祥の地であり、当時の教会や修道院を擁する場所である——つまり、セルビア正教会の聖地なのだ。そして、すべてを失った戦いの地でもある。コソボという地名は、クロウタドリを意味する「コス」に由来する。現在のプリシュティナ周辺一帯にあたる、その〝クロウタドリの平原〟で、1389年6月28日の聖ヴィトゥスの日（訳注：グレゴリオ暦の日付。ユリウス暦の6月15日）に、セルビア王国はコソボの戦いでオスマン帝国に敗れ、事実上消滅した。

多民族の混成国家

それにしても、スロボダン・ミロシェヴィッチの台頭、ユーゴスラビア解体への欧米の対応、ロシアの興亡の3つの要因がなかったら、コソボは東ヨーロッパの片隅でひっそりと落ちぶれたままだったかもしれない。やがてこの3つが重なり、狭い場所で起きた小さな紛争が、ヨーロッパのみならず、アメリカ、ロシア、国連のエネルギーも吸い取るほど大きくなることになる。
ナショナリズム——怒りに満ちた、外国人を嫌悪する、横暴なナショナリズム——は、多くの共産主義指導者にとって出口戦略となってきた。ミロシェヴィッチの才能——もしそう呼べるのなら――は、誰よりも早くそれを見抜いていたことだ。ミロシェヴィッチ本人がとくに強いナショナリズムを抱いていたようには思えない。彼の場合、心からナショナリズムを掲げたというより、むしろ日和見主義者であった。だがコソボが、彼に権力意識とセルビア人のナショナリズムを発露させる可能性を与えたようだ。1987年、ミロシェヴィッチは、ユーゴスラビア政府からコソボ平原に派遣された。数千人のセルビア人のデモ参加者が、主にアルバニア人で構成される警察部隊と町で衝突したとき、ミロシェヴィッチは地元の指導者と話をした。まだそれほど知られていなかった彼の姿を映した、そのときのテレビ映像が残されている。建物から出てきてデモ参加者の不満に耳を傾けた彼は、「あなたがたが踏みにじられることはないだろう」と述べた。

このときは、比較的穏やかな発言でセルビア人の支援を表明したが、ミロシェヴィッチの表現と権力は、その後次第に大きくなっていった。1989年、ミロシェヴィッチの後押しでセルビアの憲法が改正され、コソボの法執行機関の直接管理と、アルバニア人が起こした騒動に対する裁量について、ベオグラードの権限が拡大されることになった。コソボのアルバニア系住民はこれに対して、セルビアの選挙や、徴兵や納税などの制度をボイコットして応じた。まもなく、コソボに初期の人種隔離のような状態が生じた――支配者側である少数のセルビア人の国家機関とセルビア語が存在すると同時に、これに対応する大多数のアルバニア人のための機関とアルバニア語が存在した。

境界の問題

ほかの国であれば、たとえばのちのチェコスロバキアのように、単純に分離するだけで決着がついたのかもしれない。ミロシェヴィッチが攻撃的行為に及ばなかったとしても、ユーゴスラビアにはいくつかの問題が生じていた。1つは国家を構成する人口の問題だ。ハプスブルク家とオスマン帝国という2つの多国籍国家の残骸から生まれたユーゴスラビアには、共通言語や国家としてのアイデンティティがなかった。

ユーゴスラビアの境界線は、他国との国境であれ、国内の共和国の境界であれ、それぞれ問題があった。近隣諸国との軋轢は比較的丸く収まっていた。ユーゴスラビアは国内に、セルビア人、ボスニア人、ムスリム人、クロアチア人、スロヴェニア人、マケドニア人、モンテネグロ人、コソボのアルバニア人、さらにはハンガリー人など多くの民族を擁し、一時期はイタリア人やドイツ人も一定の人口を占めていた。ナショナリズムが高まりを見せると、忠誠心はコミュニティごとにバラバラになった。

国内の行政区分はさらに入り組んでいた。スロヴェニア人以外の旧ユーゴスラビア国民は、地図上の境界線で分けられたとおりに、1つの地域に1つの民族が居住しているわけではなかった。クロアチアの住民の大半はクロアチア人だったが、少数民族としてかなりの数のセルビア人も住んでいた。旧ユーゴスラビアを構成した6つの共和国のうち、もっとも多民族で混成していたのはボスニアで、3つの大きなコミュニティがあったが、どこも絶対的多数の民族がいたわけではなく、異民族がある程度混在して暮らしていた。マケドニアは、スラブ系のマケドニア人が多数を占めていたが、少数民族のアルバニア人の人口が急増していた。そして、アルバニア人が大多数を占めるコソボ自治州を有するセルビアは、万華鏡的複雑さを内包していた。たとえば、サンジャク地方にはボシュニャク人（ボスニア系ムスリム人）、ヴォイヴォディナ自治州にはハンガリー人、といった具合だ。ユーゴスラビアほど、小国家に分割しづらい国はなかった。〝ふさわしくない〟集団に属する人々の多くに恐怖を与えず――もしくは移動させず、または殺さず――して、ユーゴスラビアの解体がなされるはずがなかった。

バダンテール委員会の見解

ところが、解体は行われた。しかも、欧米の積極的な支援を得て。

ユーゴスラビアの崩壊に際し、EUの前身である欧州共同体（EC）が主導権を握った。ヨーロッパがこれにどう対応すべきか、主にバダンテール委員会（訳注：1991年にEUが設立した仲裁委員会。フランスの法律家ロベール・バダンテールが委員長を務めたことによる）が方向性を定めた。同委員会は1991年、「ユーゴスラビアは解体の過程にある」とし、ユーゴスラビアを構成する共和国の内部境界線を国境とすることが可能であるとして、「別段の合意なき場合、もとの境界線が国際法に守られた国境となる」と判断した。

委員会のこの見解は、2つの結果をもたらしたか、少なくとも、2つの結果が生じることを認識していたように思われる。1つ目は、その人口構成上、多民族国家のユーゴスラビアが、複数の小さな多民族国家に分裂することだ――これでは、そもそも問題の引き金となった民族主義的緊張が解消されない。2つ目は、モンテネグロのように、国際法に守られた国境線を画定し、最終的に独立を果たしたところもある一方で（モンテネグロはユーゴスラビアを構成する6つの〝共和国〟の1つだったため）、モンテネグロの3倍の人口を有するコソボのように、独立を果たせないところもある（コソボは共和国ではなく、セルビア共和国の〝自治州〟だったため）、ということである。

委員会の目的が情勢の安定化、もしくは住民の保護にあったとしたら、さしたる成功を収めたとは言えない。パンドラの箱は開かれ、誰もが多数派になりたがった。こうして生まれた新国家においてある集団が少数派になった場合、その少数派は武器を手に取り、自分たちが多数派となる新たな体制を作ろうとする。たとえば、クロアチアにおけるセルビア人、ボスニアにおけるセルビア人とクロアチア人、セルビアとマケドニアにおけるアルバニア人のように。

クロアチアでは1万人が殺された。ボスニアでは10万人が、ユーゴスラビアの軍や警察の大半を引き継いだセルビア人により殺された。世界は震撼した。ロシアの詩人ヨシフ・ブロツキーは『コロ』という詩で、現地の残虐行為――大半はミロシェヴィッチにより扇動された――と、国際社会の内容のない対応との間に横たわる断絶をとらえた。

3月に兵士は
ライフルを肩につるし
住民は荷物を手にし
茨の野を走り抜ける。

外交官は飛び立ち
未来の墓地に
調和をもたらさんと
新たな策を思考する。

専門家のもとを訪ねて
無法者について尋ねよ。
どれほど言葉を並べても
犠牲者は地中に眠る。

国連では、平和維持部隊の旧ユーゴスラビアへの派遣に対し、ブトロス・ブトロス＝ガリ事務総長が異を唱えた。サラエボへの平和維持活動要請について検討した事務総長は、1992年5

月、安保理に書面で通告した。

現地の状況は悲劇的であり、危険にあふれ、暴力が猛威をふるい、混乱している。現段階において、国連平和維持活動の措置が紛争に影響を与えられるとは考えられない。平和維持活動が成果を上げるためには、敵対する当事者間の合意に基づく必要がある。そのような合意は、単純な停戦からその紛争の包括的解決まで多岐にわたる可能性がある。その種の合意なくして、実行可能なマンデートを定めることはできず、平和維持活動も不可能である。

これ以降も見られたことだが、安保理は事務総長の意見を却下し、国際連合保護軍（UNPROFOR）を派遣した。

UNPROFORの成功と失敗

旧ユーゴスラビアでの国連平和維持活動は、平和維持活動の任務のほぼ全領域を網羅し、ありとあらゆる結果が伴うミッションとなった。

クロアチア、次にボスニアで展開されたUNPROFORは、この種のミッションのなかでも最大の規模だった。一番多いときで、西側諸国を中心とした2万人強のＵＮＰＲＯＦＯＲ部隊がボスニアに派遣された。軽武装のブルーヘルメットは、主に6つの軍隊から成る武装集団約40万人と戦った――それまでの半世紀で、間違いなくヨーロッパ最大の戦いである。ＵＮＰＲＯＦＯＲの兵士100人以上が、セルビア人やクロアチア人、ボスニア系ムスリム人と戦い、命を落とした。

ＵＮＰＲＯＦＯＲは、戦火で引き裂かれたボスニアに人道支援物資を供給するという基本的マンデートを果たした。ヨーロッパの戦乱史上ほぼ初めて、長期化した大規模な戦争において、飢餓や寒冷による死者が出ない戦争となった。日々1000トンもの食糧が、3年余にわたり、200万人を超える人々に配給された。ＵＮＰＲＯＦＯＲ部隊はとてつもない困難をものともせず、国連難民高等弁務官事務所（ＵＮＨＣＲ）の救援物資車両を、ボスニアの人里離れた峡谷まで護衛した。ボスニアのほぼ全世帯が、ＵＮＨＣＲが輸送した食糧を食べ、国連のプラスチック断熱シートで爆撃された窓を覆った。

ＵＮＰＲＯＦＯＲは基本的な軍務も成し遂げた。和平合意が成立したあと、停戦ラインを引き、主要軍を引き離し、合意の順守を監視して平和が確定するまで治安維持に努めた。1995年12月、ＵＮＰＲＯＦＯＲがＮＡＴＯ主導の大規模部隊にようやく引き継がれたとき、停戦からすでに数か月がたっていた。

だが世界の多くの国々にとって、ＵＮＰＲＯＦＯＲは失敗だっただけではなく、屈辱でもあった。世界はUNPROFORを派遣することでボスニアに対応したが、ボスニアは人道支援や合意の監視以上のことを求めていた。戦闘を終結させ、和平を履行する政治的、軍事的関与が必要であった。世界の大多数の人々にとって、UNPROFORのイメージは、笑みを浮かべたボスニア系セルビア人司令官ラトコ・ムラディッチの指揮のもと、ボスニア系ムスリム人がスレブレニツァから処刑目的で連行される（訳注：1995年7月に発生した大量虐殺事件のこと。ムラディッチに率いられたスルプスカ共和国軍によって8000人ものムスリム人が殺害された）ところを、オランダ部隊が傍観するイメージだった。

この任務にUNPROFORがふさわしくないという強い不満──自分たちの対応の不備の責任を誰かに押しつけたいという強い思いが国際社会にあるのではないだろうか──から、それ以降、西側諸国は平和維持活動への参加をほとんど取りやめた。彼らはこのミッションで、国連事務総長から事前に警告されていた自らの政策の失敗を忘れ、歴史を書き換えようとした。ボスニア紛争以前、国連平和維持活動に部隊を派遣していた国は、西側諸国が半数を占めていた。わたしの任期中に徐々に減少し、任期を終える頃には、国連軍に西側諸国が占める割合は10分の1以下になった。

旧ユーゴスラビアで展開したその他の国連ミッションは、可もなく不可もなくといったところだった。マケドニアに派遣された小規模な予防展開ミッションは、注意を要する境界線を監視して、多数のスラブ系マケドニア人と少数のアルバニア人との間に今にも勃発しそうな紛争を、食い止めるために一役買った。この国連ミッションはその後、NATOとEUのミッションに引き継がれた。そのうちの1つは、わたしの後任として次期平和維持活動局（DPKO）の事務次長となる、アラン・ル・ロワが指揮した。国連が予防展開として平和維持要員を派遣したのは、このときが初めてだった。ひとたび紛争が発生したら――流血沙汰が起きたら――平和を取り戻すことが急激に難しくなるという、国際社会の認識の高まりを反映した、国連なりのやり方だった。

スラヴォニア東部は、紛争後クロアチアに編入される予定だったので、国連暫定政権がこの地域の運営にあたっていた。このミッションを率いていたのは、いつも葉巻をふかし銃を携帯していた、ジャック・ポール・クラインだった。アメリカの外交官で軍人のクラインは、戦争犯罪人の逮捕にも尽力した。また、紛争後のボスニアのミッションも成功を収めた。地元警察部隊を無力化したうえで再構築し、ボスニア系住民、クロアチア系住民、セルビア系住民が支配する地帯に、再び移動の自由を確立した。ダルマチア沿岸のミッションは信じられないほど快適だった。クロアチアとモンテネグロ間の厄介な領土紛争を監視したが、これも大事にいたることなく解決した。

コソボ介入

1990年代初めから半ばにかけてのコソボでは、セルビア人支配に対するアルバニア人の抵抗運動はさほど激しいものではなく、ごくたまに警官やセルビア人が殺害される事件が起きるくらいだった。この膠着状態は、1997年に隣国のアルバニアで、ネズミ講崩壊による信じられない金融スキャンダルが起きるときまで続いた。これにより、大勢のアルバニア人が長年の蓄えを失った。その結果引き起こされた騒動で、武器が流出して自由に流通されるようになり、武器はコソボにも流れ込んだ。

NATOの介入とミロシェヴィッチの降伏

数々の武力衝突が発生し、アルバニアでもセルビアでも犠牲者が急増した。1998年3月5日、セルビアの治安部隊が、武装集団であるコソボ解放軍（KLA）司令官の1人、アデム・ヤシャリを追い詰め、紛争激化のきっかけとなる出来事を引き起こした。ヤシャリの自宅の敷地内で、彼を含む総勢58人が殺害されたのだ。犠牲者のなかには武装していない者も多かったという。その年の夏が終わりを迎える頃には、KLAは大々的な反政府活動を繰り広げ、セルビア側も非人道的と言えるほどの鎮圧に乗り出すようになっていた。

コソボ紛争でオペレーションを担うことになるとは、国連には思いもよらないことだった。1998年9月、安全保障理事会は「市民を抑圧する」ユーゴスラビア軍に対し、コソボからの撤退を呼びかけたが、ミッション派遣は行わなかった。代わりに、欧州安全保障協力機構が設立したコソボ検証団（KVM）の派遣について、リチャード・ホルブルック米国連大使がミロシェヴィッチと交渉にあたった。両陣営ともこれをあまり重要視しなかった。アナン事務総長は安保理に宛てた報告書で、自らの立場を強化するために「コソボのアルバニア人武装勢力は戦闘の一時休止を利用している」、セルビア人は今後激しい報復行為に出るだろう、と記すにとどめた。

1999年1月、セルビア警察はコソボのラチャク村で45人のアルバニア人を殺害した。これを受けて、西側諸国はアメリカ主導のもと最後通告を用意した。交渉では結論に達せず、パリ近郊のランブイエ城で最後通告が伝えられた。西側は、提案した合意条件を呑まなければ、武力行使も辞さないとした。ミロシェヴィッチはこれを拒否した。KVMは現地から引き揚げ、3月24日、NATOはコソボのセルビア人居住区を空爆し、その後セルビア本土へと空爆を広げた。国連の承認なしに攻撃を行ったのは、NATO設立以来初めてのことであった。

セルビア側はこれに対抗し、ひときわ大掛かりな「民族浄化」をコソボで繰り広げ、80万人ものアルバニア系住民がコソボから避難を余儀なくされた。だが、ミロシェヴィッチは従来の強硬な姿勢を崩さなかった。空爆は続行され、NATOによる地上戦の準備が進められた。6月3日、ミロシェヴィッチはようやく降伏を受け入れ、ユーゴスラビア軍はコソボからの撤退を開始した。

すると、立場が逆転した。避難していたアルバニア系住民がコソボに帰還し、今度はコソボのセルビア系住民が、民族浄化の対象になったのだ。セルビア系住民の半数以上が避難を余儀なくされ、二度とコソボに戻ることはなかった。コソボに残ったセルビア人の多くは殺された。しばらくの間、コソボでは焼き討ちや強奪、殺人が横行し、手がつけられなくなった。

国連コソボ暫定行政ミッションによる統治

1999年6月10日、安全保障理事会で決議1244の文言について妥協が成立した。同決議に基づき、NATO主導のコソボ治安維持部隊（KFOR）が、治安維持を目的として派遣されることになった。台頭するEUにバルカン諸国の任務を徐々に移譲する代わりに、国連はコソボの「暫定行政機構」――実質的な政府――という大掛かりな事業を、どんな結末を迎えるか定かでないまま、無期限で担うことになった。コソボの独立を望むアメリカと、コソボに対してセルビアの主権維持を唱えるロシアとの間には、端《はな》から根本的な相違があった。

西側諸国にとっては、何としても必要とされる法的根拠をコソボ介入に与えるという利点が、この安保理決議にあった。ロシアには、安保理の分裂を無視する役割と口実を与えた――ロシアはNATOの空爆に猛反対していたからだ。同決議は、全当事者の問題を先送りにした。だが、コソボの最終的地位問題をいつどのように解決するか、この決議はほとんど言及していなかった。あたかも、世界が決断できるようになるときまで国連がコソボを統治すると、決議が示唆しているようだった。

当初、国連コソボ暫定行政ミッション（UNMIK）は、国連事務総長特別代表のセルジオ・ヴィエラ・デ・メロと、10人ほどの側近で構成されていたにすぎなかった。UNMIKには実質的権限がなかったので、権力のほとんどは然るべきところに向かった。コソボのアルバニア人居住区域において、司令官ハシム・サチ指揮のもと、コソボ解放軍は「地方政府」を樹立した。コソボに残留したセルビア人は、北部の町ミトロヴィツァを拠点として影の政権を打ち立てた。彼らはセルビア政府から資金援助を受けていた。また、「ブリッジ・ウォッチャー」（アルバニア人とセルビア人のコミュニティを隔てるイバル川にかかる橋に由来する）という、ギャングの庇護を受けていた。

1999年の夏、KFORがコソボに駐留し、徐々にUNMIKが強化されていたにもかかわらず、殺人や略奪は跡を絶たなかった。アルバニア系住民の新黒幕と対峙する手段がUNMIKにはなく、KFORにはその意思がなかった。暴力を抑止する、または罰する措置はほとんど講じられなかった。

現地の混乱を考慮し、当初は国連がコソボを直接統治することになった。国際警察が街頭を巡回し、国際判事が法廷を仕切った。そのうえ、行政のあらゆる機能——関税の徴収から航空管制まで——についても、国連要員が指示を与え管理した。ヨーロッパ人の警官、アメリカ人の司法官、インド人の行政長官が職務にあたる光景が、数か月にわたりプリシュティナで見られた。彼らは自ら荷物を解き、コンピューターをつなぎ、政府をゼロから立ち上げるための諸々の現実に取り組んだ。

国連という機関は、植民地統治という役割にとくに適しているわけではない。その仕事は、ニューヨークで採択された決議により命じられ、決定される。決議にいたるまで何度も交渉が重ねられ、決定的な解釈さえできないほど、決議の内容が不明瞭であることも多い。多くの組織と同様かそれ以上に厄介なことに、管理運営上の性質から、国連は他者よりも自身を管理するようにできている。法律原案の作成、通貨供給量のコントロール、税金の徴収、教育制度や医療制度の運営、信号無視の罰金設定などの、通常の行政管理を成り立たせるためのシステムも、統制手段も、伝統も——それにスタッフも——国連にはない。けれども、コソボではそれをやってのけた。円滑にとは言えないが、予想以上の成功を収めた。発電など、効果的に進められない分野では、ミッションの短期スケジュールに悩まされたが、警察から税関までの他分野で見事に効果を上げた。

自治政府の設立

2000年の夏、プリシュティナを初めて訪れたときのことだ。デ・メロの後任としてUNMIKを率いていたベルナール・クシュネルは、まだ国連の仕事に就いてもいないわたしに、ミッションはコソボの住民に徐々に責任を持たせるようにしたほうがいいと、注意を促した。安保理決議があるからといって、ニューヨークの法律家や官僚に自分の自由を奪わせるつもりはない、とも言った。情熱に突き動かされた人たちで構成された信じられないようなチームを、クシュネルは作り上げていた。モロッコの王子、フランス人判事、それから、「国境なき医師団」をクシュネルが設立して以来、彼を信奉する医師などである。ほかにも従来の国連職員もいた。初めのうちこそ、クシュネルの型破りなやり方に疑問を抱いていた職員たちも、人々の共感を呼ぶそのスタイルにすっかり魅了されていた。彼の好かれたがりの性分は癪に障るかもしれないが、その性分はさまざまな相手と親密さを築くうえで間違いなく役立っており、親密さの構築は彼の仕事において重要な役割を果たしていた。

コソボのアルバニア系住民は、クシュネルと5分話し合っただけで、これ以上ない友人を得たとわかっただろう。最初のうちは、コソボのセルビア系住民もそう思ったにちがいない。戦略的ビジョンから、また、アルバニア系住民による事実上の行政機構を問題視しないようにと、国連に圧力がかかっていた難しい状況に対処する戦術的必要性から、国連がコソボより脱出するには、地元に行政機構を確立し、直接統治から政治監視に可及的速やかに役割を移すことが最善の策だと、クシュネルは判断していた。この方針は、ホルブルック米国連大使と安保理の西側理事国から強い支持を得た。2000年から01年にかけて、UNMIKは「憲法的枠組み」の採用を監視し、暫定自治政府諸機構(PISG)という、コソボの次期行政府を設立した。PISGの各省庁が実力をつけるに伴い、UNMIKはその権限を次々に移譲した。

これには最初から2つの問題が見られたが、時を経るにつれその問題は大きくなっていった。1つ目は、セルビア系住民のPISG参加の問題である。多数派アルバニア人と少数派セルビア人の関係は険悪で、ユーゴスラビア解体後の紛争時、どのコミュニティよりも不穏だった。セルビア人の多くは、PISGをコソボ独立政府の萌芽とみなし——後日その予想が正しいとわかる

――ＰＩＳＧへの参加を激しく拒んだ。結果として、ＵＮＭＩＫが最大の努力を傾けたにもかかわらず、ＰＩＳＧは圧倒的にアルバニアが支配することになった。クシュネルの後を継いだハンス・ヘストロプが、セルビア人をＰＩＳＧに熱心に勧誘したが、多数派アルバニア人がこれに反発し、命を狙うぞと脅かされ、何も語らず職を辞した。

２つ目の問題は最初の問題に関係するが、コソボの今後についてである。安保理決議１２４４は「最終段階」について、ＵＮＭＩＫは「コソボの暫定自治政府諸機構から、政治的解決により設立された機構への権限移譲」を監視する、と曖昧にしか言及しなかった。だがその政治的解決とは何か、どのように政治的解決にいたるのか、安保理は説明しないままにした。単に、安保理に具体的考えがなかったからだ――あるいは、安保理の間で合意できる考えがなかったからだ。

安保理から指針が与えられなかったので、ＵＮＭＩＫは時間稼ぎをした。次にＵＮＭＩＫを率いた事務総長特別代表ミヒャエル・シュタイナーは、安保理に８つの「基準」リストを提示した。これは、コソボが現代ヨーロッパの価値観と一致した機能的社会となるように、ＵＮＭＩＫが助力する取り組みのことである。シュタイナーは時間を稼ぐために、「地位の前に基準」という見事な表現を考え出した。コソボが時間を有効に使い、公平で役立つ民主的な機関を築けば、コソボの地位問題は何らかの形で解決されるかもしれない――という印象を、そうとは明言せずに生み出していた。差し当たりこれは功を奏し、緊張が緩和されて諸機関の基盤が強化されるなど、進展が見られた。細身で強い意思を持ちエネルギーにあふれたドイツ人のシュタイナーは、すべてを可能に思わせた。

問題は、このかなりの部分がはったりであったことだ。オデュッセウスの妻ペネロペのごとく、UNMIKは最後の審判の日まで、基準プロセスを果てしなく引き延ばすことに関心があるのだと、アルバニア人はすぐに気づいた。

暴力が安保理に再考を促す

暴力の再燃

2004年3月、わたしがコソボ訪問を終えた直後、突然の暴力がコソボを震撼させた。国連ミッションもNATOもその兆候に気づかず、わたしも訪問中にその危険を耳にしたことはなかった。暴力の引き金となったのは、セルビア人が支配する北部とアルバニア人が多い南部を隔てるイバル川で、3人のアルバニア人少年が溺死したことだった。少年の死はセルビア人に責任があるとアルバニアのメディアが大々的に書き立て、暴徒化したアルバニア系住民が、コソボに残っていたセルビア人のコミュニティに向かった。イバル川南岸で孤立していたセルビア人が最大の標的になった。およそ700軒の家が燃やされ、ほとんどが高齢者だった数千人のセルビア系住民は、新たに押し寄せた民族浄化の波から逃げることを余儀なくされた。セルビア人の牙城だったミトロヴィツァも、その波から免れなかった。イバル川にかかる主要橋で制止された暴徒の一部は、押し戻される前に歩行者用の小さな橋を渡った。ミトロヴィツァのセルビア人2人が、アルバニア人が支配する南部から狙撃されて死亡した。

セルビアの聖地は集中的に狙われた。コソボに点在するセルビア正教の36の教会と修道院が、傷つけられるか完全に破壊された。プリズレンの古い教会に火をつけた暴徒が、KFOR部隊が傍観する側で、その燃えさしに放尿した。その場面を撮影した何とも気が滅入る写真が今も残っている。

やがて、UNMIKも暴力の対象になった。UNMIKはその頃、セルビア人以上に独立の妨げになっていると、アルバニア人からみなされていた。UNMIKの事務所に石や火炎瓶が投げ込まれた。国連旗は燃やされ、国連の車両は100台以上も破壊された。UNMIKもKFORも目立った活動ができなくなった。ただし、称賛に値する例外もある。たとえば、ノルウェー部隊はグラチャニツァ修道院を守り、イタリア部隊はほかに類を見ないデチャニ修道院を守った。どちらも、コソボの中世建造物群としてユネスコ世界遺産に登録された、ヨーロッパの至宝である。

コソボ独立を承認するか

わたしは次々と展開する出来事を安保理に報告したのち、選択肢再検討の必要性についてアナン事務総長と話し合った。どの選択肢も最悪だった。安保理がコソボの地位について妥協点を見つけることを期待し、このまま現地で時間稼ぎをするという手もあるが、アルバニア系住民が不満を募らせ、さらに大きな暴力に発展する危険性があった。あるいは、アルバニア系住民が同意した「基準」を満たさぬまま、彼らに独立のタイムスケジュールを与え、「暴力に屈する」という選択もある。感情に流されず先見の明のある、ノルウェー人外交官のカイ・エイダに検討してもらうということで、アナンと意見が一致した。

国連の迅速な撤収を求めるコソボの現実と、コソボの将来の地位についてただちに合意に達するのは無理だという安保理の現実を、エイダはすり合わせようと努めた。そして、「コソボの将来の地位を確定するプロセス」に着手すること、および完全に破綻する前にＵＮＭＩＫを終了させることを提案した。ある意味、エイダが提案した解決策も時間稼ぎだった。コソボの将来の地位を確定するプロセスが、少なくとも当事者に、もしくは安全保障理事会に、またはその両方に、最終的に受け入れられるとみなしていたのだから。

ごくわずかの間だったが、それはすべて可能に思われた。２００５年後半、コソボ問題に関するコンタクト・グループ諸国――ロシアも含む――は、地位問題プロセスを定める諸々の指針について合意に達した。たとえば、１９９９年以前のコソボの状態には戻らないこと、コソボを分割しないこと、コソボを他国または他国の一部に統合しないことなどである。アナン事務総長は、フィンランド元大統領マルッティ・アハティサーリを国連コソボ特使に任命し、このプロセスの監視を依頼した。アハティサーリは、1990年代初頭、ナミビアの独立を監視する国連ミッションを成功に導くうえで重要な役割を担った人物である。彼は元ロシア首相のヴィクトル・チェルノムイルジンに対し、コソボ紛争を終結させる交渉を首尾よくまとめた。

2006年1月末、わたしはロンドンに飛び、コンタクト・グループ諸国の閣僚と話し合いを進めた。このときベオグラードに送られる「非公式のメッセージ」の文章の一部を用いて文書が作成された。そのメッセージには、「コソボをベオグラードの支配に戻すことは、実行可能な選択肢ではない」とあり、2005年11月に合意した指針の範囲を越えていた。ロシア外相のセルゲイ・ラヴロフは、ほとんど発言しなかった。かなり楽観的な見方をすると、彼の態度はロシア流の黙認ということになる。

包括的解決案が安保理へ

ウィーンの美しい歴史地区にある小さな事務所の続き部屋で、アハティサーリとそのスタッフは、武装解除から宗教施設の保存にいたるまで、ありとあらゆる項目に関する政策方針書を作成した。10回以上も専門的話し合いが行われたが、プロセスの表向きの目的であるコソボの地位問題については、ほとんど話し合われなかった。こうした一連の取り組みは、最終的にコソボ独立につながる協定に関わるための方策ではないかと、セルビア人は疑いを抱いていた。実際に、事前に両当事者に提示することなく、コソボの「監視下の独立」を認めるべきだと勧告するコソボの地位確定への包括的解決案が、２００７年に安保理に提出された。

このプロセスには、相関する２つの欠陥があった。１つは、交渉に必要とされる誠実さが欠けていた点である。セルビア人にはまず、プロセスでどんな成果を見込めるか概略を記した非公式のメッセージを送った。次に、その成果を達成するための話し合いにセルビア人の参加を要請した。見せかけのプロセスを経なくてはいけない理由はないとセルビア人が突っぱねると、非協力的だと厳しく叱責された。もう１つは、プロセスは干渉を受けるべきではないと国連は認識していたのに、実際には干渉を受けていた点である。コソボの地位確定への包括的解決案の正文は、当事者間の合意に基づいたものではなかった。コンタクト・グループの間で一致した文言や発想に基づいたものでもなかった。アハティサーリのオフィスに「派遣された」アメリカ国務省の若き法律家が主に起草し、アメリカの政策を忠実に反映したものだった。

どちらの欠陥も致命的ではなかった。真の問題はさらに詳細に及んだ。このプロセスは、ほとんど仮定に基づいていた――包括的解決案は安保理で承認されるだろう、すると安保理は決議１２４４に優先する新決議を採択し、それにより国連コソボ暫定行政ミッション（ＵＮＭＩＫ）は終了して、プロセス履行の監視を義務づけた新規業務が、ＥＵに承認されることになるだろう、と。

この集団思考で驚嘆したのは、ロシア高官レベルが声高に反対することが増えていたのに、安保理でロシアは包括的解決案の成立を阻止しないと、アハティサーリと主要西側諸国が最後の最後まで信じ込んでいたことである。9月にアハティサーリと会ったとき、ラヴロフ外相と連絡を取り合っているので、ロシアが棄権し、新決議が成立するのは間違いないと彼は確信していた。賛成票が「12票か13票、棄権が2、3票」、公然と反対する国はなく、常任理事国は拒否権を行使しないと見込んでいた。わたしも同じ予想をしていたので、彼に異を唱えなかった。

包括的解決案がようやく安保理に提出されたとき、結果は予想とまるきり異なった。ロシアのみならず、中国までも拒否権を行使することが明らかになった。そのうえ、非常任理事国の主要数か国が――インドネシアと南アフリカを筆頭に――コソボ独立に反対を表明した。コソボの独立はその他地域の民族分離の動きを推奨するものではないと、アハティサーリは主張した。だが、安保理がコソボの独立を支持したら、同様の事情を抱える国にとって悪しき前例になるのではないかと、多くの国が危惧していた。アメリカと同盟国が作成した解決案は、2003年に失敗に終わったイラクに関する決議案よりも支持を得られなかった。なまじ投票に付して否決されるよりはと、この解決案は2007年7月に撤回された。

UNMIKの設立を安保理が国連に依頼してから、すでに8年余りが過ぎていた。誰もが納得する未来につながる道は、かつてないほど遠くに見えた。当時コソボ担当だったヨアヒム・リュッカー国連事務総長特別代表は、アルバニア系住民は再び爆発する寸前だと考えており、「7月以降は持ちこたえられないと思う」と6月に指摘していた。

新たな計画

アハティサーリの提案を安保理が承認しないことがはっきりしたとき、西側諸国は安保理での新決議なしでコソボ独立を導く計画を練り始めた。この計画は、コソボを国連の暫定統治から独立に導くために、法的正当化を図る一連の手順をまとめたもので、「脚本《スクリプト》」と呼ばれるようになった。脚本《スクリプト》の中核をなすのは、寛大に見るならば、コソボの独立およびアハティサーリの提案に示された新国際ミッションの派遣に対し、安保理決議1244は法的根拠を与えられるという発想だった。

懐疑的な欧州諸国をなだめるため、コソボ独立の承認を120日間先送りにし、その間、EU・アメリカ・ロシアのトロイカ体制で、当事者間に妥協点を見つけるさらなる努力をすることをアメリカは認めた。しかし、これはまたしても二枚舌だった。独立を承認するほかないとヨーロッパに納得させるためトロイカ体制を崩したい、ともアメリカは言っていた。結局、ドイツ屈指の外交官でトロイカ体制の欧州代表であるヴォルフガング・イッシンガーが、1972年に旧西ドイツと東ドイツの間で「東西ドイツ基本条約」を締結したように、互いに「善隣関係」方式で対応してはどうかと、セルビアとコソボに提案した。予想どおり、トロイカ体制は結果も注目も得られないまま期限を迎え、再び脚本《スクリプト》に注目が集まった。

脚本《スクリプト》にも多数の弱点があった。まず、安保理決議1244について想像力に富んだ解釈をする必要があった。事務総長の法律顧問ニコラス・マイケルは決して納得しなかった。安保理決議の解釈は安保理がするものだとして、彼は一言も意見を述べようとせず、コソボによる独立宣言は安保理決議1244に矛盾しないとは言おうとしなかった。西側の多くの法律顧問は、非公式ながらマイケルと意見を同じくした。さらに、国連事務総長の積極的な協力が必要になることも弱点の1つだった。新規ミッションが安保理決議1244に基づき派遣される場合、従来のミッションであるUNMIKは、後進に道を譲らなくてはいけなくなるからだ。

傍観する決断

潘基文事務総長は、国連事務局ビルの38階の会議室で、わたしや法律顧問、その他数人との会合に臨んだ。この板張りの会議室は、1914年に描かれたマルケ川の穏やかな風景画のおかげで、大分雰囲気が良くなっていた。わたしは現状に鑑みて、コソボの独立を主張した。それに対して反対意見が出ることに意義があると思っていた。旧ユーゴスラビアがますます細かく分割されていることを認識するために、まずは1991年の西側諸国の判断の正否について議論した。当時、西側諸国が多くの命を救ったとも、根底にある多くの問題を解決したとも思えなかった。アハティサーリの提案には、安保理での可決を促すために必要となる、当事者の顔を立てる内容が含まれていないことについても論じた。それについては、しばらくの間だけでも独立の名目上の根拠となるもの、たとえば、セルビアとロシア政府に〝一見もっともらしい反証〟の機会を与える住民投票などを実施して、時期を遅らせることもできるだろう。

ほかにも、すぐに独立を決めることに反対する意見があった。安保理決議1244と一致しない、コソボが前例となりあちこちで民族分離問題が深刻化するなどの懸念が出された。だが、すべてを考慮すると独立はやむなしと思えた。アルバニア系住民は間違いなく、セルビアの一部であることを望んでいなかった。セルビアにとっても、200万人もの怒れる、武装した、国際的支持を得た、急増するアルバニア人を統治することに、ほとんど意味がなかった。また、安保理に阻止されたとしても、事態が紛糾するまで国連が何も行動しないのは間違いだとわたしは思っていた。したがって、彼らの基本的懸念を調整できるかどうか、セルビアとロシアとともに取り組みながら、国連はコソボの独立状態を黙認すべきだと提案した。何もかも一致することはなくても、全当事者の最低限の政治的要求を満たす解決策があると思ったのだ。

何度かこうした議論を重ねたのち、潘事務総長が「歴史の流れに任せる」と述べ、国連は傍観するという決断をくだした。事務総長は独立宣言を非難しないように——法律家は懸念したが——すべきであり、コソボのアルバニア系住民やアメリカ政府その他が既成事実を作るかどうか国連は見守るべきだと、わたしは事務総長に提言した。彼らが既成事実を作り、世界中で承認を求める声が次々と上がったら、国連はそのとき「目の前の現実に即して展開」すればいい。国連がこのような立場をとることは、コソボ独立支持派に非公式に伝えられた。彼らは喜び、大いに自信を深めた。国連がこうしてドアを開いたことで、独立を承認する声は100を超える国から上がると、支持派は予測していた。

独立宣言

ところが、現実はまたもや異なる展開を見せた。わたしが潘事務総長とニューヨークで打ち合わせをしている頃、ベオグラードでは、旧ユーゴスラビアのチトー政権の大統領府だった広大な――たいていは人けのない――合同庁舎で、まったく毛色の違う会議が開かれていた。リチャード・ウィルコックスとデイヴィッド・ハーランドという、コソボ問題を担当するわたしの同僚2人は、セルビアの「コソボ・メトヒヤ大臣」スロボダン・サマルジッチと会っていた。ドン・キホーテさながら不運な役回りを引き受けていたサマルジッチは、穏やかな口調で話す法学部教授で、コソボ独立推進派から蛇蝎《だかつ》のごとく嫌われていた。彼は今後数か月間のセルビアについて、ゆったりした口調で見通しを述べた。「ある種の平行状態が出現すると見ています。コソボを認める国もあるでしょう――55から60か国ほどでしょうか。すべてではなくても、コソボはいくつかの国際組織に加盟し、国際協定を締結することになります。コソボの住民がコソボの大半を支配することになりますが、全領域ではないと見ています」。

コソボは2008年2月17日に独立を宣言した。コソボをはじめとするヨーロッパの多くの都市で、赤と黒のアルバニアの旗を振る、コソボのアルバニア系住民の若者が街頭にあふれた。ニューヨークの国連ビルを出たとき、赤と黒の旗を誇らしげに振り、祝意のクラクションを鳴らす1台のメルセデスベンツが通り過ぎるのを見た。多民族主義を標榜する新コソボ当局は、どの民族にも偏らないようにと、青と黄色で配色された旗を考案していた。だが、そのデザインは美しくないうえに、コソボの地形が描かれていた。国旗に地図が描かれる――キプロスがそうだ。ボスニアは地図どころか、さらに抽象的なデザインを採用した――ときは決まって、境界線や領土に問題があるという場合だ。コソボのアルバニア系住民が心のなかで一番大切にするのは、やはりアルバニアの旗だった。

セルビア人はコソボの独立宣言を受けて、セルビア本土とセルビア系住民が支配するコソボ北部との境界にある、2か所の税関を焼き払った。コソボのアルバニア系住民が独立するなら、コソボのセルビア系住民はセルビアと運命をともにするので、セルビア本土との境界はないという意思表示だった。それ以外は比較的平穏に過ぎた。

独立を求める民族分離主義者が世界中で次々と現れることはなかった。コソボの独立を認める国も、次々と現れることはなかった。アメリカやその他数名の有力な外交官の肝いりにもかかわらず、コソボの承認は遅々として進まなかった。一番の問題は地元ヨーロッパだった。初夏の時点で、コソボを承認した国は、EU加盟国27か国中19か国しかなかった。厳しい国政選挙に直面していたスペインのミゲル・アンヘル・モラティノス外相は、EU外相会談でコソボの独立宣言を「違法」だと発言し、参加国外相を当惑させた。これは明らかに、カタルーニャ分離を要求する勢力への潜在的影響を懸念しての発言だった。サマルジッチが予測したように、コソボは国連加盟国の4分の1から承認され、いくつかの国際機関に加盟した――ミス・ユニバース・コンテストもその1つだ――が、国際民間航空機関（ICAO）や国際電気通信連合（ITU）、その他有力な機関にすぐに加盟できたわけではなかった。

国連傘下方式のEU参入

EUやNATOと同様に、国連は「中立の状態」を保つと発表した。2008年の春頃になると、コソボは宙ぶらりんの状態に陥ったかに見えた。国家とは言えないし、決してセルビアの一部ではない、そして国連の暫定統治機構の監視下にもなかった。アメリカとイギリスは国連に、現場で決着をつけるよう迫った――要するに、コソボの独立を認めたがらないセルビアに対し、独立を認めるよう武力に訴えるということだ。潘事務総長はこれに反対したが、UNMIKの幹部――ドイツのヨアヒム・リュッカー、アメリカのラリー・ロッシン――はこれを支持した。わたしは武力を行使すべきではないと意見したが、ミッションをマイクロマネジメントしていると非難された。独立反対を主張するセルビア人グループが北部ミトロヴィツァのカントリーハウスを占拠したとき、ロッシンはこれをチャンスと見て取った。3月17日の早朝、KFOR部隊の支援を受けた国連警察要員に、このカントリーハウスを急襲し、セルビア人グループを逮捕するよう命じたのだ。襲撃時に国連の警察要員1人が死亡し、数十人が負傷した。国連は北部から要員を引き揚げることを余儀なくされた。コソボ独立の承認をセルビア人に強制できないことを、

UNMIKはセルビア人以上に完璧に証明する結果となった――ともあれ、これは国際社会が積極的に行う武力行使のレベルではなかった。

わたしは武力行使より良い方法があるのではと考えるようになり、UNMIKはコソボをいつまでも統治できないという前提で考えをめぐらせた。コソボにとどまれば、UNMIKはいずれ追い出され、その功績も失われるだろう。したがって目指すべきは、国連が成し遂げたことを〝確定〟し、次の段階を管理できる誰かに引き渡す方法を――たとえ世界が分裂し、安保理が阻止し、コソボが分割されることになっても――見つけることだ。その〝誰か〟は、EUでなくてはならない。国連はすでに、政治的影響力を継続させられなくなっていた。国連はもはや将来の地位の見込みをちらつかせることができないため、政治的影響力を失ってしまったが、EUなら影響力を行使できる。EUがコソボ独立を推進するのではないかとセルビアは疑っていたが、EU加入というバルカン諸国が共有する大きな願望を抱いていた。したがって、わたしの目標は国連暫定政権を終了させ、EUを参加させることだった。

問題はいかにして実現するかだった。わたしは潘事務総長にいくつかの案を提言した。事務総長が気に入ったのは、EUが「国連傘下」でコソボに赴くという案だ。その趣旨は、現場の新事実を認識した事務総長が、権限を用いてUNMIKを再構築することにある――つまり、国連の治安維持の任務を、通称EULEXというEU主導のミッションに引き継ぐのだ。これが両者の目標にとって、ある意味、非対称に働くことを期待した。セルビアはEULEXに来てほしくなかった。しかし、彼らがもっとも重視したのは、「立場の中立性」と、安保理決議1244の継続、そして国連の権威だった。反対に、コソボのアルバニア系住民は国連が引き揚げることを望んでいた。だが、彼らが何より望んだのはEUの参入で、自分たちの新たな立場を裏づける証拠として、EUに目の届くところにいてほしいと考えた。この「傘下方式」を適切に進めたら、両者とも副次的な目的について譲歩するだけで、一番欲しいものが手に入る。

ロシアの支持の取りつけ

4月、潘事務総長はこの案を売り込もうとモスクワを訪れた。この案をまとめ上げるのに力を尽くしたデイヴィッド・ハーランドが同行した。モスクワ訪問に関する彼の報告書は励みになった。プーチン大統領とメドヴェージェフ首相は、その後何度も役割を交換してダンスを踊ることになるが、当時はその最初のステップを踏んでいるところだった。事務総長はすでに2人と面識があった。プーチン大統領は自信に満ちていたが、慎重な態度を崩さず、頭を寄せて事務総長のほぼ一言一句に耳を傾け、引きつった笑みを浮かべてみせた。大統領はコソボ問題を雄弁に語り、こちらが戸惑うほど安保理決議1244に詳しく、メモに目をやらずとも決議文のさまざまなパラグラフを引き合いに出した。安保理決議1244だけではなくコソボ情勢の一般的問題についても、プーチンは議論をすることにやぶさかではなく、事務総長に苦言を呈した。コソボ独立をあのような形で――明確な法的根拠もなく、セルビア共和国の同意もなく、国連安保理の承認もなく——承認したことで、西側諸国は150年にわたり国際法体系の根幹であった国家の領土保全の原則を根本的に損なっている。その法体系なくしてこの脆弱な世界はどこに向かうのか？西側諸国はなぜこのような形で原則を損なうのか？　プーチンは問いを投げかけた。

プーチンは潘事務総長の提案に懐疑的だったが、EUが完全に中立の立場ならという条件で、コソボにおけるEUの役割を基本的に支持すると表明した。メドヴェージェフは少々懐疑的だったが、それほどコソボ問題に精通していないようだった。夕食の席で一堂に会したとき、もっとも積極的だったのはラヴロフ外相だった。やはり自信にあふれた態度で、煙草に次々と火をつけながら、事務総長の話に耳を傾けた。ロシアは最終的にEULEXのコソボ派遣を支持すると、外相は応じた。ただし、それには条件があった。EULEXが中立の立場であること。その任務はアハティサーリの包括的解決案——その名称でさえロシアにとっては忌避すべきものだが——ではなく、安保理決議1244の履行であること。国連の権威に基づいて展開されること。以上の3つである。

コソボ問題はロシアにとって理想的だった。ロシアが法的に優位に立てる問題であり、国内で大いに喧伝できるだけではなく、これまで西側がロシアにしてきたように、ロシアが西側に訓戒を垂れることのできる問題だった。またロシア政府にとって、グルジアのアブハジア紛争に有利な材料となった。コソボのセルビアからの分離を西側が後押しするほど、アブハジアのグルジアからの分離をロシアは後押しできる。事務総長がコソボ問題を——イランと北朝鮮の問題を話すために――ひとまず脇に置こうとしたとき、ラヴロフ外相はこう言い放った。ロシアにとっても、「国際体制にとっても、コソボほど重要な問題はありません」。

ロシアが「傘下方式」に身を投じた――あるいは完全に蚊帳の外ではなくなった――ことで、EUは共通外交・安全保障政策上級代表ハビエル・ソラナの名を借りて、国連の提案を即座に支持した。実のところ、コソボで主導的役割を担うことを熱望していたEUは、厄介な状況に置かれていた。まず、EUは安保理と同様、コソボ問題をめぐり分裂していた。EUミッションは国連と同じように中立の立場であるべきだと、スペインとキプロスが声高に主張していた。次に、安保理決議1244に基づきコソボに赴くと発表したので、国連がコソボで同じ安保理決議に基づき活動している間、EUはミッションを派遣できなかった。国連との間で調整を図る必要があったのだ。アメリカはヨーロッパほど熱心ではなかったが、やはり国連の提案を支持した。コソボのアルバニア系住民は現状を完全に把握していなかったが、国際協定の対象から国際関係の当事者に移行したことに満足しているようだった。

セルビア政府への提案

問題はセルビア政府だった。親欧米派のボリス・タディッチ大統領はコソボを重要視していないのではと、セルビア民族主義者から見られていた。セルビアが選挙モードに入っていたこともあり、コソボ問題に手ぬるいと思われたせいで、タディッチ大統領は政治的に不安定な立場に立たされた。

ベオグラードの国連事務所代表リチャード・ウィルコックスは、セルビア人が国連の再編案をある程度呑めるようにする策を思いついた。これにより、安保理がコソボについて抱える問題から膿を出せればと、わたしたちは期待した。ウィルコックスは国連に入る前、クリントン政権のお荷物だったという。起業家精神にあふれた大柄な若者で、MITで博士号を取得し、軍情報部に勤務した経験があり、クスクスと笑う癖があった。ウィルコックスはセルビア人にたちまち気に入られたが、そのせいでアメリカ政府との間に少々問題が生じた。ウィルコックスが考案したのは、コソボを国連と「共同統治」するという、かつてセルビアが示した案を国連が受け入れ、その案を部門別に分けて、UNMIKの再編後、セルビア系住民の自治権を国連が部門別に承認するというものだった。

警察、司法、税、境界、交通、コソボにおけるセルビア正教会の地位の6部門が挙げられた。ウィルコックスの案には、セルビア政府との共同統治は含まれていなかったが、すでに広範囲に確立されたセルビア系住民の地方自治を正式に承認するために、一定期間話し合いをもつことが提案されていた。また、従来は政府関係者が占める役職を、国際機関の職員に委ねることも提案された。

この策は全員に利するところがあった。セルビア政府にとっては、タディッチ大統領がコソボ問題に真剣だと裏づけられる。これは彼が国を治めるうえで必要なことであり、一部承認される内容もあるので、セルビアは完全に面目を失わずにすむ。コソボの独立にひどく動揺するセルビア系住民にとっては、自治権を確認できるし、国際社会からの承認を見込める。プリシュティナとコソボのアルバニア系住民は、コソボのセルビア人地区の全域を支配しているわけではなかった。よって彼らにとっては、セルビア系住民が当面どのように自治権を得ようとも、彼らもやはりコソボの一員であるということを確認できる。

そもそも、コソボの独立派から合意を引き出すことはほとんど不可能だった。よって、わたしたちは端《はな》から、全員の合意を正式に得ようとはしないことに決めていた。プリシュティナのアルバニア系住民の指導者、およびベオグラードのセルビア政府と話し、それぞれの懸念を聞き出してから、もっとも異論の余地の小さい提案を示すことにした。それを起点に進めていくつもりだった。長引くバルカン諸国の問題をめぐり目に見えるほど分裂《バルカナイズ》していた安保理は、やはり行き詰まりを見せていたので、同様の処置が施された。つまり徹底的に透明性を高め、協議し、全員の懸念を調整する努力を真摯に行い、最終的に事務総長が職権により決断をくだすことになった。

難航するも一定の成果

この戦略は理想からかけ離れてはいるが、コソボをめぐる国際危機を鎮めると同時に、コソボで紛争が再燃する危険を抑えることが期待された。それに、UNMIKが失敗したあとではほかに選択肢はないように思われた。アメリカ、イギリス、ドイツ、フランスも多少は、国連の計画に不満を抱いていた。自分たちが厳密に管理してきた問題に、国連がイニシアチブをとることを望んでいなかった。国連が余計なリスクを冒し、セルビア政府に過度に譲歩するのではないかと懸念していた。わたしは各国の政務局長から電話会議でさんざん叱責を受け、国連は必ず共同歩調を取るようにと念を押された。アメリカ政府は自分たちのやり方でなければ、「コソボのアルバニア系住民を制御することは不可能だ」と、わたしの同僚に公然と言い放った。

2008年5月初旬、わたしがコソボに行くべきタイミングだと事務総長は判断した。疲れた顔をしたコソボのファトミル・セイディウ大統領と、かつてゲリラ指導者だった、はつらつとした表情のハシム・サチ首相と会談した。部屋の壁に、コソボ初代大統領のイブラヒム・ルゴヴァ（その2年前に死去）の写真と、マザー・テレサの写真が飾ってあった。マザー・テレサはコソボ出身ではないが、アルバニア人だった。アルバニア系である大統領も首相も、国連の再編案に乗り気ではなかった。彼らもアメリカ同様に、国連とセルビア政府との対話をとくに警戒していた。だが、セルビアとの共同統治を国連が受け入れないこと、これが必ずEULEX派遣につながることを条件に、国連案をしぶしぶ受け入れた。これが望めるかぎりの譲歩だった。

ベオグラードでも交渉は難航した。タディッチ大統領と会談したのは、塗料のにおいがする小部屋だった。わたしは顔をしかめていたにちがいない。大統領はしきりに詫びて、「前の持ち主のにおいを消すために」改装したのだと言い訳した。スロボダン・ミロシェヴィッチのことだ。その後の選挙で、故ミロシェヴィッチ大統領が結成した政党と連立せざるをえなくなったことを考えると、これはいただけないジョークだった。退室する際、ヴォイスラヴ・コシュトニツァ首相と会うのかと聞かれた。大統領は翌週末に首相と選挙で戦うことになっていた。その予定だと答えると、大統領は力なくほほ笑んで言った。「それはうらやましい。わたしは首相に会う機会もないよ」。

6月20日、わたしたちは大胆な手に打って出た。国連史上初めてのことだが、潘事務総長は安保理に対し、一致した反対意見がないかぎり、自らの決断で思い切った行動をとるつもりだと伝えたのである。EUに役割を与えるため、事務総長はUNMIKを再編成しようとしていた。

国連を訪れていたタディッチ大統領は、この提案に異を唱えた。ロシア国連大使ヴィタリー・チュルキンも反対の姿勢を示した。しかし、それまでの活動が功を奏したようだ。安保理のほぼすべての理事国――コソボ独立に反対した国も――が、国連が当事者に誠実に関わってきたこと、反対を招く余地がもっとも小さい計画を提示していることを認めたのだ。大方の予想を裏切り、わたしたちが安保理からのマンデートなしで行動しているという問題に触れず、中国もこの構想を認めて多数派についた。タディッチ大統領とチュルキン大使も、孤立していることを察し、抑制のきいた口調で話していた。

5日後、やはり国連初のことだが、事務総長はランベルト・ザニエル新特別代表に、その計画を実行に移し、9年に及ぶ国連統治の大半を完了するよう命じた。

だが、これでコソボ問題が終結したわけではなかった。コソボはまともに国際体制の断層線上にあったので、たやすく終結できなかった。それでも、現状を考えれば好ましい成果を得られた。セルビア系住民が集中するコソボ北部とその他地域との分裂を避けることができたし、アルバニア系住民の最大の望みだったコソボ独立が、徐々に具体化しつつあることが明確になった。EUはミッションを派遣し、EU加盟国の間でコソボ問題に関する意見を一致させることができた。EU加盟をインセンティブにして——数年後も依然として両者のインセンティブである——セルビアとコソボに関与することができた。さらに、セルビア正教会の聖地を維持し、居住区内の完全な自治を守ることにより、セルビア人の面目を保つこともできた。EU加盟の足を引っ張る民族主義者の反感からセルビア政府を守るには、十分な成果だったといえる。また、コソボが必要とするEUにコソボを結びつけることになった。緊張緩和は徐々に始まっていた。セルビアとコソボが分裂した歴史を乗り越えられるときが、やがて来るかもしれない。

第11章

ハイチ

——他人を支援することの難しさ

国連ハイチ安定化ミッション

地震の犠牲者

2010年1月12日、ハイチで地震が発生したというニュースが飛び込んできたのを受けて、わたしはすぐさま、ポルトープランスにいる国連ハイチ安定化ミッション代表のヘディ・アナビに、支援を申し出るメールを書いた。その半年前、ミッションに最適な人物としてわたしが彼の名を潘事務総長に伝えた。事務総長はヘディの能力を知っていたので、彼の任命を即座に決定した。ヘディが平和維持活動に関して国連随一の経験を持ち、尊敬を集める人物であることは間違いなかった。彼が最初に従事した平和維持活動はカンボジアだった。この活動が、クメール・ルージュの終焉と、1991年から92年にかけての国連カンボジア先遣隊の派遣につながった。コフィー・アナンが国連平和維持活動局（DPKO）の事務次長を務めていたとき、ヘディは同局のアフリカ部門の責任者だった。1996年、アナンが国連事務総長に選出されたのち、ヘディがDPKOのナンバー2である事務次長補になることは自明の理だった。ナンバー1である事務次長の人事は、伝統的に政治任用制による――わたしもそうだった。2000年にわたしが事務次長に就任したとき、事務次長補がいなければ局を管理できないと暗に言われ、新たに任命するよう勧められた。

そのとおりだった。実のところ、わたしはヘディと考えが合わなかった。1990年代に相次いだ悲惨な出来事で、国連は皮肉にも加盟国から見捨てられたと感じ、ヘディは深く傷ついていた。わたしが加盟国との信頼構築に力を入れても、懐疑的な態度を示した。ヘディは安全保障理事会を警戒している節があった。まるで、国連事務局の弱みに隙あらばつけ込もうとする相手と、チェスをしているかに見えた。だが国連という機関に対して、ヘディは非常に誠実だった。安保理と対峙するときは、国連が助けるべき人々の側に立ち戦っていた。自分が果たせる以上のことを彼らに約束するのをよしとしなかった。事務総長に代わって局内の全報告書に目を通し、こちらが感心するほど徹底的にチェックした。自分宛の報告書に赤と青のペンで手を入れることでも知られていた。爆発性のある薬品を混ぜる化学者さながら、一言一句にいたるまで検討した。けれども、彼の用心深さを冷淡と混同すべきではない。早急に大胆な策をとる必要性をDPKOは理解していないと、常任理事国の大使がチャドに関するヘディの提言に対して善意から批判したとき、彼は烈火のごとく怒った。彼にとって平和維持活動はきわめて個人的な事柄なので、自分に対する個人攻撃と受け止めたのだ。

彼の自宅はニューヨーク市外だったのに、午前8時にはオフィスに一番乗りし、午後9時か、ときには10時頃、最後にオフィスを後にすることも多かった。疲れ切って電車で寝てしまい、ハドソン川近くの下車駅を乗り過ごしてしまう日もあった。駅からはいつも自分で車を運転して帰宅した。母国のチュニジアでも、彼なら素晴らしいキャリアを築くことができたはずだ。しかし、国連こそ自分が憧れてやまない倫理にかなった故郷だと感じた彼には、中央政府より国連に仕えるほうがはるかにしっくりしたのだ。ときおりチュニジアの政治に控えめなコメントをしていたことから、おそらく母国のアラブの春を喜んでいたのだろう。

支援を申し出たわたしのメールをヘディが読むことはなかった。国連ハイチ安定化ミッション（MINUSTAH）が拠点としていた元ホテルが地震で倒壊し、ヘディは死亡した。ほかにも、100人もの国連要員が死亡した。犠牲者の多くはわたしの知っている人たちだった。そのなかに、ミッション副代表のルイス・ダ・コスタがいた。ブラジル出身のダ・コスタは、物事を実行することにかけて人並み外れた手腕を発揮した。わたしが国連に就任したばかりの頃、彼は本部タイプの人間だと聞き及んだので、将来のキャリアに必ず役立つからと、現場に行くことを勧めた。子どもたちと離れなくてはならなかったが、彼は現場に赴いた。まずコソボ、次にリベリア。どちらのミッションでも、彼は見事な成果を上げた。そこで、ヘディはハイチのミッションに参加するよう彼を熱心に誘った。2008年7月、任期中最後のハイチ訪問でダ・コスタと会ったとき、彼は現場人間としての新生活にすっかり馴染み、満足していた。

別の犠牲者は、アメリカ人のアンドリュー・グリーン。物静かで、品行方正で、礼儀正しい若者だった。どこにでもいるごく普通の若者に見えるが、ヘディはそう見ていなかった。アンドリューはニューヨークでヘディの傍らで勤務していた。同じ流儀で仕事を進めるだけではなく、思慮深さを身につけ、知識や能力をひけらかさない人物だと、ヘディにはわかっていた。そして、レネ・カリエール。わたしの前任者の個人秘書を務めていたフランス系カナダ人女性だ。わたしが国連に就任した直後の数か月間、職務に慣れるよう親切に手を貸してくれた。彼女もハイチで死亡した。エルサルバドル出身のジェラール・ル・シュヴァリエも犠牲になった。彼は、エルサルバドルにミッションが派遣されたとき、国連に入った。母国の経験で培われた鋭い政治感覚の持ち主だった。彼らの命は、地震で犠牲になった25万人のほんの一握りかもしれないが、彼らの犠牲により、ハイチの悲劇が個人的にも一層つらく感じられた。

2010年のハイチの地震と2003年のバグダッドの爆破テロで、国連は同じくらい超優秀な人材を失った。セルジオ・ヴィエラ・デ・メロとヘディ・アナビは正反対——前者は輝きを放つカリスマ的指導者、後者はマゾヒスティックなほど自制心がきいた地味な人物——とも言えるが、2人とも国連に身を捧げていた。その見返りとして、2人は国連でも一流の人材を引きつけ、スタッフから熱い忠誠心が捧げられていた。

良好なミッション

ハイチのミッションは「良好なミッション」として知られていた。ファン・ガブリエル・ヴァルデスをはじめとする優秀な代表、つまり優秀な国連事務総長特別代表（ＳＲＳＧ）が、相次いでこのミッションを率いたからだ。ヴァルデスはチリの元外務大臣で、イラク危機の時期に国連大使を務め、その後このミッションに参加した。エドモンド・ムレットが彼の後を継いだ。ヘディがハイチでムレットの後を引き継いだとき、ムレットはニューヨークでヘディの後任としてDPKOの事務次長補になった。ムレットは――ブラジルのカルロス・アルベルト・ドス・サントス・クルス司令官の素晴らしい仕事ぶりもあり――警察と軍の共同作戦を展開し、ベルエアーやマルティサン、シテ・ソレイユのスラム街で住民を脅かすギャングを取締り、ポルトープランスの治安を激変させるという大きな成果を上げた。とても礼儀正しく穏やかな口調で話す外交官が、このような成功を収めたことは驚きをもって受け止められた。しかし、貧困で苦しむハイチの人々が苦境に直面しているとき、エドモンド・ムレットは穏やかな口調で話したりはしなかった。このミッションがかぎられた環境で最善を尽くしていると自ら納得するまで、彼は自分のスタッフや警察、軍隊を容赦なく叱咤激励し、巡回に同行したり厳しい質問をしたりすることも多かったと、彼のもとで働いていた者たちは語ってくれた。

ヘディが亡くなったとき、エドモンドはハイチへ行き、何か月もコンテナのなかで睡眠をとりながら、痛手を負ったミッションを率いた。1年後の2011年、わたしはニューヨークに戻った彼と再会した。彼はハイチの経験について発表した。ハイチのエリート層に責任感が欠如し不信感があふれているという話は、絶望的に聞こえた。ハイチの大使が聴衆の最前列に座っていた。容赦ない報告を聞いて不快に感じ、部屋を退出するのではないかと気をもんだが、杞憂だった。それどころか、大使はエドモンドを称賛した。ハイチ国民と親密な関係を築き、心からの共感と責任感を抱いているエドモンドには、ありのままの真実を話す権利があるとわかっていたからだ。たとえ、その真実が外国人の口から聞くにはあまりに不快で受け入れがたかったとしても。

大使の賛辞は素晴らしかったが、わたしは不安を抱えて退室した。エドモンド・ムレットの抱える欲求不満がはっきりわかった。それはハイチにとって、そして平和維持活動全体にとって難しい質問を投げかけていた。ハイチは小さな国で、当時の人口は1000万にも満たなかった。これまで何人かの優秀な人材が、ハイチ担当の国連事務総長特別代表を務めてきた。ビル・クリントン大統領のような大物が、外資を呼び込むためにハイチで会議を主催し、ハイチを引き立てるなど、驚くほど建設的な状況が積み重なっている。本来なら、コンゴやスーダンのような広大な国より、はるかに大きな成功のチャンスがあるはずだ。それなのに、ハイチでは現在、多くの人々が希望を失いつつある。

国連ハイチ安定化ミッション（MINUSTAH）は、わたしが力を注いできた平和維持活動のミッションの1つである。2004年6月に活動が開始された日から、今度こそミッションの成功を収めようと固く決意した。わたしがフランス人でなければ――母国フランスとハイチの間には不幸な歴史があるので――国連事務総長特別代表として任命されたらこれほどうれしいミッションはないだろう。よく知っているハイチ人がいる。わたしの秘書だったヤニック・サン・ビクトールだ。彼女はハビエル・ペレス・デ・クエヤルやブトロス・ブトロス＝ガリの役員秘書も務め、ハイチの人々のとてつもない強靱さ、素晴らしい労働倫理、教育への情熱を体現した人物だった。こうした特質のおかげで、海外に移り住んだハイチ人はカナダやアメリカで重宝され、成功を収めてきた。さらに、ハイチの人々の創造性はよく知られている。人口が1000万にも満たない国で、これほどアートシーンが活況を呈しているところがほかにあるだろうか？　ハイチ人の想像力は赤貧に対する意趣返しではないかと思うときがあるくらいだ！

なぜ過去と決別できないのか

ならば、ハイチはなぜアメリカ大陸の最貧国なのだろうか？　ハイチはなぜ世界でも不平等比率（社会における所得分配の不平等さを測る指標であるジニ係数により算出される）の高い国なのだろうか？　これによると、ハイチは134か国のうち8番目に不平等だとされている。過去数回の国連ミッションはなぜ、ハイチを過去と決別させられないのだろうか？　現在のハイチは20年前と比べて大して改善されていない。

もちろん、地震による甚大な被害が、それまで達成したわずかな進展を台無しにしたことも確かである。数千人もの犯罪者——MINUSTAHが逮捕した者も多い——が地震に乗じて脱獄した。地震による大打撃が外国から流入した資金と結びつき、スラムに戻った脱獄者たちに犯罪を繰り広げる新たな機会を与えた。だが地震はその一方で、国が一致団結し、極貧層と富裕層を隔てる深い社会的格差を乗り越える機会も与えた。スラム街に住む貧困に喘ぐ人々を尻目に、ポルトープランスを見下ろす丘の上のペチョンヴィルに建つ豪奢な邸宅で、金持ちは悠々自適の生活を送っている。これは、機能不全を来《きた》し腐敗した司法制度を正す機会でもあった。これはビル・クリントンが試みたように、国際社会の注目を集め外国資本を動員する機会だった。しかしエドモンド・ムレットが2011年に指摘したように、司法制度は今なお腐敗がはびこり、クリントンが主催した会議に出席した数百人の投資家たちの大半は、ハイチに投資しなかった。

歌手のミシェル・マテリが2011年にハイチ大統領に選出された事実は、何十年もの間、政治が何もしなかったことに対するハイチ国民の深い幻滅の現れだった。だが、マテリ大統領は過去と決別できる政策を打ち出せず苦労している。大統領の正統性は、地方選挙や上院議員選挙が何年も先送りされるにしたがい、そして議会選挙が遅れるにしたがい、着実に損なわれた。ハイチ国民はまたしても裏切られたと感じている。急増する若者に仕事はなく、10万人以上の国民が、地震から5年たってもまだテント暮らしをしている。

地震よりほかに責めるべきことがあるのではないだろうか。地震の被害を受けたとき、国際社会がもっぱら〝ハードウェア〟の再建に集中したのは不運だった。それは確かに重要ではあるが、おそらく最重要ではない。もちろん、瓦礫を片づけ、家を失った人たちの住まいを再建することは絶対に必要である。だが、〝ソフトウェア〟――つまり政治制度や司法制度、そして何より重要なのはハイチ人社会。組織や制度を空っぽのままにしておいてもかまわないのでなければ、これは絶対に不可欠である――を直さずに、〝ハードウェア〟を重視するのは誤りである。

外国への深い猜疑心

　ハイチの事例からは、部外者が他国を助けようとするときにどれほどの困難に直面するか、恐ろしいほどよくわかる。困難の一部はハイチ特有のものだ。南北アメリカ大陸のなかでアメリカ合衆国に次いで独立を果たした国であることに、ハイチ人は間違いなく誇りを抱いている。小さな島の半分にすぎないハイチは、アメリカより60年も前に奴隷制度を廃止し、1804年にナポレオン軍を破って独立を勝ち取った。けれども、土壌の浸食で破壊された不毛な土地は、草木が青々と茂る隣国のドミニカ共和国と対照的である。その責任の一端はフランスにある。ナポレオンがヨーロッパで敗退したあとに返り咲いた彼の一族は、ハイチ独立のせいでフランスの奴隷所有者が被った損害補償として、9000万金フラン――本書執筆時の約130億ドル相当――の賠償をハイチに要求した。この莫大な賠償金は1947年にようやく完済した（訳注：1922年に完済したとされる）。

　また、アメリカはハイチを1862年まで独立国として認めず、不利な交易条件を一方的に課していた。ハイチの人々はそれを忘れてはいない。1915年から34年にかけてアメリカ軍がハイチを占領したことも忘れてはいない。この占領は功罪半ばする影響を残した。インフラは大幅に改善されたが、国家収入のほとんどは、それまでの融資の返済として外国銀行に送金された。

　ハイチの弱みにつけ込んだ大国に長年にわたり搾取された歴史を知れば、なぜハイチの人々が外国の関与に深い猜疑心を抱くのかがわかる。ハイチが奴隷制度廃止とラテンアメリカ独立への道を開いたことを外国人は許していない、と多くの国民は考えている。そして、敗残者として長年過ごすうちに、彼らは権力をかわし独自の道をゆく巧妙な技術を編み出し、たわんでも決して折れなくなった。それを示す〝マロナージュ〟という言葉がある。そもそもは逃亡した（〝マルーン〟）奴隷を意味する言葉だったが、今では曖昧さによって現実を避ける方法を指す言葉となった。まるでハイチ全体が逃亡した国家と化しているようだった。

また、こうした歴史のせいで、外国人がハイチの人々と関わることがきわめて難しくなっている。柔和さは弱腰と受け取られ、つけこまれる。強い態度をとれば、植民地時代の記憶とたちどころに結びつき、即座に反発を引き起こす。このような反応は決してハイチにかぎったことではない。だがこの種の感情がこれほど激しい国は、ほかに見たことがない。だからこそ、エドモンド・ムレットがハイチ人を評した厳しい言葉が受け入れられたのは、驚くべきことなのだった。ハイチは弱いが、ハイチ対外国人の対立構図のストーリーが、やはりマロナージュ、つまりもう1つの現実からの逃げ道になりかねないことを、ハイチの人々はよく承知している。もう1つの現実とは、大富豪と大貧民の格差、ハイチ人によるハイチ人の搾取のことである。ムレットがこれを理解し、ごまかされなかったことを、彼らはよくわかっていた。

2004年、ジャン＝ベルトラン・アリスティド大統領が、アメリカから強い圧力をかけられ、武力衝突の最中に亡命を余儀なくされた。彼の出国はハイチの近代史と同様に、やはり曖昧模糊としていた。アリスティドは彼に託された希望を、権力を乱用して打ち砕いた。取り巻きに警察の運営を任せ、「シメール」と呼ばれるギャング団を使い自らの権力を固めた。だが、アリスティドを追放したのはごく一部の層だった。ハイチの最低賃金を引き上げて人気を取ろうとするアリスティドの選挙運動は、ビジネス界を敵に回していた。外国資本を誘致する場合、低賃金はハイチが競合できる数少ない強みの1つだったので、ビジネス界が警戒したのだ。だが、ビジネスの利害と国民の福祉の間のバランスは、クーデターによって決められるべきではない。

ミッション統率者の重要性

MINUSTAHが活動を開始したのは、このようにひどく分極化した環境だった。2004年2月、アメリカ、カナダ、フランスから成る多国籍軍が、アリスティド追放後の移行期間の騒乱を鎮めるため、国連ミッションの前にすでに派遣されていた。部隊は同年の夏までハイチに駐留したが、3か国はできるだけ早く任務を国連ミッションに引き渡したいと考えていた。この移行は、作戦的にも政治的にも油断がならなかった。当初、2か月以内に国連軍を派遣してほしいと要請されたが、まったく非現実的だった。結局、3か月以内ということで合意に達したが、大差はなかった。予想されたとおり、国連ミッションの完全配備まで3か月以上かかった。2004年9月の時点で、わずか3000人規模の部隊しか現地入りしておらず、元兵士による抗議活動や悪化する一方の治安の維持にあたるミッションとしては、十分とは言えなかった。政治的背景はさらに難しかった。カリブ共同体などの地域機関は、国連ミッション派遣を大国数か国によるカリブ海諸国への介入だとみなし、大きな不満を抱いていた。慎重を期する状況だと認識していたアナン事務総長は、国連ミッションがカリブ海地域で受け入れられるようにと、トリニダード・トバゴの外交官をハイチ担当特別顧問に任命した。ハイチのほうも近隣のカリブ諸国に門戸を開く必要があったが、それは容易ではなかった。カリブ海諸国はハイチ国民の間に複雑な感情を引き起こす。成功した国家が他国に見下した態度をとることを、ハイチの人々は嫌がっていた。

危機的状況にある他地域と同様に、ハイチでも、地理的な近さが必ずしもプラスに働かないことがわかった。ファン・ガブリエル・ヴァルデスを特別代表に任命したことは、賢明な歩み寄りだった。大使時代にイラク戦争に反対したチリ人の1人としてヴァルデスは知られていたので、アメリカ政府の手先と見られる可能性はなかった（実は、アメリカがこの任命に反対するのではないかと危惧していた）。ヴァルデスは中南米出身だがカリブ海諸島出身ではない。彼の任命は、ラテンアメリカがハイチに精力的に取り組むというメッセージとなった。ハイチがきっかけとなり、主要国を含む多くのラテンアメリカ諸国（残念ながらメキシコは含まれない。メキシコは平和維持活動への参加をイデオロギー的理由から拒んでいる）が国連の旗のもとに結集したことは、特筆に値する。ブラジルがこのミッション部隊の指揮を執ると申し出た。現在にいたるまで、部隊はブラジルの指揮下にある。

ハイチ初訪問

わたしがハイチを初めて訪問したのは、2005年6月、ハイチ新内閣が正式に発足したときだった。6月22日に立派なナショナル・パレス（後日、地震で倒壊した）で執り行われた式典は、対比の見本だった。わたしがフランス会計検査院の判事だった時代を思い出させる形式張った式典が、パレスのなかで行われた。最高裁長官のボニファス・アレクサンドルが式典を取り仕切り、わたしは長々しい法令の文言に耳を傾けた。ボニファスはその後、議会、裁判、知事、地方行政官、大使など、国家を構成する制度について述べた、「憲法体系」――フランス語のコール・コンスティテュエの下手な翻訳――の長いリストを称賛した。列車の最後尾車両の赤いランタンよろしく、彼は最後にハイチの国民《プーブル・アイシャン》を称賛した。ナショナル・パレスの外にいるハイチ国民の声が建物のなかまで聞こえてきた。パレスを見下ろす丘にあるスラム街のベルエアーから来た人たちが、銃を撃っていた。わたしたちはその銃撃が止むのを待ち、パレスを後にした。

翌日、わたしは防弾ジャケットを着用しブルーのヘルメットをかぶり、ヴァルデスと一緒に近隣地区を見学した。わたしたちが乗っていたブラジルの兵員輸送装甲車が狙撃されたことを、あとから聞いた。乗車中はエンジン音がうるさくて気づかなかった。また、大きなスラム街シテ・ソレイユには足を踏み入れなかった。危険すぎてとても訪問できなかった。3年後、ドス・サントス・クルス将軍の率いる合同作戦のあとに、わたしはその付近を歩き回り、地元の住民と立ち止まって話をすることになる。

大統領選挙、ひとまずの成功

ヴァルデスの最優先事項は、暴力を再燃させずに選挙を取りまとめることだった。選挙がない時点でさえ、これほどの暴力が起きていることを考えると、途方もなく難しい仕事だった。ギャングは定期収入として、組織的に誘拐に手を染めていた。金持ちにとっても、それほど金持ちでない人にとっても、税金のようなものだった。ピチョンビルにある高級レストラン〈ラ・スヴナンス〉で、ブルジョワジーの有力者たちと一緒にディナーをとった。これは、危険地帯で食べた食事のなかで最高の食事──ムニュ・ドゥ・クリーズ（危険メニュー！）だと、シェフから警告されていたが──だった。わたしがその席で聞いたメッセージは明快だった。ハイチから危険な要素を取り除くために、国連ミッションは手を尽くす必要がある、危険な層、つまり貧困層を抑える必要がある──それが彼らのメッセージだった。

ヴァルデスは、過酷な軍事独裁政権を脱した国家の社会民主党員なので、それがやすやすと行かないことは承知していた。ブルジョワジーの存在がなければ投資も仕事も存在しないと、ブルジョワジーと和解することの必要性も十分に認識していた。警察による即決処刑のことも知っていた。最高レベルで役割を果たすために、また本来阻止すべき犯罪に荷担している国内治安維持組織の腐敗を一掃するために、西側の大国と全面的に協力する必要があったが、ヴァルデスはその協力を得られずに苦労していた。ハイチのあらゆる階層の人と必ず会うようにと、アリスティドは数千キロ離れた南アフリカに亡命中だというのに、彼の支持者たちにも会うようにと、ヴァルデスはわたしに念を押した。そこで、わたしはジェラール・ジャン＝ジュスト神父やレスリー・ヴォルテールなど、今なおアリスティドと親しい人たちに会った。大衆向けの大言壮語と同時に、大勢の囚人が裁判も受けないまま収監されているという根拠のある不満も、彼らの口から聞いた。判事の不在や汚職などで司法制度は機能不全を来《きた》しており、大量の未解決事件があるというのだ。わたしがピチョンビルで聞いた話と、ジャン＝ジュスト神父から聞いた話の間には、大きな隔たりがあった。

2005年を通して、ヴァルデスはそうした隔たりを埋めようと、また政治的緊張を抑えようと並々ならぬ努力を払った。治安は相変わらず悪かったが、あらゆる政治勢力を巧みに懐柔しようとしてきた彼の努力は報われ、選挙は比較的滞りなく行われた。投票所に長い列ができ、熱帯夜になっても投票は続いた。多くの場所には電気が引かれていなかったので、ろうそくの明かりをともした。最後に問題が起きた。開票が進むうちに、ルネ・プレヴァルの票が1回目の投票で過半数に2パーセント足りないこと、また投票用紙の5パーセント近くが白票であることが判明したのだ。EUの厳格な選挙管理人は2回目の投票を望んだ。もっともプレヴァルが当選することは目に見えていた。プレヴァルの支持者が抗議運動を起こし、緊張が高まった。これまで何とか避けられていた暴力が2回目の投票で噴出する恐れがあると、ヴァルデスにはわかっていた。米州機構とEUの支持を得て賢明な策がとられ、再選挙を避ける法的解決策も見つかり、プレヴァルは大統領選の勝利宣言をした。

プレヴァルは決して、暫定政権末期に「グループ184」が大統領に選出したいと考えていた候補者ではなかった。このグループはアリスティドに対抗するために作られ、アリスティド打倒に大きな役割を果たした。プレヴァルはアリスティドと親しかったが、彼と同一視されることはなく、ブルジョワジーの利益を脅かす危険な階層の代表とみなされていた。ヴァルデスには応援したい大統領候補がいなかったのだろう。あるとき、右派の反応を気にした彼は、わたしにこんなことを言った。右派と中道左派の同盟に基づいたスペイン式の解決策が、ハイチにとって最善かもしれない、と。そう言いながら、スペイン独裁政権後の時代を引き合いに出した。しかし、国民の大部分が除外されるような場合、ハイチに本当の安定は訪れないだろうと心から確信していた。この観点からすれば、プレヴァルの選出は好ましい結果だったと言える。国連が大国の政策を補助する立場だとは見られなくなるだろう。プレヴァルが大統領に就けば、アリスティドの危険なポピュリズムを避けながら、ハイチ政府が人民にとって本当に役立つことができると証明するかもしれないという、希望が持てた。

頑強な平和維持活動

だが、そうはならなかった。5年後、ミシェル・マテリが地滑り的勝利を収め、プレヴァルが支持した説得力に欠ける候補者が第一次投票で脱落したことから、国民がプレヴァル政権を拒絶したことがはっきりわかった。とはいえ、国連は多くの物事を正しく行った。それに、2007年にドス・サントス・クルスが国連軍司令官に任命されてからは、心の底から希望の持てる瞬間もあった。2008年9月、プレヴァル大統領は首相にミシェル・ピエール＝ルイを指名し、新たなチャンスがハイチに訪れた。彼女は、ハイチのNGOであるFOCAL――ジョージ・ソロスのオープン・ソサエティ財団の一部――の代表を務める、エネルギッシュな女性だった。では、何がいけなかったのだろうか？

ドス・サントス・クルスが率いた、国連ミッションの軍事部門と警察部門の合同作戦は、パトリック・カムマートが東コンゴで率いた作戦と同様に、いわゆる頑強な平和維持活動の最適例とされている。少なくとも2013年にコンゴで介入旅団が編制されるまでは、確かにそうだった。ミッションの甲斐あって、ポルトープランスのスラムを支配していたギャングは力を失った。市民に犠牲者が出た――街頭で攻撃を仕掛けたギャングが市民を人間の盾として使った――せいで、国連は一時非難を浴びたが、この作戦で直接の恩恵を受けたハイチの人たちが、当面はミッションに好印象を抱いたことは間違いない。市民の日常生活は改善された。革新的な武装解除と、元ギャングの若者に合法の仕事を見つけてやるという社会復帰プログラムが作戦に加わってから、市民の生活の改善はさらに進んだ。頑強な平和維持活動はこの作戦により、デイヴィッド・ペトレアスが定めた反テロ対策やアメリカの政策に、多くの点で近づいた。つまり、この作戦の目的は、ギャングに〝守られ〟、かつ脅かされている人たちを、ギャングの支配から解き放つことだった。

これは平和維持活動の歴史では例外的であり、平和維持部隊の基本方針とはなりえないだろう。この作戦には、市街戦に近いような難しい状況で十分に訓練を積んだ部隊と一流の司令官が必要となり、部隊派遣国が国連に特別深くコミットする場合にかぎり、実現が可能になる。兵士が重傷を負うリスクがあるし、作戦が不首尾に終わったり、部隊が戦争犯罪に問われたりすれば、部隊派遣国は政治的リスクにさらされる——どんな状況でもこれは厄介だが、国連が背景にいる場合はなおさら衝撃を与える。深く関与する決意を固めたブラジルは、最高の部隊と最高の司令官1名を国連に派遣した。ブラジルもその他部隊派遣国と同様、すぐに安定化できると想定し、当初は治安状況を過小評価していた。しかし、彼らの勇気ある決断は報われた。国連は差し当たり、ハイチ市民——少なくともポルトープランスの人々——とハイチ当局から、かつてないほどの信頼を獲得した。

それでも、平和維持部隊の作戦は、ハイチの平和と発展に着実に結びつく政治的飛躍を達成できなかった。その事実は、〝頑強な平和維持活動〟のみならず、今流行りの反テロ政策にも、深刻な疑問――コンゴ東部とマリにおける最近の平和維持活動にも大いに関連する疑問――を投げかけた。いずれの方針も、ギャングや反乱兵、あらゆる種類の〝スポイラー〟は、いかなるときも存在するという事実を軽視している。彼らは社会構造の真空地帯を埋める存在なので、その構造が修正されないかぎり、地震が起きようと起きまいと再び現れるからだ。断固とした武力行使は、末端の当事者が和平プロセスから脱線するのを防ぐかもしれない。政治プロセスに影響しそれを形成する力が生み出されて、国際部隊派遣の信用性を高めるかもしれない。だが、つまるところ、何より肝心な要素は、和平を支える政治基盤なのである。

過去の過ちを避けるために

2004年、国連がMINUSTAHを派遣したとき、かつてハイチに派遣したミッションの記憶が鮮明に残っていたため、過去の過ちを繰り返すまいと強い決意を固めた。安保理は、たとえば職員の入念な審査など、警察に関する強力なマンデートをミッションに与えた。さらに、安保理は「法の支配」におけるミッションの役割を徐々に拡大していき、警察の改革が司法や刑務所制度の改革と並行して完了するように、司法官や刑務官を追加していった。過去の経験から、腐敗や犯罪の要素を排除する効果的プロセスが導入されていない場合、警察を訓練し配備するだけでは役立たないということを学んでいた。ハイチでは過去に、警察の改革が一旦は進展を見せたが、アリスティド大統領が腐敗した非効率的な指導者を任命したあとで、すぐに覆されてしまった。今回はハイチ警察長官マリオ・アンドレソルと良好な関係を築き、信頼に足る警察部隊を作り上げることができた。警察署が倒壊したにもかかわらず、地震のあとハイチの多くの警官が自主的に出勤し、堕落し非効率的な警察に慣れきっていた国民からの信頼を、いくらか回復した。何がしかの進歩は間違いなく見られた。

司法制度の改革はなぜうまくいかないのか

同様の進歩は、広範囲の法の支配に関する取り組みには、残念ながら当てはまらなかった。司法は主権の中核をなす。ハイチの司法当局は、信頼に足る効率的な司法を確立する努力を、事実上ことごとく怠ってきた。警察が犯罪者を逮捕しても、犯罪者に経済力があれば、すぐに釈放されるか、公判は永久に開かれない。こうした不履行はハイチにかぎらない。アフガニスタンからコンゴ民主共和国にいたるまで、これまで改革を試みてきた大半の地で、国際社会は司法制度を根本的に改革することができなかった。コソボは例外かもしれない。混合裁判所と数年にわたる国際社会の押しつけがましい対応によって、コソボでは確実な進歩が見られた。だが、現在は逆戻りしているかに見える。安保理のマンデートに登場する機会が増えてきた「法の支配」だが、これは理事国間の相違を覆い隠す曖昧な概念である。西側諸国にとっては、民主主義という言葉を用いずに民主化計画を導入する方法であり、国際基準と人権促進に役立つ、規範確立計画を主張する方法である。ほかの国ではその理解はさらに狭まり、法の支配と、法と秩序という問題が同一視される。後者の概念はせいぜい、治安部隊の行動を効率的な規則で抑制するくらいだろう。

わたしたち西洋人が抱く、プロセスと形式に重点が置かれた法の支配のビジョンは、わたしたちの歴史的経験により形成されており、啓蒙時代に由来する。ナショナル・パレスで開かれた形ばかり華麗な式典を目の当たりにしても、驚くべきではなかった。フランス革命の産物として自由という概念に出会ったハイチの人々が、華麗な式典を取り入れたとしても、しごく自然なことである。しかし、ハイチが形式とプロセスを実体に結びつけられなかったことには、戸惑いを覚える。

啓蒙時代の哲学者が取り組んだ政治的問題は、ハイチやその他脆弱国家の人々が取り組むべき政治的問題とは、まったく異なっていた。啓蒙時代の人々の対峙した問題とは、絶大な権力が集中する絶対王政の世界だった。彼らの政治的目的は、商人や貿易商など新興勢力層の繁栄のために、絶対王政の権力を制限することだった。権力分立という概念は、進取の気性に富んだ人たちがさらに活躍できる余地を作り出そうと、バランスをとるために生み出された。さらに、彼らが提唱した新しい制度——議会と独立した司法制度——は、道義心と個人間で共有する社会的な目的が結びつき、しっかりと織り込まれた社会構造において発展することを前提としていた。

アダム・スミスは、わたしたちを結びつける「同胞感情」について書き残している。そうした哲学者たちが思い描いた制度的構成は、抽象概念に基づいてはいない。文化と歴史がおのずと結びついて形成されたものだ。モンテスキューは、気候が社会に影響を及ぼすという説を唱えた。彼らのビジョンは、法の支配に対するわたしたちの機械論的な理解とはまるで異なる。わたしたちの理解からは、18世紀にそれを生み出した人々が抱いていた繊細さや特質が失われている。コンピューターがプログラムによって動くように、社会もルールによって管理されていることが前提だと言わんばかりだ。コンピューターのプログラミングとは反対に、ルールには人間同士の建設的な結びつきが必要になる。ルールは力ではなく信頼によって、真の権威を獲得する。ルールとは、歴史的、社会的、政治的プロセスの成果であり、とても脆いものだ。社会を守り平和を維持する接合剤《モルタル》であり、法律をはるかに超えている。

国家や国際機関の官僚たちが宣伝する、干からびた「法の支配のパッケージ」のほとんどは、地元の情勢や歴史を無視しているものが多い。したがって、それが脆弱な社会の必要とするものを満たすことは不可能である。ハイチが取り組むべき問題は、全権を掌握する国家の権力を制限することではない。むしろ、きわめて脆弱で実行能力がない国家に、権力と権威を築くことだ。実際、法律は力を増幅しうるし、近代国家は、18世紀に存在した国家とは比べものにならないほど強力になった。だが、ハイチのような脆弱な国家において、21世紀の「商人」が抱く展望は、アメリカ独立戦争やフランス革命を起こした「商人」たちの展望とは、まるきり異なるものだ。

富める2つのグループ

２００８年、ハイチを最後に訪れたとき、わたしはポルトープランスのディナーの席で、社会科学の教訓を学んだ。ハイチの富の大半を支配する、15人かそこらの実業家と同席した。彼らは消費財の輸入や、繊維製品の生産、ポルトープランスの港湾管理などで金を稼いでいた。話題はハイチの将来と、自分たちが将来ハイチでどのような役割を果たすかについてだった。彼らは大きく2つのグループに分かれており、一部の者は将来を決めかねていることが、すぐに見て取れた。

１つのグループは、現状にすっかり満足し、今後も外部とほとんど競争せずに、ハイチの経済を完全に支配できるとみなしていた。彼らはハイチの裁判が信頼できないことを、外国人投資家にとって大きな障害だとして歓迎していた。汚職まみれの判事は、古くからハイチを牛耳る商人の一族にはお馴染みでも、外国人には馴染みがない。司法制度の改善が自分たちに利するとは見ていなかったので、どんな手段を使ってでも改革を妨げようとしていた。「誤った」法律が可決されないように上院議員を買収し、「間違った」判決がくだされないように判事を買収した。政治に影響を与えるべくドラマが必要とあれば、デモの参加者を金で買うこともできた。

もう1つのグループは、効率化により警察や司法制度の職務遂行能力が向上すれば、恩恵を受けられると考えていた。外国人投資家がハイチ経済に参入するようになれば、ハイチの実業家は経済のパイをすべて支配できなくなるが、パイ自体もやがて大きくなるので、結局は全員が裕福になる。また法と秩序が改善すれば、私生活でも恩恵を受けられるとも考えていた。彼らはみな、個人の安全を金で買えるほど裕福で、ピチョンビルの完全防備の邸宅で安全に暮らしていた。一方で、コカインをアメリカやカナダに送るために、ラテンアメリカの麻薬王がハイチをプラットフォームとして利用し、国内に暴力行為が蔓延することを危惧していた。こうした新たなプレデターがハイチというジャングルに現れ、いずれ自分たちを抹殺するのではないかと恐れていた。

ある種の愛国心を抱く者もいた。彼らはハイチで生まれ育ち、アダム・スミスの言う「同胞感情」を経験していた。彼らはハイチを、ハイチの文化を、ハイチの人々の特質を誇りに思っていた。同時に、救いようのない貧困を恥じていた。自分たちの財産を犠牲にしてまで、同国人の惨状を救おうとはしなかったが、彼らの一部、ごく少数の者は、極度の貧困のなかで自分たちだけが莫大な豊かさを享受することに、後ろめたさを感じているようだった。よって、自分たちの肝心な経済的利害が守られるならば、異なる政治手法を試してみてもかまわないと思っていた。

脆弱国家の発展の道とは

わたしたちの会話は、テクノクラートが議論するような「法の支配」戦略とはかけ離れていた。コンゴやシエラレオネ、アフガニスタンでの会話とさして変わらなかった。すべてを失う可能性があっても、変化というリスクを冒すか、あるいはごく少数に莫大な利益が集まる不安定な状況に対応するか、自分の国の将来に賭けることについて話していた。明快な答えはないし、エリート層の政治的な思惑は、さまざまな要因に影響を受けるものである。愛国心もその1つであるが、グローバルな世界では、その要因が占める比率はおしなべて低かった。リスク分散のために複数に賭けたり、国を離れるなどの選択が、常時彼らの手元にあるからだ。会話は利益についてのみならず、感情についても交わされた。建設的な変化を引き寄せるには利益だけでは不十分だということが、わたしにははっきりとわかった。

欧米の先進国は、歴史の道は真っ直ぐに延びているもので、脆弱国家はわたしたちが2世紀前に通った道をたどる必要があり、脆弱国家の指導者はわたしたちのモデルを真似したがると思いがちだが、その認識は甘い。彼らはそうしないだろうし、実際そうしていない。高度先進国と極度な脆弱国家が共存するという現象は前例がなく、安定性と法が支配する世界と、脆弱な世界との接点がどのように機能するのか、わたしたちはまだ完全に理解しているわけではない。喉から手が出るほど現金が欲しい国に、海外移住者が送金している現状——毎年20億ドル近くがハイチに送金されている——を見れば、ある意味、こうした不均衡は大きな希望をもたらす。一方で、発展の可能性が損なわれる場合もある。腐敗したエリート層は、自分の財産を先進国の銀行に預け、先進国の法律から恩恵を受けている。自国の無法状態のおかげで、利益を独占し恩恵を受けている。そのうえ、脆弱国家からは優秀な人材が流出する。欧州や北米で暮らせば、自国にいるより豊かになり、高い学歴が得られるからだ。

このときの会話には、こうした議論すべき課題がすべて含まれていた。国際社会はハイチの行く末にいかに影響力を与えられるだろうか？　効率的な機関を設立し、政府が優先順位を設定できるように、財務省が公正に徴収できるように、司法制度が適時公正な裁きを行えるように支援することは、確かに役立つだろう。わたしが国連平和維持活動局に法の支配・保安機構室を設立したのも、もっとも基本的なサービスを求められたときに、国際社会が提供できない現状を目の当たりにしたからだ。わたしたちが本来助けるべき国々が抱く不満や失望は、その国をさらなる暴力に向かわせるだけだろう。

こうした技術的問題に、国連が信頼に足る対応ができるにはいたっていない。仮に、わたしたちに十分なリソースがあったとしても、組織化されていたとしても、真に克服していない次のような難題が残る。国連が支援を求められるようになるために、脆弱な国家で変化を求める人々が政治的牽引力を得るために、わたしたちはこうした対話にどんな影響を与えられるだろうか？　それこそが核心となる疑問だが、実はわたしたちには確たる答えがない。影響を持つ社会勢力について、こちらは完全に把握していないからだ。「脆弱国家」という表現は誤解を生む。それ以外の国は手本を示す「強い国家」だと言っているように聞こえるからだ。現実には、「脆弱」とか「弱体」は、国家間の交流や国家自体の内部力学の結果なのである。

謙虚になるべきだということをわたしはハイチで学んだ。武力は決して平和を生み出さない。豊富なリソースを有する、入念な構想をテクノクラートが立てたところで、機能する国家は生まれない。武力もテクノクラートの構想も必要かもしれないが、自らの能力を高めることを諦めるべきではない。ただし、こうした技術的な取り組みの効果を上げるには、当事国の人々と関わり、彼らの国の政治問題を深く理解する必要がある。その理解が、国家を正しい方向に近づける戦略の考案に役立つだろう。手持ちのすべての手段——軍事力、経済、政治——を用いるべきだが、それだけで成功を収められるという幻想を抱くべきではない。結局のところ、国民の間の「同胞感情」が、わたしたちのどんな活動よりも大きな決定要因かもしれないのだ。わたしたちは、それに影響を与える術を知らない。わたしたちが助けようとしている国に成功をもたらせるのは、その国の人々だけである。グローバル化した世界では愛国心がますます古臭く見えるが、愛国心がなければ失敗する可能性は高いのである。

第12章

シリア
——なすすべのない世界

抑えがたい危機

ゴラン高原に派遣された監視ミッション（訳注：国連兵力引き離し監視軍）は、イスラエルが占領した地帯をシリア部隊から引き離すために設けられた緩衝地帯の監視が目的で、何十年もの間もっとも安全で平穏なミッションだった。物騒なミッション名とは裏腹に、イスラエルとシリアの間には、停戦を破らないという暫定協定が結ばれていた。混迷する中東のヘルモン山に配備されたオーストリア部隊は、厳しい冬に耐えつつ雪を楽しんでいた。この山の斜面でかつて戦闘があったことなど忘れてしまいそうだった。もっとも、地雷の敷設を示す棒が無人の野原に立っていなければ、の話だが。ときどき、１９７０年代の錆びた対戦車地雷を羊が踏みつけ、爆発することもある。監視地域には、廃墟となったクネイトラという町もある。１９７４年のイスラエル軍撤退で破壊され、そのまま時間が止まっていた。シリア政府は政治的主張から、その町を再建しないことにした。規制区域内にあるので、日々の業務をこなす平和維持要員しか、その町を目にする者はいない。しかし、もはや誰が気にかけるというのか？　コンクリート板と寸断された鉄のすき間には雑草がはびこっていた。イスラエル管理下にあるイスラエルの居住地やドゥルーズの村が遠目にかすんで見える。イスラエルの入植者はブドウを栽培し、ドゥルーズの村の人々は果樹園で高品質のリンゴを作っていた。

この平和維持活動を展開してから30年というもの、シリア政府は国連と如才ない関係を続けていた。猛烈な反イスラエルの発言を行いながら、このミッションの基本となる撤退協定を順守していると国連に思い起こさせる機会を、シリアは絶対に逃さなかった。訪問者を息が詰まりそうなほどに歓待し、何もかも政府の厳しい統制下にあると印象づけようとした。政権は自国を厳しく支配し、表面を見事に取り繕っていた。わたしの会話や一挙手一投足は、おそらく監視されていたのだろう。わたしのような訪問者を注意深く監視する一方で、自国民を脅かし恐怖に陥れているとは、晩餐会の席では想像しがたかった。だが、拷問や秘密警察による投獄、失踪事件などが実際に起きていた。そうした〝国内〟事情は、平和維持活動の責任ではなかった。

アラブの春

2010年12月、チュニジアの貧しい青年が理不尽な屈辱に耐えられず、焼身自殺をしたことをきっかけに、アラブの春が起こった。この事件がアラブ世界に及ぼした影響から、当初シリアは免れたように見えた。一見平穏を保っていた。管理の行き届いた道路、低価格の公営住宅、観光ブームの兆し、モスクと教会の共存、世俗的態度を示す大半のエリート層などが、シリアに外国人投資家と観光客の注目をさらに集めていた。2000年のハーフィズ・アル＝アサド大統領の死後、後を継いだ息子のバシャールが改革をもたらし、国を開くかもしれないとの希望が生まれた。彼はロンドンに留学し、銀行勤務のイギリス系シリア人女性を妻にしていた。その前年に王位に就いたヨルダン国王も、彼に改革を促した。数年後、当初の希望は跡形もなくなっていた。確かに、国家による経済統制は緩和され、個人投資家はホテル建設や携帯電話のフランチャイズ獲得に精を出していた。だが、上辺だけの進展は底が浅かった。停電が頻発するのは主要インフラが老朽化している証拠だった。国民の3分の1近くが貧困層で、10分の1が極貧状態にあった。

こうした事実にはすべて裏付けがあり、シリアはアラブ諸国のなかでも、社会変動のリスクがとくに高いと予測できたはずである。しかし、シリアに革新の波が押し寄せたのは、アラブの春から1年以上が過ぎてからだった。政権を守る治安当局の容赦ない仕事ぶりを考慮すると、驚くにはあたらないかもしれない。やがて抗議運動が起こると、治安部隊は残忍な行動に及んだ。たとえ平和的であれ、政権に異を唱えることがこれほど危険な国はめったにないことが明らかになった。特筆すべきは、平和的転換を促そうとする支援の手が、シリアにほとんど差し伸べられなかったことである。もしかすると不可能だったのかもしれないが、シリアで武力衝突が発生したときの国際社会の積極的行動と、それ以前の消極的姿勢および無関心とでは、あまりに対照的である。国際社会の発想の限界と世界の無関心を雄弁に物語っている。シリアもその他アラブ諸国政府も、それに気づかないはずがなかった。

未然の阻止がいかに重要か喧伝されているにもかかわらず、深刻な危機に突入していない国に本格的に関与しようという意欲は、現代世界にはほとんどない。その理由はさまざまである。国家の首脳が、他国の内政問題への介入に慎重を期するのは、主権に対する考え方を反映している。

自国の運営については、意図が疑わしい他国の指導者よりはるかに心得ていると、多くの指導者は思うものだ。西側の大国は、近年叫ばれる保護責任を支持し、回避が最善でもっとも安い選択だと――的確に――訴えることが多い。だが現実問題として、危機回避にかかる目先の政治的、経済的コストは、長期の利益よりも大きい。他国の危機回避に関わるべきだと国内で突き上げられているわけでもないのに、リスクのある複雑な事業に関わる必要などないだろう。

2012年を迎える頃、シリアの危機はすでに抑えがたくなり、否応なく世界の注目が集まった。何か行動を起こしていると思われようと、主要国はにわかに躍起になった。国連特使の任命は、もっとも手軽でもっとも理に適った行動だった。予想外だったのは、その特使が前国連事務総長のコフィー・アナンだったことだ。潘国連事務総長にとっても、この責任をすぐに引き受けたアナンにとっても、大胆な一手であった。アナンが特使として初めてニューヨークを訪れたとき、わたしの妻を交えて3人で食事をした。その翌朝アナンから電話があり、特使代理としてジュネーブの自分のもとで仕事をしないかと打診された。予想もしないことだったが、同時にうれしい驚きでもあった。わたしは当時、コロンビア大学で教鞭をとっていたので、アナンはリー・ヴォレンジャー学長に電話し、わたしを国連に貸してほしいと直談判した。

アナン国連特使

アナンは就任直後から包括案の作成に着手し、シリア主導の包括的政治プロセス、国連監視によるあらゆる形態の暴力の停止、人道支援の適時提供、恣意的に拘束された人々の解放、報道関係者の活動の自由、結社の自由と平和的デモを行う権利など、紛争における6つの重要課題を取り上げた。アサド大統領と反体制派の間の直接対話はほとんど不可能だったので、この提案は、アナン特使の勧めでシリア当局に任命された、「権限を移譲された対話者」に宛てられた。「シリア主導」のプロセスという原則は、シリアの主権を尊重して定められたが、後日、多義的な解釈が可能だとわかった。プロセスを主導するシリア人は誰になるのか？　反体制派が違法な独裁国家とみなす政府のことか？　政府が「テロリスト」とみなす反体制派のことか？　当事者が互いの正統性を否定する紛争では、国際社会がお題目のように唱える「国家所有権」は膠着状態を生み出し、和平プロセスを行き詰まらせかねない。アサド政権支持者にとって、シリア主導のプロセスとは、特使の役割はあくまで付随的なものであり、シリア政府がとるべき措置を決めるという意味だった。反体制派にとって、シリア主導のプロセスとは、抑圧された人々が自由に希望を述べ、変化の道筋を描ける政治的余地を特使が築くということだった。確かに和平交渉においては、旧体制の秩序の崩壊に際して、形式的権威を正式に承認するのか、その他当事者の表現を認めるのか、その微妙なバランスを特使が見つけなくてはならない場合が多い。

アナンは、わたしと、ヤセル・アラファトの甥で元PLO国連大使のナセル・アル＝キドワの2人を特使代理とした。アナンが国連だけではなくアラブ連盟の特使にもなるという、複雑な取り決めが交わされたためである。国連の特使として任命されることが決まったあと、政治的圧力が急速に高まり、アナンは国連とアラブ連盟の合同特使として任命されることになった。わたしが任命されたとき、アラブ連盟はすでにアル＝キドワを代理に決めていた。アル＝キドワが和平プロセスを担当し、わたしがその他（暴力の停止、人権、人道問題など）、とくに「暴力の停止」に関連する、平和維持活動の問題全般を担当することになった。この分担は何とも厄介だった。平和維持活動は基本的に政治の範疇であり、シリアも例外ではないからである。シリア当局がアル＝キドワとの面会を拒否したために、一層厄介な事態に陥った。これでは、政治プロセスを担当する人物が、片方の陣営としか話せないことになる。

こうした厄介事は、アナンと彼の後継として特使になったラフダール・ブラヒミの尽力を台無しにする、根本的な問題を反映していた。アラブ連盟にはシリアに関する統一見解がなかったが、サウジアラビアとカタールの影響力が高まり、エジプトのムハンマド・モルシ大統領が改革を進めていることから、アサド政権交代を要求する反アサドの立場に大きく傾いていた。仲裁者を代理として派遣する機関の1つが、明らかに片方の当事者に傾いているというのに、どうして仲裁などできようか？　わたしがアナンのチームに参加したときには、こうした問題はまだはっきり見えておらず、国際社会が政治プロセスを支援して間違いなく結束できるという希望があった。危機が深刻化するにしたがい、それが幻想だとわかった。国際社会は分裂しており、内戦の迅速な終結より、アサド政権転覆のほうがはるかに重要な目標だという国もあった。

難航する暴力停止交渉

異なる顚末を迎える可能性があっただろうか？ 2012年の早春、最優先すべきは、国が破壊される前に暴力を止めることだった。政府軍の戦車が市内を走行し、ダマスカスとアレッポの中間にある大都市ホムスは、砲撃戦で壊滅状態になった。小規模の戦闘もシリア中で繰り広げられていると伝えられた。だからこそ、「暴力の停止」がアナンの計画で重要な位置を占め、特使としての優先事項となったのだ。ジュネーブのオフィスに着任後、わたしにさっそく任されたのは、暴力の停止を監視する監視団の派遣だった。真の和平プロセスを導く暴力の迅速な停止を達成すべく、わたしたちは強力に後押しした。銃砲を黙らせることができれば平和への弾みがつくと、コフィー・アナンは望みをかけていた。暴力停止という限定的な目標で安保理の意見が一致すれば、やがて大きな目標についても意見が一致するだろうという期待もあった。アナンは何とかして「ビッグバン」を、つまりシリアを破壊しつつある力学を変える画期的な瞬間を摑もうとして、暴力停止を突きつけることにした。

2012年3月末、シリア政府はアナンの提案を受け入れた。監視団配備の条件をシリア当局と交渉して、効率的任務遂行の保証を得るために、ノルウェーのロバート・ムード少将率いる調査チームがさっそく派遣された。国連ミッションと数十年にわたり関わってきたシリア当局は、通信や要員の国籍、移動の自由にいたるまで、ありとあらゆることを自分たちの管理下に置きたいと主張して交渉は難航した。シリア当局のメッセージは、控えめに言っても矛盾があった。法律面では、ワリード・アル＝ムアレム外相とそのチームが、予定される国連プレゼンスについて、詳細にいたるまで交渉したがった。反体制派をきちんと代弁できる正式な体制がないのだから、さまざまな反体制派勢力に代わり、書面による順守の保証を提出するのは特使であるとも、外相は主張した。これにはどう考えても同意できなかった。シリア政府はこの不均衡をわたしたちにあてつけがましく指摘し、いつでもこの関与から抜け出せるという可能性を残した。一方で、政府軍による軍事行動は、勢いが衰えることなく続行していた。4月上旬に実施された数回の軍事行動で、イドリブ地方の村が標的にされ市民が死亡したことを、人権NGOのヒューマン・ライツ・ウォッチは後日確認した。目撃者の口頭証言に基づくこの報告は、攻撃のあった日の同日に撮影された、装甲車両とトラックが村で作戦を展開する衛星画像により裏づけられた。

アナンはその危険性を承知していたが、弾みをつけるには現場で新たな事実を作るよりほかにないと確信した。最終的にアナンの主張がとおり、安保理は不本意ながら彼の提案を呑むことになった。シリア問題をめぐり何か月も意見がまとまらなかった安保理の姿勢は、3週間もしないうちに完全に変化した。安保理は4月5日、シリア政府が4月10日に暴力を停止し、その後48時間以内に、政府と反体制派の両者が完全に暴力を停止するよう求める計画を承認した。政府と反体制派勢力の間に設けられた48時間という時間差は、暴力停止に関して政府側に主な責任があることを明確にしたいとする者たちにとっては、重要だった。アサド政府軍が率先して先に暴力を停止すべきだとの機運が、国際社会に高まっていた。そうすれば、政府の新たな姿勢を受けて、反体制派も暴力行為をやめるだろうと見られた。しかし、この計画を成功させるには、政府と反体制派の暴力停止の時間差をごく短時間に設定する必要があった。実際には、反体制派がほぼ同時に姿勢を変化させれば、成功の見込みは格段に高まる。案の定、シリア当局はこれと相反する見解を抱いていた。彼らは土壇場になり、自分たちのスケジュールを押しつけてきた。自ら設定した期限のほうが反故にしづらいと考えたアナンは、これを受け入れた。

鳴りやんだ銃声

この読みは当たった。4月12日、目に見える進展があった。一見したところ、銃声が鳴りやんだのである。その日の午後、アナンはジュネーブからテレビ会議で安全保障理事会に報告した。「本日未明、暴力の停止が確認されたようです。ただし、今朝一番に報告を受けたあと、未確認の情報ですが、いくつかの都市で暴力が起きたとの報告がありました。これは決して珍しいことではないことを申し添えておきます。暴力を停止したあと、当事者は相手を互いに試すことがあるからです」。

2日後、安保理は30人の要員から成る先遣隊の派遣を承認し、国連平和維持活動局はただちに、本部やその他ミッションから招集した監視要員を派遣した。この派遣隊を率いるのはモロッコの将校だった。国連監視要員が現地でどれほど求められているか、その任務がどれほど困難で危険か、要員は派遣後にたちまち実感するものだ。群衆が要員たちを取り囲み、今にも敵対的態度に転じかねない事態が何度かあった。監視要員が村を離れたあと激しい弾圧が起きるのではないかと恐れて、群衆は要員が常駐することを望んだ。アルビーンという村では、監視要員が立ち去ると同時にシリア政府軍が発砲した。だがアナンが予期したとおり、制約があるにしろ暴力の停止が実施されて監視団が現地に到着したら、安保理は政治的立場から、計画を進めて全ミッションの正当性を承認しないわけにはいかなかった。

暴力の停止を成功させた迅速なペースを保ったまま、安保理から求められていた監視団の概要を記した書簡を、潘事務総長は安保理に送付した。その一方で、シリア政府と監視団派遣の実務的取り決めに関する交渉が続けられ、4月19日、シリア当局と「事前の了解」に達した。この了解は地位協定に代わるものではないが、安保理がシリア当局の協力について抱く懸念をいくらか和らげるほどには具体的だった。同日、わたしはあらゆるリスクに言及しながら、安保理に概要を伝えた。その一方で、「明確なマンデート、必要な能力、適切な行動条件で、国連監視団を迅速に派遣することは、武器を用いたあらゆる形態の暴力の停止という当事者の約束を監視し支援すること、そしてアナン特使の6項目の提案の実行を後押しすることに大いに寄与する」と強調した。

国連シリア監視団

4月21日、安全保障理事会は決議2043を採択し、90日間の期限で国連シリア監視団

（ＵＮＳＭＩＳ）を承認した。数週間前までの安保理の姿勢を考えると、驚くほどの展開だった。実際に停戦にいたる可能性について、わたし自身は大きな疑問を抱いていた。平和維持活動局の元代表として、明確で達成可能なマンデートを求めて闘ってきたわたしとしては、この状況で監視団を派遣するのはきわめて危険ではないかと危惧していた。安保理理事国の多くは、なかでも4月に安保理議長を務めていた米国連大使のスーザン・ライスは、やはり同じ疑問を抱いていた。ライス大使の主要顧問のサルマン・アフメドは、国連平和維持活動局でわたしの補佐官を務めた人物である。アフメドは国連での経験を活かし、今度は国連大使顧問の立場で、国連に協力的な政府に有益な助言を行っており、国連の信用を危険にさらすようなことは望んでいなかった。彼の考える有益な助言とは、シリアの監視団に細心の注意を促すことだった。そういうわけで、安保理決議は派遣期間をわずか90日と指定し、現地の状況に応じ、活動を遅らせる、停止する、早めるなどの異例の権限を、事務総長に与えたのだ。

わたしたちと同様に、コフィー・アナンもこのミッションに伴うリスクを承知していた。しかし、その明朗な人柄のせいか、彼はもののとらえ方を根本的に変えることで抗いがたい勢いを生み出し、物事を動かすような状況を作り出して、これまで何度か周囲の予想を覆してきた。4月21日の時点では成功の見込みは低かったが、成功の可能性があるだけ、失敗が確実な状況よりもましだった。だからこそ、アナンは監視団派遣を強力に推し進め、安全保障理事会の支持を獲得するにいたったのだろう。

「暴力の停止」について述べた決議の文言は、アナンの提案を引き合いに出していたので、非常に曖昧だった。提案はシリア政府に対し、「居住区における部隊の展開および重火器の使用を停止し、居住区域内とその周辺における部隊の完全な撤退」を求めていた。居住区域での重火器使用の停止は、明確かつ検証可能な項目であるが、居住区内での部隊移動の停止と最終的な撤退については、軍事施設が都市にあることが多いため、前者よりもはるかに難しかった。この提案は暗に、これが漸進的に行われるしかないことを認めていた。また、これは人権侵害の停止を含む、幅広い取り組みの一環となるべきだった。軍人が指揮する派遣団としては異例だが、安保理決議は、この国連ミッションに人権擁護と政治的要素を持たせていた。つまり、このシリア監視団の任務には通常の監視団より多くの側面があるということになる。

軍事面では、装甲車両と戦車が都市に残っていないかどうか確認することが、派遣団の重要な任務だった。加盟国数か国から提供された衛星による情報で、任務が完了したかどうか確認されることになった。国連史上初めて、地上の監視団が収集した情報と衛星画像を比較して作業にあたった。的確なタイミングで的確な場所に行くように、監視要員に指示できるという点でも、衛星画像利用の意義は大きかった。衛星情報や複数の情報源がない場合、監視団が無駄骨を折るリスクがあるが、衛星技術のおかげで効率性を格段に高められた。しかし、この任務を円滑にこなすには、国連平和維持活動局本部のあるニューヨーク、アナンが拠点とするジュネーブ、国連ミッションを展開するダマスカスの三者間のコミュニケーションを確実にする必要があった。監視団が派遣されてから3か月間、並々ならぬ労力が投じられたが、国連がからむと機密性の確保に難しさがあると実感した。国連の官僚は「安全」に関して独自の見解を抱いており、インテリジェンスを提供する立場にある加盟国の見解とは一致しなかった。とはいえ、わたしたちを信用しているシリア政府の安全を脅かすべきではない。治安当局が大規模なネットワークを持つ政権と対峙する場合、これはほとんど不可能だった。

通信の安全システム導入の難しさは、全当事者がミッションの展開と成功を望んだ場合のみ遂行可能なミッションに見られる、根本的欠陥の1つにすぎなかった。監視団の場合、PKOの基本原則の1つである同意原則は、政治上も任務遂行上も絶対に必要だった。この原則はミッションの一般市民に対する責任になおさら当てはまり、シリア当局が非協力的ならば、その責任を果たすことはほとんど不可能になるだろう。アナンの提案は、人権が問題の核心であると的確に特定していた。何万もの人々が拘束されていることは間違いなかったが、正確な人数はわからなかった。そのうえ、平和的に抗議活動をする権利が蔑ろにされており、金曜礼拝後、大衆を暴力的に追い散らす事件が数えきれないほど起きていた。また、海外組織の派遣したジャーナリストや人道支援活動家に、ビザの発給が認められないことも多かった。赤十字と緊密に連携して拘留について調査し、抗議活動を監視し、ジャーナリストと人道支援活動家の入国を強く申し入れる必要があった。アナンの提案には監視団の任務のロードマップが提示されていたので、わたしたちはその全課題を定期的に報告することを固く決意した。それが、「〝あらゆる形態の〟暴力の停止」には不可欠だと考えていた。

シリア政府の協力は、得られても高が知れているだろうと、最初からわかっていた。そこで、アフガニスタンの任務で高い評価を得たジョージェット・ギャグノンの指揮のもと、ジュネーブのヒューマン・ライツ・ウォッチ幹部でシリアに詳しいハニア・ムフティの後援により、少ないながらも――残念ながらあまりに少ない――非常に強力なヒューマン・ライツ・ウォッチの人員と、ダマスカスで異例の取り決めが交わされた。シリアにいなくても、ムフティは多様な情報源を自在に結びつけることができた。シリアに派遣されたヒューマン・ライツ・ウォッチのスタッフは、困難な状況にありながら、勇敢にも軍事監視要員とチームを組み、文民要員だけでは近づけない場所に行った。ちょうど軍事監視要員が衛星画像から恩恵を受けるように、ムフティが収集した付加情報がこの現地のチームの仕事を導くことを、わたしたちは期待していた。

監視団を見届けるためシリアへ

部隊と装甲車両の撤収、拘束者の解放、平和的抗議活動が実現された場合、重要な節目となるが、それはすべて信頼できる政治プロセスにかかっていた。地域的、世界的分裂が解消されなければ、平和が訪れるチャンスはほとんどないだろうが、状況が安定化したときのためにも、ミッションはシリアの指導者たちと緊密な連絡をとり、彼らの信頼を勝ち取る必要があることが、わたしにははっきりわかっていた。信頼は大国に影響を与えるためにも必要だった。しかし、パリのカフェ――反体制派の世俗派勢力の多くが亡命していた――やレマン湖の静かな湖畔、カイロやイスタンブールの会議場では、シリア内戦の阿鼻叫喚はいくらか遠い出来事に感じられた。国内と国外の反体制派には大きなギャップがあり、それが当初からシリア反体制派に痛手を与えていた。わたしは和平プロセスを任されてはいなかったが、シリア入国を禁じられてもいなかった。ジュネーブのパレ・デ・ナシオンの荘厳な通路とシリアの騒乱との物理的、人間的な距離に、わたしは居心地の悪さを感じた。母国を代表して外交に従事する場合、守るべき国益に正当性と拠りどころを見出すことができる。だが国連のために仕事をする場合、他者の生活に立ち入るには、外交官が婉曲に言う「斡旋」よりも強い立場に立つ必要がある。そのバランスをとることが難しい。一定の距離を保ち、激情を克服し呑み込まれないようにする必要がある。しかし、その距離を無関心に変えてはならないし、人民のための国連憲章の原則が、人民への心からの共感なしに役立つとは思わない。

シリアへ行き監視団の展開を確認するようにコフィー・アナンから言われたとき、わたしはとても感謝した。パリとジュネーブで、すでに何人か反体制派の世俗派勢力の指導者とは会っていた。シリアでは、わたしの友人でありシリア国民評議会のスポークスパーソンのバスマ・コドマニと会った。シリアで国民評議会は当時まだ設立されたばかりで、彼女には中心的役割を担うことが期待されていた。コドマニはやがて更迭され、辞任することになったが、西洋で教育を受けたアラブ人女性の輝ける手本であり、思慮深く情熱にあふれた人物であることに変わりはない。彼女は祖国の変革のために自己犠牲もいとわなかった。このミッションが暴力を止められると、コドマニは大きな望みをかけていた。彼女からよく電話がかかってきた。ときには深夜にかかってくることもあり、僻村やダマスカス郊外の住民から、差し迫った軍事行動を阻止するためただちに監視団を派遣してほしいという要請があった、などシリアからの要望を知らせてくれた。わたしたちはそのメッセージを国連監視団に伝え、監視団はやがてその反体制派と直接連絡のとれる独自のルートを確立した。監視団はすべての緊急事態に応えることはできないので、巡察の優先順位について難しい判断を迫られた。旧世代に属するキリスト教徒でナセル支持者であるミシェル・キロとも会った。彼はアラブ民族主義の理想とともに育ったが、やがて腐敗した指導者がその理想を裏切るのを目の当たりにした。

さまざまな反政府勢力

革命を引き起こす要因

埋めるべき隔たりを完全に把握したのは、シリアに到着してからだった。やはり旧世代に属する勇敢な実業家リヤド・セイフは、母国シリアについてわたしに十分理解してもらいたいと考え、ダマスカス周辺地域の簡素なアパートで、さまざまな年齢や職業の反体制派の人物を大勢紹介してくれた。そのなかの1人のある医師は、戦闘による負傷者を治療したために、その数日後、診療所の前で殺された。デリゾール出身の若い歯科医もいた。これは若い革命家による革命なのだと、誰もがわたしにはっきり言った。彼らは旧世代が率いる従来の政党を信じておらず、政権が認めた政党に深い疑念を抱いていた。そのせいで、シリア国内で、当時のダマスカスで、組織立った反政府勢力の登場は非常に難しくなっていた。彼らのなかには、デリゾール出身の歯科医のように信仰の篤い家庭に育ち、ムスリム同胞団と親密な者もいた。尊敬を集めるイマーム（訳注：イスラム教寺院の導師、指導者）にダマスカスで言われたように、アサド政権への拒絶は、根本的に倫理観からの拒絶だった。

ハーフィズ・アル＝アサド前大統領は冷酷な独裁を敷いたが、私的利益の追求が彼の政権維持のモチベーションだと疑われたことはなかった。これとは対照的に、2000年に前大統領が死去して以来、（欧米のメディアでは）高い評価を受け、スンニ派実業家に対しても行われた経済開放は、シリア国民ではなく大統領一族に利益をもたらした。シリアは中東・北アフリカ地域において、（イラクに次いで）もっとも腐敗した国家に位置づけられていた。アサドの妻の一族の利益にならない場合、ビジネスの取引は成立しなかった。深い不公平感と不道徳感は、民主主義の不在以上に、革命を引き起こす要因となっていた。ムスリム同胞団の魅力の1つは、その倫理的姿勢にあった。国民は政党の綱領ではなく、公正な指導者の手引きを求めていた。これは、かつてのマルクス主義者や西洋の世俗的知識人の政治論争とは似ても似つかぬものだった。シリアの若者は、豊かな民主主義国家の若者と同じように、古い世代の政治に興味を抱いていなかった。彼らは自分たちに影響を及ぼす問題に興味があった。若者と古い世代の間には、時間のみならずビジョンのギャップが存在していたのだ。反体制派の支配下にあるホムスとアル・ラスタンを訪れたとき、そのギャップはさらに大きいことがわかった。

ホムス訪問

わたしはそれまで、シリアは世界屈指の規制国家だと認識していた。行く先々で秘密警察か何かに監視されていると想定せねばならず、お忍びで誰かと会うことなどほぼ不可能だった。過去に何度かシリアを訪れたとき、いつも跡をつけられているような気がした。相手が面会場所に相当早く来るか遅く帰るかしないと、当局はわたしが誰に会ったのか必ず把握していた。わたしに会うためホテルにやって来た人物が、シリア人に見えるという理由で帰り際に呼び止められ、アメリカのパスポートを見せてようやく解放されたこともあった。こうした絶え間ない嫌がらせのせいで、合法的野党の本格的な活動がきわめて難しくなっており、公式に承認された勢力と亡命した反対勢力との間に隔たりが生まれることになった。

このときは国連監視団と一緒にホムスを訪問したが、シリア政府は〝わたしたちの安全を守る責任がある〟と主張し、重武装した兵士たちがわたしの周りをぐるりと囲んだ。ホムス州知事との会談終了後、反乱軍の支配下にある都市に移動した。シリア軍が配備された最後の検問所で、それまでわたしの護衛にあたっていた兵士たちが立ち去った。これにはなおさら驚かされた。その後、破壊された家屋や放置されたゴミの山を縫って、無人地帯のようなところを車で通り抜けた。街角で自由シリア軍の車両に出迎えられ、その車に先導されてホムス革命委員会が集まる家に行った。今度は、最新の自動小銃や狙撃銃で武装した黒い制服の男たちが、わたしたちを警護した。全権を掌握するシリア国家が、この一部の領域では支配を失っていた。ダマスカスに戻ると、シリアのどこであれ、またいつでも支配できると政府当局は息巻いた。たとえそうだとしても、彼らは目下のところは諦めていた。このときが重大な転機だった。

革命委員会との話し合いには身の引き締まる思いがした。背後で絶え間なく銃声が鳴り響き、ただならぬ緊迫感が漂っていた。会合の出席者は、教師、実業家、医師、公務員と、多岐にわたる社会的立場の男たち――その場に女性はほとんどいなかった――だった。平和な国家の普通の町議会議員にしか見えなかったが、入念に準備された明確なメッセージを持っていた。監視団のプレゼンスを強化することで、政府の攻撃を阻止してもらいたい、さらに言えば、リビアのカダフィ大佐を打倒したように、国際社会に政権を打倒してもらいたいと考えていた。

アル・ラスタン訪問

わたしはその後、北方のアル・ラスタンという小さな町に行った。政府が支配する地域から反体制派支配下の地域に移動するとき、やはり同じ手順を踏んだが、その力関係はホムスのときとは異なった。激しい戦闘が繰り広げられたようで、戦車や装甲兵員輸送車が数台打ち捨てられている側を通り過ぎた。アル・ラスタンでの対話の相手は民間人ではなかった。アル・ラスタンはスンニ派が主流で、当時の国防相ムスタファ・トラス将軍の影響で入隊した、大勢のシリア軍スンニ派将校の出身地だった。トラスはアル・ラスタン出身のスンニ派で、政権と手を結んだ数少ないスンニ派エリートの1人である。しかし、スンニ派将校たちの政権への忠誠心はすでに崩壊しており、アル・ラスタンの町は離脱した将校が指揮する部隊の支配下にあった。彼らの説明を聞き、その組織についてよく理解できた。ホムス州の各都市から送られてきた将校が、それぞれ現地の状況説明をした。民間人は1人もいなかったが、かなりドラマチックに表現される点を除けば、その状況説明はホムスで聞いた内容と大差なかった。

わたしは、NATOの即時介入の可能性は低いこと、交渉結果に必要な条件を生み出すために国連ミッションがシリアに派遣されたことを説明しようとしたが、にべもなくはねつけられた。1人の将校が立ち上がり、わたしの目をじっと見て発言した。「あなたの言うことが本当ならば、国際社会は信用ならないと、国際社会はイスラエルとその政権の支持者であると、シリアには少しも興味がないと言っているも同然だ。もしそうならば、わたしはもう自爆ベストを着用する者たちの仲間入りをするしかない！」。この感情ほとばしる発言には説得力があった。大きな期待を生み出しながら、ほとんど期待に添わないわたしたち西側諸国の発言が、とてつもなく危険であり絶望をまき散らすだけだと、ひしひしと感じた。

2012年、アサド政権と戦う勢力にまだ〝穏健派〟がいた頃、彼らに手が差し伸べられることはほとんどなかった。世界は今、そのときの無関心の代償を支払っているのかもしれない。最近の過激派組織イスラム国（IS）の台頭は、1つには、西側の発言と行動の齟齬がもたらした必然的結果だといえる。

武装集団による虐殺の発生

2012年の春にシリアを訪れたとき、対話の相手は少なくとも積極的に対応する姿勢を示し、好意的な解釈をしてくれた。暴力の停止がほころびを見せた最初の兆候は5月に現れた。5月25日、親政府武装勢力がホムス州のホウラに侵入し、村の人々を皆殺しにした。これは明らかに宗派間の殺戮だった。ホウラはスンニ派の村で、シーア派の一派アラウィー派の村に囲まれていた。ホウラはアラウィー派が多数を占める地域の主要道路に面しており、アサド政権にとって長年邪魔な存在で、ホウラと近隣の村との間に緊張が高まっていた。5月25日の殺戮は、何度も繰り返されてきたパターンを踏襲していた。シリア正規軍が村の周囲に防御線をめぐらして村を砲撃し、シャビーハという親政府系の武装集団が村に侵入して殺戮を行うのだ。この武装勢力をシリア当局が容認しているのか、実は当局がこの勢力をまとめているのかはわからない。ヒューマン・ライツ・ウォッチから派遣された役員の支援を受けて、翌日、監視要員はホウラに入り、殺戮の実態を記録した。彼らは遺体を調べ、目撃者に話を聞いた。だが証人保護プログラムがなく、ひっきりなしに暴力の脅威にさらされる紛争地帯では、どんな証言も完全に信頼に足るわけではない。親政府系のメディアはそれを逆手に取り、国連の報告に疑問を投げかけた。

2週間後、政府軍は監視団が村に入ることすら認めなかった。ようやく認められたときは、適切な調査を行うには遅きに失した。その頃、監視要員は日増しに危険にさらされるようになっており、効果的に報告をあげられないことや、そのプレゼンスで暴力を停止できないことに対し、ますます批判が高まっていた。6月16日、監視団代表でマスコミ通のロバート・ムード少将は、「活動を停止する」と発表した。監視要員の安全がその理由だったが、政治的な目的もあった。この発表についてコフィー・アナンは事前に検討していなかったが、現場司令官をとやかく非難することなくこれを支持した。ムードはこの発表により、政治的衝撃を与え、暴力の停止が破られた責任はあなたたちにあると、全当事者に明確なメッセージを伝えようとしたのだ。

わたしはムードの考えに賛成だった。平和維持活動を当事者に受け入れてもらうように乞うのは間違っていると思うからだ。平和維持活動がそのような真似をすれば権威を失い、皮肉にも役割が逆転しかねない。役割が逆転したせいで導かれた危険な結末をダルフールで目の当たりにした。平和維持部隊の派遣を認めると、当事者が国連の頼みを受け入れているわけではない。平和をもたらすために血と財力を費やして、当事者のために大いに尽くしているのは、国際社会なのだ。ムードの打った先手は功を奏さなかった。7月に活動が条件付きで1か月延長されたのち、国連監視団の8月撤退への端緒を開くことになった。

政治プロセス構築への努力

4月にわずかな希望が垣間見えたとはいえ、国連監視団の失敗は予想されたことだった。信頼に足る政治プロセスがなければ、暴力が鎮静化しても、ほんの一時のことでしかない。「シリア政府とシリアのあらゆる反対勢力との間の包括的政治対話の実施も含めて、市民が所属や民族、信条にかかわらず平等であるような、シリア主導の民主的、複合的政治体制を導く政治的移行」とアナンが言及していたように、彼の提案は信頼に足る政治プロセスがないことを前提としていた。特使がこうした変化に手を貸すにはどうしたらいいのだろうか？　それにはシリア社会全体と深く関わることが必要だった。つまり、政府や治安機関、軍隊、反体制派武装組織、国内外の非武装反体制派組織、それに、次々と起きる悲劇の傍観者であり、交渉によるプロセスを築くために必要となる全シリア国民のことだ。

シリアに滞在中、この仕事は底が知れないという感覚を抱いた。多くの障害を乗り越える必要があった。たとえば、世代間のギャップ、国内外の反体制派間のギャップ、戦いに参加する人たちと、再び平和が戻る日を夢見ることしかできない物言わぬ大多数の人たちとのギャップ。加えて、シリアの人々との接触が実質的に困難であること。確かに、長年の過酷な独裁政権が社会構造に多大なダメージを与えてきたのだから、交渉による解決が望める状況をシリアで簡単に生み出せるはずがなかった。

元国連事務総長であるアナンは、シリア国内の力学というより、どちらかと言えば紛争のグローバルかつ地域的次元に重点を置いていた。地域と世界の当事者を和解の方向へ導くことができたならば、シリアでますます顕著になる分裂を阻止し、いずれその流れを覆すことができるかもしれない。彼は安全保障理事会を結束させる道を探していた。安保理決議２０４２と２０４３の採択は、その道に進むための最初の一歩だった。アナンは主要国外相たちと、とりわけラヴロフ露外相およびヒラリー・クリントン米国務長官と、定期的に電話で話していた。ロシアもアメリカも政治プロセスが大失敗に終わることを望んでいなかったので、アナンは両者に対していくらか影響力があった。失敗に終われば彼らの政策の限界を露呈することになり、代替策の検討を迫られる。両者ともこの仲介劇の続行を望んでいた。

「アクション・グループ」の開催

だが、６月になっても現状悪化に歯止めがかからず、遅々として進展しない仲介と、シリアで加速する殺戮との対比が際立ち、もはや受け入れがたい状況となっていた。アナンの６項目の提案と国連監視団の迅速な派遣のあと、政治面で弾みを取り戻すために、そして監視団を救うために、新たな構想が必要だった。アナンは三たび大胆な指導力を発揮した。カギを握る内外のすべての代表者を含む「アクション・グループ」をジュネーブに招集し、国際社会が支援できるように道筋をつけてもらおうとしたのだ。数週間にわたり、熱心な外交努力が繰り広げられた。アメリカとロシアの間で意見が一致しなければ、この会合が成功する見込みはほとんどないと、アナンにはわかっていた。そこで彼は、シリア問題を担当する米露高官を、ジュネーブに来て共通の土台を水面下で築くように説き伏せた。ところが、各々の立場は相容れないままだということが裏づけられ、交渉は完全な物別れに終わった。会合の参加者やプロセスに関して、両者の意見はまったく一致しなかった。

アメリカは頑として、そしてフランスも断固として、イランの会合参加に反対した。イランが参加すれば、必然的に同国の核問題と関連づけられることになり、核兵器製造につながるプログラムを全面的に中止するようイランに課した圧力を弱めることになると、アメリカは危惧したのだ。こうした立場をとることで、アメリカは湾岸諸国、とくにサウジアラビアの強力な支持を獲得していた。サダム・フセイン政権崩壊により、イランはかなりの戦略的利益を得ており、サウジアラビアやその他湾岸首長国は巻き返しを図ろうと躍起になっていた。イランとヒズボラと手を組む、アラウィー派の指導者のアサド大統領を打倒すれば、イランにとっては実質的に戦略的敗北となる。よって、米仏両国とも譲歩するつもりはみじんもなかった。

その一方で、アナンは中東地域に何度か足を運び、トルコやカタール、サウジアラビアの首脳陣——全員、シリア騒乱を国際的議題にするために大きな役割を果たした——のみならず、イラクとイランの首脳陣とも会談した。アナンはイランを会合に参加させるべきだと考えており、わたしたちもそれに同意した。シリアを決してスンニ派の君主国とイランとの代理戦争の場にしたくないのなら、地域の重要人物の利害について率直に討議することが肝要だろう。域内当事者のなかには、参加すれば確かに会合を台無しにしかねない者もいるが、彼らを除外すれば、やはり履行の可能性が台無しになるだろう。イラン参加問題は交渉を難航させ、結局、イランもサウジアラビアも会合に出席しなかった。だが、イラン寄りと見られたイラクが、アラブ連盟首脳会議の議長として招かれた。カタールも、アラブ連盟加盟国のシリア問題フォローアップ委員会の委員長として出席した。

共同声明の合意

参加国問題が難航したのは、不吉な前兆だった。だが、共同声明はさらに難航した。ポスト・アサド政権への移行に着手したい西側の大国に対し、「シリア主導のプロセス」に早まった判断をくだすべきではないと、ロシアは主張して譲らなかった。話し合いは行き詰まり、会合当日、通常の外交慣行に反して、共同声明の合意案は用意されなかった。交渉が決裂するにつれ、調停にとっても、解決策の主要指針の概要を述べた論説を発表したコフィー・アナンにとっても、会合を中断し、少なくとも彼のレベルでの仲介を一時中止したほうがいいのではないかと、わたしは考えるにいたった。原則声明のほうが、重要人物の関係を著しく損なう厳しい交渉よりましではないかと思った。ところが、アナンは会合で決着をつけるべきだと考えていた。最終的に主要国は黙認し、彼の望む指針の主要点がほぼ盛り込まれた文書が承認されるだろうと、アナンは信じていた。結局、そのとおりになった。6月30日、前日の晩にラヴロフ外相と会談したクリントン国務長官は、一致した成果を上げるべく取り組むと、会合の早い段階で示唆した。ラヴロフはタバコを吸うために退室し、リラックスした態度を誇示した。その他の参加者は、この成果に何の役割も果たさなかった。

２０１２年6月30日の合意文書は、アクションプランというより原則だった。文書では、「政権移行」について言及――ロシア人の視点からすると、アサドの参加を認めると読める曖昧な表現――しているが、新政権は「双方の合意に基づき」樹立されるとの文言を加えてその譲歩に条件を付し、反体制派を安心させた。悪いロードマップではなかったが、その履行についての理解は一致していなかった。声明に同意した直後、ラヴロフとクリントンは正反対で相容れない解釈を、懐疑的なマスコミに説明するのに忙しかった。アサドは決して「双方の合意というテスト」を通過できないだろうとクリントンは強調し、文書の文言のどこにもアサドを排除するとは書かれていないとラヴロフは指摘した。その問題の決着はシリア国民の手に委ねられることになった。それこそ、わたしが危惧していたことだった。

仲裁は軌道に乗ってきたが、具体的な進捗の目処はまったく立っていなかった。この仲裁は、実行可能な戦略をまとめられない大国にとって都合のいい陽動作戦となった。最初のうちは「アクション・グループ」の会合開催に――ロシアはホストを務められてこのうえなく喜んだ――慌ただしく力が注がれたが、その努力は実を結ばないことが明らかになった。

行き詰まり

アナンが特使を辞すると決めたちょうどそのとき、偶然にも、わたしはフランソワ・オランド仏大統領から、フランスの安全保障委員会の委員長職を依頼された。ジュネーブのオフィスは閉鎖され、一時的に30日間延長された国連の監視団は撤退した。数週間後、ラフダール・ブラヒミは勇敢にもアナンの後任として特使の就任を了承した。アナンの仲裁により、激化する暴力の連鎖はいっとき鎮静化され、シリアは悪化する内戦で新局面を迎えていた。

ブラヒミによる再招集

1年後、ブラヒミは再びジュネーブで会合を開くことにし、2012年6月30日の合意をその出発点とした。アナンの提示した指針しか実行可能な土台はないと、誰もが——おそらく誤って——受け入れていたようで、アナンの努力は報われたかに見えた。当時の世界情勢の力学は、その1年前と気味が悪いほど酷似していた。プロセスの性質上、イランの参加が引き続き論点となっていた。反体制派勢力——西側主要国、トルコ、湾岸諸国が後押ししていた——はやはり、アサド大統領辞任を前提条件にしており、ロシアは「シリア主導のプロセス」を盾にとっていた。だが、重大な違いもいくつかあった。アサドはその頃戦果を上げ、すぐにでも崩壊するとされた四面楚歌の指導者ではなくなっていた。シリアの複数の党派が会合に招かれた。シリア政府はただちにそれを了承し、反体制派の深い亀裂が露呈した。7万人を超える人々が殺害された結果、反体制派の武装問題が新たに緊急性を帯びていた。だが、イスラム主義者の集団が反体制派の間で急激に支配力を強め、分裂と内紛を招いたことから、反体制派に軍事的支援を行う是非を問う声が上がるようになった。

2012年にアル・ラスタンで会ったスンニ派将校たちは、支援を受けていなかった。もし受けていたら、重大勢力に転じる可能性があったはずだ。この時期に反体制派で優勢となっていた勢力は、手を組む相手としては胡散臭《うさん》かった。EUでは、可決に必要な満場一致が得られなかったため、2011年に課したシリアへの武器輸出禁止を延長していなかった。一方でロシアは、地対空ミサイルやその他武器システムをシリア政権に供給すると公言してはばからなかった。これは、紛争の国際化の高まりを示す一側面にすぎなかった。レバノンのヒズボラは、アサド政権を支援するため公然とこの戦争に関与し、シリアとイスラエルの前線は緊迫しつつあった。イスラエルの空爆はシリア政権に対し、戦略兵器やミサイル、化学兵器をヒズボラに渡すなという明確なメッセージを送っていた。さらに、非武装地帯が反政府勢力の避難場所となる可能性が生じ、それまで平穏だったゴラン高原も緊張を生み出す原因となっていた。爆撃や人質事件が何度か発生したことを受けて、かつて世界有数の安全な派遣地域だったゴラン高原からも、国連平和維持要員が撤退を始めていた。

化学兵器の使用

転機となった可能性が高いのは、2013年8月、ダマスカス郊外で、おそらくシリア政府軍により化学兵器が使用されたことだ。もしかすると、それ以前にもごく限定的に使用されていたのかもしれないが、国際社会は見て見ぬふりをしていた。このときは数百人が殺害され、かねてから化学兵器の使用はアメリカにとって「越えてはならない一線《レッドライン》」だと公言していたオバマ大統領は、軍事行動をとらざるをえない状況に追い込まれた。アサド政権に対し態度を決めかねていたイスラエルは、将来化学兵器が自国民に使用される可能性があるとして、深刻な懸念を抱いた。欧米主要国は、自らの言葉と現実とを一致させなくてはならない厄介な状況に置かれた。彼らが抱いていたのは、シリア国民の安寧とは少しも関係のない、戦略的懸念にほかならなかった。

当のシリアでは、化学兵器による犠牲よりはるかに大勢が、従来の兵器の犠牲になっていた。だが、限定的な空爆の効果に深い疑念を持っていたアメリカ軍は、中東の国家に再び侵攻するつもりはなかった。この時期、アメリカにとっての戦略的優先順位はイランであったし、アメリカの世論は戦争にひときわ懐疑的だった。オバマ大統領はそれでも空爆を要求したが、弱腰に見られる危険を承知のうえで、議会に支援を要請し、このジレンマをアメリカ議会と共有することにした。10年にわたるアメリカ軍の軍事行為に鑑みて、他者の人生への干渉は、前任者が想像したよりはるかに難しいと承知していたオバマ大統領は、無謀な干渉政策と戦略的撤退との適切なバランスを見つけようとしていたのだ。

結局、アメリカとその西側の同盟国は、戦略的ジレンマに直面せずにすんだ。化学兵器使用に対する西側諸国の怒りを、如才なく、額面どおりに受け取ることにしたロシアが、シリア国内の化学兵器廃棄を最優先事項にすることを提案し、その提案に従うようシリア政府を説き伏せた。これは戦術的に見事な一手だった。ロシアは盟友アサドへの圧力を緩和し、2012年4月の監視団派遣の承認以来初めて、安全保障理事会に結束をもたらした。化学兵器廃棄の手はずを整えるため、査察官がただちにシリアに派遣された。化学兵器に対して安保理の間で新たに芽生えた結束が、やがて政治的解決に関する合意を導くのではないかと、再び希望が生まれた。

変化の兆し

国外に逃れた反体制派勢力は、アサドが亡命しないかぎり交渉の席につかないと声高に主張を続けていたが、戦争に恐怖を抱く多くの国民が、停戦が姿を変えた降伏でないならば、交渉を無下に拒絶すべきではないという方向に傾くかもしれないという希望もあった。政権側にも、決して敗北を喫しないと自信を深めていた上層部が、完全な勝利には手が届かないことを理解したという兆しが見られた。多くの〝殉教者〟を出したアラウィー派の村では、冷酷な戦争に疲労感が広がっているかもしれなかった。1年以上も膠着状態が続いていたが、戦闘当事者たちはそれに気づいていなかった。今度はその気づきが広がるかもしれない。シリア国民の間に直接交渉の準備が整ったわけではないが、解決策を講じるにあたり国際社会が――安保理を通して――指導的役割を果たしたとしても、内戦による疲労のため国民はその解決策を受け入れやすくなるかもしれない。したがって、中東地域と主要国が打開策について合意することが、何にも増して重要になった。

中東ではそれぞれの思惑が交錯していた。サウジアラビアは、イランに対する代理戦争をシリアで続行すると一層決意を固めているように見えたが、ムスリム同胞団をイラン以上の脅威とみなすようになっていた。これを足掛かりにして、ロシアと共通の基盤を形成することができるかもしれない。ハサン・ロウハニ大統領下のイランは、試す価値のある建設的な意見を発していたが、イランにおいてシリア問題で中心的役割を担っていたのは、ガーセム・ソレイマーニー率いる革命防衛隊で、彼らはアサド政権への揺るぎない支持を表明していた。西側諸国はというと、「アサドは退陣すべき」と繰り返しても埒が明かないことを、不本意ながら受け入れつつあった。だが、その認識の変化は遅きに失したかもしれない。過激派組織イスラム国（ＩＳ）やアルカーイダ関連の過激なジハード主義者の集団が、シリア東部と北部のいくつかの町を支配し、政治プロセスの可能性を遠ざけていた。

危険を防げなかった責任は誰にあるか

では、21世紀に入って最大の激烈な危機を阻止できなかった国際社会の大失敗の責任は、誰にあるのだろうか？　西側では、概してロシアとイラン、それにこの二国ほど責任はないにせよ、中国が主犯とみなされている。ロシアは経済的、軍事的、政治的関心をシリアに寄せている。シリアと大規模な軍備契約を結び、小規模な海軍施設――ロシアにとって地中海で唯一の施設――を利用しており、中東地域の同盟国はシリアしかいない。一般的な見地からいえば、リビアのカダフィ大佐を打倒した長期間の空爆を、「保護責任」の手本にすり替えた西洋諸国のやり方は前例として確立されていないことを、ロシアと中国に逆に確信させる結果となった。政権交代は国際社会の決定に依るべきではないと主張する彼らにとって、シリア騒乱はそれを立証する絶好の機会だった。ロシアは何年も軽んじられてきたが、アサド政権支持の一貫した姿勢は、そのような時代が終焉を迎えること、ロシアの利害を考慮すべきであること、世界的問題は欧米の大国だけで決めるべきではないこと、という強力なメッセージを世界に発信した。そうした姿勢を示しても、ロシアは少しも代償を払わずにすむどころか、むしろ国際社会の中央に返り咲く影響力を獲得するのである。

大半の欧米政府はそう考えるようになったが、ロシア政府の見解はまるで異なる。ロシアがたとえそうしようとしても、アサドを「引き渡す」ことはできないだろうとロシア政府筋の多くが認めている。ロシアは確かにシリアの主要同盟国であり、重大な武器体系をシリアに供給しているが、シリアにはイランという盟友もいる。サウジアラビアと対立しているイランにとって、シリアは重大な利益を握る存在だ。ロシアが方針を大幅に転換する――アサド辞任の可能性が低下している昨今、それはありそうにない――ことになれば、影響力の限界を露呈するだろう。それこそ、影響力絶大という雰囲気を醸し出すのに必死な大国が、もっとも望まないことである。チュニジアのベンアリ大統領やエジプトのムバラク大統領同様に、アサド大統領も退陣させられると、欧米主要国は当初根拠もなく思い込んでいた。それが現在ほど実現困難ではなかった時期に、その思い込みが政治的解決の模索を一段と難しくしたのだ。

アナンやブラヒミをはじめ、ロシアとの溝を埋めようとする者たちは、シリアにおけるロシアと欧米諸国の利害を各自バラバラに追求するのではなく一致させるべきだと、声を大にして主張する。暴力が継続すれば、ロシアも欧米も望まないイスラム過激派の温床が生まれると彼らは指摘し、それが正しかったことが裏づけられた。これまで西側諸国とロシアの分析家は、同一の事実から正反対の結論を引き出してきた。西側の分析家は、今後もアサド政権を支持すれば、悲惨な結末しかもたらさないとみなしている。反対に、アサドとその支持者はこう考えているかもしれない。従来の国家統治が危うくなっている中東においては、現シリア政権が一番ましな選択だという結論に、西側主要国はやがて達するだろう、と。

シリア危機が示したもの

このように、現在のシリアは、21世紀の戦略的苦境の拡大鏡と化している。現状維持を図るあまり大国が不自然な同盟を組めば――それこそシリア政権が期待していることかもしれない――、不安定化とテロの増加につながる可能性が高くなる。だが、シリア国内や中東地域には、変化に対応するために必要な、信頼に足るパートナーがほとんどいない。わたしたちの抱えるジレンマの根底には、大国が物事を方向づけられなくなっているという事実がある。大国同士の関係破綻と、シリア和平の針路の決定力不足により、その進行は速まるばかりだ。この2つの問題は結びついている。

シリアの危機は、国際社会が個々の国の出来事に影響力を行使するには限界があることを、実に鮮やかに暴いている。安全保障理事会においてロシアと中国には拒否権がある。もし両国の拒否権発動の恐れがなければ政治的解決策はたやすく見つかるのではないかと、わたしたちは考えがちだ。間近に迫る過激派組織イスラム国（ＩＳ）の脅威が、対立する主要国の間に長らく待ち望まれた和解をもたらす可能性は、確かに高い。そうなれば、緊張緩和が生み出され、やがて、シリアの多様な勢力が合意した確固たる安全保障を含む、包括的合意のようなものが結ばれる可能性もある。だが一方で、分裂した反体制派にその履行能力がなく、サウジアラビアや湾岸諸国――国家もしくは個人により――が、政治的解決策を阻む可能性もある。したがって、シリアの革命は制御不能な中東国家の変革の1つだったことが、いずれ確認されるだろう。それが、ロシアと中国が依然としてアサドを支援する理由の1つかもしれない。歴史に対して両国が抱く根深い悲観主義は、それぞれの過去に起因する。革命は、「細かい調整」ができるものではないと、両国は歴史から確信している。世界を良い方向に変えられるという、西側主要国、とくにアメリカが抱く自信は、世間知らずでしかないという印象を両国に与える。

かつて大変革を経験した国家の保守主義と、民主主義国家の薄っぺらい行動主義の間に、たどるべき中間の道は存在するだろうか？　西側諸国の公の議論は、真の解決策を授けるというより、自分たちの良心を満足させるために企画されたように思える。武器禁輸の解除、飛行禁止区域の制定、限定的攻撃開始を提案したところで、膠着状態を決定的に打破するにはいたらないだろう。苦痛を長引かせ、深めるだけだ。ロシアの指導者はその点を心得ている。それが、西側の話をさして真剣に受け止めない理由の1つだ。また、シリアの道徳的利害は、域内大国の戦略的利益と比べればあくまで影響が小さいことも彼らは心得ており、それが、事態をエスカレートさせる可能性を著しく抑制している。

結局のところ、戦術的武力行使が本格的戦略の代わりになるという幻想を捨て、苛立たしいほど地道な外交努力を行うしか、とるべき道はないのかもしれない。ジュネーブの最初の会合で犯した過ちは、当時のわたしの意に反し、意欲的すぎたこと、そして意欲が具体的すぎたことかもしれない。表面的な団結とコミットメントしかない世界では、高い目標は現実的でないうえに、かえって危険な場合もある。誤った期待を生み出して立場を硬直化させ、平和の見込みを高めるどころか、押し下げることになるからだ。

アラブの春から始まった変化は、わたしたちが思うよりも大きく、制御が難しいと戒めたロシアは正しいのかもしれない。だからといって、それが民主主義社会を導いてきた原則を捨て去る理由にはならない。過激派組織イスラム国（ＩＳ）と国際的テロに対する最良の防衛策として、シリアの圧政を支持することは——戦略的にも倫理的にも——誤りだろう。だが、その原則のために命を犠牲にしているのは、わたしたちではなくシリア人だということを認識し、もっと謙虚になるべきである。この新たな時局にわたしたちはまだ慣れていない。けれども、中東の行く末は、アメリカ人やロシア人やヨーロッパの人々ではなく、あくまでも中東の人々が決めるものだ。

第13章

国際連合は
どうあるべきか

21世紀に適応した国連に

アナン主催のリトリート会議で

平和維持活動局の代表として、わたしは国連に8年間勤務した。わたしのキャリアのなかで、もっとも長い職務である。国連を離れたのち、2012年に再びコフィー・アナンのもとでシリアの仕事をサポートすることになったが、国連の国際公務員としての初日は今でもよく覚えている。2000年10月1日の日曜日だった。国連のオフィスではなく、ニューヨーク近郊にあるホイットニー家の元住まい、「グリーンツリー」という素晴らしい邸宅に行った。コソボと東ティモールで国連に新たに与えられた役割について討議するため、コフィー・アナンがリトリート会議を開いたのだ。国連がこれほど手強い仕事に直面したことはかつてなかった。1か所ではなく2か所において、主権を有する政府から全責任の移譲を委託されたのは、国連史上初めてだった。まだ満足のいく結論に達していないが、国連は21世紀に順応する新たな方法を探究している。その話し合いが始まったのが、このグリーンツリー邸の会議だった。

新たな責務の始まりに、貴族趣味の美しい場所での会議に臨んで身が引き締まる思いだった。同時に、このリトリート会議が開かれている平穏で調和のとれた環境と、議論の対象である問題を抱えた地域との対比に、少々たじろがなくもなかった。20世紀に歴史を学んだ者として、ダンバートン・オークスとブレトン・ウッズについては聞き及んでいたし、第二次大戦後の世界秩序を打ち立てた賢人たちのイメージは、以前から頭のなかに描いていた。彼らが会議に集ったこのアメリカの素晴らしい環境は、荒廃した欧州の彼方に啓蒙精神が健在する証のようだった。欧州の最良の伝統を保存しつつ活性化した世界を生み出す新秩序を、1945年に設立された「国際連合」が積極的に打ち立てる構えでいた証のようだった。

そして2000年10月、国連上層部の大半がここグリーンツリーに集まっていた。グリーンツリーに集まっていたメンバーは、世界の発展を反映し、1945年の創設メンバーよりはるかに多様性に富んでいた。たとえば、カナダ出身のルイーズ・フレシェット国連副事務総長、パキスタン出身のイクバル・リザ国連事務総長官房長、インド出身のシャシ・タルール国連広報担当事務次長、イギリス出身のキエラン・プレンダーガスト政治問題担当事務次長がいた。21世紀に入り、旧西側世界は――遅ればせながら――ようやく新興国の世界と交わりつつあった。参加者のなかには、国連に入る際にわたしの面接を担当した人もいた。そのせいか、教授会に出席を認められた学生のような気分になった。ほかにも、コソボで短期間の任務を終えたあと、東ティモールのミッションを率いていたセルジオ・ヴィエラ・デ・メロや、当時コソボのミッションを率いていたベルナール・クシュネル、それにラフダール・ブラヒミも参加していた。ブラヒミはちょうど、国連平和維持活動の改革について画期的なレポートをまとめたばかりだった。そのレポートの改革を実行に移す責任は、わたしにあった。何か新しく大掛かりなことが創造される場に居合わせていると感じた。楽観的な活力と、何かを創出するという気概に満ちていた。

1990年代の失敗

希望を抱きながら失敗を重ねた1990年代を経て、国連平和維持活動は当時、重大な岐路に立たされていることに、その場にいる全員が気づいていた。冷戦時代、常任理事国間の分裂――とくにソビエト連邦と西側諸国（アメリカ、イギリス、フランス）――により、安全保障理事会の活動は麻痺していた。だが冷戦が終結し、安保理は以降、断固たる行動をとるだろうと思われた。カンボジアやナミビア、モザンビーク、エルサルバドルで、国連軍がかつて和平と安定化に貢献し、成功を収めていたことも、その期待を裏づけた。ところが、その後ユーゴスラビアやソマリア、ルワンダで起きた悲劇が、この成功に影を投げかけた。平和維持要員はこの地の残虐行為を傍観するしかなかった。90年代前半に急激に拡大した平和維持活動は、90年代後半、やはり急激に縮小した。1999年に入ると、国連平和維持活動は過去の遺物であり、今後は地域機関が責務を負うと考えられるようになった。

だが、それとは相反する兆候もあった。安保理はNATOのコソボ空爆について合意にいたらなかったが、その後の対応で団結し、1999年後半、例がないほど意欲的なマンデートの国連ミッションを展開した。東ティモールでも、インドネシアの支配終結を決した住民投票後の騒乱と、その後のインドネシア軍撤退がきっかけとなり、やはり同様の広範な行政権限を付与された国連ミッションの派遣が決まった。さらに、コンゴ民主共和国にもミッションを派遣した。コンゴでは1960年代に、国連でも有数の意欲的ミッションが展開されたことがある。1年の間に次々と承認されたこの3つのミッションは、国連がいまだ重要な役割を果たしていることを示していた。正統性と力の創造という観点からすれば、国連にはその他機関にはない比較優位性があった。とはいえ、それだけで、国連平和維持活動を復活させ、国際組織への信頼を回復させるのに十分だろうか？　新たな世界秩序は決して無意味な巧言ではないという感覚を生むのに十分だろうか？

多岐にわたる議論

グリーンツリー邸での議論は、卑近な問題から壮大な構想まで多岐にわたった。セルジオ・ヴィエラ・デ・メロとベルナール・クシュネルは、ミッションに向こう見ずに取り組む2人の銃士さながらだった。2人とも、根本的ながら解決が難しい問題を提起した。ともに情熱にあふれていたが、その姿勢は大きく異なった。デ・メロは国連に20年以上属しており、挑発的態度をとるときでも洗練されていた。国連がすべきことと、実際にしていることとの格差を伝えるために、彼はティモール人を引き合いに出し、「前途は有望です！」「彼らを失望させてしまいます」と真面目にコメントした。その一方で、ありとあらゆる実践的な状況改善策を提案した。何より、国連ミッションの予算はミッションのために使う——つまり、派遣部隊や文民要員の報酬——だけではなく、マンデートを支えるために使うべきだと指摘したことは、特筆に値する。当時、そして今でも、これは画期的な提案である。要するに、開発援助では一般的に自発的拠出金が使われるが、開発や国家の支援に加盟国分担金を充てるべきだと主張したのだ。ミッションの要員採用や本部と現場間の移動に、融通がきくようにしてほしいとも訴えた。わたしはその後、この種の問題に直面することになったが、彼の指摘は、国連を現場重視の機関にするために的を射たものだった。

ベルナール・クシュネルは、一同の間に新鮮な情熱をもたらした。「どんな人道的介入もみな政治的介入だ。……不正がその国の法律ならば、当然わたしたちは無法者になる。わたしたちは不正と闘うのだから……コソボに行くのは10年遅かった……戦争は、人の心と頭のなかで終わったときに終わる。……和平には長期の努力が必要だ。たとえば、イブラヒム・ルゴヴァとサチ［2人ともコソボのアルバニア系指導者］を同席させるのに、9か月かかった。……国連は早い段階から現地のパートナーを参加させる必要があるが、国連の信用を保つために、彼らと一定の距離を置かなくてはいけない」。

英語を話すことはほとんど反逆行為だと思うフランス人もいるが、クシュネルは対照的に、少しもためらわずに英語を話した。元来コミュニケーションの達人である彼は、英語のネイティブスピーカーではない、つまり英語を滑《スムーズ》らかに話せないという事実を利用して、現実というもの

――とくに紛争後――は順調《スムーズ》に運ばないという事実を伝えた。それでもなお和解すべき、相容れない現実を並べ立てるかのように、彼は短い文章を並べ立てた。彼の話し方は、彼がコソボで見せた手腕を反映していた。彼のかぎりない共感能力は、コソボの難しい戦況に対処するのに役立った。グリーンツリー邸で、クシュネルは人道援助に関わった過去と、コソボの政治への深い関与とを自ら橋渡ししていた。わたしの発言が彼の見解を歪曲していないことを願うが、人道活動の最たるものは政治の修復だと、彼は理解するにいたったのだと思う。しかし、政治を修復するということは、自分がその場にいるそもそもの理由――不正と闘うこと――を忘れるということではない。

政治の重要性をわたしたちに思い出させたのが、人道活動で名を高めた人物だとは、何とも皮肉な話だった。この論点をもっとも雄弁に語れるのは、ラフダール・ブラヒミのはずだ。彼は会議の冒頭で、ブラヒミ・レポートに対する加盟国の反応について最新情報を報告したが、議論の途中で口を挟むことはあまりなかった。後日知ったのだが、ブラヒミは東ティモールのマンデートに慎重な姿勢を示していた。その1年余りあと、ブラヒミは国連がアフガニスタンに関与すべきときが来たとみるや、国連は主権責任を負うのではなく、アフガニスタンの主権を速やかに回復するプロセスを築くべきだと、事務総長と安全保障理事会を説き伏せた。

グリーンツリー邸のリトリート会議では、広範囲にわたるマンデートに伴う困難や課題を検討したが、そのようなマンデート実施について加盟国の間にコンセンサスがあるのかどうかは、話題にのぼらなかった。とはいえ、加盟国の支援がなければ、成功は望むべくもない。平和維持活動にとって最大の課題は、技術的課題ではなく政治的課題である。平和維持活動の成功に不可欠なのが、活動を支える政治プロセスだからという理由だけではなく――それに、国家創設に関わる問題に対する解決策がテクノクラートにあると考えるのは幻想である――平和維持活動の手段自体が、政治努力だからである。平和維持活動や国連に何を期待するのかは、個々の国々によって異なり、各国の期待が対立することも多い。こうした問題に取り組むには、国連の重大改革が必要になるだろう。

この改革はどんな状況でも難しいだろうが、グリーンツリー邸でのリトリート会議後の数年間、アフガニスタンとイラクの侵攻で生じた悪意に満ちた状況では、なおさら難しかった。平和維持活動の改革や性的虐待との闘いのような管理上の改革と、紛争の性質の変化や安保理の構成のような制度的な課題を、容易に切り離すことはできない。わたしはそれを身をもって学んだ。こうしたことはすべて政治的背景の一部である。国連に何を期待するのか、加盟国の間で一致していなければ、問題への取り組みが成功するはずがない。

能力と責任との対応

グリーンツリー邸のリトリート会議のときの楽観的気分は、2003年を迎える頃には跡形もなく消えていた。深い亀裂が走り苦悩する安保理、無関心なアメリカ大統領、アメリカ共和党右派の敵意に直面し、国連の多くの者は八方ふさがりだと感じていた。コフィー・アナンはジャーナリストに追及され、イラク戦争を「違法」だと述べたが、ひとたび戦争が終結すると、何とか懸命に国連を関与させようとした。イラクはアメリカ政府にとって重要であり、国連はアメリカの支援を失えば衰退するしかないとわかっていたからだ。だが、その過程で国連は高い代償を支払った。セルジオ・ヴィエラ・デ・メロと22人の飛び抜けて優秀な国連職員が、バグダッドで死亡したのだ。多くの者が、彼らは無駄死にしたと思った。

国連改革のための提案

2003年9月の国連年次総会は、バグダッドの国連事務所爆破事件からまだ1か月しかたっていないときに開かれた。アナン事務総長は最高の演説をした。「わたしたちは分岐点に差しかかっています。国際連合が創設された1945年と変わらぬほど決定的な瞬間かもしれません」。その年の夏、イラク危機および国連とアメリカの間に募る不和を受けて、アナン事務総長は国連改革に着手しようと決断した。アナンは続けて、国連が直面する平和と安全保障の課題を検証するため、ハイレベル・パネルを設置すると表明し、対応能力強化のために改革を行うべきだと提案した(1)。さらにこう述べた。「このパネルは主に安全保障に対する脅威に重点を置くことになります。ただし、そうした脅威に影響を与えるか関連する場合、その他のグローバルな問題も検討する必要があります」。

これはきわめて意欲的な企画で、コフィー・アナンの根本にある楽観的ビジョンを反映したものだった。多国間機構にまったくと言っていいほど関心のない大統領がホワイトハウスの主《あるじ》だというのに、国連の大胆な改革が果たして成功するのかと、悲観主義的なヨーロッパ人のわたしは端《はな》から疑念を抱いていた。2003年末、アメリカの優位は疑うべくもなかった。そんな時世のなか、国連は本来盟友なのだと、アナンはアメリカ政府に納得させようとしていた。折しも、安保理は平和維持活動の役割を拡大させているところだったが、国連は一連のスキャンダルに見舞われ、国連に批判的な者の怒りを煽ることになった。

平和維持活動は、国連にとって最重要でありながら最大のリスクを伴うという、羨まれることのない光栄に浴している。平和維持活動が新たな失敗を犯せば、すでに四面楚歌の国連をさらに弱体化させることになると、その代表を務めるわたしは痛切に感じていた。しかも、2004年は平和維持活動にとって良い年ではなかった。

オペレーションを外部委託できるか

1年に1件以上のミッションを派遣すべきではないという、ブラヒミ・レポートの重要な指摘を、安保理は失念していたようだ。それどころか次々と新たなミッションを承認したり、従来のミッションをすっかり様変わりさせて承認した。コンゴ民主共和国のミッションはすでに変貌を遂げていたが、イトゥリのアルテミス作戦に次いで行われたミッションの増強後に、ブカブで再び危機が発生した。このとき、平和維持部隊は適切に対応できなかったため、信頼を回復する必要に迫られていた。新規ミッションがハイチに派遣されたが、ポルトープランスのギャングに悪戦苦闘していた。さらに、もう1つのミッションがコートジボワールに派遣されるところだった。平和維持活動には明らかに負荷がかかりすぎていた。こうした事情から、平和維持活動を地域機関に外部委託してはどうかという安易な議論に傾いた。安保理常任理事国のなかにも、国連を平和維持活動から遠ざけようとして、この方針を支持する国もあった。彼らは安保理を、NATOなどの組織にオペレーションを外部委託する最終決定機関にしたいと考えていた。

国連がオペレーションにおいて担う役割が、本来の能力を上回るという意見には賛成だったが、体系的に外部委託すればその問題が解決されるとは思わない。世界は分裂する一方だというのに、真に戦略的意義のあるオペレーションをNATOやEUに外部委託することが、答えになるとは考えられなかった。国連が承認したイラクとアフガニスタンでの多国籍のオペレーションが、すでにそのような形態の信頼性を損ねていた。2006年、レバノン政府がNATOやEUのオペレーションを拒否したことが、その疑念を裏づけていた。2004年にダルフールに派遣されたように、アフリカ連合（AU）への外部委託が増える可能性はあった。しかし、アフリカ連合のオペレーション能力が国連と比べて著しく劣る以上、それはオペレーションの有効性を高めるためというより、主要国の間でアフリカに対する関心が薄いことの証だろう。わたしが外部委託を信用しないもう1つの理由は、このモデルのように戦略的方向性とオペレーション遂行を分けることは、平和維持活動にとって効果的ではないからだ。平和維持活動の成功は、全面的に実行技術にかかっている。安保理がかつて国連指揮下にない部隊を承認したとき、実質的にその部隊に対するコントロールを失った。これでは、国連の概念が著しく衰退することになるだろう。

とはいえ、国連がオペレーションの役割を維持するつもりなら、有能で適切なオペレーションが可能だと証明しなくてはならなかった。それには加盟国の支援だけではなく、国連事務局の断固とした行動も必要とされた。事務総長に就任前、平和維持活動担当事務次長だったコフィー・アナンは、加盟国の強力な後押しがなければ国連事務局は無力に等しいことを、十分に承知していた。1990年代の危機のさ中に状況が悪化すると、たとえその失敗の直接的責任が加盟国にある場合でさえ、彼らは嬉々として国連を非難した。アナンは身をもってそれを経験した。しかし、自分たちの失敗を加盟国になすりつける傾向のある国際公務員とは異なり、アナンは国連事務局の仕事の進め方にも改善の余地が多々あることをわかっていた。彼がブラヒミにレポートを依頼したのは、加盟国にその責任を突きつけるだけではなく、国連事務局に行動を促すためでもあった。

平和維持活動のプロ化に向けて

2000年、まさに平和維持活動をプロ化するために、わたしは国連の平和維持活動担当の事務次長に任命された。そのときどきの危機に対応するだけでは十分ではなかった。わたしの仕事は、平和維持活動局を部分の総和以上の存在にすること、ごく普通の人たちを用いても、並外れた業績を上げられる組織を築くことだった。ところが国連に入り、正反対だということがわかった。官僚制度を生き残ることにしか野心を燃やしていないような一部のきわめて平凡な職員に対して、その他多くの職員は並外れた資質を持つことに、わたしは感銘を受けた。もどかしかったのは、ほとんどの場合はその体制のおかげというより、その体制にもかかわらず、彼らが成功を収めることだった。ベテラン官僚しか理解できない窮屈な規則、受け身の人間に報いて、リスクをとる人間を罰する官僚的な風土――これでは、強い個性の持ち主は国連に定着しないだろう。それでも気力を挫かれず国連に根づいた人たちは、ルールを完全に無視することが多く、それはそれでやはり危険なことだった。

平和維持活動局の管理課題は、平和維持活動の目覚ましい成長をもたらすために手順を制度化しながら、同局の名声を築いてきた起業家精神を育むことだと、わたしは早くから職員に話していた。経営コンサルタントの使う専門用語で言えば、平和維持活動局は、「学習する組織」となる必要があった。作戦活動から分離したままでいるのではなく、得た教訓とベストプラクティスに責任を持たなくてはならない。新たな権威を獲得し、新しいプロセス開発に貢献しなくてはならない。そのために、わたしたちは実践コミュニティを築き、コンサルタント的手法により、統一性のある一連の手順を徐々に作り上げた。そうすれば、国連平和維持要員の大量の体験や知識を、効果的に獲得し共有できるようになる。少数の有能な個人の記憶に頼ることはできない。その一方で、個人のエネルギーを結集することもきわめて重要だと感じた。

コフィー・アナンは、職員のためにタウンホール・ミーティング式の慣行を築いていた。わたしはそれを拡大して体系化した。職員が全面的に関与しなければ、改革は持続しないからだ。古い官僚組織にはおのずと「団結心」が備わっているが、国際連合は比較的新しい組織なので、維持すべき伝統がない。わたしの管理上の責務でもっとも重要な側面は、平和維持活動局の一員であることを、全職員が誇りに思えるようにすることだった。誇りと自信があれば、変化を脅威とみなす生来の傾向は打開できるはずだ。彼ら一人ひとりが大きな事業の一部だということを、世界で展開する平和維持活動のミッションに従事する者と同じように、ニューヨークで平和維持活動に関わる者全員にわかってもらおうとした。

同時に、加盟国からできるかぎり多大な支援を引き出さなくてはならなかった。国連には加盟国の資金が、部隊が、政治的支援が必要だった。たとえそれぞれの国家にそれぞれ異なる利害があったとしても、平和維持活動の成功という共通の目標で結ばれるべきである――この単純明快な発想に基づき、協力関係を築く以外に選択肢はないと、わたしはコフィー・アナンから学んだ。予算の80パーセント超を負担する豊かな国は、自分たちの分担金が有効に使われることを望んでいる。部隊の大半を提供する発展途上国は、自国の兵士が適切な指揮のもと、十分な支援を受けることを望んでいる。安保理理事国は平和維持活動のミッションが成功することを望んでいる。

地に堕ちた平和維持活動？

性的虐待スキャンダル

平和維持活動局の信用をほとんど失墜させた性的虐待のスキャンダルは、その単純明快な目標を試す厳しい試練となった。同局代表としてのわたしの最悪の瞬間は、平和維持要員がコンゴ民主共和国で未成年を含む女性を暴行していると、2004年に知ったときだった。それまでは役立たずと責められていたのに、今度は本当に危害を加えているとの責めを負ったのだ。残念ながら、本部にもたらされた情報は真実だったが、その全容はまだわからなかった。問題はこれだけにとどまらなかった。調べれば調べるほど、これは誰もが知っていた薄暗い秘密だということがわかってきた。しかし、多くの部隊にはびこる文化に切り込むことになるので、この問題に積極的に取り組もうとする者はいなかった。

コンゴに関する報告が上がってくる前に、何件かの暴行事件の報告を受けていた。発展途上国と先進国から派遣された軍事要員と警察官が現地で起こした事件だった。人権に関する問題はまったくないと主張する国々が、自国民のふるまいについて必ずしも透明だとは言えず、必要に応じて、そうした輩《やから》をひそかに退去させていたことを知り、わたしは衝撃を受けた。当時、わたしはうかつにも、それが特殊な例だと思っていたが、大きな間違いだった。だが、平和維持活動における性的虐待事件に十分に対処するには、全責任を負うべき自国部隊の風紀の乱れを取り締まりもせず、広報活動が対処しきれずに世間から叩かれるままの国連事務局を見て大喜びしている国々の、偽善的な憤りを乗り越える必要があった。国連の問題であると同時に、自分たちの問題であると加盟国が受け入れる準備ができたときにしか、進展は見られないだろう。

この問題がいかに大きな打撃を与えるか、即座に把握したアナン事務総長は、ヨルダン国連大使のザイド・フセイン王子に提言を依頼した。彼はのちに、発展途上世界の出身者として初めて国連人権高等弁務官になった人物で、提言を依頼するには最適の人物だった。ヨルダンは平和維持部隊に多くの自国部隊を提供していたうえに、王子自身もユーゴスラビアに派遣された経験があるので、平和維持活動の内情を知っていた。その高潔で思慮深い人格から、国連大使のなかでも群を抜いて尊敬を集めていた。そんな人物の提言なら、一概にはねつけることは難しい。ザイド・フセイン王子は2005年3月に提言を行い、ロードマップを提示した。現在でもまだその一部しか実行に移されていない。10年後の今なお、虐待阻止の最善策といえる提言である。だが2005年当時、加盟国のなかにはこの問題を深刻に受け止めようとしない国もあった。しかも、国連叩きの常習者たちは、問題に対処するどころか、国連の攻撃材料にこの問題を利用した。

性的虐待の写真がインターネットにアップされると、反国連の動きが強まった。国連は「アブグレイブ」問題に直面しているとまで言われた。アメリカ兵によるイラクの戦争捕虜虐待スキャンダルと同類にされたのだ。この比較は不当だが、効果的だった。国連は容赦ない批判にさらされ、二重に苦痛を受けた。一部の平和維持要員の忌むべき行状を思い起こし、平和維持活動の恥である者たちへの怒りがわたしのなかに湧き上がった。またこうした批判は、国連に手強く執拗な敵がいること、反国連運動がきわめて組織的であることを裏づけていた。当時、平和維持活動局の事務次長補であり、その後オバマ政権の国土安全保障副長官を務めたジェーン・ルートの意見に、わたしも賛成だった。わたしたちは引き続き完全に透明性を保つ必要がある、そして、ザイド・フセイン大使の優れた提言を土台にして、平和維持活動から性的虐待を根絶するために必要なあらゆる措置を講じることを誓い、攻勢に転じるべきだ、と彼女は言った。それが長く困難な道にほかならないことは重々承知していたが、わたしは決してひるむまいと心に決めた。

その後の数年間で、国連が過去50年間に行った性的虐待件数以上の虐待を食い止めたはずだ。多くの挫折があった。国連がさらに大きな危機に瀕している最中に、わたしは再び記者会見を開き、平和維持要員の恥ずべき行為について話をした。『ニューヨーク・タイムズ』紙には、「地に堕ちた平和維持活動」と書き立てられた。だが国連はこの危機を、長年の懸案だった改革を成し遂げる機会へと、徐々に変えていった。完全な成功を収めたとは言いがたい。積極的な国連事務局を警戒した加盟国に、いくたびか足を引っ張られることもあった。しかし、この問題がもはやタブーではない以上、政治的意思を持てば、さらなる進展が望めると考えている。

加盟国の改革への意欲

性的虐待と闘い、平和維持活動をプロ化することが、国連の改革には不可欠である。結果を出し説明することが、正統性を示す土台になるからだ。だが、それがどんなに困難であれ、国連を21世紀に適応させる大事業のほんの一部にすぎない。経営および政治面の改革も、同様の疑問を提起する。加盟国は国連を自分たちの機関だと、国家としての野心より大きな野心を達成するための機関だとみなす心構えができているのか？　それとも、隠れみのにできる都合のいい機関としかみなしていないのか？　当然ながら、国連はその両方となるだろう。だが、２００４年から05年にかけてアナン事務総長が乗り出した意欲的な改革計画は、１９４５年に創設されたこの機関をどれほど重視しているのか、国家にとっての試金石となった。熱意が足りず、国連を見当違いの機関に衰退させてしまうのか？　予想以上に強いコミットメントが求められるオペレーションの責任の重圧で、国連を崩壊させてしまうのか？　２００４年から05年にかけて明らかにされた改革案――平和維持活動の改革と国連憲章の改正――についての議論を見守るうちに、本気で取り組む意欲が足りないとの懸念を募らせた。

対処すべきいくつかの課題、たとえば国連はいわゆる〝予防戦争〟や失敗国家にどう取り組むべきかなどの課題について、加盟国に関心を抱いてもらおうと手を尽くしてきた。だが残念ながら、この新たな課題を安保理改革で解決することはできなかった。この課題は、国連憲章が当初からはらむ基本的な妥協に、難問を突きつけていた。国連憲章の起案者たちは、国際連盟の失敗から教訓を引き出し、安全保障理事会という少数の国家、なかでも5つの常任理事国に、異例の権限を付与することで合意した。この5か国は、第二次世界大戦で勝利を収めた連合国の中心だった国家で、平和の維持と安全保障に特別な責任を負うことになった。この大胆な取り決めは、自衛権、主権の原則、内政不干渉を再確認し、安保理の負うべき責務の範囲を明確に制限することにより、可能になった。

安全保障の概念の変化

60年後、その明確性は、安全保障の概念が変化したことで曖昧になっている。軍隊が国境線を越えて戦争が始まった時代、自己防衛は明確な基準だった。だが、大量破壊兵器の脅威や国家的テロの可能性がある時代、明らかな敵対行為が起きるのを待ち受けるようでは、無責任だろう。9・11の同時多発テロ後、ブッシュ政権は前述したように（アフガニスタンについて述べた第1章を参照のこと）、国家のために自衛の概念を抜本的に拡大すべきという、単純な結論に達した。こうして、1945年に国家主権と安保理の権威との間に打ち立てられた危ういバランスは崩された。大多数の国家は、このような変化を受け入れる準備ができていなかった。だが、彼らが首尾一貫した態度をとろうとするなら、安保理の役割の大幅な拡大よりほかに選択肢はない。そうなれば、帰結が明確になる前に国家の行状に判断をくだすことが求められる曖昧な状況に、安保理は自らの態度をはっきりさせなくてはならなくなる。加盟国のなかにも、その準備ができていないところもあった。国家による一方的行動は容認できないが、安保理による集団行動は考えられないということだった。１９４５年の基本的譲歩姿勢は、安全保障の概念が変化したことにより、蝕まれつつあった。

同様に、国際安全保障は従来、権力を管理すること、および権力を乱用する可能性のある国家の行為を抑制することに重点が置かれてきたため、国家の脆弱性が平和と安全保障に対する脅威になるとは見られていなかった。よって、安保理の行動が求められる領域ではなかった。ところが、弱い国家がテロ組織の安全な隠れ家となる可能性や、内戦が近隣諸国の情勢を不安定化すること――大量の難民流入や小型武器の拡散――から、脆弱な国家はまぎれもなく安全保障の脅威となっている。国家主権に基づく国際体制においては、安定した秩序を守るための最前線が国家である。一部の国家が主権を行使する能力を失えば、国際体制全体が危険にさらされる。この場合も、その示唆するところは広範囲に及んでおり、窮地に立つ国家の脆弱な主権を支える活動に従事する機会が増え、平和維持活動の責任が絶え間なく拡大していることを反映していた。これは安全保障理事会にさらなる負担を強いた。従来の主権の概念を本質的に侵害する野心的な事業に、判断をくださなくてはならないからだ。

実のところ、平和維持活動の新世代のためだけでなく、防止手段――立ち入り検査から先制攻撃まで――のためにも、原則に基づく国際秩序を維持するには、国際安全保障の概念の変化に伴い生じたギャップを安保理が埋める必要があった。安保理の構成が変わらないかぎり、広範な国際社会に対し、このように拡大した役割を受け入れることを期待するのは無理というものだった。しかし、安保理の構成国に関する改革はきわめて難しかった。アナン事務総長のハイレベル・パネルは、準常任理事国の創設を提言したが、ドイツの支持を取りつけられなかった。ドイツはハイレベル・パネルに参加しておらず、あくまで常任理事国入りを目指していたのである。

イラク石油食糧交換プログラムの不祥事

国連が暗雲に覆われるにつれて、このような抜本的問題にはほとんど取り組まれなくなってしまった。2004年の11月から12月にかけて、本格的な嵐が国連を襲った。イラク石油食糧交換プログラムの調査のため、アナン事務総長の命によりポール・ヴォルカーが率いる独立調査委員会が発足し、国連事務局の不正を告発するのではないかという噂が広まった。委員会のメンバーは現にこの不正を報告したが、性的虐待のスキャンダルと同様に、加盟国の責任は問われなかった。実のところ、イラクとの全契約――石油の輸出と物資の輸入に関する――は安保理が承認し、常任理事国5か国がその内容を精査していた。このプログラムの戦略的狙いは、一般市民に対する影響を最小限に抑えながら、サダム・フセインが支配するイラクに経済制裁を続けることだった。石油輸出の収入を管理し、軍事利用の可能性のある物資の輸入を認めないようにするために、プログラムには安保理の承認が必要とされていた。

独裁政権とこのような管理貿易を行えば、汚職の機会が生まれるに決まっていた。イラクから石油を輸入する企業は割当量をめぐり張り合うだろうし、イラクに物資を輸出する企業は市場シェアを伸ばそうとするだろう。市場の知識や情報網のある安保理理事国は、不正を暴くうえで最適な立場にいながら、自国の企業をかばうほうを望んだ。彼らの目的はイラクから軍事力を奪うことであり、不正と闘うことではなかったからだ。

ヴォルカーの調査委員会は、この種の不正の事実を数多く暴いたが、国連事務局が関与した可能性のある事実は1件しか見つけられなかった。それも、状況証拠に基づいたものだった。(2) いずれにせよ、600億ドルのプログラムについて、3000万ドルの費用をかけて行われた調査が国連事務局について告発したのは、16万ドルの賄賂疑惑だけだった。この点は励みにしてもいいだろう。

アナンの息子の関与疑惑

ところが、アナン事務総長をその座から引きずり下ろしかねないほどの一撃が加えられた。アナンの息子が石油食糧交換プログラムの関連企業に勤務しており、父親の名を利用して利益を増やそうとした可能性があると、Ｆｏｘニュースが報道したのだ。この暴露報道はコフィー・アナンの名を傷つけた。だが後日、彼の息子の行動について詳細が明らかになった。息子は犯罪に手を染めてはいなかったし、賄賂を受け取ってもいなかった。ただ、石油食糧交換プログラムに関与する企業から、２００４年まで給与を受け取っていたことなど、真実の全貌を父親に話していなかっただけだった。この暴露は、コフィー・アナンを最悪の状況に追い詰める恐れもあった。自らが清廉潔白であることを証明し、国連の評判を守るために、アナンは息子の不適切な行動を認めたうえに、息子が自分に対して正直でなかったことまで認めなくてはならなかった。

わたしはアナンに、第2代国連事務総長のダグ・ハマーショルドの演説を思い出すように言った。１９６０年10月にソビエトの最高指導者ニキータ・フルシチョフ書記長が事務総長の辞任を求めたあと、国連総会でハマーショルドが行った演説のことだ。実はラフダール・ブラヒミもわたしと同じことを考えていたと、あとから知った。息子のスキャンダルで地位が危うくなっていたとき、その演説のコピーをアナン事務総長に持って行ったという。ブライアン・アークハートによれば、ハマーショルドは次のように述べた。

> 自国を守るために国連が必要なのは、ソビエト連邦ではなく、ほかの大国でもありません。その他すべての国々なのです。その意味で、この機関はまず第一に〝彼らの〟機関であります。彼らが国連を利用し、導くことができるその知恵を、わたしは心から信用しています。わたしはこの機関に仕える身として、その他すべての国家の利益のために、任期の間この座を務める所存です。〝彼ら〟がわたしにそう望むかぎりは。

アナン事務総長は辞任すべきでないと、わたしたちの誰もが考えていた。だが彼は、国連のためになることをしようと決心していた。アナンは闘うつもりがないという印象を受けた。2004年12月、『ニューヨーク・タイムズ』紙の論説は、「アメリカが愛した国連の男」というタイトルで、アナンについて取り上げた。わたしはこれを読んで驚いた。論説を書いたのは、ウィリアム・ショークロスという優れたジャーナリストだ。彼はアナンを援護するつもりで良かれと思い書いたようだが、たとえどれほど強大な国家であれ、事務総長の立場は大国に迎合することにより救われるべきではない。

もちろん、1960年代と状況は異なる。東西冷戦で大国が抑制されていた時代、ハマーショルドは小国に呼びかけることができた。これに対し、2004年の年末、超大国として残っているのはアメリカだけだった。2005年の初め頃までに、事務総長は何とか自らの立場を立て直した。その背景には、2004年末のスマトラ島沖地震による津波被害で、国連が国際社会の要請に応えて目覚ましい役割を果たしたこともあった。アメリカと国連の最悪の対立は終わったという兆しも、いくつかはっきりと見られた。ヨーロッパを訪問したとき、ブレア英首相が事務総長を温かく迎えたこともその1つだった。この時期、ブレア首相はアメリカ政府の感情のバロメーター役だった。

国連の役割を模索する

国連の政治的役割

一方で、国連の行く末に影響を与える構造的問題はまだ解決しておらず、平和維持活動の着実な拡大も頭痛の種だった。2005年1月末、わたしは真摯な気持ちから公式に懸念を表明した。平和維持活動が急激に拡大しているだけではなく、リソースを与えられないまま新たな任務が課されていた。1990年代に国連平和維持活動をほぼ台無しにしかけた過ちを、加盟国は繰り返していた。急速にマンデートが拡大したせいで、派遣先で達成すべき事項について概念的明確さに欠けることが、徐々に明らかになってきた。その結果が、さらなる任務に必要なリソースの欠如だった。1月にも、増員もせずに、武器禁輸をコートジボワールで強化してほしいとフランス政府から要請があり、交渉は難航した。

同時に、わたしは平和維持活動局の責任者として、国連は政治に影響を与える独自の力があると心から信じていた。何しろ国連は、世界中の相反する見解がぶつかり合い、妥協点を見出す場である。余人をもって代えがたく、とてつもなく困難な事務総長の役割は、原理原則に軸足を置きながらも、そうした妥協を促進することなのだ。もちろん、国連難民高等弁務官やユニセフの果たす役割もきわめて重要である。だが国連の場合、政治的役割を放棄すれば生き残れないだろう。

2004年、一部のNATO支持者が、平和維持活動においてNATOが指導的役割を担うべきだとの主張を繰り広げたが、NATO加盟国の間でも、NATOと国連の今後の関係について意見の一致はみられなかった。決定的な脅威が存在しないせいで、NATOの戦略的根拠は弱まっていた。かといって、民主主義の盟友に転じることも叶わなかった。民主主義の推進にきわめて異質な見解を抱く加盟国もあるので、主だった民主主義国家のなかには、NATOとの関係を望まない国もあった。だがアメリカは、権力だけを用いてグローバルな影響力を行使することに気まずさを感じていた。多国的機関にとくに懐疑的とされたブッシュ政権でさえ、自国の指導力を発揮できる組織を探していた。国連がオペレーションを西側機構に下請けに出し、民主主義国家の盟友の役割を果たすという夢を、民主党も共和党も決して諦めていなかった。そのような方向に進めば行き詰まると、わたしは確信していた。国連が西側勢力の意向を承認するだけの存在になれば、加盟国は分裂し、国連はたちまち立ち行かなくなる。

わたしにとって真の課題は、大国の間で実務的組織以上の役割を国連が果たすために必要な原則を見失わないこと、なおかつ、国連憲章の着想に必ずしも賛成していない国家とも、決して諦めずに協力していくことだった。当然、譲歩が癖になるというリスクはつねにつきまとった。崇高だが物議を醸す目標を守る駆け引きで妥協するなら、国連は道徳的指針を失いかねない。

報告書「より大きな自由を求めて」

2005年、国連の舵取りをする事務総長の立場は、2004年末とは違い、危機にさらされてはいなかった。だが、石油食糧交換プログラムの管理について1年をかけてまとめられた報告書には、国連に不利な内容が含まれ、大きな打撃を与えた。ヴォルカーが委員長を務める調査委員会は、国連内部での重大不正こそ明らかにしなかったが、大規模プログラムを適切に管理する能力のない、拙劣きわまりない運営をする機関であることを暴いた。2001年にアナン事務総長と国連がノーベル平和賞を受賞したときの勢いが失せてから、すでに久しかった。2003年のバグダッド国連事務所の爆破事件、性的虐待や石油食糧交換プログラムの不祥事により、物理的にも道義的にも、国連は傷を負った。国連事務局でも加盟国でも、政治的機運はあまり盛り上がらなかった。

2005年3月、アナン事務総長は「より大きな自由を求めて」という自身の報告書を提出した。石油食糧交換プログラムの不祥事が大騒ぎされている最中に出された、ハイレベル・パネルの報告に触発されたものだった。「より大きな自由を求めて」は、アメリカの期待と大国以外の国々の期待との妥協を試みていた。1941年にフランクリン・ルーズベルト大統領が演説で述べた「4つの自由」(言論の自由、信仰の自由、欠乏からの自由、恐怖からの自由)を大まかに引用し、全支持者に向けて何かを提示しようとした。報告書の見事な構成のおかげで理路整然とした改革の枠組みが伝わってきたが、全世界を結集させる説得力のある原理原則というより、進歩的利己主義に基づいたアメリカの穏健なリベラリズムに負うところの大きいビジョンだった。そのうえ、世界はもはや、主義に基づくアプローチのために分断され、結集するポイントを示すことができなかった。

リベラルで実践的アプローチのほうが成功の見込みが大きいとする考えに、わたしは強い不信感を抱いていた。ブッシュ政権は不本意ながら、国連がまったくの役立たずではないとの考えを受け入れたかに見えたとはいえ、アメリカから真摯な支援を得られなければ、国連は道義的立場を失うのではないかとわたしは懸念を抱いた。コンドリーザ・ライスの後任として、2005年初めに大統領補佐官(国家安全保障問題担当)となったスティーヴ・ハドリーと最初に会ったとき、平和維持活動に心から関心を寄せていることを知り、感銘を受けた。イラクでの「任務完了」といった勝ち誇った態度は、アメリカにもう見られなかった。最大の関心事ではなくとも無視できない数々の危機的状況に直面し、アメリカ政府は明らかに国連に支援を求めていた。

世界サミットの成果

こうした明るい兆しがあったというのに、2005年8月、ジョン・ボルトンがアメリカの国連大使に任命されたことで、国連とアメリカの関係は大きな打撃を受けた。国際連合という概念自体に反対する姿勢を、ボルトンは隠そうとしなかった。彼はさっそく全力を注いで進行中の改革を挫き、それまでの努力の集大成となるはずだった2005年の世界サミットを邪魔しようとした。サミット共同宣言をまとめる最終段階で、ボルトンは最終宣言に何百という修正を求めたのだ。外交官たちはこれを妨害行為とみなし激怒した。数日の間、宣言が果たしてまとまるのか疑問視された。ボルトン国連大使を迂回して、当時国務長官だったコンドリーザ・ライスにアナン事務総長がじかに働きかけなければ、それまでの努力がすべて水の泡になるところだった。このアメリカ国連大使は大変鋭い知性の持ち主ながら、自分の解決策以外の解決策を見つけるつもりは毛頭なかった。

ようやく合意に達したサミットの成果文書は、驚くほど意欲的だった。事務総長が推進した改革の全体像を反映し、開発、平和と安全保障、人権が国連の3本の「柱」だと認め、事務総長によるいくつかの提言を支持していた。特筆すべきは、平和構築委員会と平和構築基金の創設が含まれていることである。この委員会と基金は紛争後の復興に重点を置き、開発と平和・安全保障とを橋渡しする役割を担うものだ。さらに、広く不評を買った人権委員会に代わる、人権理事会も設立されることになった。「ジェノサイド、戦争犯罪、民族浄化、および人道に対する犯罪から人々を保護する責任」の承認が成果文書に盛り込まれたことは、サミットの大きな特徴の1つで、当時は大躍進だと高く評価された。かつて国際社会がこのような責任を負ったことは一度もなかった。

その文言には避けて通れなかった困難な交渉が反映されていた。主な保護責任は個々の国家にあり、国際社会は国家がその責任を行使することに優先的に手を貸すべきだとされた。国際社会が行動に移す場合は、「国連を介して」平和的手段で行う必要がある。国家が「明らかに国民の保護を怠っている」場合にかぎり、国際社会は安保理を通し、「時宜に応じて」、「第7章を含む国連憲章」（に則り）集団行動を検討できるとされた。国連加盟国は少なくとも当面の間、紛争の性質の変化に応じ、国連の構造と目的にとって急を要する変化を割り出し、有害な環境を何とか乗り越えられたかに見えた。

改革の文言と現実とのギャップ

だが、それから9年余りがたち、1948年の世界人権宣言がそうだった――そして今でもそうである――ように、2005年の宣言は、国際社会のコンセンサスよりはるかに先んじていたことが明らかになりつつある。ルワンダの大虐殺《ジェノサイド》のようなことが再び起きる可能性があるかと、よく質問を受ける。おそらく起きるだろう。早期の行動が何十万人、ことによると何百万人もの命を救うかもしれないが、道義的明確性が判明するのはたいてい遅きに過ぎるため、急激な状況悪化の混乱のなかでは、大国の利害が直接からまないかぎり行動を起こそうという意欲がほとんど生じないからだ。1936年のラインラント進駐時に、ヒトラーに対して断固たる行動――彼の構想の概要は、著書『我が闘争』にはっきり書かれていた――をとっていれば、ホロコーストも第二次世界大戦も阻止できたかもしれないと言われている。1994年に国連の平和維持活動で小規模な部隊を率いていたロメオ・ダレールも、ほんの数千人さえ増派していれば、ルワンダの大虐殺《ジェノサイド》を防げたかもしれないと述べている。

このような消極的姿勢をとりがちなのは、外国への関与に国内の支持を得られないからだが、何をなすべきか確信が持てないせいでもある。わたしは過去にいく度か、過激な暴力に陥りそうな状況を目の当たりにした。コンゴ民主共和国のイトゥリは、海外派兵が承認されていれば、おそらくそれだけで大量殺戮を防ぐことができただろう。コートジボワールのマスコミが民族憎悪を扇動した件は、ルワンダのミルコリンヌ自由ラジオが大虐殺《ジェノサイド》の誘因となったことを想起させたのに、部隊が緊急派遣されることはなかった。このときに暴力が発生したが、限定的だったため大量虐殺には発展しなかった。ダルフールに関しては、ジェノサイドと言及されたために、軍事行動について世界中で議論が湧き上がった。しかし、それにあてられるリソースはなく、そのうち政治交渉に力が注がれなくなった。リビアでは混迷が深まるにしたがい、介入が果たして賢明なのか疑念が生じている。シリアに対する国際社会の無策は、国際社会の分裂を反映しているが、それだけではない。全シリア国民とまではいかなくても、大半のシリア国民が結集できる正統な権力中枢を揺るぎないものにするために、どのような政治的対応が効果的なのか、見きわめることの難しさも反映している。

2005年の世界サミットで言及されたような過酷な暴力は発生していなくても、民間人が交戦当事者の主な標的となっている状況において、「保護する責任」という曖昧な言及は、再三にわたり政府の疑念を生み出してきた。たとえば、保護する責任について議論がどこよりも活発に行われる国は、民間人の保護が必要とされる紛争でありながら、サミット成果文書の定義に相当しない紛争に部隊を派遣する可能性が、きわめて低い。これに対して、実際に部隊を派遣し、ささやかながら保護を行っている国は、保護する責任という発想にどこよりも疑念を抱いている――何とも、痛ましく皮肉なことではないだろうか。

言葉と行動のギャップは、国連など無益なおしゃべりの場にすぎないと思う人たちの見方を強める。それを裏づけるように、2006年――アナン事務総長の任期第二期の最後の年――に制定された改革のいくつかには限界があった。なかでも、人権理事会は大した影響をもたらせなかった。ここ何年か、人権は多くの国において進歩どころか後退している。

国家主権という概念

現に、最強国とされる国々は、普遍的原理に賛成しながらも、1945年に自分たちが認めたビジョンから乖離している。彼らが権力を自制する姿勢は、ますます見られなくなっているようだ。第二次世界大戦後、アメリカは相対的に見て最高の力を保有していた――世界の半分の富を生み出し、戦争で荒廃した先進国に借款を供与し、核兵器を独占していた――が、国際条約により義務を負うことにした。しかも、アメリカは国際連合創設の立役者であった。数年後、近代国民国家を創設したヨーロッパは、新たな政治形態を生み出した。欧州共同体（EC）、のちの欧州連合（ＥＵ）である。現在、国連もＥＵも新たな現実を改善して適応することがますます困難になり、制度上の難題に直面している。近い将来、安保理が改革される見通しは立っていない。長年常任理事国候補だった国は次第に希望を失いつつある。しかし、その大半の国にとって常任理事国入りは、２００５年時点より優先度の低い問題となった。国家の規模からして常任理事国入りは望めないが、国連で活発な活動を続けてきた「中堅国家」は、正式な国際機関の会合でないとはいえ、G20入りするだけで満足している節がある。強大国は、紳士協定とこうした会合だけでやっていける。

その結果、正式な機関は徐々に支持基盤を減らしている。１９４５年当時と比べて明らかに、正式な国際機関に気概や自信が見られなくなり、国際秩序の構成要素としての国家の妥当性は弱まっている。20年前、わたしは〝国民国家の終焉〟について著した。増える一方の課題は、国家レベルでは対処できないことは確かである。国家は国民に関わるには大きすぎ、グローバルになった課題に答えを出すには――たとえ超大国でも――小さすぎるのだ。それにもかかわらず、国家主権という概念は、深い感情と愛着を引き起こす。国連に新規加盟する国家があることからも、それが裏づけられる。国家主権という概念には、どの国にも平等な機会を与える大きな力がある。とてつもなく不均衡なこの世界で、主権に引きつけられるのは独裁者だけではない。貧しい弱小国の人々も、やはりこの概念に引きつけられる。豊かな強国から自分たちを守る手段とみなしているのだ。この概念がなければ、強国は弱小国を実際に植民地化しかねないだろう。

国連創設者の夢の継承

このように、現在の課題が、1945年当時に国連創設者の念頭にあった課題から乖離するにつれ、国連が占める政治的余地は縮小している。問題との関連性や信頼性を維持するためにも、国連は前線で戦わなくてはならない。ぶざまな妥協を求めるような機関ではなく、価値主導型の機関であってほしいと望む人たちの失望感に、国連は直面している。さらに、アメリカ人の敵意にも立ち向かわなくてはならない。諸外国――その多くは非民主主義国家――に対する国連の説明責任を、アメリカ国民の主権に対する挑戦とみなし、国連を嫌うアメリカ人もいるのだ。新興国のなかにも、国連が旧態依然としていると不満を抱く国がある。

そのうえ、多くの国が慎重に無関心を装っていることも悩ましい。一握りの国が国連事務局を便利な盾にし、衰退する権力を行使しているのではないかと、彼らは見ている。フランス人のわたしの忠誠心が、母国フランスではなく国連に向けられていると信じられない国が多いという事実は、絶えず意識していた。安保理常任理事国のフランスの影響力と権力は、その地位により――多くの人によれば、不当に――強化されてきたと見られている。権力の現実を把握しながら、権力を持たない者のために立ち上がる国連事務局というハマーショルドのビジョンは、現在ほとんど支持を得られない。冷戦終結から25年がたち、1945年の壮大なビジョンをもたらした精神、1992年に報告書「平和への課題」でガリがよみがえらせようとした精神は、もう失われた。コフィー・アナンの慎重な取り組みでさえ、今の時代には意欲的すぎるように見られる。

それに加えて、国民国家の持つ制度的、文化的基盤が国連にはない。組織に蓄積された記憶は、創設者の夢を推進する国際公務員にある。サンフランシスコのラルフ・バンチとブライアン・アークハートから、セルジオ・ヴィエラ・デ・メロやラフダール・ブラヒミにいたるまで、完璧な結果は出せなくても和解に全力を注いだ人々により、国連は形成されてきた。胸に抱く情熱の炎ゆえに、彼らは国家の官僚制度ではなく国連で重要な役割を果たしている。

事務総長という重職

潘基文事務総長がもっとも重視するのが経営改革であることには、大きな意義がある。2007年頃、平和維持活動局は巨大化し権力が集中しすぎると見られるようになっており、潘事務総長は、平和維持活動局の業務を一部分離して新局を設置した。有効性ならびにプロセスで正統性を証明するしかないと、事務総長は承知していた。実行力を強調することにより、国連の巻き返しを図ったのかもしれない。事務総長は、国連の働きに期待するアメリカ政府から支援を受けているが、前任者同様、欧米の民主国家が世界に抱くビジョンと、その他多くの国家のビジョンの間の大きなギャップに対処する必要がある。近年、そのギャップが縮まることはない。そのうえ、民主主義を擁する新興勢力も、西側世界との関わりを警戒する。植民地支配とはいわなくとも、西側を今なお搾取的だとみなしているからだ。

事務総長はこのギャップを埋めることができるだろうか？　1950年代、ハマーショルドがスウェーデンやインド、カナダ、ユーゴスラビアの支援を求めたときのように、国連を擁護する多様な国家を連携させられるだろうか？　それは難しい仕事だろう。事務総長の存在が目立たないほど、彼は取るに足らないと見られるリスクが高くなる。世間の注目が集まるほど、事務総長には一貫性がないと見られ、過度に高まった期待に添わないとされるリスクが高くなる。国連事務総長は誰もがそのジレンマと格闘せざるをえない。多様なスタイルがあるということは、国際社会に利害の対立があるということにほかならない。事務総長は先頭に立って指揮することを期待されるが、意見の不一致に直面したとき、たちまち力の限界を思い知らされる。

国連改革の成功のカギ——新たな脅威への適応

わたしが国連で過ごした8年間は、ジョージ・W・ブッシュ政権とほぼ重なる。それが、国連と、新たな課題に対する国連の適応能力について、わたしのビジョンを曇らせたのかもしれない。1945年生まれの老朽化した組織を21世紀に適応させるという、抜本的改革を成功させるには、アメリカが改革を甘んじて受け入れるだけではなく、積極的に関わることが必要になる。加えて、共通の土台を築くために、中国とアメリカが協力して取り組む必要もある。法の支配を通じ国力を抑制する意思を誇り、国連の分担金の40パーセントを納め、開発援助資金を富裕国のなかでもっとも負担してきた欧州も、理論上は国連の改革推進に大きな役割を果たせるだろう。だが、改革を妨げる誤解の溝を埋めるには、反欧州化とはいわなくても、ますます非欧州化する世界に対し、欧州はこれまで以上に門戸を開き、効果的に接触を図る必要がある。安保理改革をめぐる分裂についても、欧州は解決する必要がある。現在、1945年当時のように大国同士の揺るぎない同盟関係は存在せず、改革を目的にした中堅国同士の堅固な提携も存在しない。それでもわたしは、構造改革は依然として必要だと考える。自国の力に頼れる強国なら、非公式協定でもかまわないが、無力な弱小国は、同等の法や公式協定の権威に必ず頼るものだ。生死に関わる問題となると、紳士協定だけでは十分ではない。諸機関は重要な存在だが、その改革方法に関する協定は存在しない。

20か国かそこらの首脳陣による非公式会合を世界が頼りにできるとしても、国連が徐々に主流から外されることになれば、世界は大国協調の時代に逆戻りするだろう。これは何度も試行と失敗を繰り返した体制であり、戦時中に終わりを告げた体制である。国連は真の構造改革を諦めるべきではない。

だが国連が改革を成功させるためには、国家が紛争と脅威の新たな形態に適応しなくてはならない。この問題の核心は、国家間の戦争を阻止する目的で創られた国際機関たる国連には、不安定な国家の根深い問題に対処する態勢が整っていないということだ。近年、安保理の議題にのぼる国家の多くに、この根深い問題が存在する。よって主たる課題は、国家権力を抑制するのではなく、国家の制度と国家権力を築くことなのだ。これは非常に取り組みがいがあり、時間のかかる仕事である。重要な取り組み——わたしが2011年に主導した文民能力レビューのように——でありながら、その空白を埋め、本当に必要な支援を脆弱国家に提供することに、国連は四苦八苦している。国家を基盤にした組織が、小規模集団やときには単独で行動に出る個人と戦うという、世界的に見られる力の分裂にどう対処すべきか、超大国でさえ悪戦苦闘している。この趨勢は、テロの性質の変化や、強国のテロ対策にはっきり見られる。

現在、権力の中枢を管理することだけが世界的な課題ではない。脆弱な国家に権力の中枢を樹立することも課題となっている。ひどく不安定な地域に派遣される平和維持活動から、それがはっきりとわかる。国連が平和維持活動に乗り出したばかりの頃は、国家権力の制御に努めたものだが、今は国家権力をゼロから築く支援を行っている。これはまだ新しく不明瞭な任務なので、国連と加盟国が協力してあたらなくてはいけない。この意欲的な任務にいかに取り組むかは、まだ明確になっていない。シリアでの国際社会の無策ぶりは、多少は大国間の分裂に起因するが、さらに深刻なのは、内戦を終結させる政策的対応を見きわめる能力が、大国にないことである。他者の命に干渉することには大きな責任が伴う。だが倫理的観点から、わたしたちはもはや、いい加減に関わることはできないし、はるか彼方の地で起きた問題であっても、手を引くわけにはいかないのだ。

注

（1）具体的に言うと、アナンはパネルに4つの任務を授けた。「第1に、平和と安全保障を脅かす現在の課題を検討すること。第2に、こうした課題に取り組むうえで集団行動がなしうる貢献について考察すること。第3に、国連主要機関の役割、および機関同士の関係を見直すこと。第4に、国連の制度とプロセスの改革を通して、国連を強化する方法を勧告すること」。

（2）キプロス出身でこのプログラムの責任者だった、非常に存在感のあるベノン・セバンが銀行口座に現金で預けた16万ドルが、賄賂ではないかと見られた。全力でキャリアを国連に捧げてきた人物が、しかも何十億ドルもの資金を管理していた人物が、16万ドルの賄賂を受け取ったことについて、わたしをはじめとして、彼を知る多くの人がいまだに信じがたい思いを抱いている。セバンは一貫して賄賂を否定している。

終章

他者の命への関与はどこまで許されるか

武力行使と介入という難問

本書の終章を書いている時点で、シリア騒乱が収まる兆しはまだ見えない。15万人を超える民間人の命が失われ、800万人近い人々が避難を余儀なくされ、化学兵器が使用されたというのに、いかにして和平を実現し、この血なまぐさい戦争を終結させる政治プロセスを支援すべきか、国際社会の意見はなかなか一致しない。

国際社会が進むべき道筋について合意にいたらないのは、2011年のリビア介入の影響を受けているからだ。今回はリビアの場合とは著しく対照をなしている。当時、安全保障理事会の承認を経て、NATOはムアンマル・カダフィ大佐に忠誠を誓う部隊を空爆した。シリア情勢とは異なり、あるいは1999年にミロシェヴィッチのコソボ民族浄化を止めるため、NATOが安保理の承認なしにセルビアを空爆したときとは異なり、安保理はリビアの「民間人を守るために」、武力行使をNATOに認めた。この承認は、飛行禁止区域制定のときよりも幅広い支持を集めた。戦術的目標――民間人を傷つける航空機利用の阻止――だけではなく、戦略的目標――民間人の保護――を支えるために、武力行使を正当化したからである。2005年の国連世界サミットで承認された「保護する責任」が初めて具体的に実現されると、リベラル介入主義の支持者はこの決定を称賛した。しかし、NATO加盟国の示した強い態度は、安保理のその他理事国からの反発を招いた。リビアに関する国際合意がたちまち崩壊したことは、シリア対応をめぐる国際社会の交渉に、長期にわたり影を落としている。

決定当初は明白だった道義的根拠が、危機の広がりに伴いあっけなく消失することを、リビアの事例は示している。そして、後になってようやく、何が正しい決断だったかわかることがある。カダフィ軍がベンガジを制圧すれば大量殺戮の恐れがあり、カダフィ大佐の勝利がアラブの春を鎮静化しかねないことが、リビア介入の強い動機となった。ところがシリアでは、リビア以上に民間人が大量に殺害され、地域の安定とアラブの春に悪影響を与えているというのに、国連の介入を実現させる十分な理由とはなっていない。武力行使の決定がどのような結果を招くのか、不確実性も高い。ベンガジの人々を救ったあと、シリアのように長期化し決着のつかない内戦が、すぐさまリビアで起きることはなかった。だが悪化する一方のリビア情勢は、果たして介入に正当性があったのかという疑問を提起する。同様に、シリアに迅速に介入して、現在より激しい紛争と犠牲者をもたらしたとしたら、その決定はやはり道義的見地の明確性を失うことになっただろう。

このような不確実性から、いくつか難問が浮上する。何を受け入れないか——たとえば大虐殺《ジェノサイド》の発生など——について、国際社会は合意に達することができる。しかし、何を望むかについて意見を一致させることは、とてつもなく難しい。国際社会には、国民共同体のような結束がない。共同体という言葉を、193の多種多様な国家から成る混合集団にあてることが、そもそもの間違いである。そのうえ、安保理では相変わらずパワー・ゲームが繰り広げられ、冷戦終結後に採択された決議は、冷戦以前の45年間に採択された決議の2倍に達した。これほど盛んに活動しているのに、リビアに関する重大な決議が採択されたあとでさえ、新たに生じた総意を反映していない。現に、今後の世界を築くとされる国家のほとんどは、安保理のリビアに関する積極的行動を、妨げこそしないが受け入れてはいない。リビアに幅広い武力行使を承認する決議採択の際、ブラジル、ドイツ、インドが、中国とロシアとともに棄権した。

ブッシュ政権が安保理の承認なしに行ったイラクに対する「予防戦争」と、安保理が承認したリビアへの「人道的」介入や、コートジボワールでの2011年の選挙結果を守る強硬措置とでは、大きな違いがあるが、ブラジル、ドイツ、インドの発した警告は、武力行使と介入についての深刻な懸念が広まっていることを示している。リビアやコートジボワールがやがて嘆かわしい結果を迎え、こうした懸念が正しかったと裏づけられた場合、そして安保理がこのままシリアに何も行動を起こさなかった場合、2011年の春に示した行動主義は、新たな動向の幕開けではなく、集団行動の頂点だったということになるだろう。政治と介入に関して国際社会に共通のビジョンがないとして、各国家はさらに露骨な見解を示すはずであり、安保理はその曖昧さを示すことになる。

不明確を明確にする責務

任務が意欲的になるほど、安保理決議は政治的に曖昧になる。2000年、ブラヒミ・レポートは、平和維持活動に「明確で達成可能な」マンデートを求めた。平和維持活動の責任を担うことになっていたわたしとしては、この勧告を称賛するしかなかった。だが一方で、ブラヒミが安保理に無理な要求をしていることもわかっていた。真の合意を築ける国際社会が存在しないかぎり、安保理の合意は最低限の要求を満たすだけか、不明確になるしかない。安保理決議が曖昧であるのには理由がある。安保理内で戦略的合意の方針が一致することはめったにない。外交官の才能とは、相違点を隠蔽し、かつ明快で実用的な解決策を必ずしも授けない文言を見つけることだからだ。自らに責任が降りかかることを避けられるので、国連加盟国はその現状に満足している。

では、どうしたらいいのか？　国際公務員たちは一番楽な道を選び、安保理が示した曖昧な指示を、どうにかわかる程度に解釈していればいいのだろうか？　官僚主義的観点からすれば、これはもっとも安全な道かもしれない。大国が関心を示さない場合、うまくいかないことがあっても国連事務局は支援を得られず、スケープゴートにされやすくなるからだ。国連事務局のベテラン職員はそれをよく心得ていた。ルワンダ大虐殺《ジェノサイド》のとき孤立無援だったことを忘れなかったし、リスクを回避するには、官僚主義の特質に染まるべきだと本能的に感じていた。

わたしの目指す方向は逆だった。国連事務局は安保理の権威の背後に隠れ、従順に履行するだけではいけないと思った。上司だった2人の事務総長から、かなりの自由裁量の余地を認められていたので、なおさらそう思った。自分の決断を2人にきちんと報告していたが、わたしの責任事項に関して、事務総長と大きな意見の相違が見られたことはなかった。与えられた政治的責任はすべて果たそうと、わたしは道徳的義務感を抱いていた。安保理の分裂や、ときには大国の無関心によって、国連事務局に政治的裁量の余地が与えられた。一般に思われているよりも事務局には力がある。大国に戦略的利益があるとき以外は、まるで6か国目の常任理事国さながら、事務局が主導権を握れることも多い。国際機関でよく目にする罪は独善であり、官僚社会に備わる自己拡大欲求を、崇高な理想で包むのは簡単だとわかっていた。だが自分の責務は、これまで故意に避けられてきた選択を行うことであり、不明確なことを明確にすることだと思った。さもなければ、人命が失われるかもしれず、混乱が崩壊につながる恐れもあった。選択しないということはやはり選択なのである。

決断の道義的責任

だが、他人の命を左右する選択を行う資格などわたしにあるのだろうか？　いったい何を基準に選択すればいいのだろうか？　国家公務員なら、それはさほど難しくない。国益に関係するかどうかが――認識上であれ現実であれ――確固たる根拠となるだろう。法律が曖昧でも、本人の理解の幅が広くても、国家公務員には自国と合法な権力に説明責任を負っているという安心感がある。ところが、最高の権威が、曖昧で分裂した安全保障理事会となれば、こうした安心感は望めない。わたしは国際公務員として、自分の責任で事にあたっていると感じることが多かった。

それには利点もあるが、道義上の重責もかかった。

わたしが関わったほとんどの状況は、リビアやコートジボワールと比べれば軍事行動の規模ははるかに小さかったが、「倫理的賭けに出る」という点では同じだった。当初は明白だった道義的根拠が、最後まで通用するという確証はない。和平支援のために国際社会が介入する場合、倫理的見地が変わりやすいことを、わたしはかねてから承知していた。平和の霧のなかは、戦場の霧と同じくらい進みにくい。レシェク・コワコフスキの短篇『ヘロデ王、またはモラリストの不幸』に登場する悪魔の警告を、わたしは訓話として受け入れた。「おまえの行為であれ意図であれ、すべてが本当に終わったときにしか判断されない。行為の道義的側面は──実際的側面とは反対に──まったく予測不可能なので、十分に理解され、評価されるのは、事が終わってからでしかない[1]」。

もちろん、最終結果が明らかになってからしか、判断の倫理的価値がわからないのは、平和維持活動には珍しくない。戦略的決断をくだす政治指導者は誰でも、自分たちの成果は知的な──またはそれほど知的ではない──ほかの人間の決断に大いに影響を受けるという、動かしがたい事実に直面する。他人の意図を予測したくても、確実に把握することなどできない。これが、政治を含む人間の行為が支配する世界と、自然の法則との間に違いを生み出す。また、だからこそ、戦略が政治の重要な、かつ難しい部分であるのだ。確かに、どんな場合であれ、責任ある立場は道義的責任を伴うものだ。配下の兵士の命を危険にさらす司令官、特定の製品に認可を与える審査担当官、判決をくだす裁判官――どんな道徳基準を選択するのか、誰もが決断を迫られる。

移り気な国際社会

さりとて、国際社会の介入にはこれとは異なる性質がある。わたしたちが他国でなした行為は、自分たちの生活よりも他国の人間社会の生活に、はるかに大きな影響を及ぼす。その行為の帰結とともに生きていかなくてはならないのは、わたしたちではない。これは予測不能な事態を生み出すかもしれない、危うい状況である。強いて言えば、わたしたちは、シェークスピアの戯曲に登場するグロスター伯のセリフの神々ほど悪くない、という程度だ。

「いたずらっ子が気まぐれに虫けらをもてあそぶように、神々も我々をもてあそぶ。
神々は戯れに我々を殺すのだ」

――『リア王』第4幕、第1場

わたしたちは人の命を奪いたいわけではないし、国連平和維持要員なのだから、めったに人を殺さない。わたしたちは平和を望む。だが、人間の手に任せておけず、ギリシャ悲劇の神々のような行為に及ぶときもあるが、その人間の手をしっかり握ることさえ、わたしたちにはままならない。人道に関わる事態には介入するが、それも距離を置いて介入するだけだ。たとえば、リビアの独裁者に不利に傾くように爆撃するか、脆弱国家には、傲慢と弱腰の態度を代わる代わる見せ、穏やかに関与する。過去10年の間に国際社会が行った最大の投資——たとえばアフガニスタンやコンゴ——を見れば、国際社会の移り気な態度に心を痛めずにはいられないはずだ。大掛かりな構想が練られ、にわかに援助が決まり、援助される人々の間に大きな希望が生まれる。だが、往々にしてその希望は打ち砕かれ、露骨な敵意とまではいかなくても恨みを買う結果になった。一方で、野望を挫かれた本国からは、早く撤収しろと圧力がかかる。

この移り気な態度は、世界史上きわめて特異な瞬間に人間が達したという兆候であり、わたしが国際公務員として迫られた決断と問題が、懸念を抱く市民にとっての疑問とジレンマである理由の説明となる。人と思想が世界中をめぐることで地上はひとまとまりになり、自分たちは運命共同体だという意識が高まっている。だが、その意識は必ずしも共通の価値観、ましてや共通の感情に転じるわけではない。祖先の時代とは異なり、遠い土地の大惨事のニュースが瞬時に伝わり、外国の戦争の映像や写真が、テレビやインターネットを通して、わたしたちの平穏な家庭に侵入する。だが祖先と同様に、わたしたちはやはり見知らぬ人よりも、家族の身に起きることを心配する。外国人よりも同胞の身に起きることを心配する。この実に人間らしい感情を抱くことは、決して悪いことではない。親族関係や近隣者、感情などは重要でないという態度をとってしまうこともあるが、そのどれもが重要である。だがこの単純な事実が、介入政策に深刻な影響を与えるのだ。国際公務員は、彼らの活動が拠って立つ、脆弱な政治的基盤について認識する必要がある。

政治家はつねに向かい風にさらされている。苦しんでいる人々の光景が共感を生み出すことを政治家は心得ている。一方で、その共感が薄っぺらなことも心得ている。介入しなければ自分たちの生活に悪影響を及ぼすと確信しないかぎり、国内の有権者は遠い国への介入に寛容ではない。今日の平和維持活動に部隊を派遣する国の大半は、発展途上国である。そうした派遣国は、平和維持活動に資金を出す裕福な国から、増大する一方の危険を押しつけられ、不本意ながら負っている。同時に、アフガニスタンとイラクの経験は、先進国が地上部隊を海外派遣しようとする意欲を一層削ぐ結果になった。西側の大国の多くは、よその国の将来を築くために地上部隊を投入することが果たして賢明なのか、疑問を抱いている。それに、コンゴからハイチまで、国づくりの事業は想定以上の困難に思われる。いわゆる多次元型ミッションへの意欲は、昨今ではほとんど見られず、脆弱国家で野心的構想——「ソーシャル・エンジニアリング」と胡散臭い名称で呼ばれる——を実現できるのか、疑念が募る一方である。世界は混乱している。世界が曖昧な姿勢をとるのは、グローバルな環境に対し認識が高まっているのに、グローバル規模で関与することに警戒が高まっているという、相反する推進力の表れである。

羅針盤はどこに？

では、国際公務員を導く、さらに言えば、国際情勢に関わる博識な一般市民を導く羅針盤はどこにあるのだろうか？　わたしが平和維持活動局の責任者に任命された背景には、フランスが安保理常任理事国だという事実があった。つまり、自分自身の価値というより自分の国籍が理由で選ばれたことを、わたしは十分承知していた。また、国連憲章では、「いかなる政府からも、また国連以外のいかなる当局からも指示を求めるか、受ける」ことが禁じられていることも知っていた。フランスが国連憲章を尊重していることに、わたしは感謝した。国連憲章は、加盟国が国連職員に「影響を与えようとしない」ように求めていた。だが、国連憲章は指針として十分な役目を果たせるのだろうか？　何しろ、国連憲章の着想の源は、第二次世界大戦、および同大戦につながる一連の出来事にまでさかのぼる。

現代世界は、その頃の世界とはまったく異なる。たとえばヒトラーとの戦いのような、道義的明確性が絶対に必要になる時期は、歴史的に見ても例外である。そのような時期でさえ、戦略的レベルでくだすべき決断――スターリンとの同盟は突破口を狙うには優先度の高い選択、など――の多くに、道義的な明確性は見られなかった。現在、この世界はますます白黒の区別がつかなくなっている。それだけではない。かつてないほど世界がつながっているために、行為の帰結を見積もることが一段と難しくなっている。特定の場所での限定的行為も、たちまち世界の知るところとなるが、その知れ渡った行為は、それぞれの土地で異なる解釈が加えられ、異なる反応が生じる。わたしたちはそうした反応にほとんど影響を及ぼせない。そんなことをしようとすれば、すでに難解な戦略手法倫理をひどく複雑にする。地球規模で戦略的、道義的に不確実な姿勢がとられているとの認識が世界で高まるにつれ、すっかり断念して居心地のいい既知の世界に引きこもりたいという衝動か、必ずや自分の手で世界を築くという無駄な望みを抱いて突き進みたいという衝動が強まる。

わたしたちは長い周期の最終局面にいる。過去500年の間に、世界は徐々に1つの戦略的空間になってきた。この単一化を最初にもたらしたのはヨーロッパで、次に、ヨーロッパの産物であるアメリカがそれを引き継いだ。第二次大戦後、ヨーロッパの植民地事業は終わりを告げた。ところが、アメリカがヨーロッパに取って代わり、戦略を統合する役割を担うようになった。ソビエト連邦が崩壊したとき、ほんのつかの間、とうとう普遍主義の思想が裏づけられたかに見えた。アメリカの政治学者フランシス・フクヤマが、歴史――この場合、思想闘争とされる――は終わったと主張したのは、このときだった。彼が述べた「歴史の終わり」は、世界が活気のない平和な時代に入り、戦争がなくなるという意味ではない。だが、市場と民主主義の勝利を大々的に謳うよりほかに、実行可能な選択肢のビジョンはないようだった。わたしはこの勝利者のビジョンに絶えず居心地の悪さを感じていたが、[2] 1989年にワレサの話を聞いたとき、このビジョンを受け入れてもいいと思った。それから20年間、活動家たちはその矜持を保とうと努めてきた。リベラル介入主義者の掲げる民主化計画は、その楽観主義を反映していた。しかし、国連や数々の危機的状況でわたしが観察した現実はまるで異なる。国力が限界を迎えると国内政治との関連性が失われるが、グローバルな問題はグローバルな政治を生み出さない。世界は実に多種多様な人間で構成されるので、1度の対話でまとまることはないからだ。

グローバルな展望がないからこそ、国際社会の介入についての議論はとても重要になる。世界が思想で結びつくことが一段と少なくなっている現在、世界はグローバルな課題に、ときには従来の秩序では対処しきれない脅威に、これまで以上に直面している。一部の国家が弱体化して主権を行使できず、国民に信頼される管理者たりえない場合、国家主権に基づく国際体制は維持できない。この信頼が失われると悪循環が始まり、国民に仕える国家の能力がさらに蝕まれる。したがって、コンゴからリビアまで「介入」が増加していても、何ら驚くことはない。こうした介入が相反する解釈を生み出していても、それも驚くにはあたらない。介入は、平和で安定した国に住む人々の恐怖が、国家ぐるみで高まっていることを反映しているのか？　それとも、世界的な責任の高まりを反映しているのか？　国連は古い国家秩序に基づく機関なので、この2つの解釈を調整し、グローバルな目標のために国民感情と利害を利用するよりほかに選択肢はない。

国連が進むべき道

国連に仕える身として、自分がその闘いの渦中にいることに気づいていた。現実には、国家を無視するようなふるまいはできなかったが、わたしの倫理的義務は、国連憲章に言及された人々を第一に考えることだった。決して解消されることのない人権と国家主権との間の張りつめた関係において、国連事務局は必ず人民の側に立つべきだと思っていた。とはいえ、成功すれば支持が集まるような構想を打ち出し、優勢な国家の合意からほんの数歩だけ先んじることは可能だ。だからといって、欲張るべきではない。失敗すれば、手に負えない反発を招き、21世紀の最初の10年間に成し遂げたことを台無しにしかねない。

世界は確かに進化している。国連はその進化について行くだけではいけない。ただ、どう進化するのか前もって定められているわけではない。進化の速度はのろく、たちまち逆戻りすることもありえる。とらえどころのない平和という霧のなかで迷うことも多く、世界に対する責任感と、国際社会などというものは存在しないという認識との折り合いをつけるのに、わたし自身も苦労した。また、国際社会がますます積極的に、ときには無謀なほどに「他者の命」に関与することの道義的曖昧さにも対処する必要があった。わたしはたびたび人道原則――「他人に危害を加えてはいけない」――について考えをめぐらした。

それでも、数々の惨状が周囲で起こっているとき、それに近づかないでいる権利があると思ったことはない。残虐行為を目の前にして傍観することなど決してあってはならない。国連は関与するほうを選ばなくてはならない。それには、部隊にも、組織の評判にも、何より国連が介入する国の市民にも、大きなリスクを負わせることになる。極端な孤立主義否定と、非現実的な普遍主義との間に、国連が進むべき細い道がある。この道は、事態に憂慮する教養ある市民が進むべき道でもある。とらえどころのない「国際社会」が、人間社会を再構築する意思や高度な知識、能力を持つにいたるのかどうかは疑わしい。それに、目前の課題――脆弱国家の権力中枢を構築または再構築すること――は、当初の予想よりも手強い。したがって、自らの責務に謙虚に取り組み、計画に明確な制限を設けるべきだと肝に銘じることにより、わたしたちは普遍主義を調整する必要がある。謙虚でなければならないが、敗北主義に陥るべきではない。

だからこそ、わたしは平和維持要員に活動を命じたのだし、その最終的帰結が、彼らには制御不能であることも承知している。そしてわたしは、その活動が予測不能な事態を生み出す危険もあることを承知している。疑問が浮かんだとき、T・S・エリオットの詩を口ずさむことがある。コフィー・アナンの命《めい》により、ユーゴスラビア紛争で亡くなった大勢の平和維持要員の追悼碑が建立され、その除幕式で、旧ユーゴスラビアのザグレブの国連ミッションに携わったインド出身のキショレ・マンディアンが、よく響く声で朗々と吟じた詩だ。

男の落ち着くところは、故郷の村、
自宅の炉辺、妻の手料理。
夕暮れに家の玄関先に腰を下ろし
自分の孫と隣人の孫が
土ぼこりのなかで遊ぶのを見守る。

傷を負いはしたが、今や心安らかで、

語らいのときによみがえる幾多の記憶は、
（寒暖はそのときの気候による）
見知らぬ土地で戦った、最後まで身知らぬままの
見知らぬ男たち。

落ち着くところが運命ではなく、
どの国もある者にとっては故郷であり、
ある者にとっては追放の地である。
運命にしたがい勇敢に死ぬのなら、そこが自らの眠るべき大地。
故郷の村よ、彼を忘れることなかれ。

この地はあなたがたの国でも、わたしたちの国でもなかった。
それでも、ミッドランドの村にも、ファイブリバーズの村にも、
同じような墓地があるやもしれない。
故郷に帰る者たちに、あなたがたの話を、
共通の目的のもとでなしたあなたがたの行いを、伝えてもらうがいい。
死が訪れるそのときまで、その行いが実りあるものだったのか、

あなたがたにもわたしたちにも知る由もないが、
やはりその行いは何がしかの実を結ぶにちがいない。

T・S・エリオット、『詩選集1909-1962』から「アフリカで死んだインド人たちへ」

注

（1） *Tales from Kingdom of Lailonia and the Key to Heaven*, translated by Agnieszka Kolakowska and Salvator Attanasio (University of Chicago Press, 1989).（訳注：邦訳『ライロニア国物語——大人も子どもも楽しめる13のおとぎ話』沼野充義・芝田文乃訳、国書刊行会、1995年）。

（2） *The End of the Nation-State* (Jean-Marie Guéhenno, University of Minnesota Press, 2000). これは、フランス語の原書 *La Fin de la Democratie* (Flammarion, 1993) の英訳書（訳注：邦訳『民主主義の終わり』舛添要一訳、講談社、1994年）。

謝辞

本書の執筆に際し、行為の不確実性と混乱を伝えるために、回顧録という形式で書こうと決めた。あとから振り返ったとき、その当時の事実関係が明確にわかることがあるが、それを織り込んで読者に誤解を与えるような書き方は避けようと考えた。同時に、不完全な危機管理術について幅広く議論を呼ぶ本にしたいとも考えた。2000年に国連の平和維持活動局事務次長に就任した当時、将来振り返ったときに、この経験はきっと興味深いものになると思った。けれども、人間の記憶は過去を再解釈し、再編成するものだともわかっていた。そこで、出来事や会議、会話、そのときの自分の考えを、小さなノートに記録することにした。ノートは全部で18冊に及び、本書の一次資料となった。それ以外にも、自身のアーカイブと公開文書を資料として用いた。

本の執筆は孤独な作業だが、素晴らしい団体や個人のサポートを得られて幸運だった。わたしは現在、国際紛争解決センターの所長と、コロンビア大学アーノルド・A・サルツマン戦争と平和研究所の実務教授を務めている。この恵まれた環境のおかげで、素晴らしい学術機関から知的刺激を受け、学生たちからいつもインスピレーションを受けられる。とくに、研究所所長のリチャード・ベッツと、原稿全体に目を通してくれたロバート・ジャーヴィスに深く感謝する。

2008年に国連を辞してから、ブルッキングス研究所のシニアフェローに就任し、ニューヨーク大学の国際協力センターと提携した。つねに励まし、支えてくれたストローブ・タルボット、マーティン・インディク、ブルース・ジョーンズに心から感謝する。ブルース・ジョーンズは最初から最後まで本書を読み、個人的回想と分析的研究のバランスについて助言してくれた。また各章については、著名な専門家に検証を仰いだ。次に挙げる方々に感謝の念を伝えたい。国連大学学長デイヴィッド・マローンは、安保理の仕事ぶりを鋭く観察し、イラクについての章を読んでくれた。ハーバート・ワイスはアメリカのコンゴ研究における比類なき重鎮で、コンゴ民主共和国に関して有益な見識を授けてくれた。親しい友人でパリ政治学院学長のガッサン・サラーメには、祖国レバノンの章を読んでもらった。ジュネーブの人道的対話センター常任理事のデイヴィッド・ハーランドは、国連でコソボ問題に一緒に取り組み、バルカン諸国についてわたしの理解を助けてくれた。もちろん、彼らの助言を傾聴したとはいえ、本書に対する全責任はわたしにある。本書には、わたしの思想と疑念が反映されている。そして、おそらく誤りも！

これまでの長い道のりを歩む間、並外れて献身的で思いやりのある研究助手たちに恵まれた。国連で過ごした年月をゆっくりたどると、ニーリン・パーカーとミーガン・M・グリーソンがわしてくれた。何よりいつもわたしを励ましの旅路に付き添い、事実の確認、見直し、突っ込んだ質問をし、何よりいつもわたしを励ま

最後に、妻のミシェルと娘のクレアにお礼を言いたい。国連時代、2人とあまりゆっくり過ごす時間がなかったが、小さくてもポジティブな違いを他者の人生にもたらせるという可能性は、決して見逃すべきではない機会だということを、2人とも理解してくれた。これから娘が生きていく世界に、暴力が減り思いやりがあふれるようになってほしいという希望を込めて、本書を娘のために著した。

本書は、ブルッキングス研究所の外交政策プログラムの「カオスから秩序」プロジェクトの一環である。

避けられたかもしれない戦争
21世紀の紛争と平和

2018年1月4日発行

著　者――ジャン=マリー・ゲーノ
訳　者――庭田よう子
発行者――山縣裕一郎
発行所――東洋経済新報社
〒103-8345　東京都中央区日本橋本石町1-2-1
電話＝東洋経済コールセンター　03(5605)7021
http://toyokeizai.net/

装　丁…………吉住郷司
ＤＴＰ…………アイランドコレクション
印　刷…………東港出版印刷
製　本…………積信堂
編集協力………島村裕子
編集担当………佐藤朋保

Printed in Japan　ISBN 978-4-492-44445-0

著者・訳者紹介

ジャン=マリー・ゲーノ (Jean-Marie Guéhenno)

International Crisis Group 代表。1949年フランス生まれ。

1976年フランス国立行政学院（歴代の大統領、首相等の官僚を輩出する超名門校）を卒業。外務省に勤務し、政策企画部、在米フランス大使館文化部長、政策企画部長、西ヨーロッパ連合フランス代表大使を歴任。のちに、高等国防研究所長、会計検査院で上席判事を務め、2000年10月に国連平和維持活動（PKO）担当事務次長に任命される。以後、8年に及び国際紛争解決のために尽力。外交、国防、国際関係、また行財政において多大な経験を有する。

邦訳された著書として、『民主主義の終わり』（舛添要一訳、講談社、1994年）がある。

庭田よう子 (にわた ようこ)

翻訳家。慶應義塾大学文学部卒業。

主な訳書に『イスラム過激派二重スパイ』（亜紀書房、2016年）、『ブロックバスター戦略――ハーバードで教えているメガヒットの法則』（東洋経済新報社、2015年）、『スタンフォード大学dスクール 人生をデザインする目標達成の習慣』（2016年）、『なぜ犬はあなたの言っていることがわかるのか――動物にも“心”がある』（2015年）、『わかりやすく説明する練習をしよう。――伝え方を鍛える コミュニケーションを深める』（2013年）、『愛を知らなかった子――ネグレクトされた少女が家族を得るまで』（2012年、以上、講談社）などがある。

索　引

事　項

欧数字

3 月 23 日運動(M23)　291, 306
9.11 同時多発テロ　18, 20, 22–26, 28, 29, 31, 33, 40, 122, 575
AMIS → AU ダルフール派遣団
AU → アフリカ連合
AU ダルフール派遣団(AMIS)　369, 375, 387, 389, 390
DUP → 民主統一党
ECOWAS → 西アフリカ諸国経済共同体
EU → 欧州連合
EULEX　481, 483
Ex-FAR　250, 252
FDLR → ルワンダ解放民主軍
ICC → 国際刑事裁判所
IGAD → 政府間開発機構
IMF → 国際通貨基金
ISAF → 国際治安支援部隊［アフガニスタン］
JEM → 正義と平等運動［スーダン］
KFOR → コソボ治安維持部隊
MINUSTAH → 国連ハイチ安定化ミッション
MLC → コンゴ解放運動
MONUC → 国連コンゴ民主共和国ミッション
NATO → 北大西洋条約機構
NCP → 国民会議党［スーダン］
PISG → 暫定自治政府諸機構［コソボ］
PRT → 地方復興チーム［アフガニスタン］
RCD ゴマ → コンゴ民主連合ゴマ派
SLM → スーダン解放運動
SLM／A → スーダン解放運動／軍
SPLA → スーダン人民解放軍
SPLM → スーダン人民解放運動
SPLM-N　410
UNIFIL → 国連レバノン暫定軍
UNMIK → 国連コソボ暫定行政ミッション
UNPROFOR → 国連保護軍［コソボ］
UPC → コンゴ愛国同盟

ア　行

アフリカ連合(AU)　195, 224, 226, 249, 322–326, 329, 340, 341, 349, 351, 359–361, 367, 370, 371, 373, 375, 378, 390, 391, 393, 394, 398, 406, 567
アラブの春　347, 411, 494, 521, 555, 599
アルカーイダ　28, 40, 50, 53, 76, 122, 377, 378, 551
アルテミス作戦　268, 281, 288, 567
イスラム国(IS)　540, 551, 554, 556

インテラハムウェ　245, 250, 252
ウンマ党　344, 345
欧州連合(EU)　35, 58, 80, 156, 157, 177, 185, 186, 195, 286-288, 306, 391, 400, 401, 425, 480-482, 484, 548, 567, 588, 589
オペレーション・ライフライン・スーダン　337, 353

カ　行

介入旅団　288, 291
革命統一戦線(RUF)　11
神の抵抗軍(LRA)　354
北大西洋条約機構(NATO)　4, 49, 57, 58, 61, 62, 65, 75, 156-158, 177, 183-186, 329, 365, 379, 432, 439, 463, 464, 469, 480, 560, 567, 582, 598
国際刑事裁判所(ICC)　314, 342, 346, 386, 406, 407
国際治安支援部隊(ISAF)　50, 51-54, 56, 57, 61, 62, 75
国際通貨基金(IMF)　118, 120, 248
国民会議党(NCP)　335, 336, 338, 345, 347, 352, 375
国連・AU 合同ミッション　374, 387
国連アフガニスタン支援ミッション(UNAMA)　54
国連イラク・クウェート監視団　91
国連インド・パキスタン軍事監視団(UNMOGIP)　138, 139
国連キプロス平和維持軍(UNFICYP)　139
国連休戦監視機構(UNTSO)　138
国連グルジア監視団(UNOMIG)　143, 160, 187
国連コソボ暫定行政ミッション(UNMIK)　464-471, 473, 474, 480, 481, 485, 486
国連コンゴ民主共和国ミッション(MONUC)　235, 237, 238, 240-243, 245, 253, 256, 258, 264, 267, 278, 279, 281, 285, 286, 288, 289
国連児童基金(UNICEF)　70, 581
国連シリア監視団(UNSMIS)　529
国連スーダン・ミッション　342
国連世界食糧計画(WFP)　254, 353
国連ソマリア活動(UNOSOM)　196
国連難民高等弁務官　581
——事務所(UNHCR)　58, 459
国連西サハラ住民投票ミッション(MINURSO)　139
国連ハイチ安定化ミッション(MINUSTAH)　492, 494, 497, 498, 502, 510
国連パレスチナ難民救済事業機関(UNRWA)　59, 111
国連兵力引き離し監視隊(UNDOF)　139
国連保護軍(UNPROFOR)　458-460
国連レバノン暫定軍(UNIFIL)　139, 415-417, 419-421, 423, 426, 427, 429, 434-436, 440, 441, 444-447
コソボ解放軍(KLA)　462
コソボ検証団(KVM)　462, 463
コソボ治安維持部隊(KFOR)　464, 465, 470, 480
コンゴ愛国同盟(UPC)　272, 276, 277
コンゴ解放運動(MLC)　236, 244, 245, 276, 300, 302
コンゴ解放戦線(CLF)　244

コンゴ民主連合(RCD)　236, 276
——・解放運動(RCD–ML)　244
——ゴマ派(RCD ゴマ)　241, 242, 245, 248, 251–253, 276, 277, 280, 298–300, 302, 304, 305

サ　行

暫定自治政府諸機構(PISG)　467, 468
ジャンジャウィード　323, 326, 327, 349, 369, 388, 406, 410
人民防衛国民会議(CNDP)　289, 306
スーダン解放運動(SLM)　323, 410
——／軍(SLM／A)　367, 370, 373
スーダン人民解放運動(SPLM)　321, 325, 330, 333, 335, 336, 340, 345, 352, 353, 375, 386
スーダン人民解放軍(SPLA)　359
正義と平等運動(JEM)　323, 368, 370, 372, 385, 410
政府間開発機構(IGAD)　336, 339
石油食糧交換プログラム　105, 106, 108, 117, 118, 360, 577, 578, 583

タ　行

ターコイズ作戦　260, 267
タリバン　20, 29–32, 35, 40, 41, 50, 53, 54, 57, 58, 64, 65, 69, 72, 76, 77
地方復興チーム(PRT)　61–63

ナ　行

西アフリカ諸国経済共同体(ECOWAS)　191, 195, 199, 200, 203, 215, 224, 226
ネオコン　7, 13, 131

ハ　行

バダンテール委員会　455
バラ革命　152, 161
ヒズベ・イスラミ　31
ヒズボラ　414, 416, 418–420, 422–425, 427, 428, 431, 432, 434, 442, 444, 445, 544, 548
ヒューマン・ライツ・ウォッチ　527, 533, 540
復興人道支援室(ORHA)　106, 119, 128
ブラヒミ・レポート　180, 433, 559, 563, 566, 600
プレトリア合意［コートジボワール］　214
包括的和平合意(CPA)　336
北部同盟　30, 31, 36–38, 40–42, 57, 64
ボン合意　43–46, 48, 51, 55, 64–66

マ　行

マイマイ　252, 253, 290
南スーダン防衛軍(SSDF)　358
民主社会進歩連合(UDPS)　311
民主統一党(DUP)　344, 345
ムスリム同胞団　551

ヤ・ラ　行

ユニセフ → 国連児童基金
リナ＝マルクシ和平会議(合意)　196, 197, 201, 204, 206, 211, 222
ルサカ協定　236–238, 290, 296, 297
ルワンダ解放民主軍(FDLR)　238–240, 245, 283, 289, 290
連合国暫定当局(CPA)　106, 128

人　名

ア　行

アークハート，ブライアン　579, 591
アクフォ=アド，ナナ　200
アコル，ラム　375, 386, 391
アサド → アル＝アサド，バシャール
アナビ，ヘディ　124, 202, 286, 360, 366, 373, 492–496
アナン，コフィー　10, 11, 18, 21, 23, 26–28, 31, 33, 34, 36, 37, 51, 54, 59, 68, 82–87, 89, 90, 92–95, 98, 99, 101, 105–109, 111–113, 115, 117, 118, 122, 124, 127, 129, 140, 195, 201, 208, 218, 220, 250, 262, 263, 265, 268, 270, 282, 298, 300, 301, 320, 321, 323–325, 329, 334, 343, 360, 363, 364, 387, 390, 391, 394, 422–424, 426, 429, 463, 470, 471, 492, 503, 523–532, 534, 541–545, 547, 553, 558, 565, 566, 568, 570, 572, 574, 577–580, 583, 585, 588, 591, 595, 611
アニドホ，ヘンリー　360, 361
アバシゼ，アスラン　162, 168, 169, 188
アハティサーリ，マルッティ　471–476, 483
アフェウェルキ，イサイアス　347, 348
アフメド，サルマン　107, 433, 530
アフメド，ラフィーウッディン　107, 113
アラサニア，イラクリ　171, 174, 176
アラファト，ヤセル　524
アリスティド，ジャン＝ベルトラン　204, 211, 501, 502, 506, 507, 511
アリ＝ディアバクテ，タジョディネ　309
アル＝アサド，バシャール　448, 521, 524, 525, 527, 536, 540, 544–554
アル＝アサド，ハーフィズ　521, 536
アル＝キドワ，ナセル　524, 525
アル＝ザルカウィ，アブ・ムサブ　377
アルジンバ，ウラジスラフ　149
アルノー，ジャン　177, 179, 180
アル＝バシール，オマル　323, 332, 335, 338, 343, 344, 347, 365–367, 373, 377, 385–387, 389, 391, 393, 395, 397, 398, 403, 406, 407, 411
アル＝ハッサネイン，アリ　376
アル＝ハリファ，マジズブ　376, 388
アル＝マフディー，サディク　344, 376
アル＝ミルガニ，モハメド・オスマン　344, 345
アロル，デング　386, 404
アン＝ヌメイリー，ガアファル・ムハンマド　383
イェルゲニア，アンリ　148, 149
イエロディア，アブドゥライエ　302
イスマイル，ムスタファ・オスマン　392, 393, 401, 405
イッシンガー，ヴォルフガング　475
イブラヒム，ハリル　370, 371, 377, 410
イワノフ，イーゴリ　85, 165, 168, 169
ヴァルデス，フアン・ガブリエル　495, 503–507
ウィリアムソン，リック　261, 269
ウィルコックス，リチャード　478, 485
ヴェドリーヌ，ユベール　31, 246

ヴォルカー，ポール　577, 578, 583
ヴォルテール，レスリー　506
ウォルフォウィッツ，ポール　7, 90, 97
ウフェ＝ボワニ，フェリックス　192–194
エイダ，カイ　471
エーゲラン，ヤン　320, 325
エリアソン，ヤン　394
エルバラダイ，モハメド　101
オバサンジョ，オルシェグン　208, 209, 213, 215, 218, 220, 371, 386
オバマ，バラク　57, 65, 549, 573
オランド，フランソワ　547
オルメルト，エフード　423, 426

カ　行

カガメ，ポール　235, 236, 239, 242, 247–249, 250, 275–277, 283, 298, 305, 306
カジ，アシュラフ　128
カダフィ，ムアンマル　225, 348, 395, 407, 408, 538, 552, 598, 599
ガーナー，ジェイ　106, 119
ガニー，アシュラフ　70, 74, 75
カビラ，ジョゼフ　242, 249–251, 265, 270, 283, 298, 302, 306, 311–314
カピラ，ムケシュ　320
カビラ，ローラン＝デジレ　236, 242, 243, 297
カムマート，パトリック　283–285, 288, 325, 508
ガラン，ジョン　325, 333–335, 344, 352–356, 358
カルザイ，ハミド　43, 45, 56, 64–66, 68
キール，サルバ　355, 356, 358
クシュネル，ベルナール　109, 466, 467, 559, 561, 562, 563
クフォー，ジョン　198, 200, 208, 209
グリーンストック，ジェレミー　40, 109, 112, 113, 115, 116, 246
クリントン，ヒラリー　296, 543, 546
クリントン，ビル　20, 497, 499
ゲイ，ロベール　192, 193
コーヴィル，シンディ　341
コシュトニツァ，ヴォイスラヴ　488
コドマニ，バスマ　534, 535
コナレ，アルファ・ウマル　225, 322, 324, 359, 375, 395, 398
コンパオレ，ブレーズ　224, 228

サ　行

サアカシュヴィリ，ミヘイル　148, 162, 165, 167–169, 178, 179, 184
サイヤフ，アブドゥル・ラスル　43, 55, 69
サダト，アンワル　347
サチ，ハシム　465, 487, 562
サックス，ジェフリー　86, 87
サッチャー，マーガレット　2, 3
ザヒディ・ンゴマ，アーサー　302, 304
サマルジッチ，スロボダン　478, 479
サラーメ，ガッサン　121, 430, 431
サリム，サリム・アハメド　359, 370, 394
シェワルナゼ，エドゥアルド　145–148, 152, 153, 159–163, 165, 168, 169
シスタニ師　121, 127
シニオラ，フアード　418, 427, 428, 431, 441, 442

ジニット，サイード　297, 315, 361, 374, 376, 378, 379
ジャモウス，スレイマン　348, 349
ジャン＝ジュスト，ジェラール　506
シャンバ，セルゲイ　173, 176
シュタイナー，ミヒャエル　468
ショークロス，ウィリアム　11, 580
ショート，クレア　108, 109, 112, 248
シラク，ジャック　20–22, 31, 90, 133, 167, 195, 201, 223, 262, 263, 265, 268, 329, 436
スウィング，ウィリアム　270
スターリン，ヨシフ　145–147, 168, 607
ストロー，ジャック　98, 114, 246
ズラビシュヴィリ，サロメ　166, 167, 170, 177
スレイマン，ミッシェル　446
スンド，レーナ　254
セイディウ，ファトミル　487
セイフ，リヤド　535
ゼナウィ，メレス　347
ゼーリック，ロバート　371
ソラナ，ハビエル　268, 287, 432, 484
ソレイマーニー，ガーセム　551
ソロ，ギヨーム　224

タ　行

タディッチ，ボリス　484, 485, 487, 488
タハ，アリ・オスマン　333, 335, 345, 347, 352, 356, 362
タリアヴィーニ，ハイジ　160, 166, 177, 181
タルール，シャシ　559
ダレマ，マッシモ　426
ダレール，ロメオ　260, 360, 587
ダンフォース，ジョン　324, 325, 328, 330
チェイニー，ディック　22, 66, 90, 97
チェベヤ，フロリベ　317
チェルノムイルジン，ヴィクトル　472
チセケディ，エティエンヌ　304, 305, 310, 311, 313
チュルキン，ヴィタリー　488
ディアラ，セイドゥ　198, 219
ティートフ，ディミトリ　398
ディライジェ，アフメド　383, 384
デ・クエヤル，ハビエル・ペレス　140, 497
デ・ソト，アルヴァロ　140, 424
デビ，イドリス　348, 366, 392, 401
デ・メロ，セルジオ・ヴィエラ　87, 106, 109, 118, 120–125, 127, 128, 431, 464, 495, 559, 561, 565, 591
テーラー，チャールズ　386
ド・ヴィルパン，ドミニク　85, 92, 97, 98, 100, 108, 109, 132, 195, 196
ド・ゴール，シャルル　132, 133, 164
ドス・サントス，ジョゼ・エドゥアルド　251
ドス・サントス・クルス，カルロス・アルベルト　496, 504, 508
ドーストム，アブドゥッラシード　42, 52
ド・ラ・サブリエール，ジャン＝マルク　103, 116, 429
トラス，ムスタファ　539
トラビ，ハッサン　332, 344, 365, 376–378, 386

ナ 行

ナスラッラー，ハサン　431
ナチオス，アンドリュー　320, 325, 395
ナンビアール，ヴィジェイ　424, 425
ニアス，ムスタファ　300, 301
ヌグド，モハメド・イブラヒム　376
ネグロポンテ，ジョン　34, 103, 104, 117

ハ 行

バイデン，ジョー　53
ハインドラヴァ，ゲオルギ　174
パウエル，コリン　21, 85, 89, 93, 98, 106, 112, 114, 132, 198, 323, 325–327, 329, 406
バガプシュ，セルゲイ　172, 173
バグボ，ローラン　192–194, 197, 203–205, 208–215, 220–224, 226, 227, 320
ハース，リチャード　34–37, 76
パッテン，クリス　22
ハドリー，スティーヴ　248, 584
バニー，コナン　219, 220, 224
ハマーショルド，ダグ　374, 579, 580, 590, 592
ハーランド，デイヴィッド　478, 482
ハリーリー，ラフィーク　417, 446
バリル，モーリス　301
ハリルザド，ザルメイ　45, 64
ハルン，アフマド・ムハンマド　406, 407
バローゾ，ジョゼ・マヌエル・ドゥラン　102, 425
潘基文(パン・ギムン)　284, 379, 396, 397, 403, 406–408, 476–478, 480–483, 488, 492, 523, 529, 591
バンチ，ラルフ　591
ピエール＝ルイ，ミシェル　508
ビン・ラディン，ウサマ　24, 29, 272, 375, 377, 378
ファヒーム，ムハンマド・カシーム　49, 50
フクヤマ，フランシス　4, 608
フセイン，ザイド　572, 573
フセイン，サダム　82, 92, 93, 96, 100, 135, 447, 544, 577
プーチン，ウラジーミル　40, 41, 148, 159, 184, 482, 483
ブッシュ，ジョージ・W.　19–21, 23, 29, 40, 45, 47, 53, 66, 68, 80, 82, 83, 97–100, 102, 113, 119, 120, 126, 129, 131, 135, 152, 178, 184, 250, 282, 364, 379, 388, 425, 575, 582, 592, 600
ブトロス＝ガリ，ブトロス　21, 457, 497, 590
フーパー，リック　83, 123, 125
フライシャー，アリ　53
ブラヒミ，ラフダール　34, 36–38, 42–48, 54, 56, 59, 60, 64, 73, 74, 78, 107, 127, 343, 344, 350, 359, 373, 374, 525, 547, 553, 559, 563, 579, 591, 601
ブリックス，ハンス　88, 91, 93, 94, 101, 104
フルシチョフ，ニキータ　579
ブルジャナゼ，ニノ　162, 163, 167
ブレア，トニー　90, 100, 102, 107, 109, 111, 114, 116, 131, 389, 425, 428, 580
フレイザー，ジェンダイ　341
プレヴァル，ルネ　506–508
フレシェット，ルイーズ　86, 109, 559
ブレマー，ポール　119–122, 127, 128

プレンダーガスト，キエラン　112, 125, 559
プロンク，ヤン　321, 341, 349, 362, 393
ベイカー，ジェイムズ　140
ヘクマティヤール，グルブッディーン　31, 55
ベディエ，コナン　192–194, 224, 227
ペデルセン，ゲイル　431
ペトレアス，デイヴィッド　509
ペルグリニ，アラン　422, 424, 426, 428
ベン，ヒラリー　371
ベンバ，ジャン＝ピエール　244, 276, 302, 311–313
ボーデン，ディートリヒ　153, 154
ボルトン，ジョン　364, 394, 429, 584, 585
ホルブルック，リチャード　462, 467
ボンゴ，オマール　209
ボンテジャー，アンリ　197, 262, 263

マ　行

マウンテン，ロス　308
マシーレ，クェット　297
マスード，アフマド・シャー　30, 38
マチャル，リエック　354, 355, 358
マテリ，ミシェル　499, 508
ミィエ，ベルナール　11, 12
ミナウィ，ミニ　348, 370–372, 379, 380, 384, 388
ミリバンド，ディヴィッド　395
ミロシェヴィッチ，スロボダン　4, 450, 452–454, 456, 462, 463, 487, 598
ムシャラフ，パルヴェーズ　32, 41
ムセベニ，ヨウェリ　250, 251, 275, 333
ムテブチ，ジュール　280, 281
ムード，ロバート　526, 541
ムバラク，ホスニー　553
ムベキ，タボ　195, 213–215, 218, 220, 221, 249, 250, 301
ムラディッチ，ラトコ　460
ムレット，エドモンド　496, 497, 499, 501
メドヴェージェフ，ドミートリー　482, 483
メルケル，アンゲラ　184
メンケリオス，ハイレ　300
モジャーン，カマル　243, 270
モハマド，マハティール　99
モブツ・セセ・セコ　235, 245, 310
モラティノス，ミゲル・アンヘル　479
モルシ，ムハンマド　525

ヤ・ラ　行

ヤシャリ，アデム　462
ライス，コンドリーザ　22, 90, 106, 117, 181, 269, 341, 389, 390, 425, 426, 584, 585
ライス，スーザン　530
ラヴロフ，セルゲイ　19, 105, 113, 116, 149, 472, 474, 483, 484, 543, 546
ラッバーニー，ブルハーヌッディーン　41, 42, 44, 50, 55
ラムズフェルド，ドナルド　25, 53, 73, 88, 90, 98, 149, 152
リザ，イクバル　104, 559
リッデル，ジャスビル　362, 393
リュッカー，ヨアヒム　474, 480
ルゴヴァ，イブラヒム　487, 562
ルート，ジェーン　573

ルバンガ，トマス　314
ルペル，ディミトリ　184
ルベルワ，アザリアス　302, 304, 305
ル・ロワ，アラン　461
レヴィット，ジャン＝ダヴィッド　18, 246
ロイ，アルンダティ　24, 78
ロウハニ，ハサン　551
ロシーニン，ヴァレリー　159–161, 172
ロッシン，ラリー　480
ロード＝ラーセン，テリエ　424
ロビンソン，メアリー　297, 315

ワ　行・ン

ワウェカ，ペトロニーユ　273, 274
ワタラ，アラサン　192–195, 224, 227
ワッド，アブドゥライ　389
ワヒード，アブドゥル　370, 371, 378–380, 385, 395
ワレサ，レフ　2, 608
ンクンダ，ローラン　242, 280, 281, 289
ンゴンギ，ナマンガ　254–257, 270, 273
ンタガンダ，ボスコ　314